Sonate
für Blockflöten und
Schalmeien

Diese Publikation ist ein Titel
der Reihe „Sächsische Hefte",
herausgegeben von Karl Nolle, MdL.

Sie erscheinen zu den Themen der
parlamentarischen Arbeit des Abgeordneten,
u.a. zu Interviews, Pressemitteilungen,
Redebeiträgen und Zuschriften.

Die Hefte können bezogen
werden über das Abgeordnetenbüro:
Karl Nolle, MdL,
Bärensteiner Str. 30, 01277 Dresden
bzw. Bernhard-von-Lindenau-Platz 1,
01067 Dresden oder www.karl-nolle.de

**Sächsiche Hefte**

1 Unternehmens-Lust.
Politik für den sächsischen Mittelstand.

2 Hier bleiben & Anpacken.
Bevölkerungsentwicklung,
Geburtenrückgang und
Abwanderung in Sachsen.

3 Gehen uns die Mitarbeiter aus?
Wie Abwanderung und
Bevölkerungsentwicklung
unsere Unternehmen verändern.

4 Energieland Sachsen.
Energiepolitik für Wachstum,
Arbeitsplätze und Umwelt.

5 Leben, wohnen, arbeiten.
Ideen zur Zukunft unseres Lebens
und Wirtschaftsumfeldes.

6 Wirtschaft macht Schule.
Für eine Politik, die Ökonomie und
Bildung verknüpft.

7 Sonate für Blockflöten und Schalmeien.
Zum Umgang mit der Kollaboration
heutiger CDU-Funktionäre im SED-Regime.

8 Frage Nolle - Antwort Mackenroth.
Parlamentarische Anfragen zu
Problemen der Sächsischen Justiz.
(erscheint Sommer 2009)

**Impressum:**

Sächsische Hefte Nr. 7
Sonate für Blockflöte und Schalmeien
2. Auflage, Dresden im Juni 2009
ISBN 978-3-00-028062-7

Gesamtherstellung:
Druckhaus Dresden GmbH
www.druckhaus–dresden.de

Gestaltung:
Jochen Stankowski, Dresden

Karl Nolle

*guttea S. 176*

# Sonate für Blockflöten und Schalmeien

Zum Umgang mit der Kollaboration
heutiger CDU-Funktionäre
im SED-Regime

Mit einem Vorwort von
Prof. Dr. Cornelius Weiss

und Beiträgen von
Michael Bartsch, Christoph Jestaedt
und Michael Lühmann

Sächsische
Hefte 7

„Die Menschen haben 1989 nicht nur gegen die SED, sondern auch gegen die Blockparteien demonstriert. Es waren diese Menschen, die das System zu Fall brachten."

Wolfgang Tiefensee, 10.10.2008

**Das Zusammenspiel in einer Sonate für Blockflöten und Schalmeien** erscheint auf den ersten „Blick" rein fiktiv, inwieweit der Klang tatsächlich in dieser Kombination Hörgenuss oder nur Ohrenbeleidigung ist, sei dahingestellt. Politisch jedoch war ein ideologisch harmonisches Zusammenspiel immer zu großen Ereignissen zu hören: Beim Volksaufstand am 17. Juni 1953, beim Ungarnaufstand 1956, beim Bau der Berliner Mauer am 13. August 1961, bei der Niederschlagung des Prager Frühlings 1968 als Begleitmusik zu den Panzerketten auf dem Wenzelsplatz, als Unterstützungsmusik zu den Demonstrationen der Solidarnosz in Polen, als Hintergrund zur Charta 67 in der CSSR, sogar ganz entfernt zum Massaker auf dem Tian'anmen Platz des „himmlischen Friedens" in Peking, zur Grenzöffnung in Ungarn im Sommer 1989 ja, sogar als Hintergrundmusik zu den Montagsdemonstrationen in Leipzig, Dresden und anderswo, im Herbst 1989. Nur zum Fall der Mauer schwiegen Flöte und Schalameien verschämt - auch wenn man das gemeinsame Orchester noch über den Mauerfall hinaus, bis zum letzten Atemzug der DDR, vorsichtshalber am Leben hielt – vorsichtshalber, man konnte das Ende ja nicht wissen.

**Sonate:** Der Begriff „Sonate" stammt ab vom lateinischen sonare: klingen. Er ist seit dem frühen 17. Jahrhundert die Bezeichnung für eine eigenständige, meist mehrsätzige Instrumentalkomposition in kleiner oder solistischer Besetzung.

# Inhaltsverzeichnis

Cornelius Weiss

# Vorwort

Um es gleich vorweg zu nehmen: ich verstehe das vorliegende Buch nicht als Anklage – sondern als Aufklärungsschrift, es beschäftigt sich nicht in erster Linie mit dem in der DDR geschehenen politischen Unrecht oder mit den Tätern. Es behandelt ausschließlich die Verhaltensweisen einiger ganz normaler DDR-Bürger damals und vor allem heute. Dennoch wird es im politischen Sachsen und darüber hinaus heftige Kontroversen hervorrufen. Die Reaktionen werden vorhersehbar von demonstrativer Entrüstung („üble Nachrede", „Schlammschlacht") über gezielte Missverständnisse („ein Westdeutscher verunglimpft die Biographien von 16 Millionen ehemaligen DDR-Bürgern") bis hin zur klammheimlichen Gaudi oder gar zur Schadenfreude reichen. Man könnte das im falsch verstandenen Interesse des inneren Friedens in unserem Lande (der aber nur ein Scheinfrieden wäre) bedauern, man könnte – 20 Jahre nach der Friedlichen Revolution – die rechtsphilosophischen Grundsätze der Verjährung und der Verhältnismäßigkeit bemühen, einige werden auch auf das christliche Gebot der Vergebung hinweisen.

Aber das würde bedeuten, dass ein unbewältigter gesellschaftlicher Konflikt unter den Teppich gekehrt wird, dort weiter schwelt und unweigerlich irgendwann wieder aufbrechen wird. Denn: was soll da verjähren, was soll da vergeben werden? Etwa die bloße Tatsache, in der DDR gelebt und sich womöglich auch für irgendetwas engagiert zu haben? Und welche Instanz oder welche Person ist berechtigt, zu vergeben oder auch nicht zu vergeben? Deshalb ist das Buch eminent wichtig. Denn es könnte einen Prozess einleiten, der während der letzten 20 Jahre einer weitgehend fehl gelaufenen Vergangenheitsbefragung leider viel zu kurz gekommen ist: das individuelle ehrliche und selbstkritische Nachdenken über eigene Verhaltensweisen in der Gesellschaft – in der DDR und auch in der Gegenwart.

Es geht dabei überhaupt nicht darum, sich vor irgendjemandem zu rechtfertigen. Es kann auch nicht um Schuldzuweisungen an

Andere gehen und schon gar nicht um Pauschalurteile und Ausgrenzungen. Es ist eine Binsenweisheit, dass die Menschen in der DDR auf sehr verschiedene Weise auf das politische System reagiert haben, in das sie – zum größten Teil ohne ihr eigenes Zutun – hineingestellt waren. Das Spektrum der Verhaltensmuster reichte lückenlos von den mit Recht gefürchteten ideologischen Scharfmachern und bedenkenlosen Karrieristen und Nutznießern des Systems bis hin zu bewussten Kritikern und mutig zu ihrem „Nein" stehenden Oppositionellen, die in der Regel irgendwann zum Ziel und zu Opfern des brutalen staatlichen Repressionsapparates wurden. Daneben gab es die keineswegs kleine Gruppe derer, die nicht etwa aus Opportunismus sondern aus ehrlicher Überzeugung das DDR-System aktiv stützten: Ältere, die aus den Verbrechen des NS-Staates und den unermesslichen Schrecken des Krieges, die sie womöglich am eigenen Leibe erlebt und überlebt hatten, ihre eigenen Schlüsse gezogen hatten, und jugendliche Idealisten, die ihre natürliche Sehnsucht nach einer gerechten Welt im DDR-Staatssozialismus erfüllt glaubten.

Die übergroße, eher unpolitische Mehrheit der Menschen aber versuchte nur das zu tun, was Menschen überall auf der Welt tun: sich – übrigens durchaus in Einklang mit biblischer Weisung (Matthäus 22, 21: „So gebet dem Kaiser was des Kaisers ist") – irgendwie unter den gegebenen, scheinbar unveränderlichen politischen Verhältnissen einzurichten. Im Bewusstsein, nur e i n Leben geschenkt bekommen zu haben, wollten sie dieses ihr Leben auch leben: mit Träumen und Wünschen und vielleicht auch Idealen, mit dem legitimen Streben nach privatem Glück und beruflichem Erfolg. Wie überall folgten sie mehr oder weniger den Regeln menschlichen Anstands und wie überall erlebten sie natürlich auch Konflikte und Enttäuschungen. Welche Kompromisse sie dabei schlossen, wie weit die Anpassung an den meist ungeliebten omnipräsenten Staat ging, ob vorauseilender Gehorsam und Mitläufertum, ob „Dienst nach Vorschrift" oder stumme Verweigerung und Rückzug in die viel zitierte „private Nische", war eigentlich nur eine Frage des relativen Gewichts von persönlichem Ehrgeiz und/oder Harmoniebedürfnis auf der einen und von Stolz und Gewissen auf der anderen Seite und damit eine von einem Jeden selbst zu beantwortende Frage. Niemand hat das Recht, heute darüber zu richten oder sich auch nur lustig zu machen. Denn auch Anpassung muss zunächst keineswegs unehrenhaft sein, immerhin ist Anpassung an die – sich ändernde – Umwelt die wichtigste Überlebensstrategie in der gesamten belebten Natur. Und niemand versuche mir zu erklären, dass Anpassung und Unterwerfung nicht auch in der freiheitlich-demokratischen Gesellschaft vorkommen und durchaus honoriert wird. Nicht umsonst haben maßgebliche westdeutsche Politiker die Ostdeutschen für ihre ungeheure Anpassungsleistung an die für sie völlig neuen politischen und wirtschaftlichen Verhältnisse immer wieder gelobt.

Umso bemerkenswerter ist angesichts dieses Sachverhalts, dass sich Mitte der 90er-Jahre die ostdeutsche Bevölkerung dennoch sehr schnell und nahezu vollständig in (natürlich relativ wenige) „Täter" und (Millionen) „Opfer" separierte. Das ist psychologisch durchaus verständlich, denn wir, die Ostdeutschen, hatten ja dank des segensreichen Wirkens der – keineswegs nur westdeutschen! – öffentlichen Meinungsmacher aus Politik und Publizistik kaum eine andere Alternative. Natürlich war es nach dem Sieg der Friedlichen Revolution aus Gründen der Wiederherstellung der Glaubwürdigkeit staatlicher Einrichtungen und im Sinne der politischen Hygiene zwingend erforderlich, alle im öffentlichen Dienst Beschäftigten auf ihre Integrität bzw. auf eventuelle rechtlich oder moralisch zu beanstandende Verhaltensweisen zu überprüfen. Dabei zeigte sich jedoch alsbald, dass die angekündigten, im Rechtsstaat auch einzig zulässigen Einzelfallprüfungen zunehmend durch pauschalisierende Verfahren abgelöst wurden. Ebenso ausführliche wie verschiedenartige Verzeichnisse zweifelhafter Herkunft mit „staatstragenden" Funktionen oder gehobenen Tätigkeiten oder gar politischen Überzeugungen (und im Extremfall sogar mit Namen versehene so genannte „schwarze Listen") kursierten als offizielles Arbeitsmaterial in den Behörden bis hinauf in die Landesregierungen (und zum Teil auch in der Öffentlichkeit) und konnten für Betroffene ganz schnell schwere berufliche und persönliche Konsequenzen haben.

Jedwedes Engagement, ob im Beruf oder in den verschiedensten Teilbereichen der Gesellschaft galt in der Folge per se als anrüchig, wenn nicht gar als verwerflich. Selbst die Höhe des zu DDR-Zeiten bezogenen Gehalts wurde zum pauschalen Gradmesser für „Staatsnähe" erklärt und konnte zu Abzügen bei der Rentenberechnung führen – dümmer und arroganter ging es wohl nicht. Am Ende dieser unwürdigen Prozeduren standen fast alle DDR-Bürger, die nicht im Gefängnis gesessen oder einen Ausreiseantrag gestellt hatten, unter einem diffusen Generalverdacht. Vermeintlich einfühlsam – verständnisvolle, in Wahrheit aber herablassende Redensarten, wie „die Gnade des richtigen Geburtsortes" oder „wenn ich in der DDR gelebt hätte, wäre ich vielleicht auch SED-Genosse geworden" machen die Sache nicht besser, sie zeigen nur ungewollt, welch absurde Schablonen – „SED-Mitgliedschaft ist anstößig" – manche Bundesbürger den Menschen in der DDR anlegten und bis heute anlegen. Der renommierte Hallenser Psychoanalytiker Hans-Joachim Maaz zog kürzlich die bittere Bilanz: „Es gab in diesen 20 Jahren nur eine sehr primitive Abwertung des Ostens – das System war ein „Unrechtsstaat", wie jetzt immer betont wird, also können die Menschen auch nicht viel getaugt haben, wie kurzschlüssig gefolgert wird".

Kein Wunder also, dass viele, für meine Begriffe allzu viele versuchten, ihre möglicherweise hart erarbeiteten beruflichen Erfolge herunterzuspielen, Karriereschritte und ggf. Auslandsreisen oder Auszeichnungen schamhaft zu verschweigen, sich generell so „unwichtig" wie nur irgend möglich zu machen und gleich noch die Erklärung für ihre angebliche Bedeutungslosigkeit zu DDR-Zeiten – innere Opposition und daraufhin erfolgende Behinderungen durch das SED-Regime – mitzuliefern. Schließlich ist niemand gerne Täter, niemand gibt auch gerne öffentlich zu, ein kleiner Mitläufer gewesen zu sein; der Status des Opfers hingegen verspricht Verständnis, Mitgefühl und womöglich Gratifikationen, z. B. in Form neuer Karrieremöglichkeiten. Und damit die erfahrene Unterdrückung auch plausibel ist, musste das Leben in der DDR natürlich in den schwärzesten Farben gemalt werden. Das alles ist nicht weiter aufregend; es ist nur allzu menschlich, sein Gedächtnis und seinen Stolz der Karriere zu opfern, die Geschichte wird lächelnd darüber hinweggehen.

Wenn allerdings Menschen, die sich nur ungern an ihr eigenes Verhalten in der Vergangenheit erinnern oder dieses Verhalten aus Opportunitätsgründen bewusst verschweigen und sich lieber an ihrem selbstgestrickten Opfermythos festhalten, pharisäerhaft mit dem Finger auf andere zeigen, wenn sie zu Anklägern und Richtern zugleich werden, dann wird es langsam ärgerlich. Wenn aber wichtige Amts- und Mandatsträger so offenkundig unehrlich handeln, wird das zur Belastung für die demokratische Gesellschaft, denn sie untergraben das Vertrauen in die Repräsentanten der Demokratie. Und wenn eine ganze Partei anfängt, auf diese Weise die Geschichte zu manipulieren und als Waffe für parteipolitische Auseinandersetzungen zu missbrauchen – und genau das tut die CDU seit dem Winter 1989/90 – dann ist deutlicher Widerspruch angesagt. Die CDU war nun einmal zu DDR-Zeiten Blockpartei und damit bis zuletzt Aushängeschild und zuverlässige Stütze des SED-Regimes. Nicht etwa sie hat im Herbst 1989 der SED offen die Stirne geboten, nicht sie hat den Alleinherrschaftsanspruch der SED in Frage gestellt, sondern die Bürgerrechtler und die von ihnen gegründete SDP.

Das Buch von Karl Nolle legt den Finger in diese Wunde. Die von ihm gewählte Form der Auseinandersetzung wird nicht jedermanns Sache sein. Aber sie ist notwendig, um weiterer Legendenbildung vorzubeugen. Und sie wird hoffentlich zum Nachdenken anregen. Denn eine ehrliche Vergangenheitsbefragung sowohl durch die CDU als auch durch den Einzelnen könnte ganz wesentlich zur nachhaltigen Befriedung der deutschen Wiedervereinigungsgesellschaft und zur Befreiung der zeitgeschichtlichen Forschung von parteipolitischer Instrumentalisierung und vom unproduktiven Streit um die Deutungshoheit über die Geschichte der deutschen Wiedervereinigung beitragen. Ich wünsche daher diesem Buch weite Verbreitung.

Leipzig im Juni 2009

**Prof. Dr. Cornelius Weiss,** geboren am 14. März 1933 in Berlin, evangelisch, verheiratet, drei Kinder, Wohnort Leipzig. 1952 Abitur an der Lagerschule Obninsk, Sowjetunion. 1953 bis 1960 Studium der Chemie an den Universitäten Minsk, Rostow/Don und Leipzig. 1960 wissenschaftlicher Assistent, 1964 Promotion Dr. rer. nat., 1970 Dozent für Theoretische Chemie, 1972 Habilitation, 1989 außerordentlicher Professor, 1992 Professor für Theoretische Chemie; 1991 bis 1997 Rektor der Universität Leipzig. 1993 bis 1997 Vorsitzender der Landeshochschulkonferenz Sachsen, 1994 bis 1999 Vizepräsident der Hochschulrektorenkonferenz. Seit 1996 ordentliches Mitglied der Sächsischen Akademie der Wissenschaften. Bis 1997 parteilos, 1997 Eintritt in die SPD. Mitglied des Sächsischen Landtags seit Oktober 1999, in der 3. Wahlperiode stellvertretender Vorsitzender und Sprecher für Wissenschafts- und Hochschulpolitik der SPD-Fraktion, November 2004 bis September 2007 Vorsitzender der SPD-Landtagsfraktion. (lt. Volkshandbuch Sächsischer Landtag, 4. Wahlperiode, 3. Auflage)

"Es war damals schwieriger,
sich für die CDU zu entscheiden, als für
keine Partei, damit ist man offensiv und öffentlich
auch in die Opposition zur SED eingetreten,
und das war damals für mich
die Entscheidung."
*Stanislaw Tillich*


„Die Parteistrategen im Westen
bedienten sich der christdemokratischen,
liberalen und nationalen Genossen,
die eine DDR lang mit der SED
kollaboriert hatten."
*Konrad Weiss*

Karl Nolle

# Zur Geschichte der Blockpartei CDU Sachsen
## Die verdrängte Geschichte der CDU der DDR, Blocktraditionen und Blockerfahrungen in Sachsen

### Vorbemerkung

Dieses Buch handelt von der Doppelmoral der CDU. Die Rede ist von der sächsischen CDU, den sächsischen Christdemokraten oder der CDU allgemein. Auch wenn die Bedeutung von Volksparteien sich zunehmend im fünf Parteiensystem auflöst, so sind die beiden Volksparteien CDU und SPD immer noch große, pluralistische politische Vereinigungen mit einer enormen Bandbreite unterschiedlicher Wertmaßstäbe und Anschauungen. Richtig und Falsch lässt sich heute jedoch nicht (mehr) nach Parteibuchstaben definieren. Wenn hier allgemein von der CDU die Rede ist, spreche ich von der Mehrheit, der die Partei tragenden Teile der CDU Sachsen, wohlwissend, dass sich nicht alle Parteimitglieder, bei aller Solidarität und Geschlossenheit, für die gegenwärtige Mehrheitslinie, des nichtwahrhaftigen Umgangs mit der eigenen Biografie und der Rolle der CDU im SED-Regime, in Haftung nehmen lassen wollen. Ich habe in den zehn Jahren meiner bisherigen politischen Arbeit im sächsischen Landtag viele Diskussionen und fruchtbaren Streit mit CDU-Abgeordneten gehabt, aus denen eine Reihe von Freundschaften entstanden ist. Sie mögen verstehen, dass nicht sie gemeint sind, wenn von politischen Betonköpfen und prinzipienlosen Karrieristen die Rede ist, die pharisäerhaft, schizophren mit ihrer eigenen Geschichte, ihrer politischen Verantwortung und ihren so gern geleugneten Verstrickungen im SED-Regime umgehen.

Man kann es fast als ein Stück politischer Tragik verstehen, dass die CDU Anfang der Neunzigerjahre eine besondere Kompetenz für die Gestaltung des neuen Deutschlands und die Aufarbeitung der Vergangenheit des SED-Regimes zu haben schien und sie diese Kompetenz über die Jahre sukzessiv verloren hat. Dies macht sich fest an den vielen Politikern, die aus den Reihen der friedlichen Revolutionäre kamen, natürlich meistens der Blockpartei nicht angehörten und sich einer vermeintlich erneuerten CDU anschlossen. Gerade diese Personengruppe ist nahezu ganz verschwunden und hat Mitläufern und allzu jungen Nachwuchspolitikern Platz machen müssen.

Nach dem Ende des SED-Regimes, gab es, was nicht wundert, Täter, Mitläufer und einfache Parteimitglieder, aber auch Millionen von Menschen, die sich in den scheinbar unveränderbaren, betonierten Lebensbedingungen eingerichtet hatten und einrichten mussten. An Schuld und Mitschuld der DDR-Spitzen für das Mauersystem, von Honecker, Mittag und Mielke und den Hundertausenden offiziellen und inoffiziellen Mitarbeitern der Staatssicherheit besteht kein Zweifel. Aber in der DDR herrschten nicht nur Politikbürokraten und Staatssicherheit. In der DDR agierte die SED in einem fein abgezirkelten, scheindemokratischen System zusammen mit den mit ihr „befreundeten" Parteien und Massenorganisationen und an wichtigster Stelle mit der CDU der DDR.

Das System – vom Ministerium für Staatssicherheit bis zu den korrupten Politbürokraten lässt – sich nicht trennen vom politischen System, dessen verlässlichste Stütze die Ost-CDU bis zum Untergang der DDR war. Die Verklärung eigener Verantwortung nimmt auch bei der CDU mit zunehmenden zeitlichen Abstand zur Wende zu. Dazu erklärte zum Jahrestag des Mauerbaus 2001 der damalige SPD-Generalsekretär Müntefering:

**„Die Verantwortung für die menschenverachtende Mauer liegt bei denen, die in der DDR die staatliche Macht innehatten, bei der Führung der SED, ihren Helfershelfern und den Blockparteien".** Die SED-Nachfolgepartei PDS kann sich dieser Schuld nicht entziehen. Aber auch die Erben der damaligen Blockparteien müssen sich zu ihrem Teil der Verantwortung bekennen".

Wer Mauer und Stacheldraht politisch mit zu verantworten hat, muss auch Position beziehen zu den mehr als tausend Opfern, die beim Versuch die deutsch-deutsche Grenze zu überwinden, ums Leben kamen.

Stattdessen lenken diese „Blockflöten" der Ost-CDU nach wie vor von ihrer stützenden und stabilisierenden Funktion ab, die sie im SED-Regime erfüllten, indem sie heute öffentlich, wo es geht, auf gerade die SED-Nachfolgepolitiker einschlagen, mit denen sie vor der Wende noch dicke Tinte waren. Eine janusköpfige Haltung nimmt dabei der wegen seiner Mehrdimensionalität bekannte Landtagsabgeordnete und Ex-Innenminister Heinz Eggert ein. Im Oktober 1999 schrieb Eggert in einer Kolumne der „online Zeitung faktuell.de" seinen Blockflöten in der sächsischen CDU ins Stammbuch: „Warum darf ich erst 1990 erfahren unter lauter Widerstandskämpfern gelebt zu haben. Sie hatten sich wirklich gut getarnt." Die von ihm so genannten „Widerstandskämpfer" haben heute das

Sagen in seiner Partei und werden von ihm leidenschaftlich getragen und gestützt.

Viele Menschen aus SED und Blockparteien haben sich später ihrer Vergangenheit und ihrer Verstrickung gestellt und dem schmerzhaften Eingeständnis eigener Schuld. Leider gehört es bis heute in den ehemaligen Blockparteien der DDR schon fast zum guten Ton, sich im Nachhinein als Widerstandskämpfer darzustellen.

Das gipfelt, in selten übertroffener Klarheit, in der Aussage des heutigen sächsischen Ministerpräsidenten Stanislaw Tillich, der 1987 in die Ost-CDU eintrat, er sei, um vor der SED Ruhe zu haben, in die CDU eingetreten – eine Legende, wie zu zeigen ist.

**„Mit Politik hatte ich wenig zu tun. In die Blockpartei CDU bin ich eingetreten, damit ich Ruhe vor der SED hatte. Ich war kein Oppositioneller, sondern habe es wie viele andere gemacht, mir eine Nische gesucht und mich in meinem Heimatdorf in eine kleine Gemeinschaft der Kirche zurückgezogen."** (Tillich im Dresdner WochenKurier, 1.10.08)

Das überzeugt: Um Ruhe vor der SED zu haben, ließ sich Stanislaw Tillich zum hoch bezahlten, linientreuen CDU-Staatsfunktionär von SED Gnaden „wählen", nämlich zum „stellvertretenden Vorsitzenden des Rates des Kreises Kamenz für Handel und Versorgung." Voraussetzung war die Teilnahme an einer ideologischen Kaderschulung der Akademie für Staat und Recht Potsdam (ehemals Akademie „Walter Ulbricht") von 1/89 bis 3/89. Tillich ist damit höchster Ex-DDR Staatsfunktionär der heutigen sächsischen CDU. Mit monatlich 2.000 Mark der DDR bekam Tillich, als damals knapp 30-Jähriger, für seinen (staatsfernen) Staatsdienst, ein monatliches Gehalt, das auch die Stasi ihren Offizieren zahlte.

Diktaturen zeichnen sich nicht dadurch aus, dass sie Opposition oder gar Widerstandskämpfer in gehobenen Positionen dulden.

Das gilt nicht zuletzt für das SED-Regime. Die bis heute, nach wie vor, lebendige Mentalität von Heuchelei, Pharisäertum, Einäugigkeit und Selbstbeweihräucherung feiert in Teilen der sächsischen Staatspartei CDU bis hinein in die Spitze, weiterhin fröhliche Urständ, ebenso, wie ihr schon fast schizophrenes Verhältnis zur eigenen Geschichte.

Diese, in 10-jähriger Parlamentsarbeit als SPD-Landtagsabgeordneter in beinahe jeder Plenarsitzung gemachte, sehr einprägsame, sinnliche Erfahrung mit Doppelmoral und historischer Schizophrenie, der mit Blockparteierfahrung überaus großzügig ausgestatteten sächsischen CDU, war der Geburtshelfer meiner Dokumentation „Sonate für Blockflöten und Schalmeien". Kein Plenum des Landtages, keine CDU-Verlautbarung zum heutigen Zustand des Landes und der politischen und wirtschaftlichen Hypotheken des SED-Regimes, zu jedem beliebigen Thema, in dem nicht in heuchlerischer Form auf den für das wirtschaftliche und politische Scheitern der DDR allein und ausschließlich verantwortlich gemachten politischen Nachfolger der SED öffentlich und öffentlich wirksam eingeschlagen wurde und wird.

Hinter dem Fundalismus der CDU-Eliten auch in Sachsen und ihren gespielten Sorgenfalten zum Thema „Linke" schaut glasklar ihr ideologisch verbrämtes Eigeninteresse durch. Wo es um Macht geht, in den Hinterzimmern des Landes, in den Kommunen und Kreisen in Rathäusern und Landratsämtern werden im Dutzendpack Koalitionen und Bündnisse der Nationalen Front gepflegt. Nur noch gesteigert durch Verlust jeglicher demokratischer Moral – der punktuellen Zusammenarbeit sogar mit den politischen Nachfahren der Holocaust-Verbrecher.

Die „Wende" von 1989 verlief wie ein Naturgesetz nach der Regel: **Revolutionen finden immer dann statt, wenn die Oben nicht mehr können und die Unten nicht mehr wollen.** Diese Broschüre, mit typischen Beispielen und fast 100 Biografien sächsischer CDU-Politiker mit Blockpartei- und SED-Hintergrund, dient nicht der Ausgabe von Persilscheinen für jene oder der Weißwäscherei von denen, die auf allen Ebenen ihre je eigene Verantwortung für das SED-Regime tragen und trugen. Sie soll ein Zeichen setzen gegen das Vergessen und die Vergesslichkeit. Ich hoffe, sie kann damit die historische und sicher auch schmerzliche Wahrheit etwas befördern helfen.

**„Die Menschen haben 1989 nicht nur gegen die SED, sondern auch gegen die Blockparteien demonstriert.** Es waren diese Menschen, die das System zu Fall brachten." (Wolfgang Tiefensee, Okt. 2008)

# Zwischenruf

## Zum Vorwurf der Diskreditierung
## ostdeutscher Lebensbiografien

Die CDU Sachsen steht an der Spitze beispielloser politischer Rigorosität und bis zur Beliebigkeit gedehnter Maßstäbe mit all denen, die weder vor 1989 noch danach bereit waren, sich ein CDU-Mitgliedsbuch zu beschaffen und sich so von allen Krankheiten heilen zu lassen.

Seit ich Stanislaw Tillich und anderen meine Fragen zum heutigen Umgang mit ihrer eigenen politischen Biografie und Rolle in der DDR stelle, wird mir vorgeworfen, ich würde als geborener Wessi anmaßend, das Leben und das berufliche wie gesellschaftliche Engagement in der DDR verächtlich machen wollen. Nein! Worum es geht ist, dass diejenigen, die ich auch mit meinem Buch angreife, durch Tun oder Unterlassen mehr oder weniger persönlich Mitverantwortung für die beispiellose Rigorosität tragen, die gerade die sächsische CDU nach der Wende im Umgang mit beruflicher und gesellschaftlicher Einbindung in Verantwortungsstrukturen des DDR-Systems an den Tag legte.

In keinem anderen der neuen Bundesländer wurde mit einem derartig ausgeklügelten, extensiven, schon gnadenlos zu nennenden Instrumentarium die Lebensbiografie eines jeden Angestellten im vormaligen Staatsapparat der DDR, der in den sächsischen Staatsdienst übernommen werden sollte oder sich hierum bewarb, durchleuchtet. Dabei waren alle gleich, nur die eigenen Leute waren gleicher.

Kaum war der 1. Sächsische Landtag konstituiert, legte die CDU-Fraktion in einem Antrag, „Ausschluss der Verantwortungsträger des vergangenen SED-Regimes vom öffentlichen Dienst im Freistaat Sachsen als nicht geeignete Person" eine Liste vor, in der mehr als 50 Berufs- und Funktionsgruppen aufgeführt waren. Wer, so der Antrag an den Landtag zur Beschlussfassung, in einer dieser Berufe oder Funktionen tätig war, sollte quasi auf Lebenszeit als nicht geeignet für den öffentlichen Dienst des Freistaates Sachsen gelten. Zu den aufgeführten Personengruppen, deren Vergangenheit jeweils besonders gründlich zu klären sei, gehörten: Bezirksärzte, Kreisärzte, hauptamtliche Sportfunktionäre, Zollbedienstete, Fachschuldirektoren, hauptamtliche Funktionäre der Nationalen Volksarmee, Richter, Staatsanwälte, hauptamtliche Gewerkschaftsfunktionäre, Armee- und Polizeioffiziere usw. (veröffentlicht war die Liste u.a. in der LVZ vom 12.06.1992).

Überprüfungsgremien, wie so genannte Personalkommissionen, Untersuchungs-, Ehren- und Bewertungsausschüsse, die meist mit westdeutscher Hilfe oder Anleitung entstanden, schossen wie Pilze aus dem Boden. Sie agierten an Universitäten und Hochschulen, an Schulen und sonstigen Bildungseinrichtungen, in den Landes- und Kommunalbehörden, bis hinein in die freie Wirtschaft, wobei mithilfe der CDU-initiierten Gesetzgebung des Landtags selbst Vorstände der Industrie- und Handelskammer, von Leitungsgremien in Kammern der freien Berufe, wie der Architektenkammer, der Ärztekammer etc. überprüft werden sollten.

**Der heutige Ministerpräsident hätte damals aufgrund seiner Tätigkeit als Nomenklaturkader und Staatsfunktionär der DDR noch nicht einmal die Chance gehabt, Hausmeister in der Stadt Dresden zu werden.**

So genannte Anti-Clearing-Stellen wurden eingesetzt, bei denen „Bürger" ehemalige Kolleginnen und Kollegen, Nachbarn oder ihnen sonst wie wegen besonderer „DDR-Systemnähe" auffällig gewordene Menschen melden, quasi angzinken konnten. So genannte „Schwarze Listen", wie etwa die des seinerzeitigen sächsischen Staatsministers für Wissenschaft und Kunst Prof. Meyer vom 9. November 1992, auf der 884 Naturwissenschafter mit der Weisung an die Rektoren der betreffenden Universitäten und Hochschulen aufgeführt waren, sie zu entlassen bzw. ein lebenslanges Wiedereinstellungsverbot zu verhängen, kursierten allenthalben. Eben dieser Professor Hans Joachim Meyer war als Hochschullehrer zu DDR-Zeiten an der Humboldt-Universität Berlin verantwortlich für den Bereich Spezial-Englisch-Ausbildung. Meyer war von 1973 bis 1977 stellvertretender Direktor für Erziehung und Ausbildung an der Humboldt-Universität und als solcher für die sozialistische Erziehung und die Verwirklichung der Grundsätze sozialistischer Kaderpolitik zuständig. Dieser Meyer verkündete im Juli 1992 voller Stolz: „An den Hochschulen im Freistaat hat sich seit der Wende die Zahl der Mitarbeiter um etwa 40 % verringert. Der Großteil der damals 1.200 Professoren ist nicht mehr im Amt".

Daneben liefen flächendeckende Fragebogenaktionen im gesamten öffentlichen Dienst, die praktisch zur Selbstbezichtigung zwangen. Noch heute werden Beamte oder Bedienstete, die seinerzeit vermeintlich nicht wahrheitsgemäß Auskunft gaben, aus dem Dienst entfernt.

Eben dieser alttestamentarische Rigorismus zum Einen und die Großzügigkeit des Verschweigens und Vernebelns eigener Verankerung in keineswegs nur untergeordnete Leitungsstrukturen der DDR zum Anderen ist es, was mich veranlasst und berechtigt zu fragen:

– Warum dieses zweierlei Maß, abhängig davon, ob man in der DDR der richtigen Block-Partei oder der SED angehörte bzw. ihr nahe stand?

– Mit welchem Recht wurde das Mitglied des Rates des Kreises und Kreisarzt nach 1989 unter Generalverdacht gestellt, ein Stellvertreter Handel und Versorgung mit CDU-Parteibuch aber über die erste frei gewählte Volkskammer ins Europaparlament befördert?

– Was können sich Stanislaw Tillich und Co. im Verhältnis zu anderen Inhabern vergleichsweise oder teils sogar in der Hierarchie auch niedriger eingestufter Funktionen zu Gute halten, dass ihnen zum Beispiel das Mitwirken an Enteignungsaktionen qua Amt an hochsensiblen politischen Ratsentscheidungen zum Nachteil von Übersiedlungsantragstellern etc. nicht angelastet wird?

– Waren denn die Stellvertreter und Mitglieder der Räte und Kreise und sonstige Funktionsträger im Staatsapparat mit SED-Parteibuch in einer anderen Lage als Stanislaw Tillich?

– Standen nicht auch sie vor der Frage, entweder die Gesetze, auf die sie verpflichtet waren, so zu vollziehen, wie sie nun einmal durch die Volkskammer mit zu 40 % Stimmanteilen der Blockparteien beschlossen waren, oder eben Amt, Funktion und Karriere aufzugeben?

– Was prädestinierte die Stanislaw Tillichs, die Hans Joachim Meyers usw. jenseits der Wende ruhigen christlichen Gewissens zuzusehen, wie Lehrer, die in der DDR mal Pionierleiter waren, aus dem Staatsdienst des Freistaates Sachsen entfernt wurden?

**Diese und ähnliche Fragen erregen mein und nicht nur mein Gemüt, sondern das vieler Ostdeutscher. Nicht anders ginge es vielen meiner vormals westdeutschen Landsleute, wüssten sie um dieses „Ausmaß an zweierlei Maß".**

Der vermeintliche Bannstrahl gegen die bösen Kritiker aus dem Westen, die so gar keine Ahnung vom verstrickten Leben in der DDR haben sollen, kommt allerdings aus der falschen Ecke. Heute wird Stanislaw Tillich vor allem und hier darf man ruhig staunen, von Verteidigern aus dem Westen in Schutz genommen. Sein Staatskanzleichef Beermann ist der letzte in einer langen Reihe von Wessis, die anderen Menschen aus dem Westen den Mund verbieten wollen. Der Verdacht liegt nahe, dass hier Karrieristen aus dem

Westen Karrieristen aus dem Osten als Brüder des gemeinsamen Geistes und des gleichen sündigen Begehrens erkannt und dann unterstützt haben.

**Hier treffen Mitläufer Mitläufer und werden damit einer gesamtdeutschen Traditionslinie bestens gerecht – über alle Regime hinweg.**

Politiker wie Milbradt, Mackenroth oder de Maizière, denen es immer nur um die eigene Karriere ging und die die einmal erlangte Macht fern des Rechts und der Moral ausübten und nie mehr wieder herzugeben bereit waren, haben größtes Verständnis dafür, dass auch Staatsfunktionäre unter dem SED-Regime im Kern nichts anderes gemacht haben. Allerdings muss man den ostdeutschen fast gegenüber ihren westdeutschen Unterstützern zugute halten, dass sie zu ihrem Karrieristentum nicht aus gänzlich freien Stücken kamen, sondern in ihrem Handeln immer wieder durch das SED-Regime beeinflusst und auch zu einem gewissen Umfang gedrängt worden sind. An dieser Stelle sei noch einmal darauf hingewiesen, dass der ostdeutsche Stanislaw Tillich seine Berufung zum Ministerpräsidenten des Freistaates Sachsen nicht etwa seinen ostdeutschen Landsleuten verdankt, sondern dem westdeutschen Karrieristen Milbradt, der an jeder innerparteilichen Demokratie vorbei Stanislaw Tillich am 13. April 2008 in einem sechsköpfigen Gremium in seinem Privathaus bei Wein und Tee zu seinem Nachfolger kürte.

Auf diesem Hintergrund kann man die Inschutznahme der Ostkarrieristen durch ihre westkarrieristischen Kollegen und Gönner als ausgesucht verlogen bezeichnen. Sie ist nichts weiter als Teil des vergifteten Erbes von Georg Milbradt, das dem Freistaat Sachsen und der jungen Demokratie noch lange aufstoßen wird. Immerhin, hier treffen Mitläufer Mitläufer und werden damit einer gesamtdeutschen Traditionslinie bestens gerecht – über alle Regime hinweg.

**Michael Lühmann**

# Verdrängte Vergangenheit
## Die CDU und die „Blockflöten"

Der Feind trägt rote Socken und die CDU bekanntlich schwarz. So vereinfacht lässt sich das Geschichtsbild der deutschen Christdemokratie auch im 20. Jahr nach der Revolution von 1989 zusammenfassen. Denn Schuld an all dem, was in der DDR an alltäglichem Unrecht passiert war, hatte allein die Nachfolgepartei der SED, die heutige Linkspartei.[1] Nun ist diese in der Tat nicht von ihrer Vergangenheit freizusprechen, zu sehr dominierte die SED das vermeintlich „bessere Deutschland". Doch dass die CDU ihrer eigenen Legende folgend damit nichts zu tun hatte, vielmehr in einer personellen Kontinuitätslinie von Konrad Adenauer bis Helmut Kohl die alleinige Verfechterin der deutschen Einheit war, ist eben bloß der beschönigte bundesrepublikanische Teil einer gesamtdeutschen Geschichte.

Die gesamte Bandbreite der CDU-Geschichte gelangte indes erst nach den Debatten um die Vergangenheit des sächsischen Ministerpräsidenten Stanislaw Tillich und um das Perspektivpapier Ostdeutschland der CDU vor dem Stuttgarter Bundesparteitag 2008 wieder auf die Tagesordnung. Plötzlich mussten sich die Christdemokraten das erste Mal einer breiteren kritischen Revision ihrer eigenen Teilgeschichte Ost unterziehen. Herausgekommen ist nach einer heftig geführten Debatte nun dies: „Gleichwohl hat die CDU in der DDR im totalitären System der SED-Diktatur mitgewirkt."[2] Damit ist für die Kanzlerinnenpartei das Thema vom Tisch, ohne dass es dort lange verweilt hätte, denn eines bleibt eben auch als zentrale Erkenntnis: Die Linke ist und bleibt moralisch die einzige Rechtsnachfolgerin der SED-Herrschaft.

Doch damit verdrängt die Union den eigentlichen Kern der Debatte. Denn die zentrale Frage ist nicht die nach der „Mitwirkung" der CDU in der DDR, sondern der verfehlte Umgang mit dieser Vergangenheit. Die Geschichtsvergessenheit der CDU, die unkritisch hinterfragten personellen Kontinuitäten in den höchsten Ebenen der ostdeutschen CDU, die Diffamierungskampagnen gegen die ostdeutsche Sozialdemokratie seit 1989 und nicht zuletzt die trotz gegenteiliger Bekenntnisse stattfindende Zusammenarbeit mit der öffentlich geschmähten Linken in Ostdeutschland gehören eben auch zum Spektrum des Disputes um die Geschichte der CDU jenseits des Einheitskanzler-Mythos. Sich dieser komplexen Vergangenheit zu stellen, anstatt sie allein dem politischen Gegner – der Linken und der SPD – zu unterstellen, wäre im Gedenkjahr 2009 deshalb ein Gebot der Stunde.

## „Ex oriente lux"

Denn eigentlich teilten Sozial- und Christdemokraten in der Sowjetischen Besatzungszone (SBZ) das gleiche politische Schicksal. Waren deren Parteigründungen noch durch den Befehl Nr. 2 der Sowjetischen Militäradministration ermöglicht worden, bekamen insbesondere die Sozialdemokraten, aber eben auch die Christdemokraten und die Liberalen in der SBZ früh zu spüren, dass seitens der Besatzer und der KPD kein Interesse an einem gleichberechtigten Parteienwettbewerb bestand.[3] Während die Sozialdemokraten in die Zwangsvereinigung mit der KPD getrieben wurden, behinderten Besatzungsmacht und KPD-Führungskader die bürgerlichen Parteien systematisch und griffen nach Belieben in die innere Struktur der entstehenden – und anfänglich bei Wahlen recht erfolgreichen – christlich-bürgerlichen Sammlungsbewegung ein.

Die ersten Parteivorsitzenden der CDU, Andreas Hermes – ehemaliger Reichsminister und Zentrums-Abgeordneter – und Walther Schreiber etwa, mussten nach ihrer Kritik an der Umsetzung der Bodenreform auf Befehl der Besatzungsmacht aus ihren Ämtern scheiden, ähnlich erging es deren Nachfolgern Jakob Kaiser und Ernst Lemmer. Letztere flohen, nach ihrer erzwungenen Demission im Dezember 1947, wie viele andere Führungspersönlichkeiten in die westlichen Besatzungszonen. Viele andere CDU-Politiker bezahlten ihren Einsatz für die Ost-CDU und gegen den Führungsanspruch der SED mit Freiheitsentzug oder mit ihrem Leben, wie etwa der Potsdamer Bürgermeister Erwin Köhler und seine Frau Charlotte Köhler[4].

In den Jahren 1948–1952 wurde die völlige Entmachtung der bürgerlichen Parteien in der SBZ/DDR im Prinzip nur noch vollendet. Ohnehin waren die Spielräume sämtlicher Parteien jenseits der KPD durch die Einbindung in die „Einheitsfront der antifaschistisch-demokratischen Parteien", die sich auf die Einstimmigkeit ihrer Beschlüsse festgelegt hatten, äußerst gering. Mit der Gründung weiterer SED-loyaler Blockparteien (Demokratischen Bauernpartei/DBD und Nationaldemokratischen Partei/NDPD) schwächte die SED die bürgerlichen Parteien zusätzlich und sicherte sich über diese Parteien und die Einbindung der Massenorganisationen in den „Demokratischen Block der Parteien und Massenorganisationen" auch die Mehrheit in der Volkskammer.

Die CDU selbst, deren Parteiwappen der Spruch „Ex oriente lux" zierte, wurde unter dem Vorsitz Otto Nuschkes ab 1948 inhaltlich und personell systematisch auf Linie gebracht. Immer häufiger griff die SED in personalpolitische Entscheidungen ein, nach und nach ersetzten handverlesene Kader die Führungspositionen bis hinunter auf die Kreisebene.

Diese Politik ging Hand in Hand mit der seit 1948 forcierten Besetzung aller Posten im Staatsapparat mit zuverlässigen SED-Mitgliedern.[5] Mit der 2. Parteikonferenz vom Juli 1952 schrieb die SED endgültig die eigene Führungsrolle im antifaschistischen Block fest, was die gesäuberte CDU akzeptierte und damit ihre ohnehin nur noch pro forma bestehende Eigenständigkeit nun auch de facto aufgab.

Vielmehr wandelte sich die CDU zu einer Blockpartei unter vielen, zu einem der vielen Stabilitätsanker, auf dem der SED-Staat fußte, weil er selbst von dessen „natürlichen Gegnern" gestützt wurde. Gleichwohl hatten SED-Mitglieder die entscheidenden Funktionen im Staatsapparat und bei den Sicherheitsorganen inne. Dennoch war die CDU Träger des Systems bis an dessen Ende. Als die Wahlfälschungen im Mai 1989 publik wurden, als wenig später die Panzer in Peking rollten, als im Oktober 1989 Demonstranten in Berlin und Dresden brutal niedergeknüppelt wurden, schwieg die CDU, noch am 16. Oktober 1989 verbat sich der CDU-Vorsitzende Gerald Götting Bekundungen zugunsten der Demokratiebewegung.

Zwar hatten es bereits im September 1989 vier CDU-Mitglieder vermocht, sich mit dem „Brief aus Weimar"[6] aus der Erstarrung zu lösen. Doch deren Forderungen waren im Vergleich zu den Papieren des Neuen Forums, später des Demokratischen Aufbruchs oder der SDP nur wenig radikal. Trotzdem scheiterten die Initiatoren am innerparteilichen Widerstand, insbesondere Göttings und fanden mithin keine öffentliche Resonanz. Als dann endlich parteiintern offen über den „Brief aus Weimar" diskutiert wurde, war die Revolution schon längst im Gange und die Forderungen obsolet geworden. So brauchte denn auch die Ost-CDU bis zum 4. Dezember 1989, um sich aus dem „antifaschistischen Block" zu lösen, und noch fast zwei Wochen, um auf ihrem Parteitag den DDR-Sozialismus aus dem Programm zu streichen.

Als Akteure der Herbstrevolution waren ihre Mitglieder hingegen kaum in Erscheinung getreten, wenngleich einige der „Blockflöten", wie der Volksmund sie nannte, dies zu suggerieren suchen; so etwa der erste Innenminister und CDU-Landesvorsitzende Thüringens, Willibald Böck, der noch als Bürgermeister von Bernterode am 40. Jahrestag der DDR als „Preisender des realen Sozialismus" auffiel[7]. Zwei Jahre später schon pries er sich selbst als revolutionär und diffamierte seinen Parteifreund und vormaligen Bürgerrechtler Rainer Eppelmann als einen „sehr gelehrigen Schüler des vergangenen Systems." Böck weiter: „Ich kann Ihnen auch sagen, dass in meiner Heimat die CDU diese Wende gemacht hat. Da waren wir die Bürgerbewegung, weil wir uns sagten, wir brauchen keinen Pfarrer zu erfinden, um etwas zu bewegen."[8] Ein Selbstbild, das sich in der CDU bis heute gehalten hat und doch so wenig mit der Realität korrespondiert.

## „Nie wieder Sozialismus"

Erst als die Revolution unumkehrbar war, schaltete sich die Ost-CDU in die öffentliche Debatte ein, mehr bewegt von einem die Gunst der Stunde erkennenden Bundeskanzler Kohl denn durch inneren Antrieb. So verwundert es auch nicht, dass der anstehende Volkskammerwahlkampf zwar personell und organisatorisch, kaum aber inhaltlich von der Ost-CDU ausgefüllt wurde. Vergleicht man die Wahlkampfrhetorik der CDU von 1989/90 mit den frühen Wahlkämpfen Adenauers, so wird schnell klar, wo Kohls Wahlkampfmaschinerie ihre Anleihen nahm, um zum einen die Vergangenheit der Ost-CDU vor unangenehmen Rückfragen zu schützen, gleichzeitig ihre potentiellen Anhänger zu mobilisieren und zugleich über ein veritables Feindbild die eigenen Reihen geschlossen zu halten.

So wurde die eigene Vergangenheit als Blockpartei kassiert und durch die deutschlandpolitische Kontinuitätslinie von Adenauer bis Kohl ersetzt. Eine erstaunlich schnelle Vereinigung von Parteigeschichte, die Sozialdemokraten und Bündnisgrünen so recht nicht gelingen wollte. „Adenauer hat's angefangen, Kohl hat's vollendet!", fragte sich der Bürgerrechtler Gerd Poppe noch Jahre später am Rande der Enquete-Kommission des Bundestages zur Aufarbeitung der DDR-Geschichte gereizt.[9] Flankiert wurde diese Substitution der Traditionslinien durch die Vereinnahmung des Demokratischen Aufbruchs (DA) und der Deutschen Sozialen Union (DSU) im Rahmen der „Allianz für Deutschland". Und so standen an der Spitze des Wahlbündnisses neben Lothar de Mazière eben auch zwei vermeintlich unbelastete Ost-Politiker: Wolfgang Schnur und Peter-Michael Diestel. Während Schnur und – nach dessen Enttarnung als inoffizieller Mitarbeiter des Ministeriums für Staatssicherheit (MfS) – Rainer Eppelmann das bürgerrechtliche Feigenblatt gaben, sorgte Diestel für Schlagzeilen; die Blockpartei indes blieb im Hintergrund, und wenn der Name CDU fiel, dann in Verbindung mit Helmut Kohl und der West-CDU.

Geeint wurde dieses lose Bündnis unter der zentralen Forderung nach rascher deutscher Wiedervereinigung und im Abwehrkampf gegen den angeblich überall lauernden Sozialismus. Überdies hatte die CDU die Sozialdemokratie im Osten, statt sie als Bündnispartner gegen die SED zu begreifen, von Anfang an selbst als Gegner bekämpft. Denn eins hatte Kohl bereits in jungen Jahren von seinem machtpolitischen Vorbild Adenauer gelernt: Nur der harte Konflikt, der klare politische Gegner stiftet politische Gemeinschaft, nur die scharfe Polarisierung auf die Einheitsfrage und die schroffe Abgrenzung vom Gegner – sei er die SED oder die SPD – vermochte die CDU im Osten Deutschlands trotz ihrer Vergangenheit zu festigen und im Westen zu mobilisieren.

Bereits 1989 begann mithin die verordnete Geschichtsvergessenheit. In der tribunalen antisozialistischen Stimmung des Jahreswechsels von 1989/90 und über das gesamte Jahr 1990 war im Vorteil, wer dem Gegner die größte Affinität zum Sozialismus vorhielt. Und da waren die Bürgerrechtler und die Grünen ob ihres teils unterstellten „Dritten-Weg-Sozialismus" ebenso angreifbar wie die SPD mit ihrem Kanzlerkandidaten Oskar Lafontaine. Dass die anders positionierte Ost-SPD mit dazugeschlagen wurde, war simples Kalkül – dass man die SPD deshalb in die Nähe der SED/PDS rückte, war eine simple, ahistorische Taktik. „Im DDR-Wahlkampf vergeht kein Tag, an dem nicht Politiker von CDU und CSU oder aus der unionsnahen DDR-„Allianz für Deutschland" zu agitatorischen Tricks greifen, um die Empörung der ostdeutschen Wähler über die SED auf die Sozialdemokraten zu lenken – vor allem durch fortwährende Gleichsetzung der wiederbegründeten DDR-SPD mit der Traditionspartei des Stalinismus und deren Nachfolgerin PDS."[10]

Auf Wahlplakaten des Jahres 1990 wird die gesamte Bandbreite dieser Taktik offenbar. Da untertitelten die Unionswahlkämpfer ein Foto, welches Erich Honecker und Oskar Lafontaine nebeneinander zeigt mit dem Ausspruch Willy Brandts, wonach nun zusammenwachse, was zusammengehöre. Auf anderen Plakaten sah man durchlaufende Schriftzüge „PDSPDSEDSPDPDS", auf Flugblättern wurde durch simplen Buchstabenaustausch aus der SED die SPD. Schließlich sei die SPD, so Kohl im Deutschen Bundestag, „freiwillig" mit der KPD zusammengegangen und deshalb noch mehr als die CDU ins SED-Regime verstrickt. Eine historische Unverschämtheit angesichts der Opfer, die die Sozialdemokraten in der SBZ/DDR zu betrauern hatten. „Das Argumentationsmuster SPD SED stammt, wie CDU-Papiere zeigen, aus dem Bonner Konrad-Adenauer-Haus. Und auch Tausende von Flugblättern, auf denen die „perfide Gleichsetzung" (SPD-Vorstand) verbreitet wird, kommen aus dem Westen – was an der Qualität des verwendeten Papiers unschwer zu erkennen ist."[11]

Die Gleichsetzung zeigte indes ihre Wirkung und schwächte die SPD nachhaltig. Zudem verstärkte die Unfähigkeit der bundesrepublikanischen Sozialdemokratie, besonders der „Enkel" Willy Brandts um Gerhard Schröder und Oskar Lafontaine, sich mit der deutschen Frage auseinanderzusetzen, den Anti-SPD-Effekt.[12]

Dass die Union mit dieser Taktik Erfolg hatte, obwohl doch die Ost-CDU erst auf Druck aus Bonn am 25. Januar 1990 die alte Regierung unter SED-Führung pro forma verließ, um zwei Wochen später wieder in die „Regierung der nationalen Verantwortung" Hans Modrows einzutreten, zeigt, wie gut es ihr gelungen war, den Kanzler-Bonus und die aufkommende Einheitseuphorie zu instrumentalisieren, um sich als einzig deutschlandpolitische Alternative äußerst erfolgreich zur Wahl zu stellen. Damit gelang es Helmut Kohl, das einst „rote Mitteldeutschland" in eine tiefschwarze Domäne zu verwandeln, zumal er auf beachtliche personelle, organisatorische und vor allem finanzielle Ressourcen der Block-CDU zurückgreifen konnte. Eine Vergangenheitsdebatte zu diesem Zeitpunkt hätte indes deren Chancen deutlich geschmälert.

Das Erfolgsrezept wurde vier Jahre später erneut angewandt. Nun galt es, in die Zukunft aufzubrechen, „aber nicht auf Roten Socken". Peter Hintzes Wahlkampfschlager, welcher vor allem der PDS viele Wähler in die Arme trieb, funktionierte wiederum nach dem gleichen Adenauerschen Prinzip. Dort die Sozialisten und Ewiggestrigen in Gestalt der PDS wie auch die „Verräter" von der SPD, die sich in Sachsen-Anhalt bereits von der PDS tolerieren ließen,[13] hier die aufrechten und erfolgreichen Kämpfer um die deutsche Einheit. Diese deutschlandpolitische Erfolgsgeschichte überlagerte längst die eigene Vergangenheit als Blockpartei.

## Merkel und die Altkader

Dabei hatte die Union es Anfang der 90er-Jahre einmal gewagt, sich vom Ballast der Geschichte zu lösen. Nach und nach verschwanden prominente Ost-CDUler wie Lothar de Maizière oder Günter Krause aus dem Rampenlicht. Die bekannten CDU-Köpfe aus dem Osten hießen nun Heinz Eggert, Steffen Heitmann, Angela Merkel, Claudia Nolte und die damals noch parteilose Dagmar Schipanski. Zwar spielten sie auf der bundespolitischen Ebene mehr oder minder glückliche Rollen, in ihren Landesverbänden indes waren sie häufig isolierte Exoten. So scheiterte beispielsweise Eggert 1994 mit dem Versuch, ehemals hauptamtliche CDU-Kader als Kandidaten für Wahlämter zu verhindern. „Die Parteistrategen schrieben den Antrag geschickt zur „Empfehlung" um. Folge: Wie bisher kann jeder sächsische CDU-Ortsverein seine Kandidaten nach Gusto aufstellen – auch Führungskader aus der alten Zeit."[14] Der Einfluss etlicher Altkader blieb ungebrochen.

Bereits 1990 hatten die altgedienten DDR-Christdemokraten dafür gesorgt, dass sie und nicht die Bürgerrechtler aus dem Demokratischen Aufbruch oder die Wendepolitiker der DSU auf den entscheidenden vorderen Listenplätzen landeten. Schon früh hatten die alten Seilschaften ihren Einfluss geltend gemacht, um vielfach altgedienten „Unionsfreunden" – so bis 1989 die parteiinterne Anrede in der Ost-CDU - den Vorrang vor unbelasteten Neu-Politikern zu sichern. Die meist unerfahrenen Politnovizen scheiterten indes häufig an den noch immer dichten Organisationsstrukturen der ehemaligen Blockpartei und besaßen kaum ausreichend politischen Instinkt, um gegen die alten Netzwerke zu reüssieren.

Es waren eben diese Umstände, welche die einst omnipräsente brandenburgische Sozialministerin Regine Hildebrandt (SPD) zu der Weigerung veranlassten, mit „diesen Arschlöchern von der CDU" zu koalieren. Es war ihr ein Gräuel, mit einer Partei zusammenzuarbeiten, in deren erster Landtagsfraktion nach 1990 24 der 27 Abgeordneten Altkader waren – einer bereits 1952, also sowohl vor als auch nach dem blutig niedergeschlagenen Volksaufstand vom 17. Juni 1953. Hildebrandt ging es weniger um einzelne Karrieren, sondern vor allem um die mangelnde Bereitschaft, sich dieser Vergangenheit zu stellen.

Brandenburg war auch der Ort, wo die heutige CDU-Bundesvorsitzende Angela Merkel sich zum ersten, aber eben auch zum letzten Mal, mit den Altkadern in der CDU anlegte. Als sie 1991 dort Landesvorsitzende werden wollte, unterstützt von der Bundespartei, wählten die Delegierten den West-Import Ulf Fink und nicht der Uckermärkerin. Zu deutlich hatte sie sich bereits im Vorfeld der Wahl auf die Seite der „Reformer" in der CDU um Arnold Vaatz und Heinz Eggen gestellt. Unterstützt wurde sie insbesondere von Volker Rühe, der den Einfluss der Altkader eindämmen und die ostdeutsche Union konsequent erneuern wollte[15], aber auch von Kohl, der die undurchsichtige, tendenziell sozialer ausgerichtete und damit irgendwie linkere Ost-CDU anfangs noch gefürchtet hatte. Doch es gab auch andere Stimmen. Nicht nur die ehemaligen „Blockflöten" wollten sich selbst schützen, auch Heiner Geißler, Erwin Teufel oder Wolfgang Schäuble wollten aus unterschiedlichen Motiven irgendwo zwischen Versöhnung und Machttaktik die Debatte um Doppelkarrieren ostdeutscher Unionspolitiker mit weniger strengen Kriterien führen als die „Reformer". Dementsprechend hielten sich die „Blockflöten" vielfach in der Politik. Etwa »Betonköpfe wie Karl Hennig, vor der Wende Funktionär beim Nationalrat der Nationalen Front und Chef des Hardliner-Kirchenblattes Standpunkt, nach der Wende zeitweilig Sprecher de Mazières und heute Mitarbeiter der Berliner CDU-Fraktion. Hennig hat die Parole ausgegeben: „Einer, der erst jetzt in die CDU eingetreten ist, kann ja gar nicht beurteilen, wie es früher in der CDU gewesen ist.'"[16] Die Beurteilung der eigenen Vergangenheit oblag demzufolge den Altkadern selbst, die ihrem letzten Ost-Vorsitzenden folgend fleißig die Legende nachbeteten: „CDU-Mitglieder im SED-Staat [...] seien stets Gefahr gelaufen, 'Repressionen, Verdächtigung und Verfolgung ausgesetzt zu sein'. Die Verantwortung für 40 Jahre Blockpolitik trage lediglich 'eine korrupte 'SED-hörige Führung' – Freispruch für die Basis."

Hernach schwenkte auch Merkel, die unter Kohl mehr und mehr zum Aushängeschild der ostdeutschen CDU geworden war, auf diesen Kurs ein. Fortan hielt sie sich mit öffentlicher Kritik an alten Seilschaften in der CDU zurück und wahrte so die Chance, nach der Demission Günter Krauses als Landesvorsitzender in Mecklenburg-Vorpommern selbst in dieses Amt gewählt zu werden. Seither ist der Landesverband Merkels sichere Wagenburg. Das erklärt auch, warum von ihr in der Debatte um das Strategiepapier Ost, um die Rolle Stanislaw Tillichs oder Dieter Althaus' in der DDR oder ganz allgemein um die Rolle der CDU in der DDR, keine weitreichenden Äußerungen kommen werden. Sie hat Frieden geschlossen mit denen, die sie noch 1989 davon abgehalten hatten, in die CDU einzutreten. Die Aufarbeitung der Vergangenheit ist durch einen Pakt des Schweigens beendet worden.

### Renaissance der alten Seilschaften?

Dieser stellte die Basis für das Wiedererstarken der Alkader. Galt beispielsweise die sächsische CDU-Fraktion in den 90er-Jahren noch als reformorientiert[17], sind die Reformer inzwischen nicht mehr zu hören, ist die Zahl der Altkader in der Landtagsfraktion inzwischen wieder bei 40 Prozent angelangt, sind Fraktionsführung und parlamentarische Geschäftsführung fest in der Hand der Ost-CDUler, finden sich unter den Unionsmitgliedern in der Staatsregierung gar nur West-Importe und Altkader. Kein Wunder, dass nicht der vormalige Reformer Arnold Vaatz für die Nachfolge Georg Milbradts als sächsischer Ministerpräsident favorisiert wurde, sondern der ehemalige Kader Stanislaw Tillich.

Nur kurz, im Jahr 1991, hatten sich die Blockflöten in der CDU in der Defensive befunden. In jenem Jahr hatte die CDU sich auf dem Dresdner Parteitag mit ihrer Vergangenheit auseinandergesetzt und der Generalsekretär Rühe, flankiert vor allem von Arnold Vaatz, eine konsequente Erneuerung der Ostpartei gefordert. Doch die Bemühungen verliefen im Sande, das Dresdener Manifest, auf das die Partei noch heute stolz ist, blieb in seiner Harmlosigkeit weit hinter einem politischen Schuldbekenntnis zurück, denn es delegierte die Schuldfrage in die von den Altkadern dominierten Landesverbände.[18] Die Probleme in Ostdeutschland, der Aufbau Ost, überdeckten bald diese Debatten.

Zudem hatte es die CDU vermocht, die PDS zum alleinigen Sündenbock für begangenes DDR-Unrecht zu stempeln und gleichzeitig mit der Rote-Socken-Kampagne 1994 und mit der Rote-Hände-Kampagne 1998 die SPD in deren Nähe geschoben. Indes bot die PDS auch immer wieder breite Angriffsflächen, und so gelang es der CDU, das Kapitel ihrer DDR-Vergangenheit zu verdrängen und, wenn es aufkam, gleich wieder im Keim zu ersticken. Bis zum Jahr 2008 – bis die gesamtdeutsche Christdemokratie wieder an das erinnert wurde, was sie unlängst im Orkus der Geschichte versenkt zu haben glaubte.

Doch auch nun verstehen es die gewendeten Ost CDU-ler wiederum, alle Schuld von sich zu weisen, reklamieren sie für sich die Opferrolle. Für die Schuldzuweisung an den „Schmierfink aus dem Westen"[19], der die Affäre Tillich ausgelöst hatte, erhielt der einzige Redner zum Thema CDU-Vergangenheit auf dem Stuttgarter Parteitag, Fritz Niedergesäß, viel Beifall. Ebenso für die Feststellung, dass die Mitgliedschaft in der Block-CDU die eigene Karriere eher behindert denn befördert habe, quasi ein Zeugnis oppositionellen Handelns gewesen sei. Dass mit Niedergesäß ein Altkader sprach, der Altkader Tillich – selbst im Zentrum der Kritik stehend - die Debatte leitete, die Gegenrede aber ausblieb, auch weil weder Vera Lengsfeld noch Arnold Vaatz, Rainer Eppelmann, Ehrhart Neuberl oder Günter Nooke, die prominenten Bürgerrechtler in der Union, noch etwas dazu beizutragen hatten, zeigt am Ende der Geschichts-debatte in der CDU nur eines: Immer noch ziehen die Parteistrategen West und die Altkader Ost an einem Strang. Während die einen die glorreiche West-Vergangenheit nicht beschmutzt sehen wollen, um den anderen Parteien, die sie immer wieder auf das Schafott der Geschichte ziehen, keine Angriffsfläche zu bieten, versuchen die anderen, die eigene Geschichte vor allzu kritischen Nachfragen zu bewahren. Auch dieses Prinzip hat Methode seit 1990. Schon früh, im Februar 1990, wusste das Bundeskanzleramt über die Stasi-Verstrickungen Wolfgang Schnurs Bescheid. Doch die Enttarnung hätte die Wahlchancen der „Allianz für Deutschland" ob eines Bündnisses mit Stasi-Zuträgern rapide absinken lassen.[20] Und so blieb die Akte geschlossen, bis Schnur nicht mehr haltbar war, und an Lothar de Mazière hielt man fest, bis der seine historische Aufgabe als Juniorpartner Kohls erfüllt hatte.

So hält es die Partei bis heute. Der Antrag des Kreisverbandes Halle (Saale), der sich der Verantwortung gegenüber der Vergangenheit sehr deutlich stellte, ist in Stuttgart von der Antragskommission bis zur Unkenntlichkeit abgemildert worden. Aus der kritischen Selbsterkenntnis: „Wir bekennen uns zur Geschichte der CDU als Blockpartei, kennen die schuldhafte Mitverantwortung der Führung der CDU in der DDR an den Verfehlungen und Verbrechen einer Diktatur unter der führenden Rolle der SED", wurde die ebenso euphemistische wie inhaltsleere Deutung: „Gleichwohl hat die CDU in der DDR im totalitären System der SED-Diktatur mitgewirkt."[21]

### Der lange Weg vom Saulus zum Paulus

Diese Erkenntnis bleibt weit hinter dem zurück, was notwendig wäre, um der CDU eine ernsthafte Aufarbeitung ihrer Vergangenheit bescheinigen zu können. Deshalb muss die Union es sich gefallen lassen, dass sie in der aktuellen Debatte in die Nähe der SED gerückt wird, obwohl sie real in der DDR wesentlich weniger Einfluss hatte, als die dominierende Staatspartei. Tatsächlich stellte sie Tausende Abgeordnete auf allen Ebenen, war in Bezirken, Städten und Gemeinden verankert, verfügte über eigene Vertreter im Präsidium der Volkskammer, im Staatsrat und im Ministerrat. Zur Wahrheit gehört aber auch, dass die SED von den einflussreichen Positionen aus alles dominierte, die wenigen wichtigen CDU-Leute von der SED ausgesucht und gesteuert wurden, dass CDU-Mitgliedern eine höhere Laufbahn in den Sicherheitsorganen wie der Nationalen Volksarmee (NVA), dem MfS oder den Grenztruppen verwehrt war.

Dass die Gründungsjahre der CDU geprägt waren von Repressionen, Parteisäuberungen, Verhaftungen und Todesurteilen gehört ebenso zum historischen Bestand der Blockpartei wie ihr Schweigen am Ende der DDR. Dass die CDU immer auch eine Nische bot, um in staatlichen Berufen zu arbeiten, ohne in die SED eintreten zu müssen, steht auf der gleichen Seite der Medaille wie die Erfahrung, dass Mitglieder der Blockparteien, wollten sie Karriere machen, zum Beweis ihrer Bündnistreue die SEDler oftmals links zu überholen vermochten. „Bei den SED-Funktionären wusste man immer, woran man ist. Die Vorstellung, dass ein CDU-Funktionär anderer Couleur sein müsste, die trog hingegen meistens. Wenn sie in Staatsfunktionen waren, haben sie nicht selten versucht, die SED links zu überholen, um nachzuweisen, dass sie ganz fortschrittlich sind", erklärte der ehemals stellvertretende Direktor der Lutherhalle Wittenberg, Ronny Kabus.[22] Kabus hatte den Beitritt zur Ost-CDU 1987 verweigert und wurde deshalb durch einen „Unionsfreund" ersetzt, der es nach 1989 bis zum Ministerialdirigenten brachte.

Ein ebenso uneindeutiges Bild liefern die vielen Bürgerrechtler in der Union. Zwar kann man deren früheren oder späteren Übertritte zur CDU als Beleg dafür werten, dass die Partei mit ihrer Vergangenheit gebrochen habe, wie es der Antrag des Hallenser Kreisverbandes zur Geschichte der CDU in der DDR suggerierte. Doch bleibt an die Adresse der Bürgerrechtler die Anfrage bestehen, warum sie nicht schon längst eine Debatte über die Vergangenheit der Christdemokraten eingefordert haben.[23] Dass sie sich zweimal vor den selben Karren spannen ließen, genügt — bei aller nachvollziehbarer Kritik an rot-(grün-)roten Machtspielen Mitte der 90er-Jahre – nicht als Indiz für eine CDU, die sich von ihrer DDR-Vergangenheit befreit habe.

All diese Schattierungen, die Grau- und Zwischentöne im Handeln der einzelnen Akteure werden in dem Moment übertüncht, da Geschichtsvergessenheit und historische Notlügen sich ihren Weg bahnen. Die CDU holt nun das ein, was sie von der Linken immer gefordert hat – nämlich, die eigene Vergangenheit intensiv, glaubwürdig und vorbehaltlos aufzuarbeiten. Weil sie das selbst aber nicht getan hat, darf selbst Oskar Lafontaine inzwischen wider besseren Wissens die SED-Machthaber mit den vergleichsweise unbedeutenden Kadern aus der Ost-CDU gleichsetzen und dadurch erneut begangenes SED-Unrecht relativieren – diesmal durch den Verweis auf die Vergangenheit der ostdeutschen Christdemokraten.

Indes sind die Äußerungen eines Dieter Althaus, der noch im August 1990 ein „umfassendes Treuebekenntnis zum DDR-Staat ab[gab], das über die üblichen Lippenbekenntnisse hinausging"[24] nicht vergleichbar mit den Glückwünschen eines Egon Krenz zur „chinesischen Lösung", ist eine Kaderschulung eines Stanislaw Tillich nicht gleichzusetzen mit vielen Karrieren, die noch heute in der Linken zu finden sind, die gar hauptamtliche MfS-Offiziere in ihren Fraktionen hat. Doch schon 1991, auf dem Dresdner Parteitag standen, vor allem in Person von Althaus' Vor-Vorgänger Josef Duchac die gleichen Fragen im Raum. Dort zitierte der sächsische Innenminister Heinz Eggert Duchac mit dem Satz: „Es ist immer noch besser gewesen, Clownerien in einem Stasi-Ferienheim zu machen, als für die Stasi Berichte geschrieben zu haben." Aber, so fragte

Eggert: „Meinen Sie ernsthaft, dass die Schuld des einen dadurch, daß ein anderer größere Schuld auf sich geladen hat, kleiner wird?"[25] Genau dies tut aber die CDU seit 1990 und bis heute. Natürlich könnten die „Blockflöten" diesen Gewissenskonflikt auflösen, auch dafür wusste Arnold Vaatz, einer der Wortführer der Parteireformer, bereits 1991 an selbem Ort einen Rat, nämlich dass man „bevor man von einem Saulus zu einem Paulus werden kann, auch wie Saulus sagen muß: ‚Ich war der Schlimmsten einer'. Dieses Bekenntnis steht dazwischen."[26]

Daher ist nicht die Verstrickung von CDU-Funktionären in den Herrschaftsapparat der DDR das eigentliche Problem der Debatte. Eine Reduktion darauf würde – analog im Übrigen zur Vergangenheit der ostdeutschen Linken – doch nur auf ein Ost-West-Tribunal hinauslaufen. Zumindest überwiegt dieser Eindruck immer wieder und spielt jenen Altkadern in die Hände, die sich solidarisch und geschlossen gegen die Angriffe der „Wessis" zur Wehr setzen, die keine Ahnung von der DDR hätten. Es müsse Schluss damit sein, dass „das Seelenleben der Ostdeutschen von Westdeutschen beurteilt wird", erklärte denn' auch Lothar de Maiziere unmittelbar vor dem CDU- Parteitag in Stuttgart und sprach von einer „schäbigen Kampagne."[27] Statt einen problematischen Umgang mit der Vergangenheit zuzugeben, wird gegen die Kampagnenführer opponiert. Dieses Verhalten ist nicht neu, es erinnert vielmehr deutlich an den Umgang der PDS mit der eigenen Vergangenheit.

Das Bekenntnis indes, das Vaatz einforderte, müsste im Zentrum der Debatte stehen – ein Bekenntnis zu individueller Schuld, die sehr unterschiedlich ausfallen konnte. Weder die Vergangenheit von Althaus noch die von Tillich taugen zur generellen Anklage, eher schon die Geschichtsvergessenheit der CDU in den Wahlkämpfen der 90er-Jahre. Dem Vorwurf, dem sich all die Altkader in der CDU aber stellen müssen, ist die Unehrlichkeit, teils das gänzliche Verschweigen ihrer parteipolitischen Vergangenheit in der DDR. Und die Liste derer, die sich nicht mehr an Funktionen und Aktivitäten in der DDR-CDU erinnern können, ist lang.[28]

Das Jahr 2009 ist reich an Jubiläen und Gedenktagen. Viel wird über die DDR, die Revolution und deren Akteure geschrieben und debattiert werden. Hier wie dort wird man diesem oder jenem Saulus oder Paulus begegnen. Gerade jetzt bietet sich der CDU – wie im Übrigen auch der FDP – die Chance, ihre eigene Vergangenheit als Blockpartei offen und ehrlich zu durchleuchten und dabei auch die verfehlte Vergangenheitsbewältigung der letzten zwei Jahrzehnte einer kritischen Reflexion zu unterziehen, wie es etwa der einsam mahnende Ministerpräsident Sachsen-Anhalts, Wolfgang Böhmer

– selbst kein Altmitglied –, einfordert.[29] Dazu gehört ein historisch ehrlicher Umgang mit der eigenen Vergangenheit und mit dem politischen Gegner, heißt er nun SPD oder Linkspartei – auch wenn die Mehrheitsverhältnisse knapp sein werden und die Option eines Lagerwahlkampfes mit historischen Rück- und Angriffen für die Unionsstrategen verführerisch sein mag. Darauf zu verzichten, verlangt viel Mut zur Ehrlichkeit und Demut vor der Geschichte – ein Großteil dessen, was Demokraten im 20. Jahr nach der friedlichen Revolution von 1989 zu leisten imstande sein sollten.

aus: Michael Lühmann „Deutschland Archiv",
Zeitschrift für das vereinigte Deutschland, 1/2009

1 Vgl. Geteilt. Vereint. Gemeinsam. Perspektiven für den Osten Deutschlands. Beschluss des CDU-Bundesparteitages, Stuttgart 2008, http://www.stuttgart08. cdu.de/wpcontent/uploads/2008/12/081202-beschluss-b1.pdf, S. 1-3 (20.12.2008).
2 Ebd., S. 5. Die Reihenfolge, in der die CDU ihr Geschichtsbild ordnet, ist die oben beschriebene. Einer dreiseitigen Erklärung über begangenes SED-Unrecht folgen anderthalb Seiten zu deutschlandpolitischen Errungenschaften und erst dann zur Rolle der DDR-CDU.
3 Vgl. Siegfried Suckut, Parteien in der SBZ/DDR 1945-1952, Bonn 2000.
4 Vgl. Ilko-Sascha Kowalczuk/Tom Sello (Hg.), Für ein freies Land mit freien Menschen. Opposition und Widerstand in Biographien und Fotos, Berlin 2006, S. 27f.
5 Vgl. insg. Michael Richter, Die Ost-CDU 1948-1952. Zwischen Widerstand und Gleichschaltung, Düsseldorf 1990; ders./Martin Rißmann (Hg.), Die Ost-CDU. Beiträge zu ihrer Entstehung und Entwicklung, Weimar 1995; Manfred Wilde, Die SBZ-CDU 1945-1947. Zwischen Kriegsende und Kaltem Krieg, München 1998.
6 Martina Huhn/Martin Kirchner/Christine Lieberknecht/Gottfried Müller, Brief aus Weimar, 10.9.1989, dok.: DA 22 (1989), 8. 1185-1188.
7 Christian v. Ditfurth, Blockflöten. Wie die CDU ihre realsozialistische Vergangenheit verdrängt, Köln 1991 S. 208.
8 Eisenacher Tagespost, 9.9.1991.
9 Vgl. Jürgen Leinemann, Der größte kleine Mann, in: Der Spiegel, 45/1993. Vgl. zu dieser Debatte: Materialien der Enquete-Kommission „Aufarbeitung von Geschichte und Folgen der SED-Diktatur in Deutschland", Hg. Deutscher Bundestag Baden-Baden 1995, Bd. V, S. 540-998.
10 „Mit dem Teufel marschiert", in: Der Spiegel, 10/1990.
11 Ebd.
12 Vgl. dazu grundlegend: Daniel Friedrich Sturm, Uneinig in die Einheit: Die Sozialdemokratie und die Vereinigung Deutschlands 1989/90, Bonn 2006.
13 Vgl. zur Bilanz der Kampagne: Knut Bergmann, Der Bundestagswahlkampf 1998: Vorgeschichte, Strategien, Ergebnis, Wiesbaden 2002, S. 97-104.
14 Korrupt und hörig, in: Der Spiegel, 15/1994.
15 Vgl. „Wir müssen die aufrütteln", in: Der Spiegel, 52/1991.
16 Christian von Ditfurth, Schild und Schwert, in: Der Spiegel, 50/1991. Das Folgende ebd.
20 Frühes Wissen, in: Der Spiegel, 40/1991.
21 Vgl. Antrag Nr. B28 —KV Halte, in: Sammlung der Anträge und Empfehlungen der Antragskommission, 22. Parteitag der CDU Deutschlands, Stuttgart 2008, S. 270.
22 Vgl. Partei lockte mit Karriere, in: http://www.mz-web.de/servlet/Content Server? pagename=ksta/page&atype=ks Artikel&aid=1229852948354, (2.1.2009).
23 Ehrhart Neubert bedient sogar die offizielle CDU-Geschichtsschreibung: vgl. ders., Ein politischer Zweikampf in Deutschland, Die CDU im Visier der Stasi, Freiburg i. Br. 2002, wo die CDU als Garant der deutschen Einheit, zugleich als Opfer der Stasi und an der Basis nahezu oppositionell dargestellt wird, während die alleinige Verantwortung für die DDR-Vergangenheit der PDS zugeschrieben wird.
24 Vgl. Fester Standpunkt, in: Der Spiegel, 34/1993.
25 Protokoll 2. Parteitag der CDU Deutschlands, Dresden, 15.-17. Dezember 1991, Hg. CDU-Bundesgeschäftsstelle, Bonn 1991, S. 540.
26 Ebd., S. 533.
27 Vgl. Lothar de Maizière kritisiert Kampagne gegen Tillich, in: Sächsische Zeitung, 1.12.2008.
28 Vgl. z.B. Gunter Latsch u a., Stütze und Feigenblatt, in: Der Spiegel, 49/2008.
29 Frankfurter Allgemeine Sonntagszeitung, 23.11.2008.

**Publikationen:**
DDR-Aufarbeitung. Rosa-rote Scheinwelt, in: zeit online, 17.08.2007
Der Tag der Ostdeutschen, in: zeit online, 9.10.2007.
Einheit und Freiheit von Preußens Gnaden, in: Zeit online, 14.03.2008.
Ostdeutsche. Sehnsucht nach dem starken Mann, in: Zeit online, 15.04.2008.
Verdrängte Vergangenheit. Die CDU und die „Blockflöten", in: Deutschland Archiv, Jg. 42 (2009) H. 1, S. 96-104.
Geteilt, ungeliebt, deutungsschwach? Die 68er-Generation der DDR, in: Deutschland Archiv, Jg. 41 (2008) H. 1, S. 102-107.
Die Zukunft der „anderen" Vergangenheit – Erkundungen im Labor Ostdeutschland, in: Felix Butzlaff / Stine Harm / Franz Walter (Hrsg.): Patt oder Gezeitenwechsel? Deutschland 2009, Wiesbaden 2009 (im Erscheinen)
Michael Naumann — Schröders Glanz und Hamburgs Gloria, in: Robert Lorenz / Matthias Micus (Hrsg.): Seiteneinsteiger. Unkonventionelle Politiker-Karrieren in d. Parteiendemokratie, Wiesbaden 2009 (im Erscheinen)

**Michael Lühmann** wurde 1980 in Leipzig geboren, ist verheiratet und Vater von drei Kindern. Michael Lühmanns großes prägendes Ereignis war seine Teilnahme als Schüler an den Montagsdemonstrationen in Leipzig am 9. Oktober 1989. Nach dem Abitur 1998 in Leipzig und anschließendem Studium der Politikwissenschaften sowie der mittleren und neueren Geschichte wechselte Lühmann von Leipzig nach Göttingen an das Seminar für Politikwissenschaften der Georg-August-Universität Göttingen. Dort ist der Politikwissenschaftlern und Historiker Mitarbeiter der AG Parteien- und Politische Kulturforschung. Michael Lühmann ist freier Autor und schreibt unter anderem für Zeit online.

**Michael Bartsch**

# Nachrichten aus der Nische
## Debatte über die Block-CDU der DDR

Die Ost-CDU als Hort der bürgerlichen Wohlgesinnten?
Alles Lüge! Wer in der DDR Christ an der Gemeindebasis war,
blieb auf Distanz zur Block-CDU. Erinnerungen …

Im Bücherschrank meines Vaters fand sich Erstaunliches. „Rüstzeug der UNION" waren die damals schon vergilbten und zerschlissenen Oktavheftchen aus den ersten Nachkriegsjahren überschrieben. „Die Geschichte betrachten wir nicht als eine Geschichte von Klassenkämpfen, sondern als die Entwicklung der menschlichen Kultur", las man beispielsweise im Heftchen „Sozialismus des christlichen Arbeiters". Auch dass Privateigentum an Produktionsmitteln nicht in jedem Fall mit Ausbeutung gleichzusetzen sei.

In der Schule der dogmatische Anspruch eines Kindergartenkommunismus, draußen die entgegen gesetzte Realitätserfahrung. Mit dieser Schizophrenie wuchs man in einem katholischen Elternhaus auf. Ergebnisoffenes Denken hatte sich folglich in die Katakomben des Geistes zurückzuziehen.

Dort hatte freilich auch das Bekenntnis zu wachsen, das einem, wenn aus Gewissensgründen nötig, abverlangt werden konnte. Wer zwischen diesen Welten herumeierte wie die schwammigen Unionsfreunde von der Block-CDU, wurde belächelt oder verachtet. Klang einem nicht Matthäus 5,37 in den Ohren: „Eure Rede aber sei: Ja, ja; nein, nein; was darüber ist, das ist vom Übel"?

Die unentdeckte Zeit vor der Gleichschaltung der Blockparteien in der „Nationalen Front" hatte etwas Faszinierendes. Eine Zeit des Suchens offenbar, in der jener von Kind auf verinnerlichte Dualismus, ja Antagonismus zwischen Christentum und Staatsdoktrin noch nicht zementiert war. Und mein Vater mittendrin? Nach seiner Flucht aus Schlesien in Thüringen aufgenommen, gründete der überzeugte Katholik 1946 noch vor dem Aalener Programm mit anderen einen Ortsverband der CDU.

Aber mit dieser Partei hatte er doch nichts mehr zu tun, seit ich denken konnte? Mein Vater muss unter dem eingetretenen Bruch sehr gelitten haben, denn er sprach kaum darüber. Auch sein Rückzug auf das eigentlich anders gemeinte Bibelwort: „Gebt dem Kaiser, was des Kaisers ist, und Gott, was Gottes ist!", klang gequält. Die Kompromisslinie zog sich quer durch die Familie. Mein Vater, der Kirchenmusiker, verweigerte meine Jugendweihe, Mutter, als

Lehrerin im Staatsdienst, setzte zumindest meinen Eintritt in die FDJ durch. Nur so viel erfuhr ich noch: Mein Vater war 1956 nach der Niederschlagung des Ungarn-Aufstands aus der Ost-CDU ausgetreten.

Mein Respekt vor ihm stieg in gleichem Maße, wie der vor den Weicheiern der Blockparteien sank. Mit einem dieser Vertreter bekam ich es vor dem einzigen DDR-Volksentscheid zur neuen sozialistischen Verfassung am 6. April 1968 zu tun, denn agitiert wurde auch an Schulen. Ausgerechnet der Erfurter CDU-Funktionär Franz Kirchner, der Vater einer Schülerin, war eingeladen worden, vor der Schulklasse das Werk zu preisen. Mich hatte er abzubügeln, als ich ihm mit zitternder Stimme den „Fortschritt" hinsichtlich der Stellung der Religionsgemeinschaften vorhielt. Aus einem Abschnitt mit acht Artikeln der Verfassung von 1949 wurde 1968 ein einziger nichtssagender Artikel. Der Verfassung stimmten „nur" knapp 95 Prozent zu, ein frappierendes Ergebnis.

Kompromissler waren wir im praktischen Leben alle, aber schon ein Jugendlicher wie ich unterschied intuitiv zwischen Kompromiss und Kollaboration. Ich lernte Lehrerkollegen meiner Mutter kennen, die ihre aus irgendeinem peinlichen Grund eingegangene Mitgliedschaft in der CDU möglichst verschwiegen und als umgängliche Menschen akzeptiert wurden.

Und ich zuckte andererseits im Messdienergewand am Altar zusammen, wenn der CDU-Bezirkschef unerwartet im Sonntagsgottesdienst erschien. Im Nachhinein erscheinen die Parteikarrieristen als bedauernswerte Typen, weil sie relativ isoliert blieben und in das pralle Gemeindeleben wenig integriert waren. So erfuhr ich es in der Studentengemeinde mit einem ziemlich eitlen Kommilitonen, der in Kreisen der „Berliner Konferenz europäischer Katholiken" um Otto Hartmut Fuchs verkehrte. Und so beobachtete ich später in der Ortsgemeinde einen maßgeblichen Dresdner CDU-Funktionär, der gehemmt und unglücklich wirkte, weil er das ihn umgebende Misstrauen zu spüren schien.

„Wenn so einer im Raum war, hielt man die Schnauze", formulierte zur Wendezeit der heutige CDU-Bundestagsabgeordnete Arnold Vaatz. „Wer mit dem Teufel essen will, muss einen langen Löffel haben", pflegten wir zu sagen. Man diente sich nicht ohne Not einem Regime und seiner Partei der führenden Rolle an, es sei denn, Karriere galt einem mehr als die Überzeugung. Und wer den Spagat einer „Kirche im Sozialismus" postulierte, den konnte man eigentlich nicht ernst nehmen. Die aktive kirchliche Umgebung, die mich prägte, betrachtete die Block-CDU jedenfalls ungefähr so wie die Kommunisten die SPD.

Dieses Schwarz-Weiß-Bild geriet allerdings zu Beginn meiner Studienzeit ins Wanken. In der Evangelischen Studentengemeinde Dresden stieß ich auf die noch frischen Spuren einer Eintrittswelle junger Christen in die CDU. Der integre Dieter Reinfried beispielsweise, später Sprecher des Neuen Forums, Stasi-Besetzer, Dresdner CDU-Stadtchef und Staatssekretär, gehörte 1971 zu jenen, die den angepassten Laden der Amensager von innen aufmischen wollten. Womöglich stand der „Marsch durch die Institutionen" der Achtundsechziger im Westen Pate.

In diesen Institutionen saßen freilich auch Unionsfreunde, die mindestens ebenso viel Hasspotenzial auf sich zu ziehen vermochten wie manche Bonzen der SED. In Dresden war der Stadtrat für Wohnungsfragen, Horst Korbella, solch ein aalglattes Schlitzohr. Familien wie die meine, die ein Vierteljahr vor dem ersten Entbindungstermin noch immer keine Wohnung hatte, lud er auf ihre Eingaben hin gleich im Dutzend in sein Rathauszimmer. Eine halbe Stunde erzählte er vom sozialistischen Wohnungsbauprogramm und dessen Erfolgen, dann durften wir wieder gehen. Ohne Wohnung. Ich entsinne mich eines cholerischen Ausbruchs beim zweiten Termin. Korbella stieg im Vereinigungsjahr 1990 zum stellvertretenden Vorsitzenden der Ost-CDU auf, bevor er als IM „Peter Klaus" der Stasi enttarnt wurde. In seinem letzten Bericht vom 8. November 1989 schrieb er: „Ich will aktiv dazu beitragen, dass der Sozialismus in der DDR bestehen bleibt ..."

Das war mehr als nur Tarnung, als jene Mimikry, die sich beispielsweise Redakteure der Unions-Bezirkszeitungen zulegten. Das *Thüringer Tageblatt* und *Die Union* in Dresden waren achtseitige Blättchen mit dem komprimierten *Neuen Deutschland* der SED vom Vortag und einem Lokal- und Kulturteil, der es besonders in den späten Achtzigern in sich haben konnte. Im Dechiffrieren geübt, las man zwischen den Zeilen Renitentes etwa über ökologische Verheerungen in der DDR. Nicht von ungefähr war es die später nach der deutschen Vereinigung völlig resignierte Kulturchefin der *Union,* Uta Dittmann, die am 10. Oktober 1989 den ersten Glasnost-Artikel der DDR-Presse schrieb. Unter dem Titel „Es ist möglich, miteinander zu reden", gestand sie auch Opportunismus und manipulierte Berichterstattung ein.

Der relative Bonus, den die CDU-Bezirkszeitungen genossen, mildert auch den Blick auf Herbert Goliasch, ehemals stellvertretender Chefredakteur des *Thüringer Tageblatts.* Er war Anfang 1990 als Chef eines Leipziger Kunstverlages formal mein erster Arbeitgeber beim Umstieg in den Journalistenberuf. Ich durchschaute damals noch nicht, wie er seine alten Verbindungen spielen ließ, entlassene Redakteure in unserer neuen Bürgerbewegungszeitung zu platzieren versuchte, systematisch seine Inthronisation als erster CDU-Fraktionsvorsitzender im neuen Sächsischen Landtag vorbereitete. Drei Viertel dieser Fraktion gehörten der alten Blockpartei an. Goliasch war ein Kumpel, aber auch ein geschmeidiger Wendehals. 1994 kandidierte er nach unbewiesenen Vorwürfen früherer KGB-Kontakte nicht mehr für den Fraktionsvorsitz und verließ 1998 die CDU.

Unbelastete Neumitglieder, voran Arnold Vaatz und Matthias Rößler, verhinderten 1990 mit dem Ruf nach Kurt Biedenkopf, dass der Landesvorsitzende Klaus Reichenbach Ministerpräsident werden konnte. Weit stärker als in anderen neuen Bundesländern erzwangen diese Reformer auch eine innerparteiliche Auseinandersetzung mit der Vergangenheit, die aber ab etwa 1992 in einen Burgfrieden mündete.

Damals wie heute stellt sich die CDU jedoch selbst eine Falle, wenn sie der PDS-Linken die alleinige Verantwortung für 40 Jahre DDR-Unrecht zuweist. „Die schlimmsten Feinde der Elche waren früher selber welche", kommentierten in der ersten Legislaturperiode die Grünen. Und wenn der damalige PDS-Fraktionsvorsitzende Klaus Bartl wieder einmal wegen seiner jugendlichen Stasi-Zuträgerschaft und der Tätigkeit in der SED-Bezirksleitung Karl-Marx-Stadt angezählt wurde, zeigte er vom Rednerpult nur auf die erste Reihe der CDU-Fraktion: „Sie standen zum Tag der Staatssicherheit am 8. Februar doch als Erste mit dem Blumenstrauß vor der Bezirksverwaltung!"

www.taz.de/nc/1/politik/deutschland/artikel/1/nachrichten-aus-der-nische&src=PR

---

**Michael Bartsch,** 55, ist taz-Korrespondent in Dresden.
Dem erwachenden Knaben im pubertären Alter, in der einen Hirnhälfte das Evangelium und die Zehn Gebote, in der anderen das Kommunistische Manifest und die zehn Gebote der sozialistischen Moral, erschienen die Heftchen als attraktive Ketzerlektüre. Damals bestand die DDR schon fast zwanzig Jahre. Die Welt war nicht nur äußerlich in zwei Systeme klar eingeteilt.

Christoph Jestaedt

# Der Umgang mit deutschen Vergangenheiten des 20. Jahrhunderts
## Plädoyer für eine gesamtdeutsche Geschichtsbetrachtung als pluralistischen Prozess

Die Deutschen erhielten im 20. Jahrhundert gleich mehrfach die Gelegenheit zu zeigen, wie sie mit einer Vergangenheit, die als historischer Abschnitt gelten konnte, umgingen, da das vergangene Jahrhundert an Umbrüchen reich war und unterschiedliche Regime sich abwechselten. Besonders hervorstechend waren natürlich die beiden Diktaturen, die 12-jährige nationalsozialistische Herrschaft und das mehr als 40 Jahre dauernde Regime der SED. Beide Herrschaften sollen und können hier nicht miteinander verglichen werden, sondern sie werden unter dem Gesichtspunkt betrachtet wie die Deutschen sie behandelten, nachdem die Regime ihr Ende gefunden hatten. Es kann allerdings schon vorweg festgehalten werden, dass der Umgang mit diesen Vergangenheiten der Deutschen durchaus überraschende Gemeinsamkeiten aufweist, die möglicherweise darauf hindeuten, dass wir es hier mit Reaktionsmustern zu tun haben, die beim Umgang mit einer im Ergebnis für die große Mehrheit ungute Vergangenheit üblich zu sein scheinen.

Als am 8. Mai 1945 die Zeit des Dritten Reiches endgültig zu Ende war, haben die allermeisten Deutschen wohl nur dankbar festgestellt, dass der auch für sie schrecklich gewordene Krieg und die potentiell für jedermann bedrohliche nationalsozialistische Herrschaft endlich nicht mehr waren. Für die meisten ging es um das schlichte Überleben und darum, mit den sich anbahnenden neuen Begebenheiten irgendwie zurechtzukommen. Die Ablehnung dessen, was vor dem 8. Mai in Deutschland war, dürfte zu diesem Zeitpunkt selbst bei ehemaligen Anhängern der NSDAP ziemlich einhellig gewesen sein. Dies war allerdings dem unmittelbaren Erleben der Katastrophe geschuldet und stellt gewissermaßen die erste Phase des Umgangs mit der gerade zur Geschichte gewordenen Vergangenheit dar. Die Besatzungszeit mit ihren vielfältigen Mühsalen, Unsicherheiten und auch Enttäuschungen führte recht bald in die nächste Phase des Umgangs mit der Vergangenheit. Sie war dadurch gekennzeichnet, dass viele, wahrscheinlich sogar die meisten Deutschen, von der jüngst vergangenen Nazi-Zeit eigentlich nichts mehr wissen wollten, weil sie nicht ganz zu Unrecht den Eindruck hatten, dass die Erfordernisse und Probleme der Gegenwart ihren ganzen Einsatz forderten.

Wer im täglichen Kampf um Ernährung und begleitet von der steten Angst, die vielleicht noch nicht wieder angetroffenen Lieben nicht mehr wiederzusehen, beherrscht wird, den interessiert die Frage, wer für die 12 Jahre der Nazi-Herrschaft die Verantwortung zu tragen hat und wie die Schuld verteilt ist, eher nur am Rande. Die entsprechenden Bemühungen der Alliierten, wie auch die Kriegsverbrecherprozesse und die Entnazifizierung, ließ man über sich ergehen und eine mitunter wenig ausgeprägte Differenzierung auf Seiten der Sieger ließ ein Gemeinschaftsgefühl auf Seiten der Befreiten und Besiegten entstehen, das so nicht hätte entstehen müssen. Diese Phase entwickelte sich dann weiter als die Lebensumstände sich mehr und mehr stabilisierten und der Wiederaufbau insbesondere neue wirtschaftliche Perspektiven brachte. Nun war es nicht mehr die unmittelbare Not, sondern das Bemühen, die eigenen Chancen auszuloten und wahrzunehmen, was für einen eingehenden Umgang mit der Nazi-Vergangenheit wenig Zeit ließ. Die Generation, die gerade durch den Krieg besonders geschädigt worden war, verlangte nun endlich dem Leben das ihr zustehende Glück ab. Wenn man die Einstellung zur Vergangenheit nimmt, so stellt man etwas überrascht fest, dass gerade die in Betracht kommenden Täter sich nur als „Mitläufer" verstehen wollten und dass ihnen die ganz überwältigende Mehrheit der Landsleute nicht entgegentreten wollte.

Auf diese Art und Weise tauchten die Täter unter und gewährten sich gewissermaßen eine Vergebung weil sie sich als Mitläufer keine aktive sondern eher eine Opferrolle zudichteten. Schuld an allem war nur einer, nämlich Adolf Hitler, und der war Gott sei Dank tot. Hier wird – offenbar typisch für die Bewältigung einer Diktatur – allzu gerne vergessen, dass eine Diktatur natürlich nicht unerheblich vom Diktator und seiner engeren Herrschaftsclique bestimmt wird, aber selbstverständlich ohne die unzähligen vielen kleinen Rädchen ohne jede Erfolgschance wäre.

Im Prinzip trat erst dann eine nachhaltige Änderung im Umgang mit der Vergangenheit ein als die Nachkriegsgeneration, also die Kinder von denen, die Deutschland wiederaufgebaut hatten, die Bühne betraten. Mit ihnen beginnt eine weitere Phase des Umgangs mit der Nazi-Vergangenheit, die dadurch gekennzeichnet war, dass diejenigen, die Hitler, sein Regime und seinen Krieg nicht erlebt hatten, nun Fragen nach Verantwortung und Schuld stellten, die von der vorherigen Generation häufig gar nicht gestellt oder aber nur unzureichend beantwortet worden waren. Natürlich waren viele dieser Fragen mehr als berechtigt, aber die Antworten, die die neue Generation meinte geben zu können, waren häufig falsch. War in der Phase vorher Deutschland ein Land der Mitläufer und ohne Täter, so wurde es nunmehr in kurzer Zeit zu einem Land der Täter und ohne Mitläufer. Jede Menge Fakten wurden endlich aufgetan und sie boten viel Gelegenheit zu fragen, an die noch lebenden Eltern und Großeltern, wie und warum sie sich seinerzeit so oder auch anders verhalten hatten. Die vielen neuen Fakten und Fragen führten natürlich auch zu neuen Bewertungen, von denen viele erkennbar nicht das letzte Wort sein konnten. Manches kam so platt daher, dass man sich nur fragen konnte, wie und warum überhaupt nur ein denkender Mensch 1933 für Hitler und seine Nationale Revolution sein konnte und warum nicht alle Juden spätestens am 1. Februar 1933 umgehend das Deutsche Reich verlassen haben.

Aber so einfach war die Realität weder 1933 noch später eben leider nicht und der Umgang mit der Vergangenheit sollte diese auch nicht aus Gründen der Volkspädagogik in diesem Sinne zurechtbasteln. Die „Endlösung der Judenfrage", also die Entscheidung für den Holocaust fiel erst im Krieg, als die anderen Optionen für die Verdrängung der Juden aus Deutschland und den deutsch beherrschten Gebieten in den Augen der NS-Machthaber nicht mehr zielführend waren. Man kann daher verstehen, dass auch gebildete deutsche Juden durchaus noch in den späten 30er Jahren der Meinung sein konnten, dass es hoffentlich nicht schlimmer kommen werde als die von ihnen damals hinzunehmenden Diskriminierungen, die ja durchaus bereits belastend genug waren. Die Phase des Umgangs mit der Vergangenheit, in der die Nazi-Zeit sich auf einmal als ganz einfach und jedermann einsichtig zu machend darstellte, hält im Kern immer noch an. Allerdings sind die nun folgenden Generationen dabei, die Vergangenheit wirklich als Geschichte anzunehmen und das heißt nunmehr wieder zunehmend Differenzierungen vorzunehmen und auch zuzulassen. Die Grautöne werden wieder wahrgenommen, was dazu beiträgt, dass Verantwortlichkeiten und die Verteilung von Schuld wesentlich besser aus- und festzumachen sind.

Dies hat nicht nur zur Folge, dass die sich anbahnende Sicht wesentlich gerechter für alle Betroffenen sein kann, sondern dass auch dieser Umgang mit der Vergangenheit ein Bewusstsein schaffen kann, das wesentlich zukunftsfördernder ist als das, was bisher geboten worden ist. Je differenzierter man die Vergangenheit sieht und auch den Handelnden gerecht zu werden versucht, desto klarer treten nicht zuletzt die monströsen Seiten der Nazi-Herrschaft zu Tage, die das Dritte Reich zu einem ausgewiesenen Unrechts-staat gemacht haben. Hier sei gleich darauf verwiesen, dass es wohl kaum einen Unrechtsstaat gibt, der nicht auch positives auf-zuweisen hat. Dies gilt natürlich auch für das Dritte Reich, und nicht nur wegen der teils schon vor 1933 geplanten Autobahnen oder dem 1. Mai und den Segnungen des nationalsozialistischen Sozial-staates, die makabererweise gerade im Krieg besonders flossen. Auch unter der Nazi-Herrschaft wurde viel persönliches Glück er-fahren, 1936 war die Welt zu Gast bei der Olympiade in Deutsch-land, Ehen wurden wirksam geschlossen und mancher fand eine gute Arbeit und konnte auch schöne Zeiten erleben.

Dies alles ändert aber nichts daran, dass das Dritte Reich ein Unrechtsstaat war, weil für diese Qualifizierung ausreicht, dass die Menschenwürde von Personengruppen die zum Gemeinwesen ge-hören, mit Füßen getreten wird.

Wenn wir nun den Blick auf die 1990 untergegangene DDR werfen und uns fragen, wie dieses Stück deutsche Vergangenheit behandelt wurde oder wird, dann fällt auf, dass auch hier wohl die zuvor beschriebenen Phasen jedenfalls soweit wir sie bereits durch-laufen worden sind, zu erkennen sind. Als die DDR ihr letztlich auch für die eigenen Bürger überraschend brüskes Ende fand, da war die überwältigende Mehrheit der Ostdeutschen der Meinung, dass es nur gut war, dass dieser Abschnitt deutscher Geschichte endlich und dann sogar sehr recht schnell zu Ende gegangen war. Noch nicht einmal die nicht allzu zahlreichen Anhänger der DDR werden dies zu diesem Zeitpunkt anders gesehen haben, da unver-kennbar war, dass diese Republik, die weder deutsch noch demo-kratisch sein wollte, implodiert war und ganz ohne Waffen viele Ruinen geschaffen hatte. Auch hier war diese erste Phase recht kurz und die Deutschen aus der DDR, die sich entsprechend ihrem Willen in einem wiedervereinigten Deutschland wiederfanden, mussten schnell feststellen, dass sich ihre Lebensbedingungen von Grund auf veränderten, ohne dass dies eine Schuld der Westdeut-schen oder gar der friedlichen Revolutionäre gewesen ist.

Es war nun einmal eine Illusion, zu glauben, dass die Bundesre-publik Deutschland die Versprechungen des Regimes der SED hätte erfüllen können. Die DDR ist nicht an ihrer eigenen Unfähigkeit zur Umsetzung ihrer Versprechungen gescheitert, sondern war bereits von Anfang an wegen dieser unrealistischen Versprechungen dem Untergang geweiht, bei dem man eigentlich nur fragen konnte, wie lange man ihn würde hinausschieben können. Gerade dieser Eintritt in eine neue Lebensphase, die eine Fülle von veränderten Umständen mit sich brachte, nahm die meisten Deutschen in Ostdeutschland ganz und gar gefangen. Was bisher sicher war, und hierzu gehörte insbesondere ein bescheidener Wohlstand auf der Basis einer Tauschwirtschaft, wurde nun unsicher und von dem Neuen fühlte sich mancher überfordert, und das häufig keineswegs zu Unrecht. Unter diesen Bedingungen war wiederum nicht besonders viel Raum für den Umgang mit der jüngsten Vergangenheit. Man nahm hin, dass beim Aufbau der Strukturen im Osten des wieder-vereinigten Deutschlands Funktionsträger des SED-Regimes außen vor gehalten wurden. Mancher nahm als wenig glücklich zur Kenntnis, dass die alten Kader in der Wirtschaft häufig schafften, was ihnen im öffentlichen Leben zunächst versagt wurde. Mancher LPG-Vorsitzender gerierte sich bald als roter Baron, als wenn niemals Junkerland in Bauernhand gelangt sei.

Auch diese Phase war wiederum nur kurz, denn in den späten 90er Jahren hatten sich die meisten Menschen im Osten Deutschlands sortiert und sich in die neuen Verhältnisse recht und schlecht eingefunden. In der nun anhebenden Phase des Umgangs mit der Vergangenheit, die immer noch andauert, ist wiederum zu beobachten, dass mit der von Jahr zu Jahr deutlicher und vor allem sichtbarer eintretenden Entfernung von der DDR, das Negative mehr und mehr in den Hintergrund zu treten scheint. Die Infrastruktur im Osten Deutschlands ist an manchem Ort inzwischen besser als im Westen der Bundesrepublik, die Wirtschaft hat sich durchaus gefangen und viele Menschen haben für ihr eigenes Leben gute Perspektiven gewonnen, für die es sich einzusetzen aus ihrer Sicht lohnt. Und doch sind viele Wünsche noch offen und noch mehr Wünsche könnten noch vorstellbar werden, wenn die Landsleute im Osten manche noch ausgefuchstere Anregungen der westlichen Konsumgesellschaft befolgen würden.

Da die Verhältnisse aber in weiten Teilen sich denen in der alten Bundesrepublik zumindest angenähert haben und diese Entwicklung inzwischen auch als mehr oder weniger selbstverständlich angesehen wird, entsteht nun Raum für eine Beschäftigung mit der DDR, die selektiv ist und sich gerne mit deren positiven Seiten, den wirklichen und den vermeintlichen beschäftigt. Besonders beliebt ist es, irgendeine DDR-Idee auszukramen, sie zu propagieren und immer zu unterstellen, dass sie gewissermaßen nach bundesrepublikanischem Standard realisiert wird; so werden die billigen DDR-Mieten gelobt, als Beispiel hingestellt, aber gleichzeitig gebeten, dass ihre Realisierung nur bei modernstem vollsanierten Zustand der Wohnung erfolgen solle.

Diese selektive Begegnung mit der DDR hat ähnlich wie in der Nachkriegszeit beim Umgang mit der Nazi-Vergangenheit zur Folge, dass die DDR-Täter, die kleinen und großen Stützen des Unrechts-staates, nun ihrerseits sich zu Mitläufern mausern können. Schließ-lich waren wir doch alle in der DDR nur Mitläufer. Und Schuld wa-ren allenfalls Ulbricht, Honecker und vielleicht noch Mielke, und die drei Genossen sind Gott sei Dank ebenfalls tot. Nicht wenige vielleicht sogar echte Mitläufer oder auch nur Menschen, die eben in die DDR hineingeboren wurden, haben heute nichts dagegen, wenn sich die Täter unter sie mischen und sich auf diese Art und Weise durch Kollektivierung der Schuld reinzuwaschen versuchen. Schließlich ist es ja nun lang genug her und man sollte die Ver-gangenheit doch endlich vergangen sein lassen. Wir haben doch alle besseres zu tun als diesen oder jenen Ex-Genossen zu fragen, wie er es seinerzeit mit dem Regime gehalten hat und warum er möglicherweise heute sich berufen fühlt, als Repräsentant eines demokratischen und rechtsstaatlichen Deutschlands aufzutreten.

Stimmt es, dass „nur" ein Prozent der DDR-Bevölkerung für die Stasi den Rest bespitzelt hat und ein kleiner weiterer Prozentsatz das SED-Regime auf dem Weg in die kommunistische Zukunft führ-te, dann lässt sich sehr wohl fragen, warum über 90 Prozent der Deutschen, die in der DDR leben mussten, nach dem kläglichen Scheitern dieses Experimentes die Täter nun entschulden sollen, weil diese ihre Karrieren fortsetzen wollen. Wer in Zeiten der Fi-nanzkrise von der vielen Verantwortung reden hört, der wird eine solche Großzügigkeit, selbst wenn sie in missverstandener Solidari-tät geschenkt wird, für gründlich deplaziert halten. Bankrotteure müssen für den Bankrott gerade stehen, insbesondere wenn er gleich einem gesamten Gesellschaftssystem zugefügt worden ist.

Der derzeitige Umgang mit der DDR-Vergangenheit wirft inter-essante Fragen auf, die durchaus spannend sind, obgleich der wei-tere Verlauf der Geschichte gar nicht so schlecht vorstellbar ist. Die Westdeutschen haben es schließlich bei ihrem Umgang mit der Nazi-Vergangenheit schon einmal mit- bzw. vorgemacht. Wenn diese Phase, in der es nur Mitläufer gegeben zu haben scheint, zu Ende gehen wird, dann wird die DDR-Vergangenheit in ganz anderer Weise thematisiert werden. Und es ist weiß Gott nicht schwer, diesen Zeit-punkt dann kommen zu sehen, wenn eine Generation ihrerseits die Bühne betritt, die in der DDR nicht mehr geboren worden ist, ein Kind des wiedervereinigten Deutschlands ist und dann die noch lebenden Eltern und Großeltern fragen wird, was habt ihr denn in der DDR gemacht? Es bleibt sehr zu hoffen, dass wenigstens diese Generation aus den Erfahrungen anderer Deutscher lernen wird und die DDR nicht so volkspädagogisch primitiv aufzuarbeiten sucht, wie dies die 68er mit der Nazi-Zeit vorexerziert haben.

Ob die alten Westdeutschen, die immer noch gewisse Schwierigkeiten mit der Erkenntnis haben, dass das wiedervereinigte Deutschland weit mehr ist als eine größer gewordene Bonner Republik, den alten Ostdeutschen helfen können, darf bezweifelt werden, da viele von ihnen den demokratischen Sozialismus immer noch nicht im Kopf geregelt bekommen haben und deshalb zu einer historischen Einordnung der DDR in die gesamtdeutsche Geschichte, die fair und zukunftsgerecht ist, kaum etwas beitragen können.

Spätestens wenn diese neue Generation sich der DDR-Vergangenheit zuwenden wird, wird die Chance realisiert werden können, dass endlich eine gesamtdeutsche Bewältigung der Vergangenheit stattfindet. Denn die Vergangenheitsbewältigung in Bezug auf das Dritte Reich erfolgte als pluralistischer Prozess eigentlich nur in Westdeutschland, da im Osten die Bewältigung dieses Teils der Vergangenheit vom Regime vorgegeben wurde. Zwar haben nicht wenige Deutsche im Osten diesen Service mit der Zeit gerne angenommen aber der Umgang mit der Vergangenheit ist doch viel weniger Teil des öffentlichen und von den Menschen selbst erarbeiteten öffentlichen Bewusstseins aller Bürger im Osten geworden. Bei dem bisherigen Umgang mit der DDR-Vergangenheit spielt die Teilung aber auch noch eine wichtige Rolle, weil viele Westdeutsche zur Bewertung dieser Vergangenheit kaum etwas beitragen konnten, weil sie die DDR und ihren diktatorischen Anspruch im eigenen Leben nicht erfahren mussten. Erst die im wiedervereinigten Deutschland geborenen werden im wahrsten Sinne des Wortes Erben der ganzen deutschen Geschichte sein und die Chance und Aufgabe haben sich diese auch anzueignen und aus den dort gemachten Erfahrungen eine gute Zukunft wachsen zu lassen.

**Christoph Jestaedt,** geb. 1954, ist seit 1992 Vorsitzender Richter am Verwaltungsgericht Dresden, Mitglied des Landesvorstandes des LACDJ (Landesarbeitskreis christlich-demokratischer Juristen) und Mitautor des Buches „Sachsen als Verfassungsstaat".

„Wir müssen aufpassen,
dass die Wölfe nicht die Geschichte
der Lämmer umschreiben".
*Stanislaw Tillich*


„Der heutige Ministerpräsident Tillich hätte
nach der Wende, aufgrund seiner Tätigkeit als
Nomenklaturkader und Staatsfunktionär
der DDR, noch nicht einmal die Chance
gehabt, Hausmeister der
Stadt Dresden zu werden."
*Karl Nolle*

Karl Nolle

## Zur Geschichte der Blockpartei CDU

# Wie die Christdemokraten am liebsten ihre Schwester in der DDR aus den Geschichtsbüchern tilgen möchten und durch Geschichtsklitterung vergessen machen wollen, dass ihre Parteifreunde der Ost-CDU treue und zuverlässige SED-Verbündete waren.

Zwischen SPD und CSU eskalierte der Streit um die historische Bewertung der Linken und der Stasi. Die Sozialdemokraten reagierten mit Empörung auf Attacken von CSU-Generalsekretärin Christine Haderthauer gegen SPD-Chef Kurt Beck.

Die Sprecherin der ostdeutschen Sozialdemokraten im Bundestag, Iris Gleicke, bezeichnete Haderthauers Äußerungen laut ddp vom 19.8.08 als „ehrabschneiderischen Dreck". Die CSU-Politikerin diffamiere Beck und vergesse, dass „die Union in ostdeutschen Städten seit Jahren fröhlich für eine Zusammenarbeit mit der Linkspartei wirbt".

**Thierse hält der CDU die Aufnahme von zwei DDR-Blockparteien vor. Eine Partei mit dieser Vergangenheit habe „jedes moralische Recht verloren", anderen Parteien Vorhaltungen zu machen.**

Bundestagsvizepräsident Wolfgang Thierse (SPD) bezeichnete die Angriffe als „unanständig". Er erinnerte an die Geschichte der Union. Die CSU-Schwesterpartei CDU habe nach der Wende „zwei SED-hörige, lammfromme Blockparteien übernommen, die Mitverantwortung für das DDR-Unrecht tragen", sagte er in Berlin. Eine Partei mit dieser Vergangenheit habe „jedes moralische Recht verloren", anderen Parteien Vorhaltungen zu machen. Die Union versuche seit Jahren „mit öffentlichem Lärm" gegen andere, die eigene „unbequeme Vergangenheit" zu verdrängen. (ddp vom 19.8.08)

# Perspektivkongress in Dresden

Nicht erst mit ihrem Perspektivkongress in Dresden am 9. Oktober 2008 und nicht zum ersten Mal nach der Wende holte Merkels Christdemokraten ihre unaufgearbeitete Geschichte in der DDR ein. Der Osten, so die Kanzlerin, habe in den vergangenen Jahren eine grundlegende Wandlung erfahren – und nun sei es an der Zeit die Lebensleistungen der Ostdeutschen zu würdigen. Auch wenn es noch strukturelle Probleme im Osten gebe, sei bereits viel erreicht, und es gebe allen Grund, sich „die Freude über die Wiedervereinigung anmerken" zu lassen.

Mit diesem Kongress wollte die CDU sich stärker dem Osten zuwenden, doch zum Ärger auch vieler ostdeutscher CDU-Mitglieder wird im vorgelegten Antrag zum Bundesparteitag die Geschichte der CDU-Blockpartei völlig ausgeblendet. Ironisch merkte Wolfgang Böhmer, CDU-Ministerpräsident von Sachsen-Anhalt, dazu an, „es kann doch nicht sein, dass die CDU die einzige Partei ist, die nicht weiß, dass es zu DDR-Zeiten eine Ost-CDU gab."

Die CDU ist also wieder von den Schatten ihrer Vergangenheit eingeholt. Dazu bemerkte ihr Generalsekretär Ronald Pofalla: „Richtig ist, dass die CDU von der Sozialistischen Einheitspartei Deutschlands als führende Partei der DDR zwangsweise gleichgeschaltet wurde. Aber richtig ist auch, dass die CDU in der DDR im totalitären System der SED mitgewirkt hat."

Vergeblich sucht man im Antrag des Bundesvorstandes der CDU zum 22. Parteitag am 1. bis 2. Dezember 2008 in Stuttgart nach auch nur einem einzigen Satz zur Ost-CDU. Während der thüringische Ministerpräsident Dieter Althaus anmerkte, es müsse im Antrag darüber gesprochen werden, dass die Gleichschaltung der CDU in der DDR zwar „zur Unterdrückung vieler aufrechten Christen" geführt habe – aber auch dazu, dass CDU-Mitglieder sich „untergeordnet und das System mitgestaltet haben", vertrat sein Kollege aus Sachsen, Stanislaw Tillich, lt. Spiegel online vom 10.10.2008, die Auffassung, „dass wir die Geschichte im Osten bereits intensiv aufgearbeitet haben".

Aber auch das, was in diesem Grundsatzpapier des Bundesvorstandes fehlte, ist ein Stück Geschichtsdeutung. Natürlich ist es richtig und wichtig zum 20. Jahrestag des Mauerfalls laut und deutlich an Mauertote, politische Gefangene und die vielfältige Formen der Unterdrückung zu erinnern und daran, dass auch vom wirtschaftlichen Bankrott des Regimes zur Zeit der Wende gesprochen werden muss. Aber das wäre ja nur ein Teil der Wahrheit, der andere Teil wäre die kritische Auseinandersetzung der Christdemokraten mit ihrer eigenen Rolle, mit der Rolle der Ost-CDU als DDR-Blockpartei. Hierzu finden sich in dem Grundsatzpapier ebenso wenig Hinweise, wie zur Tatsache, dass durch die Wiedervereinigung der Ost CDU mit der West-CDU Heerscharen von Mitgliedern in die Partei kamen, die lange Zeit die SED-Politik gestützt und im vollen Umfang mitgetragen hatten.

Auch im Grundsatzprogramm der Bundes-CDU von 1994 malt die CDU ein widersprüchliches Bild ihrer jüngeren Geschichte in der DDR und zu den tiefen Verstrickungen der Block-CDU. Dort heißt es einerseits: „Trotz Benachteiligungen und persönlichen Risiken hatten sich viele Mitglieder in der DDR-CDU ihre innere Unabhängigkeit bewahrt." Aber es wird auch selbstkritisch angemerkt: „Die CDU-Mitglieder konnten jedoch nicht verhindern, dass Bequemlichkeit, Opportunismus und Kollaboration bis hin zur persönlichen Skrupellosigkeit Einzelner das Bild der Partei prägten".

**„Ich würde der CDU raten, sich mehr mit der eigenen Blockpartei-Vergangenheit auseinander zusetzen."**

Der sächsische SPD-Bundesminister Wolfgang Tiefensee antwortete in einem Interview mit der Sächsischen Zeitung vom 10. Oktober 2008 auf die Frage, was er denn in einem „unterstellten" Grußwort zum Kongress in Dresden ansprechen würde:

„Ich würde vom 9. Oktober 1989, dem Tag der friedlichen Revolution, erzählen und der CDU raten, sich näher mit der eigenen Blockpartei-Vergangenheit auseinander zusetzen. Wer mit der eigenen Vergangenheit schludrig umgeht, oder wer versucht, die Geschichte der SPD herabzuwürdigen, ist unglaubwürdig. Die CDU sollte sich besser mit der Rolle der eigenen Blockpartei auseinandersetzen. In ihrem Ost-Papier widmet sie den Menschen, die die Mauer mit Mut, Kerzen und Gebeten zu Fall gebracht haben gerade mal zwei spärliche Sätze. So wird sie der historischen Bedeutung des Herbstes 1989 und seiner Akteure nicht gerecht.

Die CDU verschweigt ihre Rolle als Blockpartei im Osten und auch, dass sie deren Mitgliederkartei übernommen hat. Sie blendet die Staatstreue der Blockparteien und ihrer Mitglieder aus. Sie sind mitverantwortlich für das Desaster in der DDR. Die Menschen haben nicht nur gegen die SED, sondern auch gegen die Blockparteien demonstriert. Bei allem Respekt vor der Leistung von Helmut Kohl, es waren die Menschen, die das Regime zu Fall brachten."

## Epidemieartige politische Vergesslichkeit

Ebenso klar und unmissverständlich wie Wolfgang Tiefensee argumentiert der Chemnitzer Politikwissenschaftler Professor Eckhard Jesse in der Freien Presse vom 27. September 2008. Auf die Frage des Redakteurs Hubert Kemper, „In der CDU (Sachsen) drängen immer mehr frühere Blockflöten an die Spitze. Ihre Einschätzung?" antwortet Professor Jesse: „Das wirft wahrlich kein gutes Licht auf die Partei und ist ein Schlag ins Gesicht der Bürgerrechtler. Ich vermisse, dass sich die heutige politische Elite nicht offensiver mit ihrer Ost-CDU-Vergangenheit auseinandersetzt, fast 20 Jahre nach der friedlichen Revolution." Tiefensee und Jesse beschreiben heute gleichlautend, zwei Jahrzehnte nach der Wende, die nicht schwächer gewordene, epidemieartige politische Vergesslichkeit und Verantwortungslosigkeit von Teilen der CDU-Eliten.

**Tiefensee: „Politiker, die in der DDR gemeinsame Sache mit der SED gemacht haben, sollten an dieser Stelle lieber die Klappe halten."**

Vor allem den sächsischen Christdemokraten schrieb Wolfgang Tiefensee am 7.3.2009 in einem Interview mit der Sächsischen Zeitung ins Stammbuch: „Die CDU hat es versäumt, sich ihrer DDR-Vergangenheit zu stellen. Stattdessen hat sie immer wieder versucht, die SPD mit Häme an den Pranger zu stellen: Ihr spielt mit den dunkelroten Schmuddelkindern. Das ist höchst unseriös. Politiker, die in der DDR gemeinsame Sache mit der SED gemacht haben, sollten an dieser Stelle lieber die Klappe halten."

**... dagegen ist Bayern ein Hort des Liberalismus.**
Besonders intensiv hat sich die epidemieartige politische Vergesslichkeit in Sachsen ausgewirkt, das seit 1990 ohne Unterbrechung mehrheitlich allein von der CDU wie von einer Staatspartei beherrscht wird. Vom Bademeister bis zum Ministerialdirigenten, vom Bürgermeister bis zum Ministerpräsidenten wurde hier Personalpolitik nach einem Gesangbuch in solcher Reinform gemacht, wie nirgendwo in Deutschland sonst. Dagegen ist Bayern ein Hort des Liberalismus.

Bei dieser „Aufbauarbeit" konnte man, in unübertroffener Intensität, auf die teilweise jahrzehntelangen politischen Erfahrungen in allen gesellschaftlichen Bereichen zurückgreifen, über die die gewendeten ehemaligen Mitglieder der Blockparteien CDU und DBD so zahlreich verfügten.

# Kurztexte zur Diskussion

### Konrad Weiss

### „Die Parteistrategen im Westen bedienten sich der christdemokratischen, liberalen und nationalen Genossen, die eine DDR lang mit der SED kollaboriert hatten ..."

„Die westdeutschen Parteien brachen über das Land herein und begruben unter sich alles, was sich eben geregt hatte. Mit maßloser Arroganz verkauften sie uns ihre Demokratie. Wenige haben sich gewehrt; die klägliche Schar der Dissidenten focht auf verlorenem Posten. Schon am Runden Tisch, wo wir Demokratie ganz elementar lebten, waren wir in Wirklichkeit abgeschlagen. Wir wußten es nur noch nicht.

Meinen Landsleuten im Osten kann ich verzeihen, daß sie mutlos waren und geblendet von der westdeutschen Wohlstandsdemokratie. Aber den Parteistrategen im Westen, die für sich das einzig Richtige, für uns aber das genau Falsche getan haben, denen verzeihe ich ihren Raubzug nicht. Denn sie unterbrachen nicht nur das Mündigwerden, sie bedienten sich auch auf unerträgliche Weise der  christdemokratischen und liberalen und nationalen Genossen, die eine DDR lang mit der SED kollaboriert hatten. Sie bedienten sich der Stasi-Knechte und Wirtschaftshöflinge, die für den Ruin des Landes jenseits der Elbe verantwortlich sind.

Machtpolitisch betrachtet mag das ein genialer Streich gewesen sein; auf die Moral in Deutschland aber wirkte es verheerend. Ganz sicher wäre anderes möglich gewesen, kein dritter Weg, aber die geduldige Annäherung, Respekt vor dem, was auch im Osten gewachsen war und wofür die Bürgerbewegungen standen.

Politisch können wir die Wiedervereinigung abhaken, politisch ist sie vollzogen – die Machtpolitiker, scheint es, haben recht behalten. Bis aber die Gräben zwischen den Menschen von hier und dort geschlossen, bis die geistigen und kulturellen Mauern niedergerissen, die mentalen Unterschiede beseitigt werden, wird es noch eine Generation brauchen."

(Konrad Weiss war 09/89 Mitbegründer der ostdeutschen Bürgerbewegung DEMOKRATIE-JETZT. Diese und das NEUE FORUM schlossen sich zusammen zum Bündnis 90 (B90) für die Volkskammerwahl vom 18.03.90. Die große  Wahlniederlage von B90 (2,9%) kommentierte der ostdeutsche Filmemacher Konrad Weiss 1993.)

## Gerhard Ruden

## „Geschichtsvergessen gegenüber ehemaligen Nomenklaturkadern"

Es ist für mich immer wieder überraschend, wie geschichtsvergessen sowohl SPD als auch CDU „Kader" der ehemaligen SED-Nomenklatur (auch die Kader der Blockparteien CDU, LDPD, DBD etc. waren Teil des SED-Nomenklatursystems) in ihre Führungsspitzen einbauen oder unterstützen. Als es am Beginn des Jahres um die Wiederwahl des Stendaler Oberbürgermeisters Schmotz ging, hat die dortige CDU-Spitze trotz Kenntnis über dessen NVA-Vergangenheit alles getan, um die Karriere dieses ehemalig hochrangigen Verantwortlichen für die Grenzverbrechen als Oberbürgermeister zu halten.

Nichts anderes bedeutet es, wenn die unvollendeten Nomenklaturkarrieren der Herren Hövelmann und Tillich für SPD und CDU „Kavaliersdelikte" sind. Dabei haben diese Herren gerade im Jahre 1989 eine politische Ergebenheit gegenüber der SED demonstriert, die angesichts der demokratischen Entwicklungen in der Sowjetunion und Ungarn und dem Terror des Tienanmen-Platzes in Peking menschenverachtend war.

Wenn heute allein die Mitarbeit oder Zusammenarbeit mit dem MfS Maßstab für politische Hygiene ist, so sollte das wohl ein wichtiges Merkmal für die Glaubwürdigkeit unserer Politiker bleiben. Es sollte darüber hinaus aber selbstverständlich sein, dass die eigentlichen Auftraggeber des MfS, und dazu zählen die Führungspositionen der SED und deren Partner in den Blockparteien und Massenorganisationen, nicht in Vertrauenspositionen unserer Demokratie gebracht werden.

Da jede Führungsfunktion im SED-Staat mit einem Vertrauensmissbrauch am Volk verbunden war, kann ein erneutes Vertrauen in ehemalige Kader nicht einfach da einsetzen, wo eine Partei der Meinung ist, dass eine Aufarbeitung der Vergangenheit allein durch die verstrichene Zeit erfolgt und damit ein Relativieren ehemaliger Verantwortung rechtfertigt.

(Brief von Gerhard Ruden, Landesbeauftragter von Sachsen-Anhalt für die Stasi-Unterlagen, aus DIE WELT vom 02.12.08)

### Interview mit dem Pfarrer Manfred Bauer

## „CDU – eine verlässliche Stütze des jeweiligen politischen Systems ..."

„Nein, sich der eigenen Geschichte stellen, das muss man nicht. Tut man es aber, dann wird es bisweilen ein kritischer und gerade deswegen auch harter Prozess der Auseinandersetzung – mit den eigenen Grundwerten und mit denen seiner Partei."

*Sven Steinberg: Das Leben in der DDR einzuschätzen, fällt selbst Zeitgenossen bisweilen schwer. Gab es, in der Rückschau, Positives und was war negativ?*

Manfred Bauer: Positiv-negativ ist wohl eine falsche Betrachtungsweise. Da gerät man schnell ins Schwarz/Weiß-Denken. Das Leben ist aber bunt. Auch in der DDR war das Leben bunt. Ich habe 1990 den Satz riskiert: Wir haben in der DDR zu 90 % das gleiche Leben gelebt, wie im Westen. Nur dass wir ärmer waren, als die Menschen in der Bundesrepublik, reicher dagegen als die Leute östlich von uns. Man hat, größtenteils vergeblich, versucht, uns eine Weltanschauung aufzunötigen und uns zugleich die Anschauung der Welt verwehrt. Und man hat gezielt die Angst geschürt, die allen Menschen nach den stalinistischen Repressionen der 50er Jahre massiv in den Gliedern steckte. Stichwort Stasi. So haben auch in den 70er und 80er Jahren die meisten Leute noch Nachteile befürchtet, obwohl Vorteile kaum noch zu bekommen waren. Die Unterwerfungsrituale haben so bis zuallerletzt weitgehend funktioniert: Wahlzettel falten, zur Jugendweihe gehen, Mitglied sein in JP, FDJ, DSF, FDGB, DFD usw. Wer etwas werden wollte, ließ sich mehr oder weniger leicht für die SED gewinnen. Für Leute mit kleinen Skrupeln gab es den „Transmissionsriemen der Partei hin zu den christlichen Bürgern", die CDU. Größere Skrupel durfte man auch haben und durchaus auch äußern. Nur wurden diese etwas mutigeren Menschen dann mitunter gezielt mit nachteiligen Entscheidungen bestraft: Kein Abitur, kein Studium, keine Karriere.

*Was führt einen Pfarrer in eine Partei?*

Das hat tiefe Wurzeln in der eigenen Biografie. Zu meinen ersten Kindheiterinnerungen gehört es, dass 1944 mein Großvater aus dem KZ Sachsenhausen zurückkam, kaum wiederzuerkennen. Er war nach dem Hitlerattentat dorthin gebracht worden, weil er so um 1928 herum einige Jahre Stadtverordneter der SPD war. Zu DDR-Zeiten habe ich dann immer mitgefiebert, wenn es um die Wahlerfolge oder Misserfolge der SPD im Westen ging. Schließlich bin ich der Überzeugung, dass dem christlichen Glauben ein soziales Programm besser entspricht als das der offensichtlich wirtschaftsorientierten Partei mit dem C im Namen.

*Du warst selbst aktiv in der kirchlichen Opposition und hast die möglichen Freiräume erlebt. War die CDU Teil dieser Nische, oder dient sie heute eher als Alibi?*
Freiraum und Nische sind nicht das Gleiche. Nische bedeutet den Kopf einzuziehen. Freiraum dagegen war der kleine, aber durchaus vorhandene Raum für eigene Gestaltungsversuche. Die CDU war gewiss für manche Leute eine recht willkommene Nische. Die Partei ließ sich aber auch willig als Aushängeschild für das von der SED gewünschte DDR-Bild benutzen, als wäre dieses Land eine demokratische Republik. Kleine Bemühungen hin zu einer offeneren Gesellschaft will ich den einzelnen Mitgliedern dieser Blockpartei nicht absprechen. Das hat sie allerdings nicht unterschieden von manchen Genossen der SED, die auch nach Veränderungsmöglichkeiten in der DDR suchten. Es hat überall Genossen und Genießer gegeben. Natürlich wird sich jeder, der heute politisch aktiv ist, zu denen rechnen, die damals dann doch den Kopf in der Nische ein wenig erhoben hatten. Wer gibt denn gerne öffentlich zu, was seine wirklichen Motive gewesen sind? Wenn er sich denn selbst darüber im Klaren sein sollte. Für mich ist es allerdings etwas anderes, wenn ein sächsischer CDU-Minister heute erklärt, er sei in die CDU eingetreten, um seine Kinder katholisch erziehen zu können. Das ist dann doch ein selbst gestrickter Opfermythos und ein Schlag ins Gesicht für all jene, die damals ein „Nein" gewagt haben.

*Die CDU war demzufolge Teil des Systems der DDR. Ist dann aber eine unkritische Sicht auf die eigene Vergangenheit mit der deutschen Demokratie überhaupt vereinbar?*
Natürlich nicht. Aber ich bin vorsichtig geworden. Auch heute ist Karriere kaum anders möglich, als sich dem jetzt herrschenden marktwirtschaftlichen System unterzuordnen. Systemkorrekturen (das Land solidarischer, gerechter, ökologischer zu gestalten) werden ganz schnell als utopisch oder gar als schädlich verdächtigt. Insofern ist die CDU wohl geblieben, was sie war: Eine verlässliche Stütze des jeweiligen Systems.

Manfred Bauer (68), Pfarrer im Ruhestand. Das Gespräch führte Sven Steinberg. (Brennspiegel 01/2009)

### Hermann von Strauch, Kantor

## „CDU-Mitgliedschaft war keineswegs ein Akt des politischen Widerstandes"

„Heute versuchen die Blockflöten von einst ihre Mitgliedschaft in der CDU als einen Akt des politischen Widerstandes umzufälschen".

Die Losung „Wir sind das Volk" ist meine Losung geblieben. Ich weiß, wie man sich in einer Diktatur verbiegen und verdrehen muß um zu überleben. Ich weiß, wieviel da gelogen und geheuchelt wird. Ich weiß, wie schwierig die Gratwanderung zwischen Anpassung und Verweigerung ist. Kaum einer, vom Kind bis zum Greis, der von diesem Zwang sich anzupassen frei war, noch nicht einmal überzeugte Sozialisten und Kommunisten waren es! Nach den Jahrzehnten der Lüge und Unfreiheit gönne ich jedem die Chance des Neubeginns. Natürlich darf man sich in seinem Leben irren, natürlich darf man Fehler machen. Etwas anderes zu verlangen wäre unmenschlich. Aber ich will sehen, daß die Menschen zu ihren Fehlern stehen und sich läutern. Und in der Politik ist zu fragen, ob die, die an maßgeblicher Stelle an diesem System der Unterdrückung beteiligt waren, jetzt unbedingt wieder ein politisches Amt bekleiden müssen. Warum halten sie sich nicht zurück? Das zu fordern hat mit Diskriminierung nichts zu tun, denn dann müßten sich ja alle diskriminiert fühlen, die nie ein politisches Amt innehatten.

**Bitte, von wem ist denn hier die Rede? Etwa von denen, die es in der DDR geschafft hatten und jetzt wieder obenan sitzen?**

Stattdessen tritt man hin mit der Parole: „Wir lassen uns unsere DDR-Biographie nicht kaputtreden!", „Die Lebensleistung der Ostdeutschen muß gewürdigt werden!" Bitte, von wem ist denn hier die Rede? Etwa von denen, die es in der DDR geschafft hatten und jetzt wieder obenan sitzen? – Nein: Ich denke an die ungezählten ehemaligen DDR-Bürger, deren Karrieren aufgrund einer ideologisch bestimmten und rigoros durchgesetzten Bildungspolitik schon im Ansatz zerstört wurden, die in diesem Staat nie eine Chance bekamen mitzureden und mitzubestimmen. Die meisten haben trotzdem versucht in ihrer Situation das Beste für ihr Land und seine Menschen zu tun, weil sie nicht wollten, daß alles den Bach runtergeht. Sie waren gewissenhafte Konstrukteure, Ingenieure, Lehrer, Künstler, Ärzte usw., die es trotz aller Ideologie irgendwie – oft auf einem langen Weg – doch geschafft hatten, das zu tun, was ihrer Begabung entsprach. Denn wirkliche Begabung, wirkliches Engagement läßt sich auf die Dauer nicht unterdrücken – und man brauchte letzlich diese Menschen auch, und wußte ihren Rat und ihre Hilfe wohl zu schätzen, wenn wirklich einmal Sachverstand gefragt war. Aber wenn es um Posten und Einfluß ging, oder gar um ein politisches Amt, gab es diese Leute nie. Da ging es genau nach der Nomenklatura. Von diesen Menschen, die sich nicht verbogen haben, muß man in diesem Zusammenhang zuallererst reden!

**Heute versuchen die Blockflöten von einst ihre Mitgliedschaft in der CDU als einen Akt des politischen Widerstandes umzufälschen.**

Man erzählte sich in der DDR, daß die CDU niemand in ihre Reihen aufnehmen durfte, den die SED bereits angesprochen hatte. Ich halte dies für durchaus glaubhaft: In der DDR überließ man nichts dem Selbstlauf, und schon gar nicht, wenn es um die „führende Rolle der Arbeiterklasse und ihrer Partei, der SED," ging. Man erzählte mir von einem Fall, daß einer tatsächlich schnell noch in die CDU eingetreten ist, um dem Werben der SED zu entgehen. Die Unionsfreunde, die ihn aufgenommen hatten, sollen mächtigen Ärger gekriegt haben! – Man kann also in der Regel davon ausgehen, daß die SED an den Leuten, die sie der CDU überließ, selbst kein Interesse gezeigt hat.

Der gesunde Menschenverstand sagt einem, daß die Geschichte von der CDU-Mitgliedschaft als Akt des Widerstandes gegen die SED-Diktatur nichts als ein Märlein ist. Tief im Fleisch der SED-Führung saß ein nicht zu beseitigender schmerzender Stachel: der der fehlenden Legitimation dieser „demokratischen Republik" durch das Volk. Aller Beistand von dem sowjetischen Bruder, alle internationale Anerkennung – nichts half, diesen Schmerz zu übertönen. Die sowjetischen Panzer des 17. Juni, die Mauer und der Schießbefehl, immer neue Fluchtversuche und Mauertote, sogar die 99,9-prozentigen Wahlergebnisse sprachen eine zu deutliche Sprache. Und gegen diesen Schmerz verschaffte jeder Unionsfreund ein kleines bißchen Linderung, ein kleines Stückchen Legitimation, die man nicht hatte und so dringend ersehnte. Solche Leute präsentierte man z.B. den kirchlichen Mitarbeitern und Pfarrern bei den „Gesprächen christlicher Kreise" mit dem deutlichen Unterton: Schaut sie euch an! Es geht doch. Warum macht ihr denn nicht endlich auch mit? Jeder Unionsfreund mehr erhöhte den moralischen Druck auf die Abseitsstehenden, sich verweigernden! Da schaute man auch nicht so genau hin, ob das wirklich alles so ehrlich gemeint war mit der Parteizugehörigkeit. Die Genossen wußten genau, daß da oft ganz andere Motive im Spiel waren.

**Nein, diese CDU Leute waren äußerst wichtig für den SED-Staat!**

Wenn z.B. ein DDR-Bürger nicht das bekam, was er wollte (die Zulassung der Tochter zur EOS oder „Baukapazitäten" für sein Häuschen u.ä.), dann gab es kein wirksameres Mittel als die Drohung: „Dann gehe ich eben nicht zur nächsten Wahl!" So machte es auch unsere (Ex-Sozialministerin) Christine Weber. Sie hat es mir selbst erzählt, denn ihr „Hermännel" war in den achziger Jahren mein Klavierschüler. Sie ging tatsächlich nicht zur Wahl. Nur, der Schuß ging nach hinten los: Sie verlor alsbald ihren Posten. In ihrer Nachwende-Biografie freilich machte sich das gut: Wegen Wahlverweigerung geschaßt. Aber es ist eben nur die halbe Wahrheit. Mit einer politischen Opposition hatte das wenig zu tun, dafür umso mehr mit ihrem Häuschen auf dem Birkberg.

Wenn ich an eine wirkliche Läuterung ehemaliger Blockflöten glauben soll, messe ich das vor allem an ihrem demokratischen Verhalten von heute. Und damit bin ich bei unserem OB. Der ist zwar als ehemaliger SED-Genosse keine Blockflöte gewesen. Dafür umso mehr ein Wendehals.

**Ein Wendehals mag sich drehen und wenden wie er will, er bleibt doch immer derselbe.**

Zum Jahreswechsel vor zwei Jahren gaben unser OB und der Fraktionsvorsitzende der Linken Hetzner in holder Eintracht ein Zeitungsinterwiev, in dem sie sich zu ihrer parlamentarischen Arbeit äußerten. Ich sah mich veranlaßt, im Stadtrat darauf Bezug zu nehmen und mein eigenes Demokratieverständnis dem ihren entgegenzustellen. Erinnere ich mich recht, berichtete auch die Presse darüber und brachte eine abschließende Stellungnahme des OB. Von der Zeitung befragt, was er von seinen Kritikern halte, sagte er: „Ich bin für Kritik offen – wenn sie konstruktiv ist." Ein verräterischer Satz. Denn wer bestimmt, welche Kritik konstruktiv ist oder nicht? Das hatten wir doch schon mal. In der DDR bestimmte „die" Partei, wer einen konstruktiven Beitrag für die Gesellschaft leistet und wer nicht. In Zschopau maßt sich heute der OB an, es zu wissen. Unbequeme Kritiker macht er mundtot – unter Mißbrauch der Geschäftsordnung, wieder in holder Eintracht und Kooperation mit Herrn Hetzner – oder er schafft sie sich ganz vom Halse. Ein Wendehals mag sich drehen und wenden wie er will, er bleibt doch immer derselbe.

Hermann v. Strauch (78), ist Kantor der St. Martins Kirche in Zschopau

## Pfarrer Rainer Eppelmann am 25. Mai 1989

### Glasnost gegen Wahlbetrug

Der Pfarrer der Ost-Berliner Samariter-Gemeinde
in einem Interview zu den Strafanzeigen wegen
Wahlfälschung im Zusammenhang mit den
Kommunalwahlen am 7. Mai 1989.
Geltendes Recht gilt für alle,
auch für die Regierenden.

*taz: Sie gehören zu den zwölf DDR-Bürgern, die Strafanzeige
wegen Wahlfälschung gestellt haben. Warum haben Sie sich
nicht mit einer Eingabe bzw. einem Einspruch zufriedengegeben?*

Rainer Eppelmann: Ich habe beides getan. Ich habe eine Eingabe beim Nationalrat der Nationalen Front mit der Bitte gemacht,
dass die Wahl annulliert wird und Neuwahlen bei uns im Stadtbezirk Friedrichshain ausgeschrieben werden. Darüber hinaus hab ich
eine Anzeige wegen Wahlbetruges gemacht, weil das nach unserem Strafgesetzbuch, also nach geltendem Recht, ein Verbrechen
ist, das bestraft werden muss. Bisher gab es dafür keine Beweise.
1986 hatte ja schon mal eine Gruppe unseres Friedenskreises in
acht von damals 128 Friedrichshainer Wahllokalen an der öffentlichen Auszählung teilgenommen und mehr Nein-Stimmen ermit-
telt, als schließlich bekannt gegeben wurden. Damals aber konnten wir nur etwas über Tendenzen aussagen, während wir jetzt
Beweise haben. In den Zeitungen wurden dieses Mal 1.611 Gegenstimmen genannt. Wir haben aber in 83 der insgesamt 89 Wahllo-
kale der Auswertung beigewohnt und kommen auf über 4.700 Nein-
Stimmen. Und diese Zahl ist nicht einmal von uns, wir haben lediglich
die offiziell verkündeten Ergebnisse in den einzelnen Wahllokalen
zusammengezählt. Darum musste ich eben die Leiterin der Friedrichshainer Wahlkommission anzeigen.

*Rechnen Sie damit, dass die Anzeigen tatsächlich
verfolgt werden?*

Man wird sehen. Ich weiß, dass nach geltendem Recht in der
DDR der Staatsanwalt sieben Tage Prüfpflicht hat, um zu entscheiden, ob er ein Ermittlungsverfahren einleitet oder nicht. Ich werde
bis Ende dieses Monats mit gewisser Gelassenheit warten und mir
sonst weitere Schritte überlegen. Ich gehe aber erst mal davon aus,
dass der Generalstaatsanwalt in der ihm vorgeschriebenen Weise
gegen den Wahlbetrug vorgeht.

*Solche Strafanzeigen hat es in der DDR-Wahlgeschichte noch nie gegeben, warum jetzt?*

Diese Reaktionen auf die Kommunalwahl sind sicher Ausdruck einer neuen Haltung. Glasnost und Perestroika machen ja an den Grenzen der Deutschen Demokratischen Republik nicht halt. Also in den Köpfen und Herzen vieler Menschen sind sie ganz bestimmt vorhanden. Entwicklungen wie jetzt in Polen, Ungarn, der Sowjetunion oder jetzt auch in China, die gehen an uns nicht einfach spurlos vorbei. Und der jetzt sichtbar gewordene Wahlbetrug darf nicht einfach unter den Tisch fallen. Gesetze gelten für alle, auch für die Regierenden.

*Was heißt das für den obersten Wahleiter der DDR, Egon Krenz?*

Wie gesagt, ich habe eine Anzeige gegen die Wahlleiterin in Friedrichshain gestellt. Ich kann mir aber sehr gut vorstellen, dass hier im Stadtbezirk die Wahl noch korrekt abgelaufen ist und auch das Ergebnis korrekt mitgeteilt wurde. Der Verdacht drängt sich auf, dass der Wahlbetrug weiter oben passiert ist, dass die Zahlen von oben getürkt wurden. Ich will da aber gar nicht spekulieren, das ist Aufgabe des Generalstaatsanwaltes festzustellen, wo gefälscht wurde, ob bei der Stadtbezirkswahlkommission oder weiter oben in der politischen Hierarchie.

Interview: Birgit Meding, aus: taz Nr. 2815 vom 25.05.1989

### Pfarrer Christian Führer

## „Es hatte in der DDR
## überhaupt nie andere als gefälschte
## Wahlen gegeben."

Die Kommunalwahlen der DDR am 7. Mai 1989 gerieten bereits im Vorfeld zur Farce. Schon vom Frühsommer 1988 an riefen in Berlin vor allem kirchliche Gruppen sämtliche Christen in der DDR dazu auf, sich aktiv in die Wahlvorbereitung einzumischen. Der Staat war noch stärker als sonst bestrebt, den demokratischen Charakter der Wahl zu betonen. Die Bürger waren aufgefordert, ihre Anliegen in die Ausschüsse der Nationalen Front einzubringen und sich an der Aufstellung der Wahlvorschläge zu beteiligen. Versuchten einzelne, unabhängige Gruppen jedoch tatsächlich, andere Kandidaten aufstellen zu lassen, kam natürlich kein Einziger davon auf die Liste.

## Das offizielle Wahlergebnis mit 98,85 Prozent Ja-Stimmen für die Einheitsliste

In Leipzig gab es zum Beispiel eine gruppenübergreifende Initiative, möglichst flächendeckend nach 18.00 Uhr die öffentliche Auszählung der Stimmen zu kontrollieren. Die Ergebnisse sollten in einer Mappe mit dem Titel „Der Wahlfall" gesammelt werden. Zum Eklat im Lande kam es in dem Moment, als Egon Krenz als Leiter der Zentralen Wahlkommission das offizielle Wahlergebnis mit 98,85 Prozent Ja-Stimmen für die Einheitsliste bekanntgab. Meine Frau und ich verfolgten die Bekanntgabe des offiziellen Wahlergebnisses damals bei Freunden. Dank mehrerer unabhängiger Wahlbeobachter war in den kommenden Tagen sehr schnell klar: Dieses Ergebnis beruhte auf Fälschungen. Es hatte in der DDR überhaupt nie andere als gefälschte Wahlen gegeben, das war natürlich bekannt. Allerdings war das Selbstbewusstsein der Bürger 1989 ein anderes als in den Jahren zuvor, und die Anzahl der Nein-Stimmen musste um ein Vielfaches höher sein als in den Jahren zuvor. Was folgte, waren landesweite Protestaktionen gegen die Wahlfälschung und erneut zahlreiche Verhaftungen. (S.182 ff.)

### „Aufruf der Sechs"

Das Friedensgebet am 9. Oktober 1989 ging in einer unglaublichen Ruhe und Konzentration vonstatten. Kurz vor dem Schluss und unmittelbar vor dem Segen von Landesbischof Dr. Johannes Hempel ließ ich den Aufruf verlesen, der als „Aufruf der Sechs" in die Geschichte eingehen sollte. Zeitgleich verlas Kurt Masur diesen Aufruf im Leipziger Stadtfunk:

„Die Leipziger Bürger Professor Kurt Masur, der Theologe Dr. Zimmermann, der Kabarettist Bernd-Lutz Lange und die Sekretäre der SED-Bezirksleitung Dr. Kurt Meyer, Jochen Pommert und Dr. Roland Wötzel wenden sich mit folgendem Aufruf an alle Leipziger: Unsere gemeinsame Sorge und Verantwortung haben uns heute zusammengeführt. Wir sind von der Entwicklung in unserer Stadt betroffen und suchen nach einer Lösung. Wir alle brauchen freien Meinungsaustausch über die Weiterführung des Sozialismus in unserem Land. Deshalb versprechen die Genannten heute allen Bürgern, ihre ganze Kraft und Autorität dafür einzusetzen, dass dieser Dialog nicht nur im Bezirk Leipzig, sondern auch mit unserer Regierung geführt wird. Wir bitten Sie dringend um Besonnenheit, damit der friedliche Dialog möglich wird. Es sprach Kurt Masur." (S. 217 ff.)

**Wann war uns je eine Revolution gelungen?**

Die Verheißung „Nikolaikirche – offen für alle" war Wirklichkeit geworden. Eine Wirklichkeit, die uns alle überraschte. Sie vereinte letztendlich Menschen aus dem ganzen Gebiet der ehemaligen DDR: Ausreisewillige und Neugierige, Regimekritiker und Stasiangehörige, kirchliche Mitarbeiterinnen und Mitarbeiter und SED-Genossen, Christen und Nichtchristen. Sie alle vereinte die Kirche unter den ausgebreiteten Armen des gekreuzigten und auferstandenen Jesus Christus.

Sich das vorzustellen, reichte angesichts der politischen Realität zwischen 1949 und 1989 die Phantasie nicht aus. Und nun war die Utopie zur Realität geworden.

Wann war uns je eine Revolution gelungen? Noch nie zuvor. Eine Revolution, die in den Kirchen heranwächst, die aus der Kirche kommt und gewaltfrei auf der Straße praktiziert wird? Unvorstellbar. Ein einmaliger Vorgang in unserer deutschen politischen Unheilsgeschichte. Ein Wunder biblischen Ausmaßes.

Auch die Einheit Deutschlands sollte sich kurze Zeit später gewaltfrei vollziehen. Ohne Krieg oder Sieg, ohne die Demütigung anderer Völker. Keiner von denjenigen, die dabei waren, wird die Umstände dieser gesellschaftlichen Veränderung je vergessen. Keiner soll sie vergessen.

Als die siebzigtausend Demonstranten am Abend des 9. Oktober unangefochten die Magistrale um die Innenstadt von Leipzig umrundet hatten, war die DDR nicht mehr das, was sie am frühen Morgen war. (S. 225)

Auszüge aus: Christian Führer „Und wir sind dabei gewesen – Die Revolution, die aus der Kirche kam", Ullstein, 2. Auflage 2009

**Karl Nolle**

# Die eigene Geschichte vergessen machen
# – Von Gott bis Götting –

Mit Schweigen und Geschichtsklitterung versuchen die Christdemokraten heute immer noch vergessen zu machen, dass viele ihrer Parteifreunde aus der Ost CDU zuverlässige und treue SED-Partner waren. Und sie setzen dabei auf die Vergesslichkeit der Menschen 20 Jahre nach der Wende.

In den achtziger Jahren arbeiteten mehr als 20.000 der 125.000-140.000 CDU Mitglieder als hauptamtliche Staatsfunktionäre, Abgeordnete, Nachfolgekandidaten und „berufene Bürger" in den Kommissionen der örtlichen Scheinparlamente. Dort erwarben sie sich den Ruf als pflegeleichte „Blockflöten" der SED. Deshalb soll an die ausgiebigen politischen Erfahrungen der Block-CDU und ihrer Kaderstrukturen erinnert werden, auf denen die Politik der ostdeutschen Christdemokraten in großen Teilen heute immer noch beruht.

Kaum war am 1. Oktober 1990 die Vereinigung der West- und Ost-Christdemokraten in Hamburg vollzogen worden, da begann der Vorsitzende der früheren Ost-CDU schon die Geschichte seiner ehemaligen Blockpartei umzuschreiben. Die Christdemokraten der DDR, vertraute Lothar de Maizière den Delegierten des Vereinigungsparteitages an, seien im Bereich des real existierenden Sozialismus „die einzige Alternative zur SED gewesen; die Mitglieder der Partei, die 40 Jahre lang stramm und ohne Wanken den Sozialisten folgten, hätten immer unter der Gefahr gestanden, „Repression, Verdächtigungen und Verfolgung ausgesetzt zu sein".

„Korrupt", beteuerte Rechtsanwalt de Maizière auf dem Vereinigungsparteitag unter rauschenden Beifall, sei nur die „SED-hörige Führung" gewesen. Doch die Wirklichkeit sah anders aus: die Union versuchte mit Geschichtsfälschung zu überspielen, dass die Ost-CDU als größte Blockpartei jahrzehntelang zu den verlässlichsten Stützen des SED-Regimes gehörte.

Nach diversen „Säuberungen" durch die sowjetische Militäradministration (SMAD) und von 1950 an auch durch den Staatssicherheitsdienst der DDR war die Ost-CDU seit Beginn der fünfziger Jahre vollständig gleichgeschaltet. Seitdem funktionierte sie als willfähriges Instrument der SED-Diktatur. Widerspenstige Politiker der CDU wie Andreas Hermes und Jakob Kaiser wurden von der SMAD in den Jahren 1945 und 1947 kurzerhand abgesetzt. Zwar lehnten die „Unionsfreunde" wie sie im DDR-Jargon hießen, noch 1946 „die revolutionären Wege des Klassenkampfes und der Diktatur als Mittel zum Sozialismus ab", aber schon 1952 begrüßten sie unter ihrem Vorsitzenden Otto Nuschke den von der SED beschlossenen „Aufbau des Sozialismus" und priesen dessen „beispielhafte Verwirklichung" in der Sowjetunion. Der 6. CDU-Parteitag beschloss im Oktober 1952 die „Anerkennung der führenden Rolle der Arbeiterklasse und ihrer Partei" und damit die völlige Unterordnung unter den Willen Walter Ulbrichts.

Die SED-Führung bescheinigte der CDU 1958, sie habe „durch ihre tatkräftige Mitarbeit am sozialistischen Aufbau große Leistungen vollbracht" und belohnte die Ergebenheit mit üppigen Zahlungen aus der Staatskasse.

Auch Ulbricht-Nachfolger Erich Honecker vertraute der „allzeit bewährten Weggefährtin" blind – zu Recht. Noch im Oktober 1987, als Gorbatschow schon Glasnost und Demokratie forderte, versicherten die Christdemokraten auf ihrem 16. Parteitag den „hochverehrten, lieben Freund Erich Honecker" der „Gewissheit weiterer vertrauensvoller Gemeinsamkeit".

„Mit vielen guten Taten" sollten die Parteifreunde sich bewähren, forderte damals der schon 1966 zum Vorsitzenden aufgestiegene Gerald Götting, um die von der SED gestellten „Planziele zu erfüllen und überzuerfüllen" – aus „Christenpflicht". Unter Berufung auf Gott und Götting verteidigte die Partei protestantische Traditionen der Unterordnung unter die Obrigkeit und pries „Tugenden wie Fleiß und Pflichtbewusstsein, Gemeinsinn und Sparsamkeit". Stramme Haltung bewiesen die Christdemokraten gegenüber der SED-Militärpolitik. Als Mitglieder „in der staatstragenden Partei" so der Ost-Berliner CDU-Bezirksvorsitzende Dietrich Vogtsberger 1982, bejahte die Union: **„die militärische Sicherung der Errungenschaften" der DDR als „Dienst am Nächsten".**

Die Ost-CDU unterstützte den Mauerbau 1961 ebenso wie die Einführung des Wehrkundeunterrichts an den Schulen 1978. Der damalige Vize-Verteidigungsminister, Chef der politischen Hauptverwaltung der NVA und Honnecker-Intimus Heinz Kessler, klopfte im März 1981 vor Führungskadern der CDU den christlichen Kameraden kräftig auf die Schulter. Sie gäben, bescheinigte Kessler, „ihr Bestes für den zuverlässigen Schutz unseres sozialistischen Vaterlandes". Besonders lobte der SED-Mann die aktive Mitarbeit von Unionsfreunden in der Zivilverteidigung der DDR oder als Grenzhelfer bei der Unterstützung der Grenzsicherungsorgane".

# Die Ost-CDU begrüßt den Mauerbau 1961 als „großen Sieg des Friedens in Deutschland"

„Die Verantwortung für die menschenverachtende Mauer liegt bei denen, die in der DDR die staatliche Macht innehatten, bei der Führung der SED, ihren Helfershelfern und den Blockparteien. Die SED-Nachfolgepartei PDS kann sich dieser Schuld nicht entziehen. Aber auch die Erben der damaligen Blockparteien müssen sich zu ihrem Teil der Verantwortung bekennen."
erklärte am 8. August 2001 der damalige Generalsekretär der SPD, Franz Müntefering, zum 40. Jahrestag des Mauerbaus in einer Pressemitteilung.

### Freibriefe für die Blockparteien?

Wer von den Christdemokraten eine Mitverantwortung der Blockparteien grundsätzlich in Abrede stellen und Freibriefe für die Blockparteien ausstellen will, als wenn die Block-Flöten nie geflötet hätten, sollte sich mit folgenden Zitaten aus der Zeitschrift: „Union teilt mit" (monatliches Organ für Funktionäre der Ost-CDU), auseinandersetzen:

### „Unsere aktuellen Argumente.
### Der 13. August und das Menschenrecht"

„... die Schutzmaßnahmen unserer Regierung an den Grenzen der Republik zur Frontstadt Westberlin haben die Zustimmung der großen Mehrheit der friedliebenden Bürger unserer Republik gefunden. (...) Wirkliche Menschenrechte – das sind die Freiheit von Kriegsfurcht und Kriegsdrohung, das Recht auf Leben und Sicherheit, der Schutz vor modernen Menschenhändlern und Kopfjägern, das Recht, in Ruhe und Frieden friedlicher Arbeit nachzugehen.

Gerade der Sicherung dieser Rechte und Prinzipien dienen die Maßnahmen unserer Regierung. Sie schützen nicht allein unsere Bürger, sondern sie dienen auch den Bürgern Westberlins und Westdeutschlands, die von den Kriegsvorbereitungen der Bonner Ultras bedroht werden."

(15. Jg., September 1961, Heft 17, S. 3 - ohne Autorenangabe)

## „Unsere aktuellen Argumente. Die DDR ist die Hoffnung aller Deutschen"

„Der 13. August hat auch in Deutschland klar gemacht, daß die Militaristen und Revanchisten keine Chance haben, ihre kriegerischen Absichten zu verwirklichen, weil es eine Kraft in Deutschland gibt, die stark genug ist, den Militaristen Halt zu gebieten."

(15. Jg., September 1961, Heft 18, S. 3 - ohne Autorenangabe)

## „Der 13. August – ein großer Sieg des Friedens in Deutschland"

„Verloren haben am 13. August nur die Kriegstreiber von Bonn und Schöneberg, nur die Feinde unseres Volkes. (...) Deswegen datiert von diesem 13. August ab ein neues Kapitel unserer nationalen Entwicklung, das Kapital des endgültigen und vollständigen Sieges der Friedenskräfte in ganz Deutschland."

(15. Jg, Dezember 1961, Heft 23, S. 4)

## Dokumentation

**„Die größten Feinde der Elche waren früher selber mal welche"**
Pressemitteilung zum 13. August
Karl Nolle, MdL, 12.8.2001
**CDU-Ost trägt Mitverantwortung für Mauerbau und Stacheldraht, das sollte Fritz Hähle und die Sachsen-CDU nicht vergessen machen.**

Zu den Ratschlägen des Landesvorsitzenden der Sachsen-CDU, Fritz Hähle, an die Adresse der Berliner SPD zur Zusammenarbeit mit der PDS in Berlin, erklärte heute der Dresdner SPD-Politiker Karl Nolle.

NOLLE: „Den Mauerbau am 13. August 1961 haben nicht nur Schalmeienklänge begleitet sondern auch Blockflöten. Die Verantwortung für die menschenverachtende Mauer liegt bei denen, die in der DDR die staatliche Macht innehatten, bei der SED, ihren Helfershelfern und den Blockparteien. Die SED-Nachfolgepartei PDS kann sich dieser Schuld nicht entziehen. Aber auch die Erben der damaligen Blockparteien müssen sich zu ihrem Teil der Verantwortung bekennen."

NOLLE: „Daß heute der Vorsitzende der Sachsen-CDU diese Mitschuld der Blockparteien an Mauer, Stacheldraht und Schießbefehl vergessen machen will, überrascht mich. Fritz Hähle sollte sich nicht in Scheinheiligkeit ergehen, sondern den Sachsen erklären, wofür die CDU die Hilfe des früheren, im demokratischen Zentralismus erfahrenen, SED-Politbüromitglieds Günter Scharbowski so dringend benötigt, den die CDU letzte Woche als Parteiberater engagiert hat".

NOLLE: „Gerne frischen wir Fritz Hähles historische Erinnerungslücken mit drei Zitaten aus der Zeitschrift ‚Union teilt mit, Organ für Funktionäre der Ost-CDU 1961' wieder auf: Dies sollte Hähle, als Vertreter für Wahrheit und Klarheit, den Sachsen erklären," fordert der SPD-Landtagsabgeordnete und Wirtschaftssprecher Karl Nolle den CDU-Vorsitzenden auf.

# Die Ost-CDU
# war keine Oppositionspartei

Von der staatsunabhängigen Friedensbewegung („Schwerter zu Pflugscharen"), die seit Beginn der achtziger Jahre im Umfeld der evangelischen Kirche aufkam, hielt sich die Ost-CDU bis zur Wende im Herbst 1989 fern. Oppositionell gesinnte Christen in der DDR, die sich um eine Mitgliedschaft in der CDU bemühten, wurden von den Parteifunktionären mit dem barschen Hinweis abgewiesen, die Union sei „keine Oppositionspartei".

Dieser „Nicht-Oppositionspartei" entstammten drei von vier Christdemokraten, die in den fünf neuen Bundesländern im Herbst 1990 als Spitzenkandidaten und Ministerpräsidentenkandidaten antraten. In Thüringen war das Josef Duchac, damals seit 33 Jahren Mitglied der Ost-CDU und von 1986-89 im SED geführten Rat des Kreises Gotha für die Wohnungswirtschaft zuständig. In Sachsen Anhalt war das Gerhard Gies, seit 1970 Mitglied der DDR-CDU, der als Kreisvorsitzender der Blockpartei in Stendal noch im Mai 1989 vor den SED manipulierten Kommunalwahlen dazu aufrief „für die Friedenspolitik der DDR" zu stimmen „aus christlicher Verantwortung". In Mecklenburg-Vorpommern kandidierte Alfred Gomolka, der 1960 in die Ostunion eintrat, 1968 wegen des CSSR-Einmarsches austrat, sich der Partei 1971 wieder anschloss und 1974 ehrenamtliches und 1979 hauptamtliches Mitglied des SED-beherrschten Rates von Greifswald wurde.

Einer der erfolgreichsten Wendehälse in der Ost-CDU war damals der sächsische CDU-Landesvorsitzende Klaus Reichenbach, zuvor CDU-Bezirkschef von Chemnitz. Noch Ende September 1989 bekannte Reichenbach in einem Interview mit der SED-Bezirkszeitung „Freie Presse" seine Treue zum Honecker-Regime: „Wir und die SED haben von jeher das Gemeinsame gesucht." Und „Leuten wie Kohl und Rühe warf er vor, sie wollten „uns zum Kapitalismus zurückdrängen". Auf dem CDU-Vereinigungsparteitag am 1. Oktober 1990 in Hamburg wurde Reichenbach ins Präsidium gewählt, wo er neben Kohl und Rühe Platz nahm. Typen wie Reichenbach, meinte der Regimekritiker Rainer Eppelmann, als er damals sagte: „Wer aus unserer Partei in der früheren DDR auf einen Paradepferd durchs Ziel geritten ist, muss heute auf einen Esel umsteigen."

Inzwischen mussten zahlreiche frühere Herrenreiter auch vom Esel absteigen. Da trifft es sich gut, wenn man ausgebildeter Pferdewirt ist und einen solchen haut es nicht so schnell aus dem Sattel. Ulrich Junghanns ist so einer, eine ganz besondere Blockflöte. 1974 in die Demokratische Bauernpartei Deutschlands (DBD) eingetreten, startete er dort schon 1981 eine hauptberufliche Karriere als Mitglied des Rates des Kreises Greiz, als 1. Sekretär der DBD Greiz und ab 1983 schließlich politischer Mitarbeiter im Parteivorstand der DBD ist er auch Träger der Verdienstmedaille der DDR. Später wurde er Bezirksvorsitzender der Demokratischen Bauernpartei Deutschlands in Berlin. In dieser Funktion verteidigte Ulrich Junghanns am 3. Juli 1989 in einem Artikel der Zeitung „Bauern-echo"den Bau der Mauer. In dem Artikel mit der Überschrift „Berlin – sozialistische Metropole in Farben der DDR" schrieb Junghans wörtlich:

**„Was die Mauer betrifft, so lassen wir uns nicht deren Schutzfunktion ausreden – ganz einfach, weil wir den Schutz spüren vor alledem, was hinter der Mauer jetzt an brauner Pest wuchert."**

Das hohe Lied auf die Mauer, das sind die politischen Lorbeeren, die sich Pferdewirt Junghanns noch im Juli 1989, im Sommer der Botschaftsflüchtlinge, verdiente. 1990 wurde Junghanns dann stellvertretender Vorsitzender und später amtierender Vorsitzender der Demokratischen Bauernpartei Deutschlands. Noch unter seinem Vorsitz sprach sich die DBD gegen einen Beitritt der DDR zur Bundesrepublik nach Art. 23 Grundgesetz aus.

Seit November 2002 ist er Wirtschaftminister, seit dem 20. Februar 2007 sogar stellvertretender Ministerpräsident von Brandenburg und seit dem 27. Januar 2007 Landesvorsitzender der brandenburgischen CDU, deren Zusammenschluss mit der DBD er im Herbst 1990 organisierte. Innerparteiliche Auseinandersetzungen veranlassten Junghanns im Oktober 2008 als Landesvorsitzender der CDU Brandenburg zurückzutreten. Es waren nicht seine Lobgesänge auf die Mauer, die ihn zu Fall brachten.

An Junghanns erkennt man das Holz aus dem noch heute, 20 Jahre nach der Wende, Landesvorsitzende der CDU geschnitzt werden. Es ist das Holz der Doppelmoral. Welche abgründigen Alternativen müssen bei den Christdemokraten vorhanden sein, dass man Charaktere wie Junghanns noch 2007 und sehenden Auges zum Landesvorsitzenden machte. Wie groß muss die Not beim Koalitionspartner SPD sein, wenn man mit solch einem „Mauerspezialisten" zusammenarbeitet.

Pfarrer Eppelmann schlug damals hohe Wellen in der Ost-CDU, als er forderte, dass alle Mitglieder der Ost-CDU, die zwischen dem

Tag des Mauerbaus und der Wende politischer Ämter bekleidet hätten oder Mandatsträger gewesen seien, sich aus der Politik zurückziehen oder die Partei verlassen sollten.

War eine solche Forderung überzogen, fragt Christian von Ditfurth in seinem Buch „Blockflöten - wie die CDU ihre realsozialistischeVergangenheit verdrängt", Kiepenheuer & Witsch, Köln 1991. Aus heutiger Sicht erstaunt es nicht, dass der mutige Pfarrer Eppelmann keinerlei Unterstützung für seine Forderung fand, sondern vielmehr heftig von seinen eigenen Parteifreunden attackiert wurde. Man hätte damals auf Pfarrer Eppelmann hören sollen, wenn man gewillt war die historischen Tatsachen zur Kenntnis zu nehmen.

Dazu schreibt von Ditfuth: „Die CDU der DDR war keine Partei von Mitläufern. Vielmehr hat sie sich unentwegt zur Mitverantwortung für den realen Sozialismus bekannt und verlangt, noch umfassender einbezogen zu werden in seine Ausgestaltung. Die führende Rolle der SED anzuerkennen, war den meisten Unionsfreunden, wie die CDU-Mitglieder sich nannten, ein inneres Bedürfnis, denn ihre christlich-demokratische Union war eine Partei des Sozialismus".

„Zur eigenen Entlastung wird die Verantwortung für die Rolle der Block-CDU auf Gerald Götting und andere Führungskader geschoben. Es ist zweifellos so, die Schuldigen des SED-Regimes sind jene die Entscheidungen mitgefällt, gebilligt oder umgesetzt haben. Besondere Schuld auf sich geladen haben diejenigen, die sich nicht allein mit den Machtverhältnissen abgefunden sondern darüber hinaus Beiträge geleistet haben, um die Diktatur zu festigen. Zu ihnen zählen Gerald Götting und seine Helfer. Ihrer Hauptschuld bestehe darin mitgeholfen zu haben, Millionen von Menschen die Möglichkeit beraubt zu haben über ihre Lebensperspektive frei zu entscheiden.

Solcher Art staatliche Willkür ist ein Verbrechen gegen die Menschlichkeit. Richtig aber ist auch, dass viele Menschen sich im SED-CDU-LDBD-DBD-NDP-Regime zuhause gefühlt habe, auch weil sie wussten dass sie sich mit dem Gegebenen abzufinden hatten. Nicht wenige Bürger vermissen noch heute die Bequemlichkeiten des Obrigkeitsstaates. Tatsächlich aber gab es keinen realen Zwang zur Mitgliedschaft in der CDU und niemand wurde gezwungen die DDR und SED zu preisen."

# Die Satzung der CDU – als Partei des Sozialismus

Selbstverständlich hat sich die CDU in ihrer Satzung als Partei des Sozialismus definiert und die führende Rolle der SED hervorgehoben. Wer Mitglied werden wollte, musste einen Aufnahmeantrag unterschreiben, in dem unter anderem folgende Grundsätze und Ziele stehen: „ich habe mich mit den politischen Grundsätzen und Zielen der CDU vertraut gemacht und bitte, mich als Mitglied aufzunehmen. Ich erkläre mich bereit, die in der Satzung der CDU festgelegten Pflichten zu erfüllen. Ich versichere, dass ich im Besitz der bürgerlichen Ehrenrechte bin, keiner anderen Partei angehöre und nicht aus einer dem demokratischen Block angehörenden Partei ausgeschlossen wurde."

Zu diesen politischen Grundsätzen und Zielen, Wesenszügen, die allen Parteien und allen politischen Kräften der DDR gemeinsam sind, heißt es u.a. in der Präambel der CDU-Parteisatzung:

Das Selbstverständnis als „der Partei des Friedens, der Demokratie und des Sozialismus"; das grundlegende Ziel, in der DDR „weiterhin die entwickelte sozialistische Gesellschaft zu gestalten und so grundlegende Voraussetzungen für den allmählichen Übergang zum Kommunismus zu schaffen"; die uneingeschränkte Bereitschaft als eine Partei des Blocks und Mitträger der Nationalen Front zur „vertrauensvolle Zusammenarbeit mit der Partei der Arbeiterklasse als der führenden Kraft der sozialistischen Gesellschaft"; die Tatsache, dass sie sich als eine Partei begreift, „den sozialistischen Staat (mit) trägt und seine Politik mit entwickelt, verwirklicht und verantwortet"; das Bekenntnis zur „Freundschaft mit der Sowjetunion."

Die CDU war seit Gründung der DDR eine ihrer Regierungsparteien und nahm als Partei des Blocks und Mitträger der Nationalen Front an der Machtausübung im Arbeiter-und-Bauern-Staat teil. Das galt erst recht von ihren politischen Zielen her, die sie „aus den Lehren der Geschichte wie aus den Gesetzmäßigkeiten, die unserer Epoche und dem Aufbau des Sozialismus zugrunde liegen" ableitet und für deren Verwirklichung sie eintritt und arbeitet: sicherer Frieden, wirksame Demokratie und realer Sozialismus, heißt es in der Präambel.

**Die CDU als Mitgestalterin des Bündnisses und der politischen Organisation der sozialistischen Gesellschaft für sozialistische Demokratie.**

„Die Teilnahme an der Ausübung der sozialistischen Staatsmacht von Anfang an und auf allen Ebenen bedeutete und bedeutet für die CDU die Möglichkeit, ihre eigenen Aktivitäten und Anliegen im gesamtgesellschaftlichen Sinne einzubringen, und zugleich einen enormen Kraftquell, das gemeinsame Beste zu suchen und die Bündnisgemeinschaft ihrerseits zu festigen. Die der CDU angehörenden Abgeordneten von der Volkskammer bis zu den Gemeindevertretungen sowie die in deren Räte gewählten Haupt- und ehrenamtlichen Staatsfunktionäre gehören deshalb auch zu denjenigen Parteimitgliedern, die am entschiedensten die progressive Orientierung der Partei vorangebracht, aber auch am wirksamsten ihren Beitrag zur politischen Organisation der sozialistischen Gesellschaft realisiert haben," schreibt Werner Wünschmann in seiner Broschüre „Gemeinsames stärker als Trennendes" aus der Reihe Fakten/Argumente, Unionsverlag Berlin 1986.

## Bewährte Mitstreiter der Marxisten-Leninisten ...

„Es ist keineswegs nur die Fixierung eines Zieles, sondern die Beschreibung eines erreichten politischen geistigen Zustandes ihrer Mitglieder," schreibt Wünschmann, wenn die CDU „Treue zum Sozialismus, vertrauensvolle Zusammenarbeit mit der Partei der Arbeiterklasse als der führenden Kraft der sozialistischen Gesellschaft und Freundschaft zur Sowjetunion" die drei „unverrückbaren Ausgangspunkte des politischen Denkens und Handelns der Christlichen Demokraten" nennen kann, wie das in der Präambel des Parteiprogramms festgehalten wird.

„Das Leben in der entwickelten sozialistischen Gesellschaft der DDR zeigt täglich", bemerkt Wünschmann, „dass die übergroße Mehrheit der christlichen Mitbürger – Nachbarn, Arbeitskollegen, Abgeordnetenkollegen – keine duckmäuserischen, jenseitsorientierten, inaktiven, unwissenschaftlich denkenden oder gar wissenschaftsfeindlichen Menschen sind, sondern bewusste sozialistische Staatsbürger, leistungsbereite und leistungsfähige Werktätige, und bewährte Mitstreiter der Marxisten-Leninisten."

# Die Schulungsarbeit ist: „Erziehung zur Liebe zu unserem sozialistischen Vaterland ..."

Die politisch ideologische Arbeit zur Festigung der Rolle der CDU als Partei des Sozialismus umfasste das gesamte Parteileben von Versammlungen, Konferenzen und Schulungsveranstaltungen. Diese Schulungen, die auf allen Ebenen der Partei stattfanden, dienten dem Ziel die Linie der Partei in den Köpfen zu verankern. Dazu publizierte der Hauptvorstand der CDU Studienhefte zur politischen Weiterbildung der Unionsfreunde. Schon die Überschrift des Studienheftes Nr. 4 aus dem Studienjahr 1974/75 macht klar worum es ging, nämlich: „christliche Demokraten bewähren sich als sozialistische Staatsbürger."

Im Manuskript für das Studienjahr 1989/90, das am 10. August 1989, mit dem Niedergang der DDR, abgeschlossen wurde, heißt es noch: „Es wäre grundfalsch und gefährlich zu meinen, mit weniger Sozialismus könnte der Frieden sicherer werden."

Besondere Schulungen genossen wichtige Funktionsträger im Staatsapparat und in der Partei. Im 1970er Lehrplan des CDU-Internats in Burgscheidungen heißt es dazu, sie sollen dazu erzogen werden, „als bewusste Staatsbürger bei der Gestaltung des entwickelten gesellschaftlichen Systems des Sozialismus überall freudig Verantwortung zu tragen." Höhepunkt der Schulungsarbeit, so heißt es, sei: „die Erziehung zur Liebe zu unserem sozialistischen Vaterland und zur Tat für die Vollendung des Sozialismus."

Bei diesen Schulungen handelte es sich nicht um Diskussionsveranstaltungen sondern um eine Schule für Parteifunktionäre, in der die Lehrer auf der Grundlage detaillierter Lehrpläne bestimmten, was zu lernen war. Am Schluss des Lehrplanes für Kreissekretäre steht folgender Satz: „Über jedes Seminar ist ein zusammenfassender Lehrgangsbericht zu fertigen, in dem vor allem auch das Auftreten und die Leistungen der einzelnen Teilnehmer eingeschätzt werden."

Diese Beurteilungen kamen in die Kaderakte und spielten bei Personalentscheidungen eine wichtige Rolle. Opposition, Widerstand oder ideologische Zurückhaltung war somit wegen des befürchteten Karriereknickes ausgeschlossen.

# Hauptamtliche CDU-Repräsentanten Kreissekretäre und Kreisvorsitzende und die Kaderschmiede in Burgscheidungen

Gleich nach den Sekretären des Hauptvorstandes spielten in der Nomenklatur der CDU die Kreissekretäre zusammen mit den ehrenamtlichen Kreisvorsitzenden eine hervorragende Rolle, weil sie die hauptamtlichen Repräsentanten ihrer Parteien gegenüber den Mitgliedern wie gegenüber den Bürgern waren. Sie waren verpflichtet, eng mit der jeweiligen Kreisleitung der SED zusammenzuarbeiten und mit dieser alle die CDU betreffenden Fragen zu erörtern. Sie mussten außerdem auf Verlangen der Kreisdienststelle des MfS oder der Abteilung Inneres beim Rat des Kreises berichten. Es war ganz klar: Niemand konnte Kreissekretär oder Kreisvorsitzender der CDU werden, ohne bewiesen zu haben, dass er mit fester Überzeugung die Politik seiner Partei vertrat.

## Kaderschmiede der Ost-CDU in Burgscheidungen

Aus Kreissekretären wurden in der Marktwirtschaft blitzschnell „Geschäftsführer". Die Kreissekretäre und Kreisvorsitzenden hatten die Parteilinie dort durchzusetzen, wo es am wichtigsten war, an der Basis. Deshalb waren die Maßstäbe, die an einen Kreissekretär gestellt wurden, sehr hoch. Es ist erstaunlich, das noch heute viele oft langjährige Kreissekretäre der CDU in Amt und Würden sind oder andere wichtige politische Ämter wahrnehmen. Natürlich hatten sie immer wieder an mehrmonatigen Kaderschulungen der zentralen Parteischule der CDU „Bildungsstätte Otto Nuschke" in Burgscheidungen (Thüringen) teilzunehmen, wo sie unter den Augen der MfS Hauptabteilung HA XX, die für die Beobachtung und Sicherung der Führungsgremien der Parteien (ausgenommen die SED) zuständig war. Dort wurden die Hoffnungsträger der Ost-CDU politisch geschult, ideologisch geschliffen und auf politische Zuverlässigkeit geprüft. Fein säuberlich gliederte man die Parteilehrgänge, je nach ideologischer Reife in Unterstufe, Mittelstufen, und Oberstufenlehrgänge. (Burgscheidungen siehe Seite 135.)

Natürlich nennen sich die Kreissekretäre in der Marktwirtschaft heute Geschäftsführer. Sie haben sich wie die Kreisvorsitzenden der Ost-CDU in großer Zahl als außerordentlich wendig erwiesen.

# Wendezeit und
# Sozialistische Demokratie

Hundertausende demonstrieren in Leipzig, Dresden und in anderen Städten. In Dresden stellen sich SED-Bezirkschef Hans Modrow und SED-Oberbürgermeister Wolfgang Berghofer auf einer riesigen Kundgebung der Diskussion. Die Volkskammer wählt Egon Krenz zum Staatsratsvorsitzenden. Der Ausreisestrom reißt nicht ab und die Ost-CDU schwadroniert von den großen Möglichkeiten des Sozialismus für die Selbstverwirklichung des Menschen ...

Das CDU-Präsidium legt Ende Oktober 1989 ein Positionspapier für die Diskussion in der Partei vor. Darin fordert sie eine sozialistische Demokratie, die für jeden Bürger spürbar wird. Die Parteiführung will festhalten: „An allem was wir in unserer Gesellschaft gutes erreicht haben, an den Ergebnissen grundlegender Reformen der Vergangenheit, an dem, was zum Sozialismus in der DDR und zu seinen eigenen Zügen beiträgt und dem Wohl der Menschen dient." Wörtlich heißt es:

**„Die CDU ist eine Partei der DDR, sie entwickelt, verwirklicht und verantwortet die Politik unseres Staates mit. (...) Die CDU ist eine Partei des Blocks. (...) Die CDU ist eine Partei des Sozialismus. (...) Die CDU bekennt sich zu den großen Möglichkeiten des Sozialismus für die Selbstverwirklichung des Menschen, die Selbstbestimmung des Volkes, für die Entfaltung von Persönlichkeit und Kreativität, für eine echte Solidargemeinschaft. Solidargemeinschaft – darunter verstehen wir (...) das Zusammenwirken der Parteien, der Gewerkschaften und der großen Verbände im demokratischen Block, indem (...) das Wohl der Bürger oberster Maßstab aller Entscheidungen ist, und in dem die politische Organisation der stärksten Klasse, der Arbeiterklasse, die stärkste Kraft ist (...)."**

Heute will man vergessen machen, dass nicht nur die SED Veantwortung trägt für den realen Sozialismus sondern auch die Ost-CDU. Aus der führenden Rolle der SED ist so, nach dem Willen der Block-CDU, längst die angebliche Alleinschuld der SED geworden.

# Kader, Kartei und Kasse –
# 31 Millionen „cash" für die Ostparteikasse
# von Helmut Kohl ...

Nach der Vereinnahmung von Kadern und Kartei der Blockparteien ging schließlich auch deren Kasse und Bankguthaben auf die West-Parteien CDU und FDP in ihrer Eigenschaft als Rechtsnachfolger der entsprechenden Parteien über.

Das flüssige Vermögen der CDU der DDR wurde nicht in die treuhänderische Verwaltung durch die Treuhandanstalt übernommen. Mit Beitritt der Landesverbände der CDU der DDR in die CDU Deutschlands sind ihre Geldmittel auf diese übergegangen. Das waren circa 8,1 Millionen DM. Die auf sie übergegangenen Geldmittel des Vorstandes der CDU der DDR, etwa 14,7 Millionen DM, stellte die CDU Deutschlands in ein Treuhand-Abwicklung-Sondervermögen ein.

Aus dem Sondervermögen wurden personelle Abwicklungsmaßnahmen sowie die technische Ausstattung der Landes- und Kreisgeschäftsstellen finanziert. Am 31. Dezember 1993 war das Sondervermögen abgewickelt. Die unabhängige Kommission zur Überprüfung des Vermögens der Parteien und Massenorganisationen der DDR hat 1995 festgestellt, dass kein Anspruch gegen die CDU auf Rückzahlung von Altvermögen der CDU der DDR aus dem Bereich flüssiger Mittel bestand, da die CDU in der Folgezeit damit Altlasten der CDU der DDR getilgt hat.

**Wer Leichen im Keller hat, ist erpressbar und kann nicht unabhängig und unbelastet agieren, eine Mentalität, die weiter vererbt wird und wie Gift in den Knochen steckt.**

Im Herbst 1990 trat die DBD der CDU der DDR bei. Die CDU der DDR wurde damit Rechtsnachfolgerin der DBD. Zum Stichtag 7. Oktober 1989 wurden flüssige Mittel, das heißt Kassenbestände und Bankguthaben, in Höhe von insgesamt 8 Millionen DM festgestellt. Nach einem Vorstandsbeschluss im Juni 1990 trat die DBD im Herbst der CDU der DDR bei. Das festgestellte Geldvermögen ging mit dem Beitritt der DBD zur CDU in das Vermögen der Ost-CDU über. Für eine gemeinnützige Verwertung durch die Treuhandanstalt stand es nicht mehr zur Verfügung. Insgesamt hat die CDU Deutschlands somit circa 31 Millionen DM aus dem Geldvermögen der CDU der DDR eingeatmet. Kein schlechtes Geschäft ...

Die Wendung der Ost-CDU von einer Staatspartei Ost zu einer Staatspartei West, die sich ihrer Verantwortung und Verstrickung in das DDR-Regime nie gestellt hat und wohl auch nicht mehr real stellen wird, scheint heute, zwei Jahrzehnte nach den Massendemonstrationen in Leipzig und Dresden als abgeschlossen.

Übrig bleibt eine schizophrene Geschichtsaufarbeitung, zu deren fragwürdigen Markenzeichen christdemokratische Macht-Heuchelei, Selbstbeweihräucherung, Pharisäertum und Doppelmoral geworden sind. Demut scheint nicht zum Inventar zu gehören.

Wer Leichen im Keller hat, ist erpressbar und kann nicht unabhängig und unbelastet agieren, eine Mentalität, die weiter vererbt wird und wie Gift in den Knochen steckt.

## Zur Geschichte der Blockpartei CDU

### Das Dresdner Manifest –
### Parteitag der CDU Deutschlands
### vom 15. bis 17. Dezember 1991

Das Dresdner Manifest der CDU, vom 15. bis 17. Dezember 1991, versucht zwar die innerparteiliche Vergangenheitsaufarbeitung voranzubringen, legt jedoch die Verantwortung dafür in die Hände derer, die selber in das SED-Regime verstrickt waren, wenn es dort heißt:

**„Wir bitten alle, die in Gesellschaft und Politik ein Amt bekleiden, ihr Verhalten in der Vergangenheit selbstkritisch zu prüfen. Auch wer keinen Anlass sieht, sich persönlich etwas vorzuwerfen, muss sich doch die Frage stellen, ob seine frühere Tätigkeit es seinen Mitbürgern heute schwer macht, neues Vertrauen zu gewinnen."**

Hier werden Mittäter und Mitläufer zu Richtern über sich selbst gemacht. Abgesehen davon, dass nun zu bereits vorhandener Schuld weitere angehäuft wird, ist diese Strategie der Erneuerung bis heute durch Inkonsequenz und Ignoranz gescheitert. Abgesehen von wenigen Ausnahmen sind keine der vielfältig belasteten Blockflöten aus der Union vertrieben worden. Denn ohne sie gäbe es keine erfolgreiche Christdemokratie in Ostdeutschland. Die CDU war und ist weiter auf die einstigen Gefolgsleute der SED angewiesen, die vor der Wende vom realen Sozialismus profitiert haben und heute die Gewinner einer Revolution sind, die sie in weiten Teilen verhindern wollten.

# Der aussichtslose Kampf gegen alte Seilschaften am Beispiel des Altlandkreises Freital und Weißeritzkreis. – Erinnerungen des CDU-Kreisrates Günter Hofmann an die Jahre 1989-1990

Das Ende des Sozialismus und politischer Neubeginn im Freistaat Sachsen an der kommunalen Basis am Beispiel von zwei Kreistagen.

## Die „Wende" an der kommunalen Basis

In seinem über 600 Seiten umfassenden Buch „Erinnerungen an die Jahre 1989 bis 1999 (Das Ende des Sozialismus – Aufgaben und personelle Probleme des kommunalen Neubeginns im Freistaat Sachsen am Beispiel der Kreistage des Altlandkreises Freital und des Weißeritzkreises)" im Juli 2008 im Selbstverlag erschienen, beschreibt Günter Hofmann als CDU-Mitglied seine Erfahrungen als Kreisrat, als Nachwende-Parteimitglied und Mitglied im Kreisbewertungsausschuss für die Eignung zum Öffentlichen Dienst.

Prägend für ihn war, wie er in seiner Partei immer wieder, zusammen mit anderen „Neumitgliedern", auf eine übergroße Mehrheit von Altkadern der CDU-Blockflöten traf, auf in der DDR jahrzehntelang geschulte und erfahrene Parteifunktionäre, auf CDU-Staatsfunktionäre und Nomenklaturkader, die nach der Wende bruchlos Bürgermeister, Landräte, Landtagsabgeordnete oder sogar Landtagsvizepräsident wurden und es auch heute noch teilweise sind und wie er auf Mitarbeiter des MfS und deren Opfer stieß. Er schildert darin, die von ihm selbst als CDU-Mitglied ein Jahrzehnt lang erfahrene Auseinandersetzung in Partei und Kreistagsfraktion, er beschreibt Majorisierungen, Ausschlussversuche, Austritte und Rücknahme von Austrittserklärungen, öffentlich gewordenen MfS-Schnüffeleien, er schreibt von Auseinandersetzungen zwischen denen, die in der großen Mehrheit aus der Ost-CDU kamen sowie einer Minderheit, auch praktizierender Christen, die erst nach der Wende in die CDU eintraten und diese Vergangenheit nicht mitbrachten.

Günter Hofmann hat für seine Courage oft Nachteile in Kauf nehmen müssen. Besonders große Probleme bekam er, weil er nicht bereit war, freiwillig den Dienst bei der NVA anzutreten. Nach Studium des Funkwesens erhielt er noch während seiner anschließenden Lehrtätigkeit die „Entlassung aus dem sozialistischen Bildungs-wesen", da er seinem Schulleiter gegenüber erklärte, den noch zu absolvierenden Wehrdienst aus Glaubens- und Gewissensgründen als Bausoldat absolvieren zu wollen. Hofmann fand später eine Anstellung als Entwicklungsingenieur in Dresden. In seinen Erinne-rungen schreibt er: „Christliche Unterweisung durch das Elternhaus und die Bindung an die Kirchgemeinde in meinen Lebensstationen waren mehr Hilfe und Stütze, den nötigen Abstand zur atheisti-schen geprägten Gesellschaftsordnung zu halten, wenn das auch oft mit Nachteilen verbunden war." Das Anpassen, weil es erwünscht oder angeordnet wurde und deshalb auch Vorteile versprach, sei ihm immer zuwider gewesen. Opportunismus sei ein Krebsscha-den, der über kurz oder lang auch seine Opfer fordere.

### Thesen aus Günter Hofmanns „Erinnerungen"

Die von mir aufgeschriebenen Erinnerungen sind meine ganz persönlichen Eindrücke und Empfindungen, sie erheben keinen Anspruch auf vollständige Darstellung erfolgter Abläufe.

Da die friedliche Revolution, die von den „eingemauerten Staats-insassen" ausging, freie Wahlen erkämpft hatte, waren diese Jahre von 1989 bis 1999 eine besonders spannende Zeit des Umbruchs. Es gab keine Wende, von der größtenteils und immer ohne Überle-gung gesprochen wird – vielleicht hängt es damit zusammen, daß dieses Wort so schön einfach und flüssig über die Lippen geht.

Eine friedliche Revolution war es, die den Umbruch zur Folge hatte, aber es gab unendlich viele Wendehälse, die – sehr oft mit großem Erfolg – versuchten, nicht zu kurz zu kommen und wieder gut bezahlte Positionen in den Verwaltungen anstrebten, sie erhiel-ten oder unbehelligt behielten. Das war so nicht der Wille der Men-schen, die sich trotz einer zu befürchtenden Benachteiligung oder Inhaftierung 1989 den Sicherheitskräften friedlich gegenüberstell-ten und protestierten, oder der Millionen Menschen, die seit vielen Jahren das „Paradies des Kommunismus" verließen, da die Aussich-ten für eine Demokratisierung nicht erkennbar waren und die alles umfassende Perspektivlosigkeit den Ausreisewillen zum reißenden Strom werden ließ (es waren wohl über 2 Millionen, die das Land verlassen hatten – und kein Ende war abzusehen).

So glücklich wie wir sein dürfen, daß Bürgerkrieg mit Blutvergie-ßen ausgeblieben ist, es soll aber nicht vergessen werden, daß dafür die friedliche Revolution auch mit einem nicht zu unterschätzenden Preis bezahlt hat.

## Wendehälse in sicheren Positionen

Es war der Bevölkerung nach diesem Umbruch immer wieder unverständlich, daß einem erheblichen Teil der ehemals in den Verwaltungen des Sozialismus dienenden, dem System treu ergebenen Mitarbeiter, eine Weiterbeschäftigung ermöglicht wurde. Eine konsequente „Reinigung" hat es wohl in den neuen Bundesländern nicht gegeben. Wer sich nicht gerade an den Menschenrechten nachweislich verging, wessen MfS-Tätigkeit unentdeckt blieb oder bei wem die Auskunft des „Bundesbeauftragten" den Dienstherrn nicht irritierte, der hatte in den meisten Fällen gute Karten, seinen Bürosessel zu behalten.

Die Bevölkerung hat es registriert. Ich höre – noch heute, 17 Jahre danach – oft die resignierende Bemerkung, daß viele der alten Kräfte als Wendehälse in sicheren Positionen fest im Sattel sitzen.

So glücklich und so stolz wir über eine friedliche Revolution auch sein dürfen, darf man aber nicht unterschätzen, welche Folgen eine ausgebliebene, konsequent kontrollierte personelle Verwaltungserneuerung hatte. Die Folge ist Resignation in der Bevölkerung u. U. verbunden mit einer daraus resultierenden Abneigung gegen den Rechtsstaat, da er unfähig war – vielleicht auch aufgrund fehlender und vielleicht sogar bewußt nicht nachträglich auf den Weg gebrachter Gesetzlichkeiten – eine gründliche Bereinigung der öffentlichen Verwaltungen im Zusammenhang mit dem sozialistischen Filz von DDR-Parteien und Organisationen der Nationalen Front abzuarbeiten.

Die Frustration in der Bevölkerung darüber war und ist immer noch erheblich – das wird nicht so schnell vergessen, und so braucht man sich in keiner Weise darüber zu wundern, dass u.a. auch dort ein Grund für das sichtbar werdende Desinteresse an Wahlen, das bereits Mitte der neunziger Jahre einsetzte, zu suchen ist.

Die Parlamente waren auch nur sehr begrenzt dazu in der Lage, in dieser Richtung mit einer Aufarbeitung wirksam zu werden, da selbst dort die systemunbelasteten Kräfte den aus dem alten Parteienfilz kommenden Vertretern gegenüber immer mehrheitlich unterlegen waren. Es war für mich eine spannende Zeit, auch eine Zeit, in der ich Gleichgesinnte – das ist nicht unbedingt im Sinne einer Parteienzugehörigkeit zu verstehen – Menschen, die unbelastet sich einsetzen wollten, das Ruder nach dem Mauerfall auf Kurs zu halten, kennenlernen durfte.

## Der Herbst 1989

Das seit dem 7. und 8. Oktober vollkommen friedliche Demonstrieren irritierte wohl auch die Befehlsgewaltigen der bewaffneten Sicherheitskräfte. Die totale Gewaltlosigkeit der Bürger in den folgenden Tagen und Wochen brachte die sich am Abzug krümmenden Finger zum Loslassen. Durch die nun in den kommenden Tagen sich immer wieder bildenden Demonstrationszüge, deren Demonstranten die brennende Kerze als sichtbares Zeichen des friedlichen Demonstrierens zeigten, und das um die Kirchen herum von hunderten von Menschen gesungene „Dona nobis pacem" zu hören war, wurden die friedlichen Absichten bezeugt und der Wille, Reformen einzufordern, trotzdem unmißverständlich deutlich gemacht.

In diese spannende Situation waren alle Bürger des Landes einbezogen, die einen, die vom Sozialismus genug hatten, und die anderen, die glaubten, einem abgewirtschafteten System die Treue halten zu müssen. Es gab aber auch noch eine dritte Gruppe, die Gruppe der ängstlich Abwartenden, die sogenannten Pendelbeobachter, dazu gehörten u. a. viele der ehemaligen Parteimitglieder, die sich erst von ihrem Parteibuch trennten, als am 9. November 1989 die Mauer geöffnet wurde.

Große Verunsicherung machte sich breit unter den Funktionsträgern in Politik und Wirtschaft. Wenn man zurückdenkt, was für ein aufgeblasenes System von Parteien und Massenorganisationen, die nur dem einen Ziel dienten, die strategische Linie des Politbüros zu vertreten und ideologisch durchzusetzen, im Staat installiert war, wird die fatale Situation für die bisher immer willigen Vertreter und Mitläufer sichtbar.

Übrigens waren die Menschen wirklich mutig, die sich in diesen Anfängen zusammenfanden, denn der Polizeistaat hatte noch lange nicht seine Macht abgegeben, und es war völlig offen, in wie weit über kurz oder lang dieser Mut mit der Freiheit oder Repressalien bezahlt werden müßte. Diese Gruppierungen erhielten massenhaften Zulauf.

Schon Anfang Oktober begannen die Massenaustritte aus der immer noch auf ihrem in der Verfassung festgeschriebenen Führungsanspruch beharrenden, jahrzehntelang allgewaltigen SED. Scharenweise gaben die Genossen ihre Parteidokumente ab. Darunter waren natürlich alle die sogenannten BK und KK, Brieftaschen- und Karrierekommunisten, und davon gab es nicht wenige in der DDR. Diese Leute begründen heute ihre damalige Parteizugehörigkeit mit den sonst verbauten Aufstiegschancen und besser bezahlten Posten.

## Eintritt in die CDU – Hoffnung auf schwindenden Einfluss der CDU-Altkader

In meinem Freundeskreis waren wir uns einig, wenn wir etwas bewegen wollten, ging das nur über das Einbringen in einer Partei. Ich habe für mich lange gesucht und geprüft, was wohl für mich eine Formation wäre, um mich politisch in den Erneuerungsprozeß einzubringen.

Als praktizierender Christ hatte ich bei dieser Entscheidungsfindung zusätzliche Probleme. In einem Gespräch mit meinem Seelsorger und Pfarrer meiner Kirchgemeinde in Freital wurde ich ermuntert, nun mit Hand anzulegen und mich einer Partei zur Verfügung zu stellen, die auch auf christliche Werte in ihrem Programm Bezug nimmt. Dabei hatten wir sofort gleiche Bedenken. Die Partei in der Parteienlandschaft der DDR, die ein „C" in ihrem Namen führte war eine Blockpartei, die wir beide aufgrund der bedingungslosen Unterordnung unter die Führungsrolle der SED verachteten. Ihr zutiefst opportunistisches, heuchlerisches Verhalten hat uns immer abgestoßen.

Viele dieser Karrieremenschen haben dann den Eintritt in die Ost-CDU vollzogen und wurden somit Gefolgsleute der Führungspartei SED. Dieser Fakt hat mir bei meiner Entscheidung, wenige Tage vor den ersten freien Wahlen zur Volkskammer in die CDU einzutreten, schwere innerliche Konflikte bereitet, die ich teilweise bis heute nicht überwinden konnte. Die Hoffnung, daß sich in Kürze durch Unterstützung der West-CDU/CSU zusammen mit den sich neu formierenden demokratischen Kräften der zusammenbrechenden DDR auch eine Reinigung innerhalb der Reihen der alten Blockparteien vollziehen würde, hat sich leider als Illusion erwiesen.

Mein erstes Eintrittsdatum in die CDU weist den 14. März 1990 aus, auf dem Umschlag ist noch das Ost-CDU-Logo mit der Taube zu sehen, aber dieser Ausweis weist eine wesentliche Besonderheit auf. Die in dieser Zeit fungierenden alten Blockflöten – so der Volksmund –, der Chef des Ortsverbandes Freital Uwe Kwiaton und der Geschäftsführer Schuricht, überreichten mir ein Dokument, in dem auf der zweiten Seite einiges geschwärzt worden war. Es war der Satz mit dem Inhalt: *„Die CDU ist eine Partei des Friedens, der Demokratie und des Sozialismus. Die CDU fällt ihre politischen Entscheidungen im Interesse des werktätigen Volkes der DDR und der Stärkung der sozialistischen Staatengemeinschaft, im Interesse des Friedens und des sozialen Fortschritts in der Welt".*

So schnell ging das bei den vom Volksmund bezeichneten Blockflötenfunktionären, man nahm den „schwarzen" Filzstift und schwärzte das „rote" Bekenntnis, und schon war man fertig und gehörte zur Partei Konrad Adenauers und Helmut Kohls. Aus dieser Zeit des Übergangs stammt ja auch der voll zutreffende Begriff der Wende-hälse. So standen Funktionäre zu sozialistischen Zeiten am 1. Mai auf der Tribüne neben den SED-Funktionären und ließen das werk-tätige Volk an sich vorüberziehen, und nun wollte man davon nichts mehr wissen, abgewandt von der Vergangenheit und nun der Zu-kunft zugewandt, man wird's schon bald vergessen!

Keine Reue, kein Schuldbekenntnis, nein, man fühlte sich ja als „Widerstandskämpfer" in der DDR. Warum sollte man nun in die zweite Reihe treten? Nein, nein, ich war ja nicht in der SED – habe nur willig und beflissen ihre Politik mitgetragen und mit ihren Funk-tionären gut zusammengearbeitet.

## Die ehemaligen Blockföten haben in der „neuen" CDU die Mehrheit

Sie ließen sich vom Volk die Machtstrukturen brechen, standen im Oktober 1989 hinter den Gardinen und schauten zu, als das Volk auf die Straße ging, um seine Rechte einzufordern. Sie kamen aus ihren Nischen, als die Mauer gefallen war, und stellten sich als die schon immer für die Bedürfnisse des Volkes eintretenden Funktio-näre dar. Nun kam es darauf an, auf den neuen Zug aufzuspringen und dabei möglichst die „erste Klasse" zu erwischen.

Die Wende war da, nun aufgepaßt, den Hals in die vorteilbrin-gende Richtung gewendet, das alte Vokabular revidiert, auf demo-kratische Sprüche umgestellt; schon fühlten sich die Altfunktionäre der Blockparteien als die Vorkämpfer für Demokratie und Streiter für die Einheit Deutschlands. Bescheidenheit aufgrund jahrelangen politischen Mitmachens, Zurücktreten in das zweite Glied, um da-mit ein sichtbares Zeichen von eingestandener Schuld zu setzen, so ein Verhalten war diesen Personen fremd.

Des Volkes Wille war es nicht, daß Altkader wieder versuchten nach der Macht zu greifen, und die neuen Kräfte waren in der Minderzahl und damit zu schwach, dieses erneute Streben nach der Macht zu verhindern. Die West-CDU unterstützte wohl den Wahlkampf der Allianz, war aber an einem nachfolgendem Säube-rungsprogramm für den Blockparteienfilz mit seinen Funktionsträ-gern nicht interessiert. Die neuen Mitglieder, die sich nun in die CDU einbrachten, hatten keine Chancen, durch Übernahme von Führungspositionen wirksam zu werden. Die Blockflötenanteile waren so kräftig, ich schätze im Freitaler Ortsverband 1990 ein Ver-hältnis von fünf zu eins, d.h. fünf alte Mitglieder gegenüber einem neuen Mitglied. Ähnlich sahen die Verhältnisse wohl auch in ande-ren Ortsverbänden der Kreise Freital und Dippoldiswalde aus.

**Der unauflösliche alte Filz der Wendehälse und Altkader**

Leider unterlag ich einem gewaltigen Irrtum, daß durch den Einfluß der West-CDU und durch den Eintritt neuer Parteimitglieder in Ostdeutschland sich auch die personellen Strukturen in der Ost-CDU grundlegend ändern würden. Das war wohl eine berechtigte Erwartung, die sich bald als Illusion herausstellte. Viele der neuen Mitglieder warfen nach kurzer Zeit wieder das Handtuch und traten angewidert durch den nicht erfolgten Reinigungsakt aus.

Einige Jahre später, als ich bereits mehrere Jahre als Kreisrat tätig war, bemühte ich mich mehrfach gute, durch alte Zeiten unbelastete Kräfte zu finden und für die CDU zu werben, um dadurch auch dem alten Filz entgegenwirken zu können. Es gelang zum Teil, die neuen Kräfte blieben jedoch immer in der Minderzahl. Ich habe mich in vielen Gesprächen zwischen 1990 und 1999 für eine Erneuerung der CDU eingesetzt.

Oft habe ich mit Menschen gesprochen, von denen ich wußte, daß sie sich im DDR-System nicht angebiedert hatten, um sie als Kandidaten für Kreistag oder Stadtrat zu werben. Leider hielt sich der Erfolg in sehr bescheidenen Grenzen, da bei diesen Menschen die CDU im Osten als Blockpartei verpönt war und teilweise auch das Unverständnis mir gegenüber geäußert wurde, daß ich mich mit „solchen Typen" an einen Tisch setzen würde. Menschen mit Rückgrat haben das Auftreten der Blockparteien in der DDR nicht vergessen.

Ich kenne einige gute Kräfte, die sich 1990/91 im Altlandkreis Freital und im Altlandkreis Dippoldiswalde gern in die CDU eingebracht hätten, aber aufgrund der personellen Altlasten und einer ausbleibenden personellen Reinigung von diesem Schritt abgehalten wurden und dann teilweise in andere Gruppierungen oder Parteien auswichen.

**Blockflöte Lothar Mende, CDU-Landtagsabgeordneter mit „Otto-Nuschke-Ehrennadel für die Stärkung und Festigung unserer Partei und zur Gestaltung der entwickelten sozialistischen Gesellschaft in der DDR"**

Ich entsinne mich noch an eine CDU-Veranstaltung im Jahre 1990, als es um die Aufstellung von Kandidaten zum 1. Sächsischen Landtag ging. Eine Person fiel mir dabei besonders durch forsches, lautstarkes Argumentieren auf – Lothar Mende – Bürgermeister aus Dorfhain. Der Name sagte mir gar nichts, da ich ja auch die CDU-Vertreter des Kreises und Gefolgsleute Gerald Göttings nicht kannte und die Blockpartei mir immer suspekt und opportunistisch erschienen war. Besonders aktive Gefolgsleute erhielten natürlich auch bei Gelegenheit hohe parteiliche Auszeichnungen, so auch der nun bald in den 1. Sächsischen Landtag einziehende, bereits schon einige Jahre im DDR-System tätige Bürgermeister von Dorfhain. Im Juli 1985 steht er auf der Ehrentafel mit der Auszeichnung der „Otto-Nuschke-Ehrennadel". Wer bekam diese Ehrung? In den Verleihungskriterien steht: „damit werden Unionsfreunde ausgezeichnet, die beispielgebend und ergebnisreich zur Stärkung und Festigung unserer Partei und zur Gestaltung der entwickelten sozialistischen Gesellschaft in der DDR beigetragen haben" (Archiv für Christlich Demokratische Politik, Zentralbestand Ost-CDU 07-010-4884).

Ich muß zu den personellen CDU-Angelegenheiten im Altlandkreis Freital nichts weiter kommentieren. Es gibt dazu zwei sehr aufschlußreiche Presseartikel, aus den Jahren 1990 und 1991. Es sind Briefe an die Redaktion der Sächsischen Zeitung. Im ersten Brief äußert sich ein Bürger „Freie Wählergemeinschaft Dorfhain" (SZ vom 12. Juli 1990) wie auszugsweise folgt:

„Mit Erstaunen konnte ich in der SZ vom 7. Juli lesen, daß die Wende in Dorfhain bereits vor der Wende stattgefunden hat. Ich halte es für gefährlich, so leichtfertig mit unserer jüngsten politischen Vergangenheit umzugehen. Die Existenz eines CDU-Bürgermeisters in unserem Dorf seit 1979 hat nichts mit der politischen Wende des letzten Herbstes in unserem Land zu tun. Es handelt sich dabei um eine wohl eingeplante CDU-Insel im Blockparteiensystem der SED. Es ist nicht abzustreiten, daß Herr Mende innerhalb der ihm gesetzten Grenzen seine Arbeit als Bürgermeister so gut wie möglich zu machen versuchte. Die politische Person muß man jedoch von dieser Sacharbeit trennen. Weder als Bürgermeister noch als Vorsitzender des CDU-Kreisvorstandes war Herr Mende bereit, die Linie der CDU Gerald Göttings zu verlassen. Noch vor einem Jahr hielt er die CDU nicht für fähig, die politische Führung im Kreis Freital und erst recht nicht im ganzen Land zu übernehmen. Schon der Gedanke daran erschien ihm absurd. Noch nach der Wende war er ein Anhänger des Blockparteiensystems. Deshalb kann ich das Bild unseres Bürgermeisters unter der schon genannten Überschrift nicht akzeptieren."

Der zweite Brief an die Redaktion der „UNION" zeigt den berechtigten Unmut und Zorn über die Führungsspitze der CDU in Sachsen, die keine Bereitschaft zur grundlegenden personellen Erneuerung der CDU zeigt. Der Brief war als „Offener Brief an Ministerpräsidenten Kurt Biedenkopf" vom Dorfhainer Pfarrer Matthias Koch verfaßt worden, folgende Presseveröffentlichung erfolge am 21./22. September 1991 in der UNION:

## Pfarrer Matthias Koch
## „Offener Brief an Ministerpräsidenten Kurt Biedenkopf"

„Sie sagen,
Sie brauchen keine personelle Erneuerung
in der CDU Sachsens. Bitte urteilen Sie selbst."

„Wir werden die bewährte Bündnispolitik unter der Führung der SED weiterführen", antwortete im Frühjahr 1989 der Vorsitzende der CDU des Kreises Freital und Kreistagsabgeordnete (Lothar Mende) bei einer Wahlveranstaltung auf die Frage: „Welches eigene Programm hat die CDU, um die Probleme in der DDR zu meistern?" Eines hatte dieser Bürgermeister auch im Herbst 1989 nicht nötig. Seine Wende fand lange Jahre vor der Wende statt. So jedenfalls äußerte er sich in einem Zeitungsartikel. Deshalb ist er auch nach der Wende in der Kommission zu finden, die das sächsische Kommunalgesetz ausarbeitet. Wie er mit demokratischen Gesetzen umgeht zeigt, dass seine Wende wirklich zu Blockparteienzeiten stattgefunden haben muß. (...)

Denn solange solche Altfunktionäre – er ist ja kein Einzelfall – heute noch unangefochten in den höchsten Stellen unseres Landes weiterregieren, haben wir diese Zeit längst nicht überwunden. Dabei hatten Sie, Herr Prof. Biedenkopf, doch zu Ihrer Wahlveranstaltung in unserem Ort sinngemäß erklärt: Wir, die CDU, sorgen dafür, daß die alten Seilschaften aus den führenden Positionen in Wirtschaft und Politik hinausgedrängt werden.

Aus diesem Grund hatten Sie in Sachsen so großes Vertrauen gefunden. Deshalb wurden Sie gewählt! Jetzt ist mehr als ein Jahr vergangen. Erwähnter Bürgermeister sitzt unangefochten im Landtag und Landesvorstand! „Ehrenamtlich" versteht sich. Doch ich zahle durch meine Steuer seine Diäten mit, und die belaufen sich auf fast zwei Monatsgehälter eines Normalverdieners. Andere Altfunktionäre sitzen unangefochten in den Betriebsleitungen und haben sich die großzügigen Gehaltserhöhungen gegenseitig zugespielt – Gelder aus Einsparungen durch Massenentlassungen.

Unmut wird darüber laut in unserem Volk. Vor allem, da es jetzt den Anschein hat, daß ein Westdeutscher – Volker Rühe – schon sagen muß, wo uns Ostdeutsche der Schuh drückt. Betroffen macht uns, daß Sie die Stimme des Volkes nicht mehr zu hören scheinen. Oder tönen die alten Blockflöten so laut, dass Sie die Stimme des Volkes nicht mehr hören?

Natürlich kann man nicht alle Alt-CDU-Funktionäre, Betriebsleiter u. dgl. über einen Kamm scheren. Da haben Sie recht. Aber nach einem Jahr wäre es schon angebracht, wenigstens mit dem

Stutzen anzufangen! Beginnen Sie in den eigenen Reihen, um der Glaubwürdigkeit willen und damit Sie Ihre Wähler – und die Reformer in den CDU-eigenen Reihen – wieder hören, die noch die Hoffnung haben, daß Sie Ihr Wahlversprechen endlich beginnen einzulösen!" Ihr Pfarrer Matthias Koch

Dieser „offene Brief" charakterisiert in ganz hervorragender Weise die personellen Probleme, die sich aus der friedlichen Revolution ergeben hatten. Es hätte wohl sein müssen, daß in einer begrenzten, terminlich festgelegten Zeit mit Hilfe von Übergangsregelungen der „Stall im Osten" gründlich gesäubert wird, dazu hätten nicht nur die SED-Strukturen, sondern die der Blockparteien und Massenorganisationen gehört. Eine gewaltige Herausforderung und Aufgabe, vor der man sich gescheut hat und dann lieber gleich zur Tagesordnung überging. Das Bearbeiten und Durchforsten alter Macht- und Parteistrukturen mit den nun angewandten rechtsstaatlichen Mitteln war nicht geeignet, alte Strukturen und Seilschaften zu eliminieren. Von Bonn war wohl diese Säuberungsaktion gar nicht weiter vorgesehen und auch nicht gewollt.

Viele der „sozialistischen Kämpfer", damit meine ich nicht nur die SED-Genossen, haben sich an den revolutionären Ereignissen der Oktobertage nicht beteiligt und haben nach dem 9. November 89 den Hals noch rechtzeitig in die neue „Flugrichtung" gedreht. Sie haben es geschafft und sitzen heute, zum Teil gut abgesichert, in höchsten Ämtern. Wen die Behörde des „Bundesbeauftragten für die Unterlagen des MfS der ehemaligen DDR" nicht als „IM" oder hauptamtlichen Mitarbeiter des MfS enttarnte, der konnte eigentlich davon ausgehen, in Ruhe gelassen zu werden und weiter im öffentlichen Dienst sein Brot verdienen zu können.

In diesem Zusammenhang fallen mir Beispiele ein, wo Bürgermeister, Funktionäre von Parteien oder Vorgesetzte in Betrieben Berichte an entsprechende Stellen beim Rat des Kreises oder an die SED-Kreisleitung geliefert haben und über stattgefundene Gespräche und Diskussionen berichteten, und das nicht nur einmal, sondern regelmäßig. Das sind keine Vermutungen, sondern Tatsachen, die sich in Opferakten finden, wo allerdings der Status des „IM" förmlich nicht gegeben war. Das MfS hatte es gar nicht nötig, jeden der „Berichtenden" zu vergattern. Wer zuverlässig und regelmäßig seinen „Berichtsverpflichtungen" nachkam, war ein geschätzter „Zu- und Mitarbeiter" für das MfS – in diesen Fällen hatte man es gar nicht nötig, gesondert anzuwerben und zu verpflichten.

Wie stehen heute die „Berichtenden", wenn es publik gemacht würde, dazu? – Da höre ich schon die beschwichtigenden Ausreden wie: ich habe doch keinem geschadet, ich habe doch nur das von mir Geforderte getan. Nur wenige Jahrzehnte zurück, nach Beendigung des Krieges, war es schon einmal an der Tagesordnung, sich immer mit der Befehlsausführung und dem Befolgen von Anordnungen und Gesetzlichkeiten herauszureden. Diese Ausreden sind immer wieder gebräuchlich, sie sind die billigsten Argumente, das in der Vergangenheit gezeigte opportunistische Verhalten zu begründen. Bei der Ursachenforschung und „Katastrophenaufarbeitung" sind das immer wieder beliebte Erklärungsformeln.

## Die ersten freien Kommunalwahlen in der DDR am 6.5.1990

Es waren die ersten freien Kommunalwahlen in der DDR, und sie bestätigten weitgehend die politischen Kräfteverhältnisse der Volkskammerwahlen vom 18. März. Nach meinem Eintritt in die CDU hatte ich mich als Kandidat für den Kreistag des Kreises Freital zur Verfügung gestellt. In der amtlichen Bekanntmachung der Kreiswahlkommission Freital in der SZ vom 19. April 1990 stellt die Kreiswahlkommission entsprechend § 13 Wahlgesetz verbindlich die zugelassenen Parteien und Kandidaten fest.

Es ist schon interessant, daß bei aller Forderung und allem Drang nach politischer Veränderung im Land sich auch unter anderem wieder die Kräfte um Einflußnahme bemühten, die noch ein Jahr zuvor, nämlich zu den letzten DDR-Kommunalwahlen im Mai 1989, sich um Kandidatur zum Kreistag sozialistischer Prägung bemühten und in dieses Scheinparlament als gewählte Kandidaten oder Nachfolgekandidaten einzogen. 23 Kandidaten waren bereits Mitglieder des Kreistages bzw. Nachfolgekandidaten, deren Wahl zu diesem Scheinparlament durch das sogenannte „Falten" am 7. Mai 1989 erfolgt war. Es waren Kandidaten, die bereits im Parteien- und Organisationsapparat der DDR etabliert gewesen waren.

## 84 Kreistagskandidaten davon 53 aus der ehemaligen Nationalen Front der DDR

Auf der Kandidatenliste bewerben sich insgesamt 84 Personen. Die 17 Personen auf der Liste 5 - DSU, Liste 6 - Grüne, Liste 9 - SPD waren vorher nicht im Parteienspektrum der Nationalen Front der DDR verankert. Auf der Liste 2 - CDU stehen 25 Bewerber, davon kommen 11 Personen aus der Blockpartei CDU, der Partei Gerald Göttings, 3 Personen haben das Mandat der CDU, sie gehörten bis zu diesem Zeitpunkt keiner Partei an, 11 Personen wurden 1990 neue Mitglieder in der CDU. Die Personen auf der Liste 1 - BFD,

Liste 3 - DBD/BV, Liste 4 - DFDNS, Liste 7 - KB, Liste 8 - PDS (vorher SED), sind insgesamt 42 Bewerber aus dem Spektrum der Nationalen Front der DDR, d.h. hervorgegangen aus der SED, nun zur PDS gewandelten ehemaligen „Führungspartei", den Blockparteien und anderen Vereinigungen.

Kurz zusammen gefaßt teilen sich die 84 Bewerber in zwei Gruppierungen auf. 53 Bewerber waren im Rahmen der Nationalen Front der DDR integriert, weitere 31 Personen haben 1990 durch Parteieintritt oder Mandatsübernahme in der DSU, der SPD, bei den Grünen und in der CDU erstmals politische Arbeit übernommen. In Prozent ausgedrückt: als Kreistagsbewerber stehen den rund 63% alten Kräften, 37% neue Kräfte gegenüber.

## Nach der ersten freien Kommunalwahl - 22 von 49 Mandatsträgern waren Altkader

Das Ergebnis dieser Wahl vom 6. Mai 1990 wurde am 11. Mai 1990 in der SZ bekannt gemacht. Der Kreis Freital hatte 49 Mandate zu beanspruchen. Von diesen 49 gewählten Kandidaten kommen 22 Personen aus alten Partei- und Organisationsstrukturen im Rahmen der Nationalen Front der DDR, 27 Personen waren neue Kräfte. Es läßt sich eine Tendenz erkennen, daß die Menschen sich, sofern sie die Möglichkeit der Entscheidung und der Auswahl hatten, für neue Kräfte ohne DDR-Prägung entschieden haben. Wahrscheinlich wäre die Entscheidung vieler Wähler, wenn es um manchen Kandidaten auf der CDU-Liste ging, anders ausgefallen, wenn sie über deren Aktivitäten im alten DDR-System gewußt hätten.

Von 49 neugewählten Mandatsträgern waren 11 Personen als Mitglieder bzw. Nachfolgekandidaten bereits zur letzten Kommunalwahl durch das Prinzip des „Faltens" am 7. Mai 1989 in den Kreistag sozialistischer Prägung befördert worden. Es war die letzte „Wahl", die mit dem „Falten" vollzogen wurde und bei der es erheblichen Wahlbetrug gegeben hatte, der in Folge republikweit für Unruhe und Empörung sorgte und schließlich mit dazu beitrug, das Faß im Herbst 1989 zum Überlaufen zu bringen.

Ich werde nie vergessen, wie in meiner Fraktion (CDU) und dann in den ersten Kreistagssitzungen fast beschwörend einige führende Blockflöten mit dem Hinweis auf die Unverzichtbarkeit einiger Ratsmitglieder einen personellen Wechsel abbremsten. Mein Eindruck war, daß der Gedanke eines „Imports" (...) nie ernstlich in Erwägung gezogen wurde, denn das hätte Konsequenz und Mut erfordert, die „alte Garde" nach Hause zu schicken.

Auf der ersten Kreistagsitzung in Freital am 30. Mai 1990 wurde als letztes ein einstimmiger Beschluss gefasst: „Die Abgeordneten des Kreistages sind damit einverstanden, sich hinsichtlich Mitarbeit und Vergabe zu Informationen an das MfS überprüfen zu lassen und werden dazu eine eidesstattliche Erklärung abgeben."

## Bei den Beigeordneten das alte Lied:
## Von 5 neugewählten Beigeordneten sind 4 alte Kader

Die in der Kreistagssitzung vom 5.7.1990 gewählten Beigeordneten waren schon seit mehreren Jahren beim Rat des Kreises tätige, ehemalige Parteimitglieder von SED, CDU und LDPD – alte Kräfte, neue Posten. Sie leiteten und steuerten schon über Jahre die sozialistische Verwaltung und saßen dazu noch gleichzeitig als Ratsmitglieder mit Stimmrecht im sozialistischen Kreistag. Man kannte sich aus alten Zeiten. Von fünf Dezernaten wurden vier mit Kadern des alten Verwaltungsapparates des ehemaligen Rates des Kreises besetzt. Die SZ vom 7.7.1990 titelte dazu folgerichtig: „Wenig neue Namen in der Verwaltung des Landkreises".

Im April 1991, zum Zeitpunkt erstmaliger Diskussionen über den Zusammenschluss der Kreise Dippoldiswalde und Freital im Zuge einer bevorstehenden Gebiets- und Verwaltungsreform wirkten in den Führungsposten der CDU die Kreisvorsitzenden, nach wie vor alte Blockkräfte. Im Kreis Dippoldiswalde hatten der Lehrer Horst Schulz und in Freital der Landrat Hans Christoph Malcherek diese Ämter inne – beides altgediente Kräfte in der Götting-CDU. Ich denke, dass die (im Kreistag) mit besonderer Eile herbeigeführte Fusionsbekundung, die zusammen mit den nun im sächsischen Landtag sitzenden Altkadern Mende für den Kreis Freital und Hubrig für den Kreis Dippoldiswalde vorangetrieben wurde, nicht ausreichend durchdacht war. Für mich blieb diese Angelegenheit mit Fragen behaftet. Ich hatte den Eindruck, das mit dem vorauseilenden Gehorsam der Altkader ein Zeichen des besonderen Engagements beim Ministerpräsidenten gesetzt werden sollte.

## Blockflöte gegen Blockflöte –
## Vorsitzendenwechsel im CDU-Kreisverband

(Kreisparteitag im Februar 1993 mit Neuwahlen zum Kreisvorstand: Die Landtagsabgeordnete Andrea Hubrig löst den langjährigen CDU-Kreisvorsitzenden Horst Schulz ab. Ihre Kaderschulung vom 9.1. bis 21.3.1986 in der Zentralen Schulungsstätte der CDU „Otto Nuschke" in Burgscheidungen hatte sich für die Landtagsabgeordnete und inzwischen Vize-Parlamentspräsidentin in Heller und Pfennig ausgezahlt.)

Auch Ulrich Kretzschmar, Bürgermeister von Bannewitz und Vorsitzender des Kreistages hatte die Absicht zu kandidieren. Nachdem jedoch vor Ort sichtbar wurde, wie die Zusammensetzung der anwesenden Mitglieder aussah, nämlich derer, die aus der Block-partei CDU kamen, und die Anzahl derer, die seit 1990 in die CDU eingetreten waren, waren offensichtlich die Chancen für einen Kandidaten einer neuen CDU aussichtslos. Also zog man es vor, sich gar nicht erst auf die Kandidatenliste setzen zu lassen.

So wurde die allein kandidierende, mit langjähriger Erfahrung als Funktionärin in der Partei Gerald Göttings und schnell zur Partei Helmut Kohls gewendeten Landtagsabgeordneten Andrea Hubrig (Dombois) (und ehemalige 1. Sekretärin der CDU-Kreisleitung) mit 113 von 142 Stimmen gewählt. Damit löste ein aus der ehemali-gen Blockpartei kommendes Mitglied, Andrea Hubrig, das ehema-lige Blockparteimitglied, einen langjährigen treuen Gefolgsmann Gerald Göttings, Horst Schulz, ab. Nach meiner Betrachtungsweise nur ein personeller Tausch „alter Köpfe" – der Volksmund sagte dazu „Blockflöte gegen Blockflöte". Ich vermute, daß der größte Teil der Gegenstimmen aus den Reihen der neuen CDU-Mitglieder kam.

### Ernsthaftigkeit der Überprüfungen im öffentlichen Dienst

Eine Briefwechsel-Odyssee mit Regierung und Parlament …

Personelle Erneuerung ist eine Grundvoraussetzung für eine Wandlung von der Diktatur zum demokratischen Rechtsstaat. Wur-den die Vorgaben dafür ausreichend erteilt und deren Umsetzung kontrolliert? Meine Erfahrungen als Abgeordneter und Kreisrat in der Kommunalpolitik haben berechtigte Zweifel daran aufkommen lassen, ob eine Säuberung der kommunalen Verwaltungen von den Ministerien angewiesen und konsequent verfolgt wurde. Nach den aus meiner Sicht erfolgten fraglichen Abläufen kann ich die Ernst-haftigkeit und den Willen zur konsequenten, personellen Umstruk-turierung nicht erkennen.

Jegliche Anweisung hat nur dann ihren Erfolg, wenn sie hun-dertprozentig durchgeführt und kontrolliert wird. Wo blieben die strikten Anweisungen, daß nur Personen damit zu betrauen sind, die mit dem alten System in keiner Form politisch verknüpft wa-ren? Es ist geradezu grotesk und fahrlässig, wenn Arbeitsanweisun-gen diesbezüglich ausblieben und es dadurch zulässig wurde, daß Personen für Überprüfungsarbeiten eingesetzt wurden, die der staats-tragenden allmächtigen SED gedient oder in anderen Formationen dem Sozialismus gehuldigt hatten.

**Briefe an Staatsminister Dr. Albrecht Buttolo**

Haben das die Menschen 1989 gewollt? Meine Zweifel haben sich bestätigt. Im April 2007 hatte ich an das Innenministerium drei Fragen gestellt. Diese konkreten Fragen blieben unbeantwortet. Ich gab mich mit den unbeantworteten Fragen nicht zufrieden und schrieb am 16.3.2008 erneut an den Staatsminister Dr. Albrecht Buttolo. Ende Mai 2008 erfolgte eine erneut nicht auf die Fragestellung eingehende ausweichende Reaktion des Ministers.

Sehr erstaunt war ich, dass nach meiner erneuten Anfrage beim Staatsminister Buttolo ganz einfach nur „die Klappe gezogen" wurde, d.h. man delegierte meine Fragen wieder an die Stelle, die schon einmal unbefriedigend geantwortet hatte. Zum zweiten Mal erhielt ich keine Antworten. Ich wandte mich mit meinem gesamten Schriftverkehr an den sächsischen Datenschutzbeauftragten um die Berechtigung der Verweigerungshaltung prüfen zu lassen.

**Vergebliche Bitten um Unterstützung an die CDU-Landtagsabgeordneten Marko Schiemann und Steffen Heitmann**

Als ich Mitte des Jahres 2007 merkte, dass die Beantwortung meiner Fragen an das SMI im Ministerium anscheinend erhebliche Schwierigkeiten bereitete, wandte ich mich an den Landtagsabgeordneten der CDU-Fraktion des sächsischen Landtages, Herrn MdL Marco Schiemann und bat ihn um Unterstützung diesbezüglich eine Kleine Anfrage im Landtag zu stellen.

Aus Hoffnung wurde Enttäuschung. Es kam zum Gespräch im September 2007 am Rande einer Plenartagung im Landtag. Herr Schiemann, versicherte mir wieder mit dem Minister zu sprechen und bei der Beantwortung der Fragen behilflich zu sein. Er hatte nochmals meine Fragen gelesen und danach fragte ich ihn: „Herr Schiemann es sind wohl schwierige, peinliche Fragen?" Er bestätigte meine Frage mit dem Versprechen sich wieder um Antwort zu bemühen. Ich habe nie wieder etwas von ihm gehört. Mein Gedanke dazu, wer macht sich schon gerne unbeliebt?

Im Juli 2008 bat ich den ehemaligen Staatsminister a. D. und MdL Herrn Steffen Heitmann sich dieser Problematik anzunehmen. Am 11. September 2008 erhielt ich von Herrn MdL Heitmann die telefonische Information, dass er mit dem Minister Dr. Buttolo gesprochen habe und ich einen Gesprächstermin vom SMI mitgeteilt bekomme. Auf diesen Termin für ein Gespräch im Ministerium warte ich noch heute, am 1. November. 2008.

(soweit Auszüge der Thesen von Ex-CDU-Kreisrat Günter Hofmann: Erinnerungen an die Jahre 1989 bis 1999 (Das Ende des Sozialismus – Aufgaben und personelle Probleme des kommunalen Neubeginns im Freistaat Sachsen am Beispiel der Kreistage des Altlandkreises Freital und des Weißeritzkreises). Mit Überschriften zusammengestellt von Karl Nolle).

## Günter Hofmann wartet immer noch auf einen Gesprächstermin

Mit der resignierenden Feststellung, er warte immer noch auf ein Gesprächstermin im Innenministerium, enden auf Seite 647 die Erinnerungen Günter Hofmanns. Der Umgang mit dem aus christlichen Motiven nach der Wende in die CDU Sachsen eingetretenen über ein Jahrzehnt aktiven CDU-Kommunalpolitiker scheint symptomatisch zu sein für die Doppelmoral und den doppelbödigen Umgang großer Teile der Christdemokraten mit ihren tiefen Verstrickungen in das SED-Regime und dem beschönigendem heutigen Umgang mit ihren damaligen Biografien.

Am Beispiel der politischen Entwicklung der Kreise Freital und Dippoldiswalde nach der Wende zeigt Günter Hofmann in seinen bemerkenswerten, couragierten Erinnerungen, wie die Aufarbeitung der Geschichte abseits der Metropole Dresden in den Kommunen und Kreisen an der Basis des Landes erfolgte und wie sich die sekundenschnell gewendeten Funktionäre und Staatsfunktionäre der Blockflöten an die Stelle der alten Machthaber setzten, die Deutungshoheit über richtig und falsch im ganzen Land übernahmen und in Teilen keine Skrupel hatten nach der Wende weiter Nationale Front zu spielen.

## Buttolo antwortet auf seine besondere Weise – „Ich bin 1979 in die CDU eingetreten um meine Kinder katholisch erziehen zu können".

Auf seine besondere Weise hat CDU-Innenminister Albrecht Buttolo seinem Parteifreund, dem ehemaligen CDU-Kreisrat und praktizierenden Christen Günter Hofmann doch noch, vielleicht ungewollt, auf seine Fragen zur den Problemen mit der inkonsequenten, teilweise ausgebliebenen, personellen Erneuerung geantwortet, als er am 24.11.2008 per Pressemitteilung erklären ließ, er stehe zu seiner DDR-Biografie und habe nie ein Geheimnis aus seinem Leben in der DDR gemacht, auch nicht, dass er von 1973 bis 78 einfaches Mitglied der Kampfgruppe war. Er sei zusammen mit seiner Frau 1979 in die CDU eingetreten um seine Kinder katholisch erziehen zu können und um die dortige Kirche besuchen zu können.

Dass dies die Öffentlichkeit erst durch den Zufall parlamentarischer Fragen in Mai 2008 erfuhr und er dies im Landtagshandbuch des sächsischen Landtages wie auf der Internetseite seines Ministeriums verschämt wegließ, wird in der Pressemitteilung nicht angesprochen.

Für den Dresdner Pfarrer im Ruhestand, Manfred Bauer (68), ist diese Erklärung Buttolos ein Schlag ins Gesicht aller, die ihre Kinder in der DDR christlich erzogen haben, ohne dafür in die CDU (oder auch in die Kampfgruppen) zu gehen. Manfred Bauer erklärte dazu. im Januar 2009 in einem Interview u.a:

„Es hat überall Genossen und Genießer gegeben. Natürlich wird sich jeder, der heute politisch aktiv ist, zu denen rechnen die damals dann doch den Kopf in der Nische ein wenig oben hatten. Wer gibt denn gerne öffentlich zu, was seine wirklichen Motive gewesen sind? Wenn er sich denn selbst darüber im Klaren sein sollte. Für mich ist es allerdings etwas anderes, wenn ein sächsischer CDU Minister heute erklärt, er sei in die CDU eingetreten, um seine Kinder katholisch erziehen zu können. Das ist dann doch ein selbst gestrickter Opfermythos und ein Schlag ins Gesicht für alle jene, die damals „Nein" gewagt haben (und trotz mancher Schwierigkeiten ihren Kindern christliche Werte vermitteln konnten)."

# Wölfe im Schafspelz

Wie die CDU ihr politisches Erbe und ihre Rolle
als Blockpartei der DDR zu einer Geschichte der
Lämmer umschreiben will und dabei nur
politische Demenz dokumentiert.

## Stanislaw Tillich

„Wir müssen aufpassen, dass die Wölfe nicht die
Geschichte der Lämmer umschreiben".

### Ein sächsischer Ministerpräsident mit „Erfahrungen"

Am 28. September 2008 warnte der sächsische Ministerpräsident Stanislaw Tillich anlässlich einer Vortragsreihe der Konrad-Adenauer-Stiftung in Dresden zur DDR-Geschichte laut ddp Meldung vom gleichen Tage: „wir müssen aufpassen, dass die Wölfe nicht die Geschichte der Lämmer umschreiben".

Keine Frage, dass sich Tillich nicht zu den Wölfen sondern zu den Lämmern zählen möchte. Noch 1987 in die Block-CDU eingetreten, wird der heutige Ministerpräsident nicht müde zu erklären, dass es damals für ihn als Christen in der DDR nur eine Möglichkeit gegeben habe, Opposition zu zeigen und sich vom SED-Regime zu distanzieren, nämlich in die CDU einzutreten, wie er in einem Rundfunkinterview am 24.5.08 im MDR 1 Radio Sachsen anläßlich des CDU-Parteitages in Zwickau auf Fragen des Reporters Arndt Groß antwortete:

**„Damals bin ich in die Partei eingetreten, weil ich aus reiner christlicher Motivation mich in der CDU wohler gefühlt habe und ich sage nochmal, es war damals schwieriger sich für die CDU zu entscheiden, als für keine Partei, damit ist man offensiv und öffentlich auch in die Opposition zur SED eingetreten und das war damals für mich die Entscheidung."**

Will uns Tillich hier wirklich weismachen, dass die Hunderttausenden Christen der DDR, die nicht in die CDU eintraten nur als Mitläufer lebten und nur die Couragierten wie er, Tillich, CDU-Mitglied wurden, um ihre Distanz und Opposition zum Regime zu zeigen?

Nicht genug mit dieser Zumutung für jeden aktiven Christen, jeden gläubigen Katholiken, Stanislaw Tillich strickte weiter an seiner Legende, als er am 1. Oktober 2008 im „Dresdner Wochenkurier" sagte:

**„Ich war damals 30 Jahre alt, junger Familienvater und habe mit meiner Frau und den Kindern auf dem Land gelebt. Mit Politik hatte ich wenig zu tun. In die Blockpartei CDU bin ich eingetreten, damit ich Ruhe vor der SED hatte. Ich war kein Oppositioneller, sondern habe es wie viele andere gemacht, mir eine Nische gesucht und mich in meinem Heimatdorf in eine kleine Gemeinschaft der Kirche zurückgezogen."**

Hier ist sie wieder, die Legende von den unpolitischen Lämmern in den kleinen Gemeinschaften der Kirche auf dem Lande. Und er wiederholt seine wundersame Geschichte am 7.11.08 erneut in der sorbischen Zeitung „Serbske Nowiny" in einem Interview mit dem Chefredakteur Benedikt Dyrlich. Dort heißt es auszugsweise:

*Benedikt Dyrlich: Im nächsten Jahr wird es 20 Jahre her sein, dass in Sachsen die Wende zur Demokratie in Angriff genommen wurde. Wo befanden Sie sich bzw. wo waren Sie tätig in den entscheidenden Wende-Wochen, die in Leipzig, Dresden, Bautzen und anderswo ein ganzes politisches System zum Erliegen brachten?*

Stanislaw Tillich: „Ich hatte damals meinen Wohnsitz in Panschwitz-Kuckau und arbeitete beim Rat des Kreises Kamenz." (*)

*Wo viele auch in der Lausitz und unter den Sorben auf diese und jene Art ihre Sympathie für Gorbatschow und seine Perestroika zum Ausdruck brachten, haben Sie noch Anfang Mai 1989 für die CDU in der unter der Ägide der SED stehenden Nationalen Front kandidiert – für den Kreistag Kamenz. Wie interpretieren Sie dieses Ereignis nunmehr?*

„20 Jahre später und mit wesentlich mehr Erfahrung würde ich die Entscheidung anders treffen. Aber die konkrete Situation 1989 war eben eine andere. **Ich bin in die CDU eingetreten, weil ich nicht in die SED eintreten wollte und um Ruhe vor der SED zu haben. Mir ist wichtig, dass ich mich damals nicht habe verbiegen lassen, sondern meinen Weg gegangen bin."**

*Müsste sich auch Ihre Partei nicht ernsthafter mit ihrer Bündnistreue zur SED sowie ihrer Verankerung in der stalinistischen Diktatur auseinandersetzen – namentlich in den sächsischen Parteibasen?*

„Die CDU hat sich in den 90er Jahren auf mehreren Parteitagen sowie in weiteren Gremien sehr konsequent mit dieser Vergangenheit auseinandergesetzt. Es gehört einfach dazu, dass sich auch jedes CDU-Mitglied immer wieder befragt, wie und unter welchen Umständen er im damaligen politischen System der DDR gelebt und gewirkt hat."

(*Anmerkung des Autors: Was er in welcher Funktion damals tat, lässt Tillich auch in diesem Interview im Dunkeln).

## Stanislaw Tillich,
## der höchste Repräsentant des Freistaates Sachsen,
## mit Lücken in seiner politischen Biografie

Erinnert sich Tillich im MDR 1 Interview vom 24.5.08, im Dresdner Wochen Kurier vom 1.10.08, der LVZ vom 10.10.08, oder der sorbischen Zeitung „Sebske Nowiny" vom 7.11.08 richtig und vollständig an seine eigene politische Biografie oder trifft hier eher die Aussage der Landtagsabgeordneten Astrid Günther Schmidt (Grüne) zu, die am 30. Mai 2008 im Plenum des Landtages dem zwei Tage vorher gewählten neuen Ministerpräsidenten Stanislaw Tillich einen Satz vorhielt, den dieser auf dem CDU-Parteitag am 24.5.08 äußerte: Er, Tillich, sei „entsetzt, wie oft eine Partei, die noch immer den Namen Bündnis 90 trägt, mit den Altkommunisten gemeinsame Sache macht".

Dazu Astrid Günther Schmidt am 30.5.08 lt. Landtagsprotokoll: „Ich glaube nicht, dass jemand der seit 1987 in der CDU ist, so laut tönen sollte. Es gab in der DDR auch andere Möglichkeiten, in die Opposition zu gehen, als ausgerechnet der Block-CDU beizutreten. Ich würde gerne wissen, ob es stimmt was am 29. Mai in der Märkischen Allgemeinen Zeitung stand, dass er, Tillich, bis zur Wende stellvertretender Vorsitzender des Rates des Kreises Kamenz war, dann hätte er nämlich gewiss so manchen Beschluss von Altkommunisten mitgetragen, und dann hätte er im entferntesten nicht das Recht, sich ein Urteil über Bündnis 90/Die Grünen zu erlauben, in der damals wie heute Bürgerrechtler für eine bessere Politik und auch für einen neuen Politikstil streiten."

Dieser Redebeitrag von Astrid Günther Schmidt thematisierte zum ersten Mal im sächsischen Parlament den gravierenden Widerspruch aus der bisher bekannten politische Biografie Stanislaw Tillichs. Im Unterschied zu der für alle Abgeordneten im Volkshandbuch des sächsischen Landtages ohne Mühe zugänglichen Biografie Tillichs war er also nicht, wie der Text suggeriert, „Angestellter der Kreisverwaltung Kamenz", kein kleiner Gemeindeangestellter. Diese Darstellung im Landtagshandbuch und auf der Homepage des Landtages ist bis heute falsch.

Noch am 21.11.08 konnte man auf der Homepage der Staatskanzlei eine ebenfalls wahrheitswidrige Darstellung lesen, dort hieß es von 87-89 ist er in der Kreisverwaltung Kamenz tätig. Die inzwischen heftige öffentliche Diskussion um seine Biografie veranlasste die Staatskanzlei über Nacht den wahrheitswidrige Text zu ändern und noch am Sonnabend, den 22. November, und ohne weitere Erklärung, richtig zu stellen, geradeso als wenn dort vorher nie etwas anderes gestanden hätte. Nur wer sich die ursprüngliche Version vorher ausdruckte, konnte den entscheidenden Unterschied erkennen. Unglücklicherweise konnte man ja das gedruckte Volkshandbuch des Landtages nicht mehr ändern. Jetzt wurde es spannend, wie sahen die anderen öffentlichen Biografien aus, mit welchen Übereinstimmungen und welchen Abweichungen?

## Über zwei Dutzend biografische Manipulationen

Tillich hatte, nach bisherigen Informationen, Biografien in einer Reihe von Medien veröffentlichen lassen: im Handbuch der Volkskammer, im Handbuch des Europaparlamentes, im Handbuch des sächsischen Landtages, auf der Homepage der Staatskanzlei, auf der Homepage der CDU-Sachsen, auf seiner persönlichen Homepage, auf der Homepage des Bundesrates, auf der Homepage des Landtages und auf der Homepage der CDU-Landtagsfraktion. Weit gefehlt, wenn man glaubt, dass diese Biografien sachlich übereinstimmen sollten. Zu diesen unterschiedlichen Biografien habe ich als Landtagsabgeordneter eine große Zahl parlamentarischer Anfragen gestellt, die entweder nicht, falsch, oder unvollständig beantwortet wurden.

Nicht in erster Linie interessierte es mich, was diese Medien gedruckt haben, sondern die Texte, die Stanislaw Tillich selber eingereicht oder inhaltlich frei gegeben hatte. Wegen Verletzung und Missachtung meiner Rechte als Abgeordneter habe ich deshalb am 19. Mai 09 eine Organklage vor dem sächsischen Verfassungsgerichtshof eingereicht. Einen Ausschnitt der biografischen Manipulationen ohne Anspruch auf Vollständigkeit lege ich hier vor.

# Biografische Manipulationen in den Abgeordneten-Biografien des Ministerpräsidenten Stanislaw Tillich – eine Übersicht

## Volkskammer
(März 1990 – Oktober 1990)

**„Verwaltungsangestellter"**
(falsche Berufsbezeichnung, ausgeübt wurde eine politische Wahlfunktion, Tillich war Nomenklaturkader;)

**„1987-88 Teilstudium Binnenhandel, Handelshochschule Leipzig"**
(die Tätigkeit als „Politischer Mitarbeiter" in der Abteilung Handel und Versorgung beim Rat des Kreises Kamenz von Oktober 1987 bis Mai 1989 wird nicht angegeben. Tillich erweckt somit den Eindruck, er sei im entsprechenden Zeitraum Student gewesen.)

**„seit Mai 1989 Ratsmitglied für Handel und Versorgung des Rates des Kreises Kamenz"**
(verniedlichende Funktionsbezeichnung, richtig lautet der Titel: „Stellvertreter des Vorsitzenden des Rates des Kreises Kamenz für Handel und Versorgung", es fehlt seine Funktion als Kreistagsabgeordneter.)

**„seit 1988 CDU-Kreisvorstand Kamenz" (Mitglied im Kreissekretariat der CDU?)**
(nach Auskunft ehemaliger „Unionsfreunde" wurde zusätzlich ab 1987 oder ab 1988 eine Funktion im Kreissekretariat der CDU Kamenz ausgeübt; die Staatskanzlei gibt auf Anfrage keine Auskunft dazu; eine solche Funktion war in Volkskammer-Zeiten veröffentlichungspflichtig. Das Kreissekretariat bestand damals aus drei Mitgliedern und zwei Beisitzern, es war das höchste Gremium des CDU-Kreisverbandes zwischen den Kreisdelegiertenkonferenzen)

Quelle: Biografisches Handbuch der 10. Volkskammer der DDR (1990), Böhlau Verlag, 2000

## Europäisches Parlament
(Juni 1994–Oktober 1999)

**„1987 bis 1989 Angestellter der Kreisverwaltung Kamenz"**
(tatsächlich bis **1990**, denn der Rat wurde 1989 nicht aufgelöst, 1990 fanden bis in den März hinein Ratssitzungen statt. Außerdem falsche Berufsbezeichnung, s.o., es fehlen seine Funktionen als Ratsmitglied und als Kreistagsabgeordneter.)

**„ab 1989 Kreisvorstandsmitglied"**
(tatsächlich seit **1988**, so steht es auch noch im Volkskammer-Handbuch, so bestätigen es ehemalige „Unionsfreunde")

**„seit 1989 selbstständiger mittelständischer Unternehmer"**
(tatsächlich ab 1990, so steht es auch noch im Volkskammer-Handbuch: „seit Mai **1990** Inhaber einer Firma für Konstruktionsbau", so ergibt es sich aus allen Handelsregister-Auszügen)

Quelle: Europäisches Parlament, 4. Wahlperiode, 1994–1999, Stand: Februar 1999, NDV Neue Darmstädter Verlagsanstalt

**Sächsischer Landtag** (ab September 2004)

**„1987 bis 1989 Angestellter der Kreisverwaltung Kamenz"**
(falsch s.o., es fehlen seine Funktionen als Ratsmitglied und als Kreistagsabgeordneter)

**„1989 bis 1995 selbstständiger mittelständischer Unternehmer"**
(falsch, s.o.)

**„seit 1989 Kreisvorstandsmitglied"**
(falsch s.o.)

Quelle: Sächsischer Landtag, Volkshandbuch 4. Wahlperiode 3. Auflage; NDV Neue Darmstädter Verlagsanstalt

---

**Homepage der Staatskanzlei** (ab Mai 2008–22.11.2008)

**„von 1987 bis 1989 ist er in der Kreisverwaltung Kamenz tätig,"**
(falsch, s.o., es fehlen seine Funktionen als Ratsmitglied und als Kreistagsabgeordneter)
**„... bevor er sich mit einem mittelständischen Unternehmen selbst-
ständig macht."**
(falsch, s.o.) tatsächlich war Tillich erst seit dem Mai 1990 unternehmerisch
tätig, ob er tatsächlich mehr als nur die Firmengründung veranlasst hat, ist
nicht bekannt)

**„1987 tritt Stanislaw Tillich der CDU bei"**
(unvollständig, es fehlt ... seit 1988 Kreisvorstandsmitglied sowie Mitglied des
Kreissekretariats, siehe oben Volkskammer Handbuch)

Quelle: www.ministerpraesident.sachsen.de, Stand 20.11.2008

---

**Homepage der Staatskanzlei** (ab 22.11.2008)

**seit 1988 Kreisvorstandsmitglied sowie Mitglied des Kreissekretariats**
(fehlt, siehe oben Volkskammer Handbuch)"

**„1987 tritt Stanislaw Tillich der CDU bei"**
(weiterhin fehlen die Angaben seit 1988 Kreisvorstandsmitglied sowie Mitglied des Kreissekretariats, Volkskammer-Handbuch sowie s.o.)

(es fehlt weiter seine Funktion als Kreistagsabgeordneter)

**... bevor er sich mit einem mittelständischen Unternehmen selbst-
ständig macht.**
(immer noch falsch, s.o., tatsächlich war Tillich erst seit dem Mai 1990 unternehmerisch tätig, ob er tatsächlich mehr als nur die Firmengründung veranlasst hat, ist nicht bekannt)

Quelle: www.ministerpraesident.sachsen.de, Stand 22.11.2008

## Homepage
## der CDU Landtagsfraktion

**Tätigkeit in der Kreisverwaltung Kamenz**
(falsch und unvollständig, s.o.)

dagegen fehlen:
Tätigkeit als Staatsfunktionär, Stellvertreter des Vorsitzenden des
Rates Kamenz für Handel und Versorgung,
Funktion als Kreistagsabgeordneter,
Mitgliedschaft im CDU Kreisvorstand ab 1988,
Mitgliedschaft im Kreissekretariat s.o.

Quelle: www.cdu-sachsen-fraktion.de, Stand: 4.2.09

## Homepage
## des Bundesrates

**„1987-1989 Angestellter der Kreisverwaltung Kamenz"**
(falsch, s.o.)

**„seit 1989 selbstständiger mittelständischer Unternehmer"**
(falsch, s.o.)

**„seit 1989 Kreisvorstandsmitglied"**
(falsch s.o.)

dagegen fehlen s.o.:
Funktion als Kreistagsabgeordneter,
Mitgliedschaft im Kreissekretariat

Quelle: www.bundesrat.de, Stand: 4.2.09

## Homepage
## der CDU Sachsen

**Tätigkeit in der Kreisverwaltung Kamenz**
(falsch und unvollständig, s.o.)

dagegen fehlen:
Tätigkeit als Staatsfunktionär, Stellvertreter des Vorsitzenden des
Rates Kamenz für Handel und Versorgung,
Funktion als Kreistagsabgeordneter,
Mitgliedschaft im CDU Kreisvorstand ab 1988,
Mitgliedschaft im Kreissekretariat s.o.

Quelle: www.cdu-sachsen.de, Stand: 4.2.09

## Pressefreiheit auf Sächsisch:
## Antworten nach Gutsherrenart

„Herr Tillich, hören Sie auf
die Unwahrheit zu sagen, dann brauchen sie auch
nichts mehr zu erklären"

Nachdem dem sächsischen Ministerpräsidenten Anfang November 2008 die Lücken und Unklarheiten öffentlich vorgehalten wurden, hatte sich Tillich zunächst bedrückt gezeigt: „Dieser Tage wird mir meine DDR-Vergangenheit vorgehalten." Aber ihm wurde weniger diese Vergangenheit vorgehalten, ebenso wenig wie den vielen anderen Staats- und Parteifunktionären der Blockflöten, sondern sein unwahrhaftiger Umgang damit. Die heftige öffentliche Diskussion brach die Informationsmauer. Tillich legte seine Stasi-Papiere vor und gab eine Erklärung ab: „Ich gehe immer ganz offen damit um." Dann ließ sein Regierungssprecher verlauten, der Ministerpräsident habe „alle Fragen zu seiner Biografie beantwortet und wird dies auch weiter tun." Dies unterstützte auch der CDU-Landesverband in einer Erklärung vom 24.11.2008, es sei Tillich immer wichtig gewesen, dass „zu jedem Zeitpunkt Klarheit über seine Biografie" bestanden habe. (Unter welchem Realitätsverlust muss man leiden, wenn man sich Tillichs Biografien anschaut und seine zwei Dutzend biografischen Manipulationen zur Kenntnis nimmt.)

Wenige Tage später endete die Glasnostperiode in der Staatskanzlei. Die versprochene Klarheit war nicht hergestellt. Während die Nachrichtenagenturen meldeten, dass Tillich einen Schlussstrich unter seine Zeit in der Ost-CDU gezogen habe, teilte die Staatskanzlei dem Korrespondenten des „Spiegel" mit, dass die dienstrechtliche Erklärung von 1999 unter Verschluss bleibe und man bei Offenlegung befürchte, dass vermutete Widersprüche in einzelnen Details einseitig zulasten der Integrität des Ministerpräsidenten interpretiert und publizistisch ausgewertet würden. Die Fragen des Reporters der „Welt" wurden damit abgeschmettert, dass man keine definitiven Kenntnisse über den Werdegang von Tillich habe und dass es keinen presserechtlichen Auskunftsanspruch gäbe.

Noch im Geiste der Revolutionszeit formulierte das 1992 beschlossene sächsische Pressegesetz: „alle Behörden sind verpflichtet, den Vertretern der Presse und des Rundfunks ... die der Erfüllung ihrer öffentlichen Aufgabe dienenden Auskünfte zu erteilen." In ihrem im Mai 2009 erschienenen Buch „Vorwärts und Vergessen!"verweisen die Autoren Uwe Müller und Grit Hartmann auf die Klarheit und Eindeutigkeit in diesem sächsischen Pressegesetz. Die

Staatskanzlei sei verpflichtet umfassend Auskünfte zu erteilen, „doch Sachsens erster Repräsentant scheint außerhalb des Gesetzes zu stehen. Seiner Staatskanzlei verlieh die Landespressekonferenz Sachsen, eine Arbeitsgemeinschaft von rund 80 Journalisten im Freistaat, deshalb einen Preis, den keiner haben will – die Ton-Störung 2008". Das Informationsrecht der Öffentlichkeit sei, begründete die Jury „in mehreren Fällen verletzt worden. Auskünfte wurden zum Teil grundsätzlich verweigert." So sieht Pressefreiheit auf sächsisch aus: Antworten gibt es nach Gutsherrenart.

Ausgehebelt wurde gleich noch die parlamentarische Kontrolle. Der SPD-Landtagsabgeordnete Karl Nolle, der mit seiner Publikation "Sonate für Blockflöten und Schalmeien" die Biografieaffäre mit angestoßen hatte, stellte mehrere Kleine Anfragen. Wieder schaltete die Staatskanzlei auf taub. Zur Begründung hieß es, man kommentiere nicht Sachverhalte, die zeitlich vor dem Inkrafttreten der sächsischen Verfassung lägen. Das war schon deshalb dreist, weil der Ministerpräsident die meisten Lebensläufe erst nach Inkrafttreten der Landesverfassung vorgelegt hatte. Davon abgesehen: Würde dieser Maßstab, den die Regierungszentrale wünscht, allgemein gelten, wäre jegliche Aufarbeitung einer Diktatur unmöglich. Die Geschäftsordnung des sächsischen Landtages misst dem Fragerecht der Volksvertreter große Bedeutung bei, weil man einst von Scheinparlamenten genug hatte. Salto Mortale zurück – die Blockflöten empfinden das Regelwerk einer Demokratie als Zumutung." so Uwe Müller und Grit Hartmann.

### Tillich wird durch Gerichtsbeschluss gezwungen, verweigerte Antworten zu geben

Anfang Mai 2009 wurde, erstmalig in Deutschland, ein Ministerpräsident per Gerichtsbeschluss dazu veranlasst die gewünschten Auskünfte zu seiner politischen Biografie zu geben. Der Spiegel hatte gegen die Staatskanzlei und Tillich geklagt. Ministerpräsident Stanislaw Tillich sollte Farbe bekennen zu den Antworten, die er in seinem Ministerfragebogen 1999 gegeben hatte. Das Verwaltungsgericht Dresden, zitiert in seinem Beschluss auf Seite 14 von 46 Seiten die obsiegende Position der Spiegel Juristen. „sofern der Beigeladene (Stanislaw Tillich) in den streitgegenständlichen Erklärungsbögen unzutreffende Angaben gemacht haben sollte, sei die Privatsphäre nicht schutzwürdig, weil unrichtige Informationen kein schützenswertes Gut seien. Das allgemeine Persönlichkeitsrecht schütze den Beigeladenen als amtierenden Ministerpräsidenten, der sich der bevorstehenden Landtagswahl im Wahljahr 2009 stelle, nicht vor der Aufdeckung unrichtiger eigener Angaben zu seiner beruflichen Vergangenheit. Seien die Erklärungen im Jahr 1999 dagegen wahrheitsgemäß erfolgt, erfahre die Öffentlichkeit nichts, was nicht bereits jetzt bekannt sei. Es gebe dann keinen Bereich der Privatsphäre, den die begehrte Auskunft zusätzlich tangieren würde."

**„Ich bin es mittlerweile leid, liebe Freunde, jedem und immer wieder und immer wieder mein Leben und mein Tun erklären zu müssen, bis es der Letzte verstanden hat, der meint, aus dem Westen kommend, uns die Zeit vor 1990 erklären zu müssen."** (Stanislaw Tillich, 16.5.2009)

Am 16. Mai meldet die Presseagentur ddp: Tillich ist es leid sein Tun und Leben zu erklären. Sachsens Ministerpräsident und CDU-Chef Stanislaw Tillich habe unter großem Beifall auf dem Landesparteitag der CDU Sachsen am 16. Mai in Leipzig zu den Diskussionen um seine Antworten auf einen Ministerfragebogen von 1999 zu seiner politischen DDR-Biografie erklärt:

„Ich bin es mittlerweile leid, liebe Freunde, jedem und immer wieder und immer wieder mein Leben und mein Tun erklären zu müssen, bis es der Letzte verstanden hat, der meint, aus dem Westen kommend, uns die Zeit vor 1990 erklären zu müssen."

### Was Tillich von Obama lernen kann ...

...einen gänzlich anderen Umgang **mit biografischen Wahrheiten...**

Für das Onlinemagazin sachsen-zeit.de erinnerte am 6.6.2009, unmittelbar nach dem Besuch des amerikanischen Präsidenten in Dresden, der Autor Gregor Tschung unter der Überschrift „Was Tillich von Obama lernen kann" an den gänzlich anderen Umgang des amerikanischen Präsidenten mit biografischen Wahrheiten. Denn Sachsens Ministerpräsident Stanislaw Tillich gibt sich gerne weltoffen, aber wenn es um die eigene Vergangenheit geht, macht er das Gegenteil.

Wer diesen Artikel gelesen hat, wird mit dem Trost verbleiben können, dass unser Ministerpräsident uns sicherlich nicht dadurch abhanden kommen kann, dass er sich als Verfassungsrichter in den USA bewirbt. Hierzu fehlt ihm nicht nur – wie bereits eindrucksvoll nachgewiesen – das Verhältnis zum Recht sondern auch ein von dem Bestreben um demokratische Transparenz getragener Umgang mit seiner Vergangenheit.

# Dokumentation:

## Was Tillich von Obama lernen kann
### Von Gregor Tschung

*Dresden.* Sachsens Ministerpräsident Stanislaw Tillich (CDU) versucht derzeit ein wenig von dem Glanz Barack Obamas abzubekommen. Per Pressemitteilung ließ er am Freitag bereits um 9.02 Uhr verlauten, dass er soeben den US-Präsidenten im Dresdner Residenzschloss getroffen habe. Wow. Was für eine Nachricht! Und um es dann gänzlich auf die Spitze zu treiben erklärte er dem Staatsgast dann noch auf feinstem Englisch: „We feel very close to You".

Doch der Abstand dürfte weit größer sein, als es der CDU-Politiker fühlt. Ein Blick auf die Hompage des Weißen Hauses macht die Unterschiede deutlich. Wenige Stunden vor seiner Landung in Dresden ließ Barack Obama einen Link zum US Senat auf der Homepage des Weißen Hauses posten. Der führt zu einem Fragebogen, den Sonia Sotomayor, die als erste Latina Verfassungsrichter werden soll, ausfüllen. **Auf 173 Seiten beantwortet die Richterin ausführlich Fragen zu ihrer Vergangenheit und liefert im Anhang noch die entsprechenden Belege mit. So wird nicht nur der Lebenslauf in allen Details dargelegt.** Sotomayor muss erklären welchen Organisationen sie wann in welcher Funktion angehört hat, welche Interviews sie gab und zu welchen Fragen sie sich öffentlich geäußert hat.

Ganz anders der Umgang von Sachsens Regierungschef Tillich mit der eigenen Vergangenheit. Während Obama für ein Höchstmaß an Transparenz sorgt, musste erst das Verwaltungsgericht in Dresden bemüht werden, um den Panzerschrank des CDU-Mannes zu knacken. Und selbst nach dem Urteil, verschleiert der Ministerpräsident Teile seiner DDR-Vergangenheit. So weigert sich Tillich bis heute seinen 1999 beantworteten Fragebogen offenzulegen. Transparenz sieht wahrlich anders aus.

Zum Vergleich: Von Sonia Sotomayor sind auch noch ihre beiden vorangegangen Antworten auf Fragebögen aus den Jahren 1992 und 1997 für jedermann einsehbar. In den Antworten zum 1992er Fragebogen erklärt Sotomayor beispielsweise, dass sie monatlich 219,69 Dollar als Leasingrate für den Honda Civic ihrer Mutter an die GE Capital Auto Lease, Inc. bezahlt.

*www.sachsen-zeit.de  (06.06.09)*

## Stanislaw Tillich,
## Staatsfunktionär oder CDU-Mitglied in einer lauschigen DDR-Nische?

Ja, es stimmt, der heutige Ministerpräsident des Freistaates Sachsen, Stanislaw Tillich, war seit 1987 Mitglied der Blockpartei CDU. Aber hat er bis zur Wende in einer Nische des Rates des Kreises Kamenz gesessen? Hat er mit Politik nur wenig zu tun gehabt, wie er uns weiss machen will? Immerhin gibt es in seiner Biografie einen leichten, aber unvollständigen Hinweis, wie er sein Brot verdient hat. Er sei Angestellter des Kreises Kamenz gewesen.(Eine weitere schöne Legende vom kleinen unpolitischen Angestellten in einer Nische des Kreises Kamenz, die er uns auftischt.)

Und welchen Wahrheitsgehalt hat seine in den Medien gebetsmühlenartig, noch am 10. Oktober 08 in der LVZ wiederholte Erklärung: *„Ich selbst bin der Ost-CDU beigetreten, um Ruhe vor der SED zu haben."*? Denn Stanislaw Tillich war mitnichten das, was er öffentlich mit seiner Biografie und dem von ihm selbst gemalten Bild glauben machen will. Er war kein kleiner Kreisangestellter. Die nicht zufälligen Lücken in seiner Vita können geschlossen werden.

**Tillich: „In die Blockpartei CDU bin ich eingetreten, damit ich Ruhe vor der SED hatte."**

Stanislaw Tillich, war bis zur Wende Stellvertreter des Vorsitzenden des Rates des Kreises Kamenz, für Handel und Versorgung, also ein bezahlter linientreuer Staatsfunktionär von SED-Gnaden. Auf diese Erfahrungen kann er heute als mächtigster Mann in Sachsen zurückgreifen. Als Stellvertreter des Vorsitzenden des Rates des Kreises Kamenz, war Tillich in dieser Funktion zuständig für den äußerst sensiblen, mangelverwaltenden Bereich Handel und Versorgung. Wie konnte er das nur vergessen?

War das die unpolitische Nische auf dem Lande? War das ein gläubiger Katholik als Mitglied der CDU-Blockpartei mit Distanz zum SED-Regime? Parteifreund Tillich zusammen mit seinem Vater, dem SED-Genossen Tillich, gemeinsam auf der Kandidatenliste der Nationalen Front? Vater Rudi Tillich, nach Aussagen von Zeitzeugen ein strammer, linientreuer Kommunist der SED im Kreis Kamenz, der mit Stanislaws Karrieresprung zum Staatsfunktionär stolz auf seinen Sohn sein konnte. Ruhe vor der SED?

Wie groß war die Distanz zur SED um Ruhe vor ihr zu haben? Wie kann jemand mit der SED als bezahlter Staatsfunktionär zusammenarbeiten, um vor ihr Ruhe zu haben?

**„Stellvertreter des Vorsitzenden des Rates des Kreises Kamenz, für Handel und Versorgung"**

Übertragen auf heutige Staatsfunktionen wäre der „Stellvertreter des Vorsitzenden des Rates des Kreises Kamenz für Handel und Versorgung," ein gutbezahlter Dezernent im Landratsamt, also kein kleiner Angestellter, kein kleiner Bediensteter. Stellvertreter des Vorsitzenden des Rates war eine Wahlfunktion, die durch den Kreistag „gewählt" wurde. Die Besetzung dieser Wahlfunktion wurde grundsätzlich vorher im Block demokratischer Parteien, also zwischen der SED und den anderen vier Blockparteien abgestimmt. Im Block demokratischer Parteien wurde festgelegt, wer für welche Funktionen nominierungsberechtigt war und wer welche Funktionen mit welchen Person besetzen soll. Die Vorsitzenden der Blockparteien auf Bezirksebene kamen im Jahr vorher zusammen, um abzuklären in welchen Kreisen Personal oder Kader für welche Funktion vorgesehen waren. Das wurde dann untereinander aus Sicht des Bezirkes koordiniert.

Die Stellvertreter für Handel und Versorgung wurden immer unter dem Aspekt ausgewählt, dass sie für einen besonders sensiblen Bereich zuständig waren. Die Bereiche Inneres, Plankommission, Gesundheitswesen und Stellvertreter für Handel und Versorgung waren besonders sensible Bereiche, für die es im Rat des Kreises jeweils einen Zuständigen gab.

## Der realexistierende Staatsfunktionär Tillich und die Protokolle des Rates des Kreises Kamenz vom 26.05.89 bis 07.05.1990

Mehr als Mangelverwaltung –
Langkornreis, Essig und Senfkörner ... Sozialistische Erziehung,
Wehrbereitschaft und Enteignung

Mit Zusammentreten der am 7. Mai 1989 neu gewählten Kandidaten der Nationalen Front des Kreistages Kamenz am 25. Mai 89 konstituierte sich der Kreistag in seiner ersten Sitzung, wählte unter herzlichem Beifall den Abgeordneten Günther Arens erneut als Vorsitzenden des Rates des Kreises, sowie seine fünf Stellvertreter. Ein Strauß roter Rosen symbolisierte die Glückwünsche des Ersten Sekretärs der Kreisleitung der SED Kamenz für den „neugewählten" alten Vorsitzenden.

### Stanislaw Tillich – mit gefälschten Wahlergebnissen ins neue Amt

Die Scheinwahlen vom 7. Mai, deren Ergebnisse wie immer an die Wünsche des ZK der SED angepasst wurden, unter 98,85% taten sie es selten, hatten überall im Land vor allem kirchliche Gruppen veranlasst sich mit viel Mut und trotz Beobachtung durch staatlichen Organe ein genaues Bild über das Ausmaß der Wahlfälschungen zu machen. Dazu bemerkte der Leipziger Pfarrer Führer einmal treffend: „Es hat in der DDR nie etwas anderes als gefälschte Wahlen gegeben."

Diese gefälschten Wahlen hatten Stanislaw Tillich, der heute immer noch von der unpolitischen Nische einer kleinen Gemeinschaft der Kirche in seinem Heimatdorf auf dem Lande fabuliert, in der er sich als Staatsfunktionär befunden haben will, eine weitere kräftige Sprosse auf der vorbereiteten Karriereleiter nehmen lassen. Einen Tag später am 26.5.1989 trug er sich zum ersten Mal in seiner neuen Funktion in die Anwesenheitsliste des Rates des Kreises zur konstituierenden Sitzung ein.

**Getränkeversorgung und Entwicklung des Jugendtanzes**
Entsprechend zahlreicher Schreiben und Beschlüsse des Ministerrates und des Rates des Bezirkes an den neuen Rat, wurden dem Stellvertreter des Vorsitzenden des Rates des Kreises Kamenz für Handel und Versorgung Stanislaw Tillich drei Verantwortlichkeiten übertragen, Vereinbarung zur Entwicklung des Jugendtanzes, Informationen zur Versorgung der Bevölkerung und Maßnahmen zur Stabilisierung der Getränkeversorgung. Auch an den regelmäßigen Bürgermeisterdienstberatungen nahm immer wieder Kollege Tillich teil, wenn es zum Beispiel um die Entwicklung des privaten Handwerks oder um Handel und Gastronomie ging, aber auch, wenn man über die marxistisch-leninistische Weiterbildung in den Stützpunkten beriet.

Selbstverständlich plante man gemeinsam eine diesmal besonders festliche Veranstaltung zum 40. Jahrestag der Gründung der DDR für Mittwoch den 20.9.1989 in der HOG Goldener Stern, bei der die Kapelle Oberland zum Tanz aufspielte.

**Zum 40. Jahrestag der DDR und zu Ehren des 12. Parteitages der SED**
Kollege Tillich wurde auch schon mal beauftragt, sich um die Produktion von Backwaren zu kümmern oder um fehlenden Langkornreis, Essig und Senfkörner. Mal reklamierte Tillich das Fehlen von Plastebechern für Fleischsalat sowie die schlechte Belieferung mit Eis oder er bemängelte fehlende 6 V Trabbi-Glühlampen. Bereits am 7. Juli 1989 hatte der Rat beschlossen, auf dem Gebiet des Handels zum 40. Jahrestag der DDR und zu Ehren des 12. Parteitages der Sozialistischen Einheitspartei Deutschlands, alle territorialen Reserven auszuschöpfen, das war für Stanislaw Tillich und die anderen Ratsmitglieder Verpflichtung und Ehrensache.

Der Rat beschloss, wie immer einmütig, die weitere Erhöhung des Niveaus der politisch-ideologischen Arbeit mit der gesamten Jugend des Kreises durch verstärkte Einflussnahme und Kontrolle der Mitglieder des Rates zu sichern.

Es ging also nicht, wie Tillich heute glauben machen will, allein um Handel und materielle Versorgung, denn im Unterschied zu den Aufgabe heutiger Landratsämter, Landräte, Dezernenten und Kreistage, hatte der Rat selbstverständlich auch die Verantwortung für politisch–ideologische Arbeit im Kreis Kamenz. Nicht zuletzt dafür hatte Tillich ja die SED-Kaderschmiede in Potsdam besucht.

## ... das Wehrmotiv bei der Jugend weiter ausprägen ...

Die Mitglieder des Rates verpflichteten sich und waren verpflichtet, wie in den Protokollen nachzulesen ist, durch gezielte politisch-ideologische-Arbeit „das Wehrmotiv bei der Jugend weiter auszuprägen und die Bereitschaft zu festigen durch freiwillige Leistungen zur Stärkung der Verteidigungsbereitschaft beizutragen". Hierbei ging es vor allem um eine Verstärkung der Wehrbereitschaft der sozialistischen Erziehung und Vorbereitung auf die Woche der Waffenbrüderschaft zum Jahrestag der Sowjetarmee. Die Ratsmitglieder legten fest, alle deutschen und sorbischen Jugendlichen so zu fördern, „dass das sozialistische Klassenbewusstsein vertieft, die schöpferischen Kräfte freigelegt und durch konkrete Taten zur allseitigen Stärkung und zum zuverlässigen Schutz unseres sozialistischen Vaterlandes herausgefordert werden." Bei dieser politisch-ideologischen Aufgabe konnte Stanislaw Tillich auf seine eigenen Erfahrungen mit revolutionärer Wachsamkeit und Kampfbereitschaft als Grenzsoldat vorbildlich verweisen.

Während sich überall im Lande große und kleine Oppositionsgruppen bildeten und die Menschen zu zehntausenden auf die Straße gingen um ihre Abneigung zum SED-Regime zu demonstrieren, machte sich Stanislaw Tillich zusammen mit seinem Ratskollegen Gedanken über das sozialistische Klassenbewusstsein deutscher und sorbischer Jugendlicher und die Steigerung des Wehrmotivs der Jugend durch politisch-ideologische Arbeit.

Ob der Fall der Mauer am 9. November, auch an diesem Tag tagte der Rat des Kreises Kamenz ab morgens 7 Uhr, durch die Absetzung der zentralen M/L-Schulung am 6.11.89 befördert wurde, wie das Protokoll notiert, ist kaum anzunehmen. Aber Spaß beiseite.

Hunderttausende hatten in Leipzig, Dresden, Berlin und anderswo seit Sommer 89 bis zum Fall der Mauer am Abend des 9. November das gescheiterte SED-Regime endgültig nieder gerungen. Die alten Machthaber, SED und die Parteien die Nationalen Front standen dabei voller Ungewissheit hinter ihren Gardinen. Hundertausende waren dabei, das Land zu verlassen. Sie hatten nicht nur gegen die SED sondern auch gegen deren verlässliche Kampfgefährten, die Blockparteien, vor den Räten der Bezirke und Kreise demonstriert. Am 7.12.1989 verzeichnet das Ratsprotokoll unter dem Tagesordnungspunkt 1 „Einschätzung der Lage im Kreis": „Es erfolgte eine Diskussion zur Verständigung mit Standpunkten der einzelnen Ratsmitglieder zum Beitrag in der SZ vom 6.12.1989, indem der Staatsapparat durch das Bürgerforum offen angegriffen wurde. Das Ratskollektiv legte fest, den erarbeiteten Standpunkt in einem offenen Brief in der SZ zu veröffentlichen". Und man höre und staune, das Ratskollektiv erklärte dann am 9. Dezember: „vorbehaltlos hinter den berechtigten Forderung unserer Bürger" zu stehen und deren Durchsetzung zu unterstützen. „In diesem Sinne tritt der Kreistag unter anderem für den Ausbau der Rechtsstaatlichkeit durch Überarbeitung bestehender Gesetze und durch Ausarbeitung neuer Gesetze, einschließlich eines neuen Wahlgesetzes ein. Der Kreistag hat sich dafür ausgesprochen dass, auf der Grundlage dieses neuen Wahlgesetzes bald freie, allgemeine und geheime Wahlen durchgeführt werden." Man wolle bis zu den Neuwahlen die kommunalen Aufgaben weiter lösen.

**Zu bedauern die Ratsmitglieder – keiner hatte sich um sein Amt beworben und doch übten es alle dienstbeflissen aus. Einfach zum Jammern ...**

Man kommt aus dem Staunen nicht heraus, wenn man in der SZ-Erklärung, überschrieben mit: „Im Interesse aller Bürger, Standpunkt des Ratskollektivs des Rates des Kreises" weiter liest, „die Ratsmitglieder erklären aber auch, dass sich keiner um die zurzeit ausgeübte Funktion beworben hat, sondern wir wurden von unseren Mandatsträgern für die Funktion vorgeschlagen."

Es ist schon mehr als große Oper, zu der sich das Ratsorchester der Nationalen Front aus Blockflöten und Schalmeien zusammengefunden hatte um am 9.12.89 gemeinsam mit unserem immer freundlichen, arglosen Stanislaw, zu erklären, wahrscheinlich mit Tränen in den Augen, sie hätten sich nicht um ihre Funktionen beworben und irgendwie waren sie auf einmal vorgeschlagen. – Eine jammervolle Rats-Truppe. - Dass das mal linientreue Kader, ob als SED- oder CDU-Staatsfunktionäre gewesen sein sollen, die mit revolutionärer Wachsamkeit und ausdauernder Kampfbereitschaft an der Spitze des Kreises standen – einfach unvorstellbar. Nachdem sie die friedliche Revolution hinter den Gardinen des Rates des Kreises schon ertragen mussten, nun die weinerliche Nummer, sie wüssten gar nicht, wie sie zu ihrer Funktion als Staatsfunktionäre gekommen waren, beworben hätten sie sich nicht. Einer ist noch heute verwundert, denn er hatte dies immer für eine unpolitische Nische einer kleinen Gemeinde der Kirche seines Heimatdorfes auf dem Lande gehalten, Stanislaw Tillich.

Dass letztendliche Scheitern dieser kleinkarierten Phrase von Sozialismus der DDR, wie lässt es sich besser beschreiben als mit dieser Versammlung jämmerlicher Helden an der Spitze des Kreises. Kein Wort des Bedauerns, kein Wort der Entschuldigung, kein Wort der Demut, kein selbstkritisches Wort, niemand bekannte sich ehrlichen Herzens zu Irrtümern und Fehlverhalten, zum guten Glauben an die Sache und ehrlicher Motivation, kein Eingeständnis eigener Unfähigkeit, ja eigener Verantwortung. Allein verantwortlich blieben dafür, dass die Ratsmitglieder des Rates des Kreises Kamenz Staatsfunktionäre werden konnten, nur 30 Damen und Herren in Berlin. Schuld waren wohl die knapp 30 Kader des Zentralkomitee der SED (die 20 Stimmberechtigten und weitere 10 Kandidaten). Die jedoch, da bin ich mir ganz sicher, konnten wohl selber auch nichts für die Funktionen, die sie ausfübten. Irgendjemand hatte sie dafür vorgeschlagen...

Dieses in der SZ vom 9.12.1989 wiedergegebene Armutszeugnis des Ratskollektives des Rates des Kreises Kamenz hatte den Charakter einer selbstgemeißelten Grabplatte für weinerliche, feige Karrieristen. Mit der Erklärung vom 9.12.89 jedoch war der Rat des Kreises noch nicht an seinem endgültigen politischen Ende angelangt. Auch nicht der getreue Stanislaw.

Stanislaw Tillich ging unbeirrbar seinen Weg, dafür hatte man ihn ausgesucht, zum Kader geschult, so war er erzogen und dafür bekam er sein Geld, immerhin fast dreimal soviel wie ein Facharbeiter. Noch am 13. März 1990 (vier Monate nach der Wende!) legte er dem Rat des Kreises Kamenz ein umfassendes Papier zum „Bedarf an Erweiterungen und Neubau von Handelseinrichtungen in den Städten und Gemeinden für die Jahre 1991-1995" vor. Weitblick und Pflichtbewusstsein konnte man schon damals unseren heutigen Ministerpräsidenten nicht absprechen. Immerhin plante er genauestens bis 1995! Und die Helden im Rat des Kreises protokollierten fleißig mit.

Zwei Beschlüsse fallen allerdings aus dem Rahmen der Ratssitzungen, in deren Teilnehmerlisten die letzte Anwesenheit von Stanislaw Tillich mit der Sitzung am Donnerstag den 29. März 1990 verzeichnet ist. Für den 12. April und 26. April vermerkte die Liste bei Tillich „Volkskammer". Bis zu welchem Tag Tillich Staatsfunktionär war, bis wann er sein gutdotiertes Gehalt von 2000 Mark der DDR bezog, mit welchem Datum er aus dem Dienst als Staatsfunktionär der DDR von SED Gnaden ausgeschieden ist, hat er uns bis heute nicht mitteilen wollen.

## „Entzug der Eigentumsrechte" –
## Tillich wirkt an Enteignungen mit

Bei den erwähnten zwei Beschlüssen des Rates, die einmütig, ohne Gegenstimme, getroffen wurden, gehören zwei gravierende Maßnahmen, die unter rechtsstaatlichen, demokratischen Verhältnissen undenkbar sind. Aber die Gesetzeslage der DDR regelte ganz klar, dass unter einer Reihe von Bedingungen der Rat des Kreises Grundstücks- und Gebäudeenteignungen in Kamenz durchführen konnte. Dies ist mit dem Begriff „Entzug des Eigentumsrechtes" im Baulandgesetz der DDR in Bezug auf Eigentums- und Nutzungsrechtsverhältnisse an Grundstücken geregelt. Dabei ging das Gesetz vom Grundsatz aus, dass „diese Maßnahmen der sozialistischen Entwicklung von Städtebau und Architektur in den Städten und Gemeinden dienen soll. Über den Entzug des Eigentumsrechtes und die Anordnung des Rechtsträgerwechsels entscheidet der Rat des Kreises durch Beschluss. Mit dem Entzug des Eigentumsrechtes entsteht Volkseigentum an dem Grundstück, Gebäude oder der baulichen Anlage und erlöschen alle im Grundbuch eingetragenen Rechte Dritter und die zur Nutzung berechtigten Vereinbarungen."

Der Betroffene erhielt zwar eine wirtschaftliche kärgliche Entschädigung, konnte sich aber gegen diese Maßnahme selbstverständlich nicht vor einem unabhängigen Gericht zur Wehr setzen, wie es in einem Rechtsstaat notwendig und üblich ist.

Bei zwei dieser, nicht nur aus heutiger Sicht, massiven Eingriffe in die Eigentumsrechte der Bürger, beteiligte sich Stanislaw Tillich: Am 6. Juli 89 an der Enteignung (Entzug des Eigentumsrechtes) der Eigentümer für das Flurstück Kamenz Nr. 1165/1 und am 7. Dezember 1989, also noch nach dem Mauerfall, an der Enteignung (Entzug des Eigentumsrechtes) am Gebäude Kamenz, Neschwitzer Straße 24A. Im letzten Fall soll es sich um einen Eigentümer aus Baden-Württemberg gehandelt haben, der durch Ratsbeschluss sein Eigentum verlor.

So muss jemand handeln, der sich zur Durchführung der sozialistischen Gesetzlichkeit verpflichtet, und er muss dieses Unrecht tun und verstrickt sich damit jeden Tag aufs Neue und intensiver in das Selbe. So wurden selbst glatte Karrieristen und vermeintliche Mitläufer zu respektablen Trägern des Systems.

## Stanislaw Tillich
## und das Kadernomenklatursystem der SED

– oder Diktaturen zeichnen sich nicht dadurch aus, dass sie „Widerstandskämpfer" in gehobene Positionen bringen.

Tillich war Nomenklaturkader der SED-Kontroll-Nomenklatur, wie will er da in seiner Legende für sich Distanz zur SED und Staatsferne reklamieren.

Wenn man „Staatsnähe" nicht als bloße Floskel abtun will, dann trifft diese absolute Staatsnähe natürlich auf die Aufgaben von Stanislaw Tillich zu. Mit seiner Wahlfunktion als Stellvertreter des Vorsitzenden des Rates Kamenz für Handel und Versorgung und als zum Kader geschulter Staatsfunktionär gehörte Tillich, auch als Mitglied der Blockpartei CDU, selbstverständlich zur Kadernomenklatur der SED. Die Funktion, die er innehatte, durfte deshalb nur mit Zustimmung der SED, das heißt des Sekretariats der SED-Kreisleitung besetzt werden. Kein neues CDU-Parteimitglied, keine Personalie für Partei- oder Staatsfunktionen der Ost-CDU, die nicht zuvor durch die jeweils zuständige Kaderabteilung der SED abgenickt und unter Einbeziehung des MfS geprüft war. Bestandteil der Nomenklaturen ist ein Anforderungskatalog an die Nomenklaturkader und u.a. die Forderung nach „unverbrüchlicher Treue" zur DDR".

## Regelmäßige dienstliche Kommunikation mit den Kreisdienststellen des MfS?

Ein stellvertretender Vorsitzender für Handel und Versorgung beim Rat des Kreises konnte in seiner für das System sensiblen Funktion auch direkt Prüfaufträge an die Kreisdienststellen der Staatssicherheit veranlassen, wenn er dies für geboten hielt, und er selber konnte auch Empfänger geheimer Informationen der Staatssicherheit sein, soweit sie seinen, wegen der ständigen Versorgungsengpässe und dem daraus resultierenden Unmut der Bevölkerung, sensiblen Bereich betrafen. Fragen nach einer möglichen Zusammenarbeit mit dem MfS erübrigen sich hier.

Solche Staatsfunktionäre und Nomenklaturkader wurden vom MfS grundsätzlich nicht als Mitarbeiter geworben, warum auch. Sie gehörten zur sogenannten B-Struktur der DDR, die im Kriegsbeziehungsweise Spannungsfall anstelle der normalen Machtstrukturen und Vertretungsorgane treten sollte (Notparlamente/Noträte). Alle Kader dieser B-Struktur mussten absolut zuverlässig und

GVS-B überprüft sein, d.h. mit geheimen Verschlusssachen umgehen dürfen. Ob und wann es bei Tillich zu einer solchen Prüfung in der Endphase der DDR noch kam, ist nicht bekannt.

## Sonderausschuß Amts- und Machtmissbrauch

Im Minderheitenvotum des sächsischen Landtagsabgeordneten Arnold zu DS 1/4773 „Schlussbericht des Sonderausschusses zur Untersuchung von Amts- und Machtmissbrauch infolge der SED- Herrschaft" heißt es auf Seite 51: „Anhand des Beispiels der Christlich-Demokratischen Union Deutschlands lässt sich besonders gut darstellen, wie die Politik der SED unter der Flagge der CDU in die Bevölkerung hineingetragen werden sollte. Ziel des Politbüros war es, wie bereits in Friedenszeiten, weiter und ungebrochen die Macht in der DDR, wenn notwendig mit der Unterstützung der Blockpartei, fortzusetzen.

Dementsprechend bestätigte Gerald Götting, Vorsitzender der CDU, die Grundsätze für die Arbeit der Partei in Krisensituationen. Dort heißt es, dass die Arbeit der CDU „in einer Spannungsperiode nach Verkündung des Verteidigungszustandes in der Deutschen Demokratischen Republik unter Führung der SED" fortzusetzen war. Insbesondere bestand für die CDU die Aufgabe in Friedenszeiten und natürlich erst recht in Krisenzeiten einerseits die Wehrbereitschaft unter christlich erzogenen Bürgern zu fördern und andererseits darüber zu wachen, dass Christen nicht etwa gegen die Sicherheitspolitik der SED öffentlich oder in Kirchen auftreten.

So heißt es in den „Grundsätze(n) über die Hauptaufgaben und die Führung der CDU im Verteidigungszustand vom 30. Juli 1975" (mil. Zwischenarchiv AZN 26626), Ziel der CDU sei es: „die Erziehung der Bevölkerung zum Hass gegen den aggressiven Imperialismus und die offensive Zerschlagung der feindlichen Propaganda zu unterstützen." Das heißt u.a. „die Erziehung der Mitglieder zur Bereitschaft zur Leistung des Wehrdienstes und jedes anderen Dienstes zum Schutze der Republik sowie zu grenzenloser Ergebenheit und zu festem Vertrauen zur SED." Alle Nomenklaturkader der CDU wurden (…) verpflichtet zur Zusammenarbeit „mit den Schutz- und Sicherheitsorganen…"

## Sicherheitspolitischen Höhepunkte:
## Die „Wahlen" der DDR und der Herbst 1989

Auf der Grundlage der „Grundsätze über die Hauptaufgaben und die Führung der Christlich-Demokratischen Union Deutschlands im Verteidigungszustand vom 30. Juli 1975 (Mil. Zwischenarchiv AZN 26626) wurden nachfolgend in allen Bezirken und Kreisen derartige Dokumentationen vorbereitet und die notwendigen B-Kader aus-gewählt, so wie es die Nomenklaturordnung der CDU für die Ge-samtpartei vorschrieb. Praktische Relevanz erhielten diese forma-len Vorbereitungen immer zu „sicherheitspolitischen Höhepunkten" wie beispielsweise zu „Wahlen" der DDR oder im Herbst 1989.

Noch im September 1988 erstattete Klaus Reichenbach, der spätere sächsische CDU-Bundestagsabgeordnete, Mitglied des Haupt-vorstandes der CDU der DDR 1987-1990, Vorsitzender des CDU-Be-zirksverbandes Karl-Marx-Stadt 1988-1990 und Vorsitzender des Landesverbandes der CDU Sachsen 1990-1991, einen Bericht vom 19.9.1988 über die Arbeit und die Jahreseinschätzung der Führungs-stelle des Bezirksverbandes der CDU im Bezirk Karl-Marx-Stadt an die Bezirksleitung der SED. Für alle Bezirks- und Kreissekretariate wurde einheitlich vorgeschrieben, dass die B-Kader in einer Span-nungsperiode und im Verteidigungszustand die Aufgabe hatten: „die aggressiven Pläne und verbrecherischen Handlungen des Gegners zu entlarven und die offensive Zerschlagung der feindlichen Propa-ganda zu unterstützen." (Arnold a.a.O) Eine feine Aufgabe für un-seren Staatsfunktionär Stanislaw Tillich, wenn man ihn am Ende der DDR zum B-Kader machte.

**Mit geheimen Verschlusssachen**

Der Stellvertreter des Vorsitzenden beim Rat des Kreises für Handel und Versorgung gehörte mit seiner sensiblen Funktion zur sogenannten B-Struktur der DDR, die im Kriegsfall beziehungswei-se Spannungsfall aber auch bei „Aufruhr und Unruhen" anstelle der normalen Machtstrukturen und Vertretungsorgane treten sollte (Not-parlamente/Notverwaltungen) Die Kader dieser B-Struktur mussten absolut zuverlässig und GVS-B überprüft sein, d. h. mit geheimen Verschlusssachen umgehen dürfen. Die Ratmitglieder waren gegen-über der Kreiseinsatzleitung berichtspflichtig.

**B-Kader zur Durchsetzung und Erhaltung der führenden Rolle der SED**

Zur Durchsetzung des obersten Ziels, der Durchsetzung und Er-haltung der führenden Rolle der SED, wurden besonders zuverlässi-ge Personen entsprechend ihrer Funktionen ausgewählt. Die Perso-nen wurden unter Geheimhaltung einer Belehrung und einer be-sonderen Verpflichtung unterzogen. Diese B-Kader wurden in allen Parteien und Massenorganisationen geworben und qualifiziert. Ihre Aufgaben reichten von der Erstellung geheimhaltungsbedürftiger Mobilmachungsdokumente bis hin zur Spitzeltätigkeit. Verantwort-lich für die Werbung und Qualifizierung dieser Kader waren jeweils die Leiter der Führungsstellen der SED auf allen Ebenen. Die B-Kader wurden entweder individuell geschult oder zur Teilnahme an Übungen bestätigt. Das galt für B-Kader der SED im gleichen Maße wie für B-Kader der Blockparteien und anderen Organisationen. Die Übungen liefen unter dem Decknamen Mosaikstein unter Hinzufügung der jeweiligen Jahreszahl. Die Direktiven zur B-Struktur wurden in unzähligen Dokumenten durch das Zentralkomitee der SED festgelegt. 1986 waren das zum Beispiel, „Varianten zur bedeckten Überführung der Führungsbereiche der Sozialistischen Einheitspartei Deutschlands vom Frieden in den Verteidigungszustand (GVS-B-„persönlich" ZK 69-119/86). Noch im März 89 erschien die „Direktive über die Parteiinformationen beim Übergang zum und im Verteidigungszustand-Direktive Parteiinformationen vom 17.3.1980". „Gemäß dieser Direktive wurde die gesamte politische Landschaft zu Informationen gegenüber der jeweiligen Führungsstelle des Kreises, Bezirkes bzw. der Zentrale verpflichtet. Diese Verpflichtung erstreckte sich von Tagesinformationen, die täglich bis 20 Uhr zu übermitteln waren, über Informationsberichte, deren inhaltliche Ausgestaltung von den Führungsstelle festgelegt war, bis hin zur Sofortinformation." (Arnold a.a.O.)

Wie und mit welcher Aufgabe der heutige Ministerpräsident des Freistaates Sachsen Stanislaw Tillich in diese B-Struktur eingebunden war, ist wegen der besonderen Geheimhaltung GVS-B bis heute nicht bekannt. Zu diesem Thema erklärte Tillich, eine damalige Zugehörigkeit von ihm zur B-Struktur sei ihm heute nicht bekannt. Möglicherweise verhält sich das hier auch so, wie mit den vielen anderen unbeantworteten Fragen oder wie mit der Kaderschulung an der SED-Kaderschmiede in Potsdam, an die sich Tillich erst erinnern konnte, als Zeugen drohten. Inzwischen fabuliert der Chef der Staatskanzlei Beermann, dass die Akademie für Staat und Recht der DDR „Walter Ulbricht" in Potsdam keine Parteischule oder ähnliches gewesen sei, sondern eine „staatliche Einrichtung". Möglicher-weise möchte Herr Beermann damit ausdrücken, dass Tillichs Spezialausbildung zum Reservekader in Wahlfunktionen auf der SED-Kaderschmiede in Potsdam mit politischer Kaderausbildung nichts zu tun hatte, ja sogar im Gegenteil. Bleibt die Frage, was waren eigentlich staatliche Einrichtungen im SED-Regime?

## Das Kadernomenklatursystem der SED oder in „unverbrüchlichen Treue zur DDR".

Das Herzstück der SED-Kaderpolitik waren die sogenannten Kadernomenklaturen, also Verzeichnisse der Führungspositionen in den Parteien, gesellschaftlichen Organisationen, im Staatsapparat usw. Diese Positionen durften nur von entsprechenden Nomenklaturkadern, die aus der Sicht des SED-Apparates geeignet waren, besetzt werden. Das Netz der Kadernomenklaturen umspannte von der Zentrale bis zu den Städten und Gemeinden alle gesellschaftlichen Bereiche (mit Ausnahme der Kirchen) und ermöglichte der SED die gezielte Besetzung aller wichtigen Positionen. Die Zugehörigkeit zur Nomenklatura war parteiunabhängig, wobei natürlich das Gros der Positionen von SED-Genossen besetzt wurde. Alle Führungsfunktionäre der Blockparteien (CDU, LDPD, DBDB, NDPD) waren so z.B. Nomenklaturkader ihrer zuständigen SED-Leitungen. Insgesamt gab es ca. 400.000 Nomenklaturkader.

Kadernomenklaturen waren ebenso wie die Kaderprogramme Bestandteil der Leitungsreihen und haben dort die vielfältigen Aktenvernichtungsaktionen zum Ende der DDR überlebt. Bestandteil der Nomenklaturen ist ein Anforderungskatalog an die Nomenklaturkader, der von der „unverbrüchlichen Treue zur DDR" bis hin zur Erfüllung fachlicher Anforderungen reicht. Die zentrale Kategorie ist dabei „die politische Vertrauenswürdigkeit des ausgewählten Kaders" für den SED-Apparat. Auf diese Weise hat die SED ihre „führende Rolle" umgesetzt.

Der Sachverhalt des Nomenklatursystems wurde zum Ende der DDR hin erfolgreich vertuscht. Das reichte vom Verschwindenlassen des „Zentralen Kaderprojektes der SED" in der Berliner Wuhlheide bis zu den Vernichtungsaktionen an Personalakten durch den Personalaktenbeschluß der Modrow-Regierung vom 22. Februar 1990, der die Bereinigung der Akten nach sich zog.

In der Folge hat die Verengung der Vergangenheitsbewältigung auf das Thema „Staatssicherheit" die Beurteilung der Nomenklaturkader weiterhin begünstigt, da das Belastungskriterium Stasi für sie möglicherweise nicht zutreffend war. Die Nomenklaturkader gaben entweder der Stasi die Befehle oder arbeiteten mit ihr offiziell zusammen, was inoffizielle Anwerbung durch das MfS natürlich erübrigte.

Informationen zur Kadernomenklatur von Matthias Winkler, Potsdam (1990 Regierungsvertreter bei der Zusammenführung von MfS-Unterlagen in der Berliner Nonnenstraße, von März bis Oktober amtierender Leiter des MfS Archivs, danach Grundsatzreferent beim Aufbau der Gauck-Behörde und von 1993 bis 1997 in leitender Tätigkeit beim Bundesarchiv in Koblenz. Winkler studierte Geschichte und Archivwissenschaften an der Humboldt-Universität Berlin, Winkler ist Autor von zwei Sachbüchern zum Nomenklatursystem und zur Stasi).

## Tillichs ideologische Festigung – Die Akademie für Staats- und Rechtswissenschaften „Walter Ulbricht"

Weiterbildung ist alles, deshalb besuchte Stanislaw Tillich die Akademie für Staats- und Rechtswissenschaften der DDR in Potsdam, die bis 1973 den „Ehrennamen" Walter Ulbricht trug. An dieser Akademie wurden üblicherweise Legionen Diplomstaatswissenschaftler der DDR ausgebildet ... Auf die Frage eines sächsischen Bürgers, ob Herr Tillich die Akademie für Staats- und Rechtswissenschaften der DDR in Potsdam besucht habe, ließ die Staatskanzlei am 24.9.2008 schriftlich erklären:

**„Ob Herr Tillich an Veranstaltungen der Akademie für Staat und Recht Potsdam teilgenommen hat, ist ihm nicht mehr innerlich. Er kann aufgrund seiner Erinnerung diese Frage weder abschließend bejahen noch verneinen."**
Diese Antwort klingt wie ein dünnes Dementi, er habe nie die Potsdamer Akademie für Staat und Recht der DDR besucht, allerdings mit der Hintertür, falls doch, könne er sich heute nicht mehr daran erinnern. Was ist von den Spitzenvertretern unserer politischen Elite zu halten, in diesem Fall dem mächtigsten Mann in Sachsen, der als Ministerpräsident der Staatsregierung vorsteht und dass Land mit Verstand zu führen hat, wenn er sich partout nicht an mehrmonatige Schulungsaufenthalte zur politisch-ideologischen Festigung an der Akademie für Staat und Recht in Potsdam erinnern möchte, die er als dreißigjähriger CDU-Reservekader zur Vorbereitung auf sein Amt als Staatsfunktionär von SED-Gnaden absolviert hat?

Solche Art politischer Vergesslichkeit kann im Ernst weder Glaubwürdigkeit noch Vertrauen in die persönliche Integrität und politische Fähigkeiten eines Ministerpräsidenten begründen. Immerhin handelt es sich bei der erwähnten Potsdamer Veranstaltung nicht um eintägige Bastelkurse für erzgebirgische Räuchermännchen.

### „Lehrgang für bestätigte Reservekader für Wahlfunktionen"

(2.1. bis 10.3.1989 Akademie für Staats- und Rechtswissenschaften der DDR in Potsdam)

Würde sich Stanislaw Tillich erinnern (was er später erst auf öffenlichen Druck getan hat), könnte er bestätigen, vom 2. Januar bis 10.3.1989 zusammen mit 30 anderen Teilnehmern an einer Veranstaltung teilgenommen zu haben, die den Titel trug: „Lehrgang für bestätigte Reservekader für Wahlfunktionen". Er würde sich erinnern, dass die Teilnahme an diesem Lehrgang zwingend war für die Übernahme einer Wahlfunktion nach den Wahlen zum Kreistag Kamenz am 07.5.89 und die Wahl als Staatsfunktionär zum stellvertretenden Vorsitzenden des Rat des Kreises Kamenz am 25. Mai 1989.

Würde sich Stanislaw Tillich genau erinnern, würde er einräumen, zur Vorbereitung auf die herausgehobene Stellung eines „Stellvertreter des Vorsitzenden des Rates des Kreises Kamenz für Handel und Versorgung" während dieses Lehrganges aufmerksam dem Vortrag des stellvertretenden Ministers für Handel und Versorgung der DDR, Helmut Danz (SED) gefolgt zu sein, den dieser, wie andere hochgestellte Führungspersönlichkeiten der DDR-Administration vor den versammelten Teilnehmern aus SED und allen Blockparteien gehalten hat.

Kann Herr Tillich wirklich glauben, er könne heute seine bewusste Entscheidung zum DDR-Berufspolitiker und seine tatsächliche politische Verstrickung als CDU-Staatsfunktionär von SED-Gnaden vor seiner Partei und der Öffentlichkeit unterschlagen? Ist es nicht vielmehr so, dass Tillichs Strategie des Nichterinnern, Verschweigen und Vernebeln aus der Arroganz der Macht geboren ist, die immer so lange beharrlich leugnet und Vergesslichkeit vorgibt, bis die Wahrheit Stück für Stück ans Licht kommt? Die peinliche Konstruktion der Legende von den kleinen Nischen der Kirchen auf dem Lande, dem kleinen unpolitischen Kreisangestellten und dem CDU Parteibeitritt um Ruhe vor der SED zu haben wird dann wie ein Kartenhaus zusammen stürzen, da weder alle Dokumente noch alle Zeitzeugen unauffindbar sind.

Wäre Stanislaw Tillich Privatmann würde das niemanden im Lande wegen Belanglosigkeit interessieren, aber Stanislaw Tillich ist nicht Privatmann. Er ist als Ministerpräsident der oberste Spitzenpolitiker dieses Landes, dem die wichtigste Instanz eines demokratischen Politikers abhanden gekommen sein muss – nämlich Wahrhaftigkeit. Dass er schließlich durch Beschluß der fünften Kammer des Verwaltungsgerichts Dresden im April 2009 zur Beantwortung von Fragen zu seiner Biografie veranlasst werden musste, ist einer der Höhepunkte um Stanislaw Tillichs Glaubwürdigkeit als oberster Repräsentant der Landes. Von dieser Art Politiker, die von Offenheit schwadronieren dann aber nicht zu ihrem Tun oder Unterlassen steht und keine Verantwortung für ihr Handeln übernehmen will, haben wir in Sachsen schon etliche kommen und gehen sehen. Sie sind es, die die Politikverdrossenheit der Menschen anfeuern und die politische Moral auf den Hund gebracht haben.

Was mag der Grund für diese epidemieartige politische Demenz sein? Vielleicht sind es die Ausbildungsinhalte der Akademie, mit denen er auf der SED-Kaderschmiede in Potsdam getrimmt wurde, deren Wortlaut und Sinn er verlässlich wieder- und weiterzugeben hatte, die er ideologisch zu verteidigen hatte, deren zuverlässige Anwendung er nachweisen musste, ebenso wie seine ideologische Standfestigkeit, politische Zuverlässigkeit, Kampfbereitschaft und Wachsamkeit über deren Vorhandensein und Beurteilung die MfS Hauptabteilung XX für die Massenorganisationen (Parteien außer der SED) zu wachen hatte.

Dies alles mag so gar nicht zu Stanislaw Tillichs Behauptung passen, er sei in die CDU eingetreten um Ruhe vor der SED zu haben und er habe sich in seinem Heimatdorf in eine kleine Gemeinschaft der Kirche zurückgezogen und mit dem CDU-Beitritt seine Opposition zur SED gezeigt.

Ausbildungsziel der Akademie für Staats- und Rechtswissenschaften der DDR in Potsdam war die unbedingte Festigung der ideologischen Grundlagen und die Schärfung der politischen Zuverlässigkeit der ausgewählten Kader, auf der Grundlage des geltenden Gesetzes über die Volksvertretung der DDR (in diesem Fall des Stellvertreter des Vorsitzenden des Rates des Kreises Kamenz für Handel und Versorgung, Stanislaw Tillich).

## Auszüge aus dem Kommentar zum Gesetz über die Volksvertretung der DDR ...

„Sie haben die führende Rolle der Arbeiterklasse
und ihrer Partei zu sichern."

„Die Räte sind dafür verantwortlich, dass in der staatlichen Arbeit die Beschlüsse der Partei der Arbeiterklasse und das Recht des sozialistischen Staates konsequent durchgeführt werden."

„Gemäß dem Prinzip des demokratischen Zentralismus sind die Räte doppelt unterstellt, das heißt sie sind sowohl ihrer Volksvertretung als auch dem übergeordneten Rat für ihre Tätigkeit verantwortlich und rechenschaftspflichtig. Darin besteht eine wesentliche Gewähr dafür, dass die sozialistische Staatspolitik unter Beachtung der örtlichen Bedingungen einheitlich durchgesetzt wird."

„Die Räte haben zur Entfaltung der Autorität und Wirksamkeit der gewählten Organe im Interesse der einheitlichen Verwirklichung der sozialistische Staatspolitik beizutragen."

„Die Räte haben dafür zu sorgen, dass die Beschlüsse der SED gründlich ausgewertet und zur Richtschnur für die gesamte staatliche

Arbeit gemacht werden. Das gilt für die Beschlüsse der Parteitage und des Zentralkomitees der SED mit denen die grundlegenden Orientierungen für die weitere Gestaltung der entwickelten sozialistischen Gesellschaft für die Verwirklichung der ökonomischen Strategie und der Hauptaufgabe gegeben werden ebenso wie die Beschlüsse der leitenden Organe der SED in den Bezirken und Kreisen."

„Die Räte sind diejenigen staatlichen Organe auf territorialer Ebene, die die auf das Wohl des Volkes gerichtete Politik der SED tagtäglich verwirklichen. Dabei haben sie das Recht des sozialistischen Staates strikt einzuhalten und im Verantwortungsbereich durchzusetzen."

„Der Leistungsvergleich stellt hohe Ansprüche an die politisch-ideologische Arbeit und Haltung alle Beteiligten."

„Das Gesetz verweist ausdrücklich auf das Zusammenwirken der Räte mit den Massenmedien, um die sozialistische Demokratie und den gesellschaftlichen Erfahrungsaustausch zu entwickeln."

„Die Zusammensetzung der Räte widerspiegelt die führende Rolle der Arbeiterklasse und ihrer marxistisch-leninistischen Partei sowie das vertrauensvolle Zusammenwirken der in der Nationalen Front vereinten politischen Kräfte. Die mit der SED befreundeten Parteien sind in den Räten vertreten."

„Es gehört zur Verantwortung der Räte (...) die Grundsätze der Wachsamkeit durchzusetzen und dafür zu sorgen, dass die Staats- und Dienstgeheimnisse bewahrt werden. Dies erfordert, in der politisch-ideologischen Arbeit immer wieder die Anforderungen zur Gewährleistung von Ordnung und Sicherheit bewusst zu machen."

„Die Räte sind für die Verwirklichung der Grundsätze der sozialistischen Kaderpolitik in ihrem Bereich verantwortlich."

„Auf der Grundlage der Beschlüsse des Zentralkomitees sowie der Bezirks- und Kreisleitungen der SED sowie der dazugetroffenen staatlichen Entscheidungen sind die Räte für die Auswahl, den Einsatz, die politisch-ideologische Erziehung und fachliche Bildung der Kader in ihrem Bereich verantwortlich. Dabei haben sie die führende Rolle der Arbeiterklasse und ihrer Partei zu sichern, die Kader nach ihren politischen und fachlichen Kenntnissen, den charakterlichen Eigenschaften auszuwählen und einzusetzen."

„Vor allem kommt es darauf an, die Einheit von politischer und fachlicher Qualifizierung und klassenmäßiger Erziehung der Kader zu gewährleisten und diese zu befähigen, den wachsenden Anforderungen bei der weiteren Gestaltung der entwickelten sozialistischen Gesellschaft insbesondere zur Durchsetzung der ökonomischen Strategie gerecht zu werden. Zugleich ist jeder Staatsfunktionär selbst verpflichtet, die Beschlüsse der SED gründlich auszuwerten."

„Die Leiter und die zuständigen Bildungseinrichtungen haben zu sichern, dass die Mitarbeiter an der marxistisch-leninistischen Weiterbildung im Staatsapparat regelmäßig und aktiv teilnehmen."
(zitiert aus dem Kommentar zum „Gesetz über die örtlichen Volksvertretungen", Staatsverlag der Deutschen Demokratischen Republik, Berlin 1989)

## Die Wahl des Kreistages Kamenz
## „Unsere Stimme der Nationalen Front am 7. Mai 1989"

Am 1. April 1989 erschien in der Sächsischen Zeitung, Lokalseite Kamenz der gemeinsame Wahlvorschlag der Nationalen Front für die Wahl des Kreistages Kamenz am 7. Mai 1989. Der Vorsitzende des Rates des Kreises Kamenz, Günter Ahrens, erklärte dazu:

*„Die von den demokratischen Parteien und Massenorganisationen für den gemeinsamen Wahlvorschlag der Nationalen Front zur Wahl des Kreistages Kamenz nominierten Kandidaten wurden zuvor in Kollektiven der Werktätigen in Kombinaten, Betrieben, Genossenschaften und Einrichtungen geprüft und vorgeschlagen. Zugleich haben die jeweiligen Orts- bzw. Wohnbezirksausschüsse der Nationalen Front zu der beabsichtigten Nominierung der Kandidaten für ihren Wahlkreis Stellung genommen. Die danach in öffentlichen Beratungen in den Wahlkreisen gebilligten Kandidatenvorschläge für den jeweiligen Wahlkreis wurden zum gemeinsamen Wahlvorschlag der Nationalen Front für den Kreistag Kamenz zusammengefasst und in einer öffentlichen Tagung des Kreisausschusses der Nationalen Front beraten und beschlossen."*
Kamenz, den 31. März 1989, Günter Ahrens, Vorsitzender der Kreiswahlkommission

**Kandidaten der Nationalen Front für den Wahlkreis XII:**
(Panschwitz-Kuckau, Crostwitz, Ostro, Kleinhänchen) neun zu wählende Abgeordnete:
Platz 1: **Stanislaw Tillich,** 29 Jahre, CDU, Dipl. Ing. für Konstruktion, stellvertretender Abteilungsleiter für Handel und Versorgung, Rat des Kreises Kamenz, Ortsgruppe Domowina.
Platz 7: **Rudi Tillich,** 59 Jahre, FDGB, Dipl. Agrar.-Ökonom, Sekretär des Gemeindeverbandes Panschwitz-Kuckau, Mitglied d. SED-Ortsleitung, Mitglied KV Domowina. (Rudi Tillich ist Stanislaw Tillichs Vater).

Am 10. Mai 1989 veröffentlichte die Sächsische Zeitung (Lokalseite Kamenz) die Wahlergebnisse der Kreistagswahl vom 7.5.1989.
**Gewählt wurden im Wahlkreis 12:**
**Stanislaw Tillich,** Johannes Knebel, Markus Büttner, Christian Bulang, Maria Schorge, Ursula Schäfer, **Rudi Tillich,** Rosalia Ziesch, Antonia Sauer.

## Die konstituierende Sitzung des Kreistages
## Kamenz am 25. Mai 1989

Am 26. Mai 1989 berichtete die Sächsische Zeitung (Lokalseite Kamenz) von der konstituierenden Sitzung des Kreistages unter der Überschrift: **„Wenn wir unsere Aufgaben erfüllen wollen, müssen wir gemeinsam darum kämpfen – an den Leistungen der Besten orientieren" – Günter Ahrens erneut Ratsvorsitzender.**
Und weiter: Der erste Sekretär der Kreisleitung Kamenz der SED, Genosse Heinz Moche, schlug auf der Grundlage des Gesetzes über die örtliche Volksvertretungen Genossen Günter Ahrens als Vorsitzenden des Rates des Kreises vor. Unter herzlichen Beifall der Abgeordneten wurde Günter Ahrens erneut gewählt und konnte die Glückwünsche und Blumen des Ersten Sekretärs der Kreisleitung der SED Kamenz in Empfang nehmen (ein Strauß roter Rosen).
Nach Übernahme seines Amtes schlug der Ratsvorsitzende in Übereinstimmung mit den Mandatsträgern fünf Stellvertreter des Vorsitzenden, einen Sekretär und 12 weitere Ratsmitglieder vor. Diesen Vorschlägen gaben die Abgeordneten ihre Zustimmung. (...)
In seinem Referat schätzte Günter Ahrens den Verlauf der Wahl ein. 98,52 % der gültigen Stimmen galten den Kandidaten der Nationalen Front.
Weiter heißt es in dem SZ-Artikel zu konstituierenden Sitzung des Kreistages: „Auf der Grundlage des Gesetzes über die örtliche Volksvertretungen erwächst dem Kreistag die Aufgabe, als arbeitende Körperschaft das konstruktive Miteinander von Volksvertretung und Staatsapparat wirkungsvoll zu gestalten, die sozialistische Demokratie weiter zu entfalten, allen Klassen und Schichten die Teilnahme an der Machtausübung und der Leitung der staatlichen Belange unter Führung der Arbeiterklasse und ihrer marxistisch-leninistischen Partei zu gewährleisten."
Das war der politisch-ideologische und rechtliche Rahmen, auf den besonders Stanislaw Tillich als Ratmitglied und alle anderen Volksvertreter eingeschworen wurden.

## Der Kreistag „wählt" seine Mitglieder des „Rates des Kreises"

Stanislaw Tillich wird Staatsfunktionär von SED-Gnaden

Unter der Überschrift: „Die vom Kreistag gewählten Mitglieder des Rates des Kreises" werden in der SZ vom 26. Mai 1989 der Vorsitzende des Rates, Günter Ahrens sowie seine fünf Stellvertreter aufgeführt. Als einer der fünf Stellvertreter stellt die SZ vor:

Stanislaw Tillich, Stellvertreter des Vorsitzenden des Rates für Handel und Versorgung, 30 Jahre, Dipl. Ing. für Konstruktion.

## Tillich und „die weitere Vervollkommnung der sozialistischen Demokratie"

In einem Interview der SZ vom 14. Juni 1989, neben Überschriften wie „Pflanzenschutz im Kleingarten, Insektizide einsetzen, Blattläuse bekämpfen" antwortet der neu gewählte Stellvertreter des Vorsitzenden für Handel und Versorgung, Stanislaw Tillich, auf Fragen der Redakteurin Heike Jehnichen zum Thema Gaststättenwettbewerb unter anderem:

„Das Ziel besteht darin, um mittelbar nach den Kommunalwahlen und in Vorbereitung des 40. Jahrestages der DDR vor allem jene Initiativen zu würdigen und über Veränderungen zu berichten, die sich bei der weiteren Vervollkommnung der sozialistischen Demokratie im Bürgerinteresse vollzogen haben. In unserem sozialistischen Einzelhandel gab es geringfügige Verbesserungen bei den Öffnungszeiten."

### Christen nehmen ihre Verantwortung wahr

Zum Thema Christen heißt es in der Ausgabe der SZ vom 26. Mai 1989 unter der Überschrift:

Christen nehmen ihre Verantwortung wahr: Zu Beginn der Diskussion zum Kreistag sprach der Abgeordnete Falk Zielinski, Kreissekretär der Christlich-Demokratischen Union. Er betonte, dass die Christen in unserer Republik ein echtes Zuhause gefunden haben (...) Verantwortung für den Nächsten ist immer im Zusammenhang mit der Verantwortung für das Ganze zu sehen.

## Rudi und Stanislaw Tillich:

Vater und Sohn kandidieren auf einer Liste
der Nationalen Front im Wahlkreis XII für den
Kreistag Kamenz am 7.5.89

Kein Sohn kann für die Anschauungen und Handlungen seiner Eltern, Eltern können nicht für das Tun und die Auffassungen ihres Sohnes verantwortlich gemacht oder in Haftung genommen werden, unabhängig von möglicher Betroffenheit in einer Familie. Wenn Vater und Sohn jedoch selber öffentlich wirksam ihre enge politische Zusammenarbeit und Übereinstimmung in politischer Zuverlässigkeit, Wachsamkeit und „unverbrüchlicher Treue zur DDR" durch gemeinsame Kandidaturen auf der Liste der Nationalen Front für wichtige politische Funktionen dokumentieren, drängt sich nicht mehr die Frage nach dem Abstand zum Vater sondern dem Zusammenwirken des CDU-Kaders und Staatsfunktionärs Stanislaw Tillich mit dem Vater, SED-Kommunisten und wichtigen Parteifunktionär, Genossen Rudi Tillich auf.

Vater und Sohn, Rudi Tillich (SED) und Stanislaw Tillich (CDU) wurden beide am 7.5.89 über die Liste der Nationalen Front in den Kreistag gewählt. Der Sohn, Stanislaw Tillich, stieg weiter zum Staatsfunktionär auf, zum Stellvertreter des Vorsitzenden des Rates für Handel und Versorgung. Sein Vater, Kreistagsabgeordneter Rudi Tillich, wurde in eine der ständigen Kommissionen des Kreistages gewählt. Er wurde Stellvertreter von Lisanne Beutner, Vorsitzende der Kommission „Eingaben".

### Stanislaw Tillich:
### „ ... in die CDU, um Ruhe vor der SED zu haben ..."

Der exakte Abstand vom CDU-Parteifreund Tillich zur SED war gerade mal 5 cm auf der gemeinsamen Liste der Nationalen Front zur Kreistagswahl im Kreis Kamenz am 7.5.1989 (von seinem Platz 1 und dem seines Vaters, SED-Genossen Rudi Tillich, Platz 7).

Die Karriere von Stanislaw Tillich lief ganz nach dem Wunsche des Vaters. Man teilte sich die Sprossen auf der Karriereleiter. Der Vater, Genosse 1. Sekretär, Rudi Tillich, war aktiv in der SED, mit wichtigen Funktionen und Sohn Stanislaw stand ihm bei der CDU als Staatsfunktionär in politischer Zuverlässigkeit nicht nach.

### Die Tillichs eine stinknormale DDR Familie – fern von der SED und in einer unpolitischen Nische einer kleinen Kirchgemeinde auf dem Lande?

Vater, Mutter, Schwiegertochter (bzw. Ehefrau) und Sohn gesellschaftlich aktiv für den entwickelten Sozialismus

### Vater Rudi Tillich

Rudi Tillich war, wie Zeitzeugen berichten, strammer, linientreuer Kommunist der SED im Kreis Kamenz, der mit Stanislaws Karrieresprung zum Staatsfunktionär nicht unzufrieden sein musste. Rudi Tillich war Sekretär des Gemeindeverbandes Panschwitz-Kuckau, Mitglied der SED-Ortsleitung und Mitglied KV der Domowina. Am 23.3.1973 wurde Rudi Tillich in den Bundesvorstand der Domowina und dessen Sekretariat gewählt und übte beide Funktionen von 1973 bis 1977 aus. Bei seiner Wahl 1973 war er bereits 1. Sekretär (d.h. hauptamtlicher Sekretär) des Kreisverbandes Kamenz der Domowina. Von 1977 bis 1981 war er eine weitere Amtszeit lang Mitglied des Bundesvorstandes der Domowina. (lt. Stawizny Domoviny, Verlag VEB Domowina Bautzen 1987)

Die Sekretäre des Bundesvorstandes und der Kreisverbände der Domowina mussten schon damals der SED angehören. Die führende Rolle der Partei der Arbeiterklasse mußte auch im katholischen Sorbenland abgesichert werden, für diese „besondere" Arbeit brauchte man Sorben und zuverlässige, linientreue Kommunisten wie Rudi Tillich, auch wenn sich viele Sorben dieser „besonderen Aufgabe" verweigerten. Als Mitglied des Sekretariates der Domowina wurde Vater Rudi Tillich am 19. Mai 1974 auch Mitglied der Wahlkommission der DDR, ein besonderer Vertrauensbeweis für diese hohe Funktion, denn die tatsächlichen Wahlergebnisse in der DDR waren immer geheim. Rudi Tillich und die Damen und Herren dieses Gremiums autorisierten mit ihren Beschlüssen die Rechtmäßigkeit der Wahlergebnisse der in der DDR durchgeführten Wahlen. (lt. Stawizny Domoviny, Verlag VEB Domowina Bautzen 1987)

SED-Genosse Rudi Tillich hatte nach der Kommunalwahl 1989 als gewähltes Mitglied der ständigen Kommissionen des Kreistages und Stellvertreter der Vorsitzenden Lisanne Beutner in der Kommission „Eingaben" ebenso wie diese, unmittelbar und regelmäßig dienstlich, das heißt durch seine Funktion, mit der Kreisdienststelle der Staatssicherheit zu tun. Die Kommission „Eingaben" konnte Aufträge zur „Prüfung" von Sachverhalten an die Stasidienststelle geben und war regelmäßig Empfänger geheimer Informationen der Staatssicherheit, soweit sie ihren Verantwortungsbereich betrafen. Der Bereich „Eingaben" war, wie der Bereich „Handel und Versorgung" wegen andauernder Beschwerden und Eingaben der Bevölkerung nicht zuletzt wegen chronischer Versorgungsengpässe, ein hochsensibler Bereich, der nur von besonders wachsamen und zuverlässigen Kadern betreut werden konnte.

### Mutter Kata Tilichowa

Kata Tilichowa (deutsch Katharina Tillich), Stanislaws Mutter, war Mitte der Siebzigerjahre vielfältig im Bereich der DDR-Rechtspflege tätig. Sie setzte die Gesetzlichkeiten der DDR mit allen ihren Ausprägungen in praktisches Recht um. Die Gerichte der DDR hatten im Klassenauftrag Recht zu sprechen. Auf diese Gesetze wurden Richter und Schöffen verpflichtet. Sie waren so zu vollziehen, wie sie durch die Volkskammer, mit 40 % Stimmanteilen der Blockparteien, beschlossen waren. Wer das nicht wollte oder konnte war für diese Aufgabe in der sozialistischen Rechtspflege ungeeignet.

Dass dies für Katharina Tillich nicht zutraf, ist im Bd. 4 der „Geschichte der Sorben" S. 236/237 festgehalten:

„Der planmäßige Ausbau der sozialistischen Rechtsordnung als Ausdruck der Macht der Arbeiterklasse, die Gewährleistung der Rechtssicherheit diente und dient auch weiterhin der Verwirklichung der Interessen der Werktätigen ungeachtet ihrer Nationalität, dem Schutz der sozialistischen Ordnung, der Rechte, Freiheit und Menschenwürde der Bürger sowie des gesellschaftlichen und persönlichen Eigentums. (…) Das Gerichtsverfassungsgesetz gewährleistet in diesem Zusammenhang die Gleichheit der Bürger vor Gesetz und Gericht unabhängig von ihrer Nationalität sowie das Recht der Sorben auf Anwendung der sorbischen Sprache vor den Gerichten der gemischtnationalen Kreise und zwar in allen Sachgebieten, Straf-, Zivil-, Familien- und Arbeitsrecht."

Und dann heißt es weiter: „Auch an diesen wichtigen Funktionen der sozialistischen Staatsmacht haben sorbische Bürger einen gebührenden Anteil. So sind beispielsweise etwa 80 Sorben als Schöffen bei den Bezirks- und Kreisgerichten des gemischtnationalen Gebietes tätig." Die zitierte Passage aus der Geschichte der Sorben betont dann ausdrücklich das hohe Engagement für „eine langjährige vorbildliche Rechtspflegearbeit als Schöffen oder in Kommissionen der Betriebe und Schiedskommission der Gemeinde beziehungsweise Wohngebiete." Dabei werden besonders sechs Bürger lobend erwähnt, ein Redakteur, ein Kraftfahrer, ein Genossenschaftsbauer, eine Mitarbeiterin des Rates der Gemeinde, ein politischer Mitarbeiter des Domowina-Kreisvorstandes, der Vorsitzende des Schöffenaktivs das Kreisgerichts Bautzen und die Genossenschaftsbäuerin aus Panschwitz-Kukau, Kata Tilichova. Dies bedeutete ein großes Lob und eine besondere Ehrung für Stanislaw Tillichs Mutter.

## Schwiegertochter Veronika Tillich

Veronika Tillich, Stanislaw Tillichs Ehefrau, war bereits vor ihm aktives CDU-Mitglied, sie übte die Funktion eines Politischen Instrukteurs der CDU-Kreisleitung aus, In der SED hieß die Funktion Unmissverständlich „Sekretär für Agitation und Propaganda". Veronika Tillich war Mitglied des CDU-Kreisvorstandes Kamenz bis 1989. Sie nahm als Mitglied des Kreisvorstandes und Politischer Instrukteur, der für die ideologische Schulung der CDU im Kreis Kamenz verantwortlich war, auch Vertretungsaufgaben für den 1. Sekretär der CDU Kreisleitung Kamenz, Falk Zielinski, wahr, wenn dieser verhindert war.

Veronika Tillich war Teilnehmerin der Kaderschulung Mittelstufenlehrgang I/1987 (08.01.-26.03.1987) der Zentralen Schulungsstätte der CDU „Otto Nuschke", Burgscheidungen, der Kaderschmiede der Ost-CDU.

## Die Tillichs – Eine politische Familie

Bei dieser Familie stimmte einfach alles. Diese Familie war gottseidank verantwortungsbewusst, zuverlässig und entscheidungsfreudig mit klarer, positiver, politischer Grundhaltung zur Politik der DDR. Sie lebten in geordneten familiären Verhältnissen und gottseidank waren auch keine Kontakte zu Bürgern aus dem NSW vorhanden.

Vater Genosse Rudi Tillich konnte zufrieden sein, er hatte seinen Sohn, wie es seine Pflicht war, kommunistisch erzogen, Stanislaw ging zu Jugendweihe, ganz anders als 75 % der Jugendlichen im katholischen Sorbenland; der Sohn wurde kein Bausoldat, sondern leistete seinen Ehrendienst bei der NVA ab als wehrpflichtiger Grenzsoldat an der Friedensgrenze; Stanislaw studierte und wurde Ingenieur. Katharina Tillich unterstützte die engagierte Arbeit ihres Mannes als Schöffin in der sozialistischen Rechtspflege, Rudi und Katharina Tillich bekamen eine politisch aktive Schwiegertochter, Veronika, die noch dazu Parteifunktionärin der CDU wurde und Stanislaw Tillich trat bald ebenfalls in die CDU ein, wurde Mitglied des Kreissekretariats der CDU, das aus drei Mitgliedern und zwei Beisitzern bestand. Es war das höchste Gremium der CDU zwischen den Kreisdelegiertenkonferenzen. Er war Kreisvorstandsmitglied, politischer Angestellter, stellv. Abteilungsleiter, geschulter Reservekader und schließlich als Staatsfunktionär Stellvertreter des Vorsitzenden des Rates Kamenz für Handel und Versorgung ...

## ... eine stinknormale DDR Familie?

Das wird man ohne Einschränkung sofort verneinen müssen. Unterstellt, dass die Familienbande der Tillichs in der DDR normal gewesen sind, darf man ohne weiteres daraus folgern, dass es zu einer friedlichen Revolution mangels friedlicher Revolutionäre nie und nimmer hätte kommen können.

**Steffen Winter**

Nicht mal Pförtner

**Regierungschef Stanislaw Tillich wird erneut von seiner DDR-Vergangenheit eingeholt.**

Die Affäre um einen Fragebogen setzt die Blockflöten-Debatte wieder in Gang.

Der Abgeordnete Hartmut Ulbricht hatte sich in Rage geredet. Wegen der „Vehemenz", mit der die Linken gegen eine Überprüfung von Staatsdienern zu Felde zögen. „Hätten Sie nämlich nichts zu verbergen", giftete der Christdemokrat in Richtung der alten Genossen, „dann brauchte man sich auch vor diesem Fragebogen nicht zu fürchten."

Der Beifall war heftig in jener 16. Sitzung des Sächsischen Landtags im April 1991. Die bürgerliche Mehrheit hatte Kriterien für einen Fragebogen ersonnen, mit dessen Hilfe alte, dem DDR-System nahe Kader aus dem Staatsdienst verdrängt werden sollten. Es sei „geradezu unerträglich", begründete die Union ihre Zustimmung, wenn sich der Bürger in den Verwaltungen „plötzlich wieder genau den Personen gegenüber sähe, deren Repressalien er zur Zeit des SED-Regimes ausgesetzt war".

Der wackere Abgeordnete Ulbricht sitzt lange nicht mehr im Parlament, doch besagter Fragebogen beschäftigt die sächsische CDU heute intensiver denn je. Regierungschef Stanislaw Tillich höchstselbst, zu Zeiten der DDR hoffnungsvoller Blockflöten-Kader mit Leitungsfunktion beim Rat des Kreises Kamenz, gerät wegen des von ihm 1999 ausgefüllten Formulars von einer Erklärungsnot in die nächste.

Kurz vor den Kommunalwahlen und wenige Monate vor der Landtagswahl wird der Union in Sachsen damit erneut eine Debatte über den Umgang mit der eigenen Vergangenheit aufgezwungen. Der angestrebte Lagerwahlkampf ist wohl endgültig perdu: Die von Tillich öffentlich als „Feind" ausgemachten roten Socken treiben mit diebischer Freude den gewendeten schwarzen Blockfreund vor sich her.

Aktueller Auslöser ist ein atemraubender Eiertanz der Staatskanzlei um den Fragebogen des Premiers, der in Dresden als Staatsgeheimnis behandelt wird, wie einst unter August dem Starken die Rezeptur des Meißner Porzellans. Sechs Monate verweigerte Tillich jede konkrete Antwort dazu, was er im Formular angegeben hat.

Das Dilemma war offensichtlich: Der Regierungschef hatte im November 2008, erzwungen durch diverse Enthüllungen, eine Art Lebensbeichte abgelegt. Hatte einen Besuch der DDR-Kaderschmiede für Staat und Recht in Potsdam eingeräumt, wo ihm ausgerechnet eine heutige Linken-Abgeordnete begegnete, dazu den Wehrdienst an der innerdeutschen Grenze und sogar gelegentlichen Stasi-Besuch in seinem Dienstzimmer beim Rat des Kreises.

Übrig blieb der Vorbehalt, ob Tillich sich diese Offenheit auch in dem Fragebogen von 1999 geleistet hatte. Denn dort hatte er die Warnung unterschrieben, dass unvollständige oder unwahre Antworten „im Regelfall" zur Kündigung führen.

In ähnlichen Fällen wurde im Freistaat rigide durchgegriffen. Im Landtag kann man bei der Linkspartei in einem roten Aktenordner solche Wendeschicksale einsehen. Darin findet sich etwa die Kündigung eines Musikprofessors, der im Fragebogen keine MfS-Kontakte angegeben hatte. Ihm wurde zum Verhängnis, dass in seinem Dienstzimmer eine Studentin als Spitzel angeworben werden sollte. Er selbst war bei dem Gespräch weder anwesend, noch war er je als Inoffizieller Mitarbeiter der Stasi registriert. Ein ganzer Kirchenchor aus dem Westen ergriff beim Rektor Partei für den Gefeuerten, ohne Erfolg.

Gekündigt wurde aus den abenteuerlichsten Gründen, wie ein Funktionär aus Delitzsch erfahren musste. Der Mann, so steht es in seiner Entlassung aus dem Staatsdienst, habe sich in seiner Tätigkeit in besonderem Maße aktiv für die Politik der SED eingesetzt. Es bestünden daher „erhebliche Zweifel", dass der Sachse künftig „im Sinne der freiheitlich-demokratischen Grundordnung" arbeite. Der Mann war Kreissekretär – beim Deutschen Roten Kreuz. Der Chef eines sorbischen Folklore-Orchesters sollte entlassen werden, weil er, wie Tillich auch, ein Kreistagsmandat innehatte – für den Freien Deutschen Gewerkschaftsbund. Er habe, so der daraus abgeleitete Vorwurf in der Kündigung, das Ensemble ja wohl im Sinne des SED-Regimes indoktriniert.

Linke-Fraktionschef André Hahn kramt auch gern einen alten Zeitungsartikel aus dem Jahr 1992 hervor. Darin wird aufgelistet, wer für eine Einstellung im Dresdner Rathaus alles „ungeeignet" sei. An 17. Stelle: Vorsitzende der Räte des Kreises und deren Stellvertreter. Tillich war seit Mitte 1989 Stellvertreter des Vorsitzenden, zuständig für Handel und Versorgung. „In der Landeshauptstadt", stichelt Hahn, „wäre der nicht mal Pförtner geworden."

Vergangene Woche gab die Staatskanzlei erstmals einige wenige Details aus dem Tillich-Bogen bekannt. Das Verwaltungsgericht Dresden hatte die Regierungszentrale auf Antrag des SPIEGEL dazu verpflichtet. Inzwischen ist klar, dass Tillich zumindest sein Kreistagsmandat für die Block-CDU auf die entsprechende Frage hin nicht angegeben hat. Ob er „Mandate oder herausgehobene Funktionen in oder für politische Parteien" in der DDR hatte, verneinte er. Seine Mitgliedschaft im Rat des Kreises habe er indes bei der Frage nach „herausgehobenen Funktionen in staatlichen Dienststellen" angegeben. Drei Antworten zu den mutmaßlich zehn Fragen im Bogen sind nun öffentlich. Der Rest soll weiter geheim bleiben.

Eine Einsicht in das Papier, das in einem verschlossenen Umschlag in der Personalakte des Regenten liegt, wird abgelehnt. Weitere Nachfragen, etwa ob die mindestens zwei Stasi-Kontakte ordnungsgemäß angegeben sind, werden nicht beantwortet. Das Verwaltungsgericht, so die Erklärung, habe dies schließlich nicht verlangt.

*(aus: Der Spiegel 21/2009, S. 33, 17.5.2009)*

Karl Nolle, MdL

# 105 unbeantwortete Fragen zu Tillichs Biografie
## Organklage vor dem Sächsischen Verfassungsgerichtshof

**Vom 14. Mai 2009**

Mit meiner Klage vor dem Sächsischen Verfassungsgerichtshof wende ich mich als Landtagsabgeordneter gegen die Behandlung mehrerer Kleiner Anfragen durch die Staatskanzlei. Die Fragen betreffen die Informationspolitik der Sächsischen Staatskanzlei über die berufliche und politische Vita des Ministerpräsidenten als DDR-Nomenklaturkader sowie seine Angaben hierzu bei der Ausfüllung eines Fragebogens im Rahmen seiner Berufung als Minister für Europaangelegenheiten. Weitere Fragen betreffen die Regierungsmitglieder Kupfer und Buttolo; auch hier geht es um den beruflichen und – damit eng verbunden – politischen Lebenslauf sowie die diesbezüglichen Angaben in den angesprochenen Fragebögen.

Die Staatskanzlei hat die Beantwortung der Fragen überwiegend abgelehnt. Sie stützt sich, soweit es um Inhalte der Fragebögen geht, auf das sogenannte Recht auf informationelle Selbstbestimmung als Ausprägung des allgemeinen Persönlichkeitsrechts, das „Datenschutzgrundrecht" also, und argumentiert, dass der „innerste Bereich der Lebensführung des Ministerpräsidenten" (sog. Intimsphäre und engste Privatsphäre) betroffen sei.

Letzteres ist falsch. Hier geht es nicht um Tagebuchaufzeichnungen, die Sexualität des Ministerpräsidenten oder Familiäres, sondern das berufliche und politische Wirken in der DDR sowie die Angaben dazu nach deren Untergang. Aus diesem Grunde geht das parlamentarische Auskunfts- und Fragerecht des Abgeordneten dem Interesse des Ministerpräsidenten und der beiden Minister an einem weiteren Verschluss ihrer Fragebögen vor.

**Dem Abgeordneten muss es möglich sein, kritische Fragen zur Eignung der Regierungsmitglieder zu stellen und die hierfür erforderlichen Informationen zu erhalten.**

Zweifel an der Eignung eines Regierungsmitgliedes können sich daraus ergeben, dass ein Regierungsmitglied in besonderer Weise in die Partei- und Verwaltungsstrukturen der DDR-Diktatur verstrickt war. Dies folgt auch aus der eigenen Verwaltungspraxis des Freistaats. So war und ist gemäß der Verwaltungsvorschrift des Sächsischen Staatsministeriums des Innern über die Führung und Verwaltung von Personalakten von Beamten – Verwaltungsvorschrift Personalakten Beamte – VwV PersAktenB, SächsABl. 1999, 10 ff.; Verwaltungsvorschrift der Sächsischen Staatsregierung zur Prüfung der persönlichen Eignung im Beamtenverhältnis, SächsABl. 1995, 40 ff., 42 i.V.m. der auf § 1 Abs. 2 SächsMinG beruhenden Verwaltungspraxis des Antragsgegners bei der bevorstehenden Ernennung von Staatsministern vor Dienstantritt ein Personalbogen auszufüllen, welcher detaillierte Fragen zur Person und Rolle im Rahmen des Staatsapparates der ehemaligen DDR enthält.

§ 6 Abs. 3 SächsBG enthält bei „ehemaligen Mitarbeitern oder Angehörigen in herausgehobener Funktion von Parteien und Massenorganisationen [...] Räten der Bezirke, Mitgliedern der SED-Bezirks- und Kreisleitungen, Mitgliedern der Räte der Bezirke, Absolventen zentraler Parteischulen, politischen Funktionsträgern [...]" eine widerlegbare Vermutung, dass diese für das Beamtenverhältnis nicht geeignet sind. Diese Vorschrift, denen sich alle in einem öffentlich-rechtlichem Amtsverhältnis stehenden Bürger des Freistaates Sachsen stellen mussten, findet gemäß § 1 Abs. 2 SächsMinG Anwendung auch auf Mitglieder der Staatsregierung. Will man nicht insoweit der Staatsregierung die Kontrolle ihres eigenen Handelns überlassen, so bedarf es zwingend der Möglichkeit der Überprüfbarkeit der Eignungsvoraussetzungen durch das Parlament und seine Abgeordneten, welche die umfassende Information des Abgeordneten voraussetzt.

Zweifel an der Eignung können sich aber davon unabhängig auch aus dem Umgang mit der Wahrheit der eigenen Vergangenheit in Staat und Parteien der DDR ergeben. Machen Regierungsmitglieder in Fragebögen unwahre, widersprüchliche und/oder irreführende Angaben, sind Zweifel an ihrer Integrität und damit an der Befähigung zur ordentlichen Führung ihres Amts angebracht. Gleiches gilt dann, wenn Regierungsmitglieder Lebensläufe öffentlich machen, welche solche Angaben enthalten oder Wichtiges auslassen. So ging es mir bei meinen Fragen auch vorliegend weniger darum, gegen die Beteiligten den Vorwurf einer engen politischen bzw. beruflichen Verbundenheit mit der DDR-Diktatur zu erheben; zentrales Anliegen war und ist die mangelnde Wahrhaftigkeit im Umgang mit der eigenen Nomenklaturbiografie der drei Regierungsmitglieder.

**Anders als im Falle von Fragen, welche die Privat- oder gar Intimsphäre der Regierungsmitglieder betreffen, überwiegt mithin bei den Fragen zum beruflichen und politischen Werdegang der Regierungsmitglieder das Informationsinteresse des Antragstellers deutlich.**

In Bezug auf den Ministerpräsidenten sowie den Staatsminister Buttolo kommt hinzu, ohne dass es nach dem Gesagten darauf im Ergebnis noch ankäme, dass diese durch eigene öffentliche Äußerungen die umfangreiche Aufarbeitung ihrer politischen und beruflichen Lebensläufe in der DDR angekündigt haben. Der Ministerpräsident ging sogar so weit, dass er auch Teile der Biografien seiner Familienmitglieder veröffentlicht hat (vgl. VG Dresden a.a.O.).

**Teilweise hat die Staatskanzlei Fragen auch unter Hinweis darauf abgelehnt, dass sie Sachverhalte betreffen, die vor der deutschen Einheit liegen, daher könne ihre Beantwortung nicht in den Zuständigkeitsbereich der Regierung fallen.**

Die Amtsführung des Ministerpräsidenten sowie seiner Minister gehört jedoch unproblematisch in den Zuständigkeitsbereich der Staatsregierung. Dies gilt auch und insbesondere für Fragen, welche Tatsachen zum Gegenstand haben, bei deren Vorliegen die *Eignung* der betreffenden Regierungsmitglieder zur Führung ihrer Ämter in Zweifel gezogen werden könnte. Dabei ist in zeitlicher Hinsicht unerheblich, ob einzelne Fragen auch das politische und berufliche Wirken während der DDR-Diktatur betreffen. Dies gilt wie bereits erwähnt einerseits, weil gerade eine Verstrickung in das System der DDR unmittelbare Auswirkungen auf die Eignung haben kann. Und dies gilt andererseits, weil die Beantwortung der Fragen Voraussetzung dafür ist, die Richtigkeit und Vollständigkeit der Angaben der Regierungsmitglieder in Fragebögen und Lebensläufen bei Aufnahme und während ihrer Regierungstätigkeit beantworten zu können. In tatsächlicher Hinsicht gilt, dass die Auskunft der Staatskanzlei möglich und zumutbar ist, weil die angesprochenen Regierungsmitglieder selbst über die erforderlichen Kenntnisse verfügen bzw. sich diese leicht verschaffen können.

Ich gehe nach alledem davon aus, dass die Staatsregierung zur Beantwortung verurteilt wird; die gegen die Beantwortung der Fragen geltend gemachten Argumente sind lediglich vorgeschoben und dienen offenkundig dazu, Zeit zu gewinnen.

Link zu den 105 Fragen an Stanislaw Tillich:
www.karl-nolle.de/medienservice/pdfrtf.php?grp0=40

Link zum Beschluß des Verwaltungsgerichts Dresden:
www.karl-nolle.de/medienservice/pdfrtf.php?grp0=41

Link zum Ministerfragebogen von 1999:
www.karl-nolle.de/medienservice/pdfrtf.php?grp0=42

„Ich war kein Oppositioneller,
sondern habe es wie viele andere gemacht,
mir eine Nische gesucht und mich in meinem
Heimatdorf in eine kleine Gemeinschaft
der Kirche zurückgezogen."
*Stanislaw Tillich*


„Mit dem
Unrechtsbewusstsein geht auch das
Rechtsbewusstsein verloren."
*Oskar Negt*

# Die CDU-Kaderschmiede Burgscheidungen

Die zentrale
Bildungsstätte „Otto Nuschke",
Kaderschmiede der Ost-CDU, der „Partei des Friedens,
der Demokratie und des Sozialismus" und einige
bekannte Namen von Schulungsteilnehmern
aus Sachsen.

## Das Barockschloß

Burgscheidungen, eine kleine Gemeinde im Burgenlandkreis, Sachsen-Anhalt, liegt idyllisch an beiden Ufern der Unstrut zwischen Nebra und Laura im Naturpark Saale-Unstrut-Triasland. Der 600-Seelen-Ort wird überragt vom Burgberg, der bereits 3.000 v. Chr. besiedelt wurde. 1043 überraschte Kaiser Heinrich III seine Frau Agnes mit einer besonderen Morgengabe und schenkte ihr die Burg Scheidungen, die die fromme Frau danach dem Bistum Bamberg vermachte. Burgscheidungen hatte nicht nur eine wechselvolle Geschichte sondern auch eine große Zahl adlige Besitzer. Im Jahre 1722 übernahm die Familie von der Schulenburg Burgscheidungen mit Burgberg und Burg und ließ das Areal um die Burg zu einem terrassenartig angelegten Schlosspark mit Barockschloss umgestalten.

Nach Enteignung der Familie von der Schulenburg im Herbst 1945 durch die Bodenreform wird das Schloss Burgscheidungen ab 1946 dem FDGB als Erholungsheim überlassen. Ab Dezember 1950 ist das Schloss Ausbildungsstätte für Pionierleiter, ab 1951 Landesschule für Pionierleiter der FDJ und führt den Ehrennamen „Ernst Thälmann". Die „Kampfreserve der Partei", FDJ, nutzte das Schloss als Sonderschule ihres Zentralrates.

Zwischen 1955 und 1990 befand sich im Schloss Burgscheidungen die zentrale Schulungsstätte der CDU der DDR „Otto Nuschke". Es gehört zu den Merkwürdigkeiten der Wende, dass die Treuhand als Rechtsträger des Schlosses nach 1990 eine im Innenhof angebrachte bronzene Gedenktafel für alle Christen, die Opfer der Nazidiktatur geworden waren, sowie ein Museumszimmer zum gleichen Thema beseitigte.

**Eine Kostbarkeit im Bücherschrank**

Zu den Kostbarkeiten eines politisch-historischen Bücherregals gehört ein kleines Heftchen, dass 1978 in der DDR für 0,50 M (Ost) zu erwerben war. Es ist die Nr. 209 der „Hefte aus Burgscheidungen", die herausgegeben wurden vom Sekretariat des Hauptvorstandes der Christlich-Demokratischen Union Deutschlands. Das Heft hat 32 Seiten, ist registriert (unter V-14-8 Ag 224/83/78 353 LSV: 0479 EDV: 702 581 1) und trägt den Titel „Die Christlich-Demokratische Union - eine Partei des Friedens, der Demokratie und des Sozialismus": Aus Materialien des 14. Parteitages der CDU (12. - 14. Oktober 1977 in Dresden), Zusammenstellung und Bearbeitung: Dr. Gerhard Fischer.

Leider reicht der hier vorhandenen Platz nicht aus, um den gesamten Inhalt des bemerkenswerten Heftes zu dokumentieren, deshalb hier einige unkommentierte Auszüge:

**Zum Wesen und Wollen der CDU** (S. 3 ff.):

„Die Christlich-Demokratische Union Deutschlands ist eine politische Partei, in der sich christliche Bürger der DDR mit dem Ziel vereinen, aus christlicher Verantwortung und in demokratischer Verpflichtung für das Wohl des Menschen, für das Glück des Volkes und für den Frieden der Welt zu wirken. Die CDU ist eine Partei des Friedens, der Demokratie und des Sozialismus (...)

Die CDU war Mitgestalter des revolutionären Prozesses, in dem die antifaschistisch-demokratische Umwälzung vollzogen, die sozialistische Revolution in der DDR zum Siege geführt und so das Recht unseres Volkes auf Selbstbestimmung durchgesetzt wurde (...) In ihrem politischen Handeln geht die CDU von den objektiven Gesetzmäßigkeiten, die unserer Epoche bestimmen und dem Aufbau des Sozialismus zugrunde liegen, sowie von den Lehren der Geschichte aus, insbesondere von der Erfahrung, daß die Herrschaft des Imperialismus Ausbeutung und Unterdrückung für die Werktätigen bedeutet, während der Sozialismus ihre Lebensinteressen verwirklicht (...)

Das politische Wirken der CDU vollzieht sich sich in kameradschaftlicher Zusammenarbeit mit den anderen Parteien und Massenorganisationen des Demokratischen Blocks.

Beschlossen wurden drei Wesensmerkmale gesellschaftlicher Aktivität u.a. „Wie die CDU Aufbau und Aufblühen der DDR in dreißig Jahren allseitig gefördert und zu den Erfolgen unserer Republik Gewichtiges beigetragen hat, so ist sie heute und künftig daran die sozialistische Gesellschaft zu gestalten, den sozialistischen Staat und seine Politik zu entwickeln, zu tragen und zu verantworten." (S. 4)

– Der „Sozialismus – Humanismus unserer Epoche", „Kamerad-
schaftliche Zusammenarbeit mit der SED", „Der Platz der CDU im
festen Bündnis aller Parteien und Massenorganisationen" und
„Wandlung und Wachstum in drei Jahrzehnten" (S. 5)
– „Für die weitere Gestaltung der entwickelten sozialistischen Gesellschaft in der DDR", „Hauptaufgabe – Einheit von Wirtschafts-
und Sozialpolitik" (S. 13)
– „Den sozialistischen Wettbewerb umfassend fördern" über „Sozialistische Intensivierung – Hauptweg zu steigenden Leistungen"
in der „Land- und Nahrungsgüterwirtschaftschaft: Mehr, besser und
billiger produzieren" zu „Versorgungsaufgaben wichtiger Teil der
Gesellschaftspolitik". (S. 15)
– „Arbeit für den Nächsten im Gesundheits- und Sozialwesen", es
geht es um „Freiheit zum Dienst am Ganzen". (S. 19)
– „Mit Aktivität und Sachkenntnis" die sozialistische Demokratie
zu vervollkommnen und „Die sozialistische Gesetzlichkeit" wah-
ren. (S. 21)
– „Die CDU – unlöslicher Teil der Nationalen Front" und „Sozialistische Kultur bereichert unser Dasein" und die Forderung „Der Jugend eine glückliche Zukunft erschließen". ( S. 23)
– „Sowjetunion – Wegbereiter der Menschheitszukunft" , „Ein neues
Kapitel in der Geschichte unseres Volkes" postuliert, dass „Frieden-
Frage aller Fragen" ist und „Je stärker der Sozialismus, um so sicherer der Friede". (S. 26)
– „Wachsende Mitverantwortung – wachsende Tatbereitschaft"
und stellt fest „Klar sind die Ziele, weit ist das Arbeitsfeld, groß sind
die Aufgaben der CDU (...) Mit Zuversicht nehmen wir sie in Angriff." (S. 31)

Mit langanhaltendem stürmischen Beifall, Bravorufen und einstimmig wurden die Dokumente von den Delegierten in Dresden
angenommen.
In der Grußadresse der Delegierten an den Generalsekretär des
ZK der SED und Vorsitzenden des Staatsrates der DDR, des hochverehrten Genossen Erich Honecker, heißt es u. a.:
„Täglich werden wir in der Überzeugung bestärkt, daß Sozialismus Frieden, Demokratie, Freiheit, soziale Sicherheit und Gebor-
genheit für alle bedeutet; denn täglich aufs neue beweist unsere
sozialistische Wirklichkeit, daß der Sozialismus als Gesellschaft des
ganzen befreiten Volkes jeder anderen Ordnung überlegen ist. Erst
im Sozialismus erhalten Christen Raum und Möglichkeit, ethische
Anliegen ihres Glaubens in Übereinstimmung mit allen gesellschaftlichen Kräften zu praktizieren." (S. 11)

## Ideologisches Rüstzeug und christliche Verantwortung

In dem zitierten Heft Nr. 209 aus Burgscheidungen, Dresdner Parteitag der Ost-CDU, ist das versammelte ideologische Rüstzeug der Christdemokraten der DDR und ihre systemstützende Rolle nachzuvollziehen. Als „unlöslicher Teil der Nationalen Front" und treuer Partner der Partei der Arbeiterklasse „aus christlicher Verantwortung" war sie elementarer Bestandteil des SED-Regimes bis zu dessen letztem Atemzug. Die Montagsdemonstranten hatten ein feines Gespür für deren Rolle im SED-Staat, den sie gerade dabei waren friedlich niederzuringen, sie demonstrierten nicht nur gegen die SED sondern selbstverständlich auch gegen die Blockparteien des Regimes.

Als sich dann der Wind drehte, erinnerte man sich seiner alten Mitgliedschaft, verdrängte seine vertrauensvolle Zusammenarbeit mit der Partei der Arbeiterklasse, besann sich auf seine christliche Verantwortung und Pflicht und brachte sich und das Parteivermögen in die westdeutsche Schwesterpartei ein. Als „Blockflöten", wie der Volksmund sie nannten, gingen diese Helden der Bewegung in die deutsche Geschichte ein.

Die CDU-Genossen besetzten flugs die Schalthebel der Macht von denen sie die von ihnen untertänig hofierten SED-Genossen „aus christlicher Verantwortung" vertrieben. So wurden Heuchelei, Doppelmoral und Pharisäertum zu bis heute belastenden Fundamenten unserer jungen Demokratie.

## Burgscheidungen – zentrale Kaderschmiede der Ost-CDU

Mit viel Emotionen haben die Abgeordneten des sächsischen Landtages in ihrer 16. Plenarsitzung im April 1991 Kriterien für einen Fragebogen beschlossen, mit dessen Hilfe alte, dem DDR-System nahe Kader aus dem Staatsdienst verdrängt werden sollten. Es sei „geradezu unerträglich", begründete die Union damals ihre Zustimmung, wenn sich der Bürger in den Verwaltungen „plötzlich wieder genau den Personen gegenüber sähe, deren Repressalien er zur Zeit des SED-Regimes ausgesetzt war". Nicht ohne Grund wird in der Frage 2 des Fragebogens nach Mandaten oder Funktionen für politische Parteien oder Massenorganisationen der ehemaligen DDR gefragt und in der Frage 6 nach dem Durchlaufen anderer als allgemeinbildender beziehungsweise berufsausbildender Ausbildung (z. B. Parteischulen o.ä.).

Möglicherweise wäre eine Mehrheit für diesen Fragebogen im sächsischen Parlament nicht zustande gekommen, wenn die christdemokratischen Abgeordneten davon ausgegangen wären, dass auch ihre Parteischulen und Kaderschmieden gemeint waren, ihre

Mandatsträger im Bündnis der Nationalen Front und ihre auf der Akademie für Staat und Recht „Walter Ulbricht" geschulten Kader und Reservekader für Staatsfunktionärsfunktionen.

## Die MfS Hauptabteilung XX (HA XX) und die Ost-CDU

Wendet man sich an die Konrad-Adenauer-Stiftung, die den politischen Nachlass der Ost-CDU archiviert haben soll, erhalten selbst CDU-Mitglieder die Antwort, das Archivmaterial sei leider (noch) nicht übersichtlich registriert und man könne keine Namen der Teilnehmer von Kaderschulungen in Burgscheidungen nennen. Nützlich ist diese Antwort auf jeden Fall, denn so wird die Antwort auf die Frage erschwert, welche unserer heutigen Mandats- und Funktionsträger der CDU-Sachsen in herausgehobenen Funktionen ihr ideologisches Rüstzeug für ihre Systemfunktion im romantischen, für damalige Verhältnisse gehobenen Ambiente von Schloss Burgscheidungen erhalten haben.

Wie alles im SED-Regime unterlagen Parteischule und Teilnehmer von Burgscheidungen der gewissenhaften Beobachtung durch die Hauptabteilung XX (HA XX) des Ministeriums für Staatssicherheit der DDR mit Dienstsitz in Berlin-Lichtenberg, Normannenstraße. Hier wurde ordentlich Buch geführt. Der Hauptabteilung XX gingen weder die Namen aller Teilnehmer von Kaderschulungen durch die Lappen, noch ob diese zuverlässig linientreu, wachsam und kampfbereit in ihre jeweiligen Wirkungsstätten in den Bezirks- und Kreisfunktionen der CDU erfolgversprechend entlassen werden konnten.

Die Hauptabteilung XX war federführend auf dem Gebiet der Verhinderung bzw. Aufdeckung und Bekämpfung politisch-ideologische Diversion (PID) und politischer Untergrundtätigkeit (PUT). Ihre Aufgabe war nicht nur die Führung von IM und Einsatz von OiBE sondern auch die Sicherung der Führungsgremien der Parteien (ohne SED) und Massenorganisationen und wie es hieß die „Verhinderung des Missbrauchs der Kirchen".

Anders als die Konrad-Adenauer-Stiftung kann die Behörde der Bundesbeauftragten für die Stasi-Unterlagen (BStU) darüber Auskunft geben, welche „Unionsfreunde" in Burgscheidungen geschult worden sind. Die Behörde hat der „Welt" auf entsprechenden Antrag hin zahlreiche Listen übergeben, auf denen die Namen der Kursteilnehmer von 1984 bis 1989 verzeichnet sind. BStU-Signatur MfS-HA XX 7126) Darauf finden sich eine ganze Reihe von CDU-Mitgliedern, die in Sachsen bestens bekannt sind, darunter Mandatsträger und Parteifunktionäre in herausgehobenen Positionen.

# Fünf Sachsen in Burgscheidungen

Kaderschulungen von 1984–1989 lt. den Unterlagen
der HA XX Abt. Kader

**Czupalla, Michael, seit 1990 Landrat im Landkreis Delitzsch, dann Landrat Delitzsch-Eilenburg, seit 2008 CDU-Landrat Landkreis Nordsachsen, seit 1991 Präsident des Ostdeutschen Sparkassenverbandes, saß in den Aufsichtsgremien der Sachsen LB.** Geboren 7.08.1950, wohnhaft in Delitzsch, C. war Teilnehmer am Mittelstufenlehrgang II/1989 (5.4-21.6.1989) der Zentralen Schulungsstätte der CDU „Otto Nuschke", Burgscheidungen.

**Dombois, Andrea, 2. Vizepräsidentin des Sächsischen Landtages (CDU), CDU-Mitglied seit 1979, 1986 bis 1990, 1. Sekretär der CDU-Kreisleitung Dippoldiswalde.** Geboren 1958, wohnhaft in Dresden, sie war als Andrea Hubrig Teilnehmerin am Mittelstufenlehrgang I/1986 (9.01.–21.03.1986) der Zentralen Schulungsstätte der CDU „Otto Nuschke", Burgscheidungen.

**Kaminski, Peter, vor 1989 Bezirksbürgermeister der Ost-CDU, nach 1989 CDU-Bürgermeister in Leipzig, CDU-Stadtkämmerer, 1998 Oberbürgermeisterkandidat der CDU Leipzig.** Geboren 1954, wohnhaft in Altenburg, war Teilnehmer am Mittelstufenlehrgang III/1985 (4.09.–21.11.1985) der Zentralen Schulungsstätte der CDU „Otto Nuschke".
außerdem: Teilnehmer am Oberstufenlehrgang (Aufbauteil) 1988 (5.10.–09.12.1988) der Zentralen Schulungsstätte der CDU „Otto Nuschke", Burgscheidungen.

**Kupfer, Frank, Sächsischer Staatsminister für Umwelt und Landwirtschaft, von 1984-1990 CDU-Mandat im Kreistag Oschatz, 1986 bis 1989 stellvertretender CDU-Kreisparteisekretär Kreis Oschatz, Ex-Generalsekretär der CDU Sachsen.** Geboren 1962, wohnhaft in Oschatz, war Teilnehmer am Mittelstufenlehrgang III/1987 (8.9.–26.11.1987) der Zentralen Schulungsstätte der CDU „Otto Nuschke", Burgscheidungen.

**Tillich, Veronika, Politischer Instrukteur der CDU-Kreisleitung, (in der SED hieß die Funktion „Sekretär für Agitation und Propaganda"), Mitglied des CDU-Kreisvorstandes Kamenz bis 1989.** Geboren 11.01.1959, wohnhaft in Panschwitz-Kuckau, verheiratet mit Stanislaw Tillich, V.T. war Teilnehmerin am Mittelstufenlehrgang I/1987 (08.01.–26.03.1987) der Zentralen Schulungsstätte der CDU „Otto Nuschke", Burgscheidungen. (gemeinsam mit dem 1. Sekretär der CDU-Kreisleitung Kamenz, Falk Zielinski, der mehrfach erwähnt wird). Veronika Tillich nahm als politischer Instrukteur, der für die ideologische Schulung der CDU im Kreis Kamenz zuständig war, Vertretungsaufgaben für den 1. Sekretär der CDU-Kreisleitung Kamenz, Falk Zielinski, wahr, wenn dieser verhindert war.

In damaligen und heutigen Funktionen und Mandaten, soweit bekannt.

# Blockflöten
# im sächsischen Landtag und andere
# prägnante sächsische Biografien

### Klaus Baumann

Vom treuen SED- und FDJ-Genossen
zum CDU-Oberbürgermeister

SED-Mitglied seit früher Jugend, strammer FDJ-Genosse der „Kampfreserve der Partei", vom FDJ-Mandatsträger, SED Genossen und Mitglied des Rates des Kreises – zum CDU-Oberbürgermeister von Zschopau. Die Nationale Front lebt noch ...

Geb. 16.01.1952, in Lauterbach, EOS Clara Zetkin Zschopau, Abitur, Dreher, Trockenofenbediener, Lagerbrigadier bei MZ Zschopau, Ingenieurökonom, SED-Mitgliedschaft, Mitarbeiter Kreisplankommission Abteilungsleiter Jugend, Körperkultur und Sport beim Rat des Kreises Zschopau, 1990 pers. Ref. des Landrates, 1992 Hauptamtsleiter Zschopau, 1994 Bürgermeister BFW, CDU-Oberbürgermeister seit 2001, 2008 als CDU-Oberbürgermeister wiedergewählt.

Am 7.5.1989 kandidierte SED-Genosse Klaus Baumann als Mandatsträger der FDJ auf dem Wahlvorschlag der Nationalen Front der DDR für die Wahl zum Kreistag Zschopau. Baumann wurde lt. Freie Presse (Lokalseite Zschopau) vom 10.5.89 von der Kreiswahlkommission als gewählter Kreistagsabgeordneter für den Wahlkreis 10 bekannt gemacht. Er wurde auf der konstituierenden Sitzung des Kreisrates am 25.5.89 (FP v. 26.5.89) erneut zum **Mitglied des Rates des Kreises Zschopau für Jugendfragen, Körperkultur und Sport** in den Rat gewählt. Vielleicht erinnern sich Zeitzeugen und ehemalige Genossen von Klaus Baumann an gemeinsame Wochen auf der SED Bezirksparteischule in Mittweida, wo er sein politisch-ideologisches Rüstzeug für seine späteren wichtigen Aufgaben erhalten konnte. Mitglied des Rates in der genannten Funktion war Baumann bereits schon vor dem 25.5.89. Er war zugleich Vorsitzender der GST-GO. Baumann habe immer voller Stolz das größte Parteiabzeichen getragen, kleinere waren nichts für ihn, erklärten Zeitzeugen aus Zschopau.

Die Liste der Nationalen Front erhielt am 7.5.89 bei der Wahl zum Kreistag Zschopau bei einer Wahlbeteiligung von 99,03 % die übliche Zustimmung von 98,56 % (FP 10.5.89). Unter dem Ratsvorsitzenden, Genossen Gerhard Olschewski, amtierten ab 25.5.89 fünf stellv. Vorsitzende sowie 13 Mitglieder des Rates (incl. Baumann.) FDJ- und SED-Genosse Baumann galt damals, nach Aussagen von Zeitzeugen, als Mitglied des Rates des Kreises zu den politisch zuverlässigsten, engagiertesten und klassenbewusstesten Genossen der SED/FDJ.

Auf der konstituierenden Kreistagssitzung am 25.5.89, erinnerte der wiedergewählte Vorsitzende des Rates, Genosse Gerhard Olschewski, an die „Aufgaben des Kreistages zur weiteren Unterstützung der Beschlüsse der 7. Tagung des ZK der SED" und der 1. Sekretär der SED-Kreisleitung und Kreistagsabgeordneter Herbert Bleyl betonte vor allem „die hohe Verpflichtung aller Abgeordneten und Nachfolgekandidaten dafür, nunmehr das, auf Volkswohlstand und Friedensicherung gerichtete Wahlprogramm der Nationalen Front auch aller Orts zielstrebig zu verwirklichen." (Freie Presse 26.5.89)

Heute, 20 Jahre nach der Wende, regiert im Zschopauer Rathaus immer noch (oder schon wieder) die damalige Nationale Front allerdings nicht mehr unter der Führung die SED sondern inzwischen der Staatspartei CDU. Kaum ein wichtiger Beschluß im Zschopauer Rathaus, der nicht von einer Mehrheit aus einer „Informellen Koalition" aus CDU, PDS und FDP gegen die „Opposition" aus Ratsherren des BFW (Bund Freier Wähler) durchgesetzt würde. Über das Stadium eines Bündnisses ist man lange hinaus. CDU und Linke/PDS sind eine Symbiose eingegangen. Die Nationale Front lebt wieder...

Die ehemaligen Kreistagsabgeordneten/Kreisräte der Nationalen Front, Baumann, Uhlig, Wittig und Gahut kennen und schätzen sich seit Honeckers Zeiten. FDJ Genosse Baumann ist jetzt Oberbürgermeister, CDU-Blockflöten-Abgeordnete Heide Uhlig übt die nicht unwichtige Funktion der CDU-Fraktionsvorsitzenden aus, nachdem sie als Mitarbeiterin für die gescheiterte Sozialministerin Weber tätig war, das damalige CDU-Mitglied der ständigen Kommission des Rates des Kreises Zschopau, Rolf Wittig unterstützt heute als CDU-Ratsherr seine Parteifreundin Uhlig, ebenso wie der Ratherr Heinrich Thumser, ehemals Ortsgruppenvorstand der Block-CDU und der damalige Kreistagsabgeordnete der Nationalen Front, Mandatsträger des FDGB in der Nationalen Front, SED-Genosse Uwe Gahut, fungiert heute, wenn er nicht gerade mit seinem Duz-Freund Baumann Skat spielt, als Hauptamtsleiter der Stadt Zschopau. Baumann und Garhut waren seit früher Jugend an SED-Mitglieder. Auch in der Linken/PDS finden sich Freunde aus der damaligen Nationalen Front wieder. Die SPD war bisher im Zschopauer Rathaus überhaupt nicht vertreten.

„Die Linken sind heute in Zschopau der Nachklapp der CDU, kaum anders als in der DDR, wo die Union ein Nachklapp der SED war" schrieb der ehemalige Kantor der evangelischen Kirche, St. Martin in Zschopau am 6. Oktober 2008 an die Lokalredaktion der Freien Presse in Zschopau, „nur die Rollen haben sich vertauscht. Wenn ich Vorsitzender der Linken in Zschopau wäre, würde ich mir ernsthaft Gedanken um das Profil meiner Partei machen: warum sollten die Leute die Linken wählen, wenn sie doch nur Nachbeten was die CDU vorgibt. Wie zu DDR-Zeiten wird im Rathaus das meiste einfach durchgewunken. Es ist schlimm genug, dass viele Stadträte den schleichenden Abbau der Demokratie hinnehmen".

Ein anderer Zschopauer Zeitzeuge, seit den Achtzigern CDU-Mitglied, erinnert sich in einer Mail noch an die Diskussion um die Ausarbeitung der sächsischen CDU-Satzung und die damalige Regel, ehemalige SED-Mitglieder nicht in die CDU-Sachsen aufzunehmen „Mit Baumanns CDU-Mitgliedschaft komme ich nicht klar - wie einfach es geht vom SED-Kader in eine idiologisch, politisch völlig anders orientierte Partei zu wechseln."

## Albrecht Buttolo

CDU Staatsminister des Innern
„... um meine Kinder katholisch erziehen
zu können ..."

Dipl.-Ing.; Wüstenbrand – geb. 1.9.1947 in Langenrinne, Kr. Freiberg; röm.-kath., verh., 2 Kinder – Abitur 1966 an EOS Geschwister Scholl, Freiberg; 1966 Facharbeiter Feinmechanik. Studium Technologie Maschinenbau, Vertiefungsrichtung EDV. 1970 Dipl.-Ing. 1973 Promotion an der TH Karl-Marx-Stadt. 1973/90 Tätigkeit im IFA-Ingenieurbetrieb. Seit Juni 1990 Regierungsbevollmächtigter in Chemnitz.1979 Eintritt in CDU. Seit 1989 Kreistagsabgeordneter, 1990 Kreisvors. der CDU in Hohenstein-Ernstthal. Seit 1990 CDU Fraktionsvors. Kreistag, MdL seit Okt. 1990; Parl. Staatssekretär beim Staatsminister des Innern. Wahlkreis 56 (Hohenstein-Ernstthal), (Daten aus Volkshandbuch Sächsischer Landtag erste Wahlperiode)

Am 19. Oktober 1993 erfolgte Buttolos Ernennung zum Staatssekretär für Städtebau und Wohnungswesen im sächsischen Staatsministerium des Innern. Ab Januar 2000 wurde sein Aufgabengebiet um die Landesentwicklung erweitert mit der Ernennung zum beamteten Staatssekretär legte Albrecht Buttolo sein Landtagsmandat nieder. Am 14. November 2005 wurde er als Nachfolger von Thomas de Maizière zum sächsische Innenminister ernannt.

Im Verlaufe der Diskussion im November 2008 um den heutigen Umgang ehemaliger Funktionäre und Mitglieder der Ost-CDU mit ihrer politischen DDR-Biografie, hatte zum ersten Mal, und teilweise im Vorfeld des Bundesparteitages der CDU, eine überregionale, bundesweite politische Debatte um die Rolle der Blockparteien, speziell der CDU-Blockflöten, und ihrer festen Verankerung im SED-Regime stattgefunden. Die Reaktionen von Ministerpräsident Tillich auf Fragen zu seiner Rolle als Staatsfunktionär und Nomenklaturkader in der DDR waren überraschend hilflos und peinlich für den höchsten Repräsentanten des Freistaats Sachsen. Er folgte der Strategie immer nur gerade so viel einzuräumen, wie ohnehin bekannt war und zeitweilige Offenheit wurde schnell wieder zurückgenommen.

Nach einem umfangreichen Fragenkatalog, den Welt-Redakteur Uwe Müller zur Beantwortung einreichte, sah sich nun auch Buttolo offensichtlich genötigt, mit einer eiligen Pressemitteilung am 24.11.2008 aufschlussreichen Einblick in seine politische Erinnerungen zu geben. Es ist schon grotesk, dass es ausgerechnet eine parlamentarische Anfrage der NPD im Mai 2008 war, die den Sächsischen Staatsminister des Inneren zwang, sein, in bisher von ihm veröffentlichten Biografien bis dato durchgehaltenes Schweigen zum Thema Kampfgruppen aufzugeben. Was waren die „Kampfgruppen der Arbeiterklasse"?

### „Grenzenlose Ergebenheit für die Sache des Sozialismus"

Die Kampfgruppen sahen sich in der Tradition des Thälmannschen Rotfrontkämpferbundes und wurden nach den Erfahrungen des 17. Juni 1953, der offiziell als konterrevolutionärer Putsch bezeichnet wurde, im Juli 1954 gegründet. In einer der damaligen Publikationen unter dem Titel „DDR – unser Vaterland – unsere Betriebskampfgruppen" wird deren Funktion und Aufgabe wie folgt erklärt: „Die Kampfgruppen sind die unmittelbaren bewaffneten Organe der Arbeiterklasse in den Betrieben. Klassenbewusste Arbeiter haben sich in ihnen zusammengeschlossen und meistern neben ihren Aufgaben als Werktätige in der Produktion im Beruf das Waffenhandwerk zum Schutz ihrer Errungenschaften. Die Kampfgruppen werden beginnend auf örtlicher Ebene bis hin zum Zentralkomitee, von der SED angeleitet und geführt. Über die unmittelbare Verteidigung ihrer Betriebe hinaus sind sie beauftragt im

Rahmen der Landesverteidigung die Errungenschaften der Werktätigen in Stadt und Kreisgebieten wirksam zu schützen. Die hohe politische Reife und Moral, die feste Disziplin und grenzenlose Ergebenheit für die Sache des Sozialismus sind die Gewähr dafür, dass unsere Kampfgruppen auch in Zukunft alle ihnen übertragenen Aufgaben in Ehren erfüllen werden."

Nachdem auch bei ihm die politischen Medieneinschläge immer näher kamen meldete sich Buttolo mit einer Erklärung zu seiner DDR Vergangenheit zu Wort, die er über das Ministerium verbreiten ließ. Schon die ersten beiden Sätze dieser Erklärung sind eine Legende. Wenn es nie ein Geheimnis um seine politische Biografie in der DDR gegeben hätte, wäre dieser Erklärung zu keinem Zeitpunkt notwendig gewesen. Und siehe da, nach öffentlichem Druck stand auch er zu seiner Biografie, aber eben erst nach! Hier der Wortlaut:

### „Ich stehe zu meiner Biographie und habe nichts zu verbergen"

„Ich habe nie ein Geheimnis aus meinem Leben in der DDR gemacht. Es ist bereits lange bekannt, dass ich von 1973 bis ca.1978 einfaches Mitglied der Kampfgruppe ohne jede Funktion war. In der Mitgliedschaft bei den Kampfgruppen sah ich die Möglichkeit, dem obligatorischen Reservedienst in der NVA zu entgehen. Während meines Studiums hatte ich lediglich zwei sechswöchige Armeelehrgänge und es stand zu befürchten, dass ich möglicherweise mehrmals im Jahr zum Reservedienst gezogen worden wäre. Diejenigen, die jetzt über DDR-Biographien richten, sollten sich die Zwänge und den ideologischen Druck dieser Zeit vergegenwärtigen.

1979 bin ich in die CDU eingetreten. Meine Frau und ich wohnten damals im Einzugsgebiet einer Schule, an der meine Frau auch als Musiklehrerin unterrichtete. In diese Schule gingen überproportional viele Kinder, deren Eltern für das Ministerium für Staatssicherheit arbeiteten. Wegen unserer Zugehörigkeit zur katholischen Kirche hatten wir die begründete Sorge, dass sich besonders für meine Frau berufliche Nachteile ergeben. Wir wollten durch den gemeinsamen Eintritt in die CDU die Möglichkeit haben, unsere Kinder katholisch zu erziehen und die dortige Kirche zu besuchen.

Die friedliche Revolution brachte für mich die Chance, endlich wirklich mitgestalten zu können. In den vergangenen 19 Jahren hatte ich die Möglichkeit erst als Regierungsbevollmächtigter der de Maizière-Regierung, dann als Abgeordneter des Sächsischen Landtages und später als Staatssekretär am Aufbau unseres Freistaates verantwortungsvoll mitarbeiten zu können. Ich stehe zu meiner Biographie und habe nichts zu verbergen."

**„Buttolos Erklärung ist ein Schlag ins Gesicht aller, die ihre Kinder in der DDR christlich erzogen haben"**

Für den Dresdner Pfarrer im Ruhestand, Manfred Bauer (68), ist diese Erklärung Buttolos ein Schlag ins Gesicht aller, die ihre Kinder in der DDR christlich erzogen haben, ohne dafür in die CDU (oder auch in die Kampfgruppen) zu gehen. Pfarrer Manfred Bauer erklärte dazu im Januar 2009 in einem Interview u.a:

„Es hat überall Genossen und Genießer gegeben. Natürlich wird sich jeder, der heute politisch aktiv ist, zu denen rechnen die damals dann doch den Kopf in der Nische ein wenig oben hatten. Wer gibt denn gerne öffentlich zu, was seine wirklichen Motive gewesen sind? Wenn er sich denn selbst darüber im Klaren sein sollte. Für mich ist es allerdings etwas anderes, wenn ein sächsischer CDU-Minister heute erklärt, er sei in die CDU eingetreten, um seine Kinder katholisch erziehen zu können. Das ist dann doch ein selbst gestrickter Opfermythos und ein Schlag ins Gesicht für alle jene, die damals „Nein" gewagt haben (und trotz mancher Schwierigkeiten ihren Kindern christliche Werte vermitteln konnten)."

## Michael Czupalla

CDU-Landrat Nordsachsen

seit 1990 Landrat im Landkreis Delitzsch,
seit 1994 Landrat Delitzsch-Eilenburg, seit 1991 Präsident
des Ostdeutschen Sparkassenverbandes, Verwaltungsrat
der SachsenLB, 2008 wieder zum Landrat gewählt
im neuen Landkreis Nordsachsen.

Geb. am 7. August 1950 in Delitzsch, zwischen 1967 und 1969 machte Czuppalla eine Berufsausbildung zum Werkzeugmacher. Nach dem Abschluss dieser Ausbildung studierte er an der Bergakademie Freiberg und schloss dieses Studium als Diplom-Ingenieur ab. Nach seinem Studium arbeitete er bis 1990 als Abteilungsleiter im Delitzscher Ziehwerk. Im Mai 1990 begann seine politische Laufbahn, als er vom Delitzscher Kreistag zum Landrat gewählt wurde. Von 1990 bis 1994 Kreistagsvorsitzender der CDU des Kreises Delitzsch, nach der Kreisreform in Sachsen 1994 wurde er wieder CDU-Kreistagsvorsitzender des neu entstandenen Kreises Delitzsch-Eilenburg und auch dessen Landrat.

Czupalla leidet auch an Vergesslichkeit, seine Kaderschulung auf der CDU-Parteischule und seine Blockflötenerfahrung hat er vergessen in der Eile jahrelanger Anpassung an die neuen Verhältnisse.

**Czupalla war Teilnehmer am Mittelstufenlehrgang II/1989 (5.4-21.6.1989) der Zentralen Schulungsstätte der CDU „Otto Nuschke", Burgscheidungen**

### Joachim Dirschka

Präsident der Handwerkskammer Leipzig

Ex-CDU Landtagsabgeordneter,
Mitglied des Hauptvorstandes der CDU der DDR
und Leipziger Handwerkspräsident
mit Stasikontakten ...

Dierschka war von 1984-89 Mitglied des Hauptvorstandes der Ost-CDU. Er nahm damit das ranghöchste Parteiamt ein, das mit sächsischen Blockflöten besetzt war, außer ihm hatten nur noch Krause und Jähnichen (ab 89) eine solch hohe Parteifunktion. Solche Parteifunktionen konnte die CDU nicht ohne Einverständnis der zuständigen SED-Gremien und ohne Überprüfung durch die staatlichen Organe besetzen. Dirschka musste jederzeit, zuverlässig und vorbildlich, das im Mitgliedsbuch der Ost-CDU auf Seite zwei niedergeschriebene Bekenntnis zum Sozialismus der DDR abgeben:

„Die CDU ist eine Partei des Friedens, der Demokratie und des Sozialismus. Die CDU fällt ihre politischen Entscheidungen im Interesse des werktätigen Volkes der DDR und der Stärkung der sozialistischen Staatengemeinschaft, im Interesse des Friedens und des sozialen Fortschritts in der Welt".

Anmerkung: Zur Zeit der Wende wurde diese Seite 2 bei Neumitgliedern geschwärzt, wie es sich gehört, damit war für die Sachsen-Union das Kapitel der Kollaboration mit dem SED-Regime beendet Aus Heuchelei oder Überzeugung für den „entwickelten Sozialismus der DDR" wurde ein Lobgesang auf die neue Demokratie, wieviel Heuchelei ist heute wieder dabei?

**Hatten Vorstandsmitglieder Einblick in Stasi-Unterlagen oder entschied der Vorstand nach Treu und Glauben?**
Laut ddp-Meldung vom 4. August 2007 teilte die Handwerkskammer Leipzig zu den öffentlich mit Stasi-Verstrickungen belasteten Präsidenten der Handwerkskammer, Dirschka mit, dass der Vorstand der Kammer geschlossen hinter Dirschka stehe und ihm das volle Vertrauen ausspreche. Nach Aussagen von Vorstandsmitglie-

dern, die an der betreffenden Vorstandssitzung teilgenommen haben, soll der „Persilschein" für Joachim Dirschka ohne Einsichtnahme in entsprechende Stasi-Unterlagen der Birthler Behörde zustande gekommen sein. Dirschka hätte seinen Vorstandskollegen jederzeit seine Akte mit der Registriernummer XIII/872/89 („Vorsitzender") vorlegen können, die das MfS zu ihm angelegt hatte.

Für die Einstufung als IM durch die Birthler-Behörde ist es laut StUG ohne Belang, ob Dirschka schriftliche Berichte geliefert und/oder sich zur Zusammenarbeit mit der Stasi schriftlich verpflichtet hat. Es sind eine Vielzahl von IM bekannt geworden, die namentlich an das MfS berichtet haben und denen man erspart hat, eine obligatorische Verpflichtungserklärung abzugeben.

Soweit bekannt, hat Herr Dirschka gegen seine Einstufung als IM durch die Birthler-Behörde keine Rechtsmittel eingelegt. In Kenntnis der eigenen Aktenlage wird auch Dirschka überzeugt sein, dass ein Verfahren gegen die Birthler-Behörde vor den Verwaltungsgerichten keine Aussicht auf Erfolg hätte.

Für besonders absurd halte ich es, dass es noch im Herbst 89, am 20.9.1989, laut einer Aktennotiz aus seiner Akte, zu einem Treffen zwischen ihm und seinem Führungsoffizier kam. Laut Notiz berichtete „Vorsitzender" ausführlich eine Vielzahl privater Informationen (Geld, Wohnung und Frauen) über „Blitz", einem in der BRD lebenden ehemaligen DDR-Bürger, mit dem Dirschka während seiner BRD-Reise zusammengetroffen war. Laut Notiz sollte Dirschka vom 31.8. bis 14.9.89 in den Westen reisen: „Vorsitzender erhält den Auftrag nach Rückkehr aus der BRD zu Kontrollen an der Güst zu berichten". Auch zur Frage, was die CDU zu den Ereignissen an der Nikolaikirche sage, soll er laut Notiz bereitwillig Auskunft gegeben haben.

Dies verdeutlicht, warum die Birthler-Behörde Herrn Dirschka nach § 6 StUG als Inoffizieller Mitarbeiter des MfS eingestuft hat. Wäre Herr Dirschka Anfang der Neunzigerjahre beispielsweise als Lehrer im öffentlichen Dienst des Freistaates Sachsen beschäftigt gewesen und wäre damals eine IM-Akte gefunden worden, hätte dies vermutlich zu seiner Entlassung geführt. Nach Paragraph 2 Abs. 3 des sächsischen IHK-Gesetzes vom 18. November 1991 hätte Herr Dirschka vermutlich auch nicht in einer IHK tätig werden können.

**Sachsens CDU-Generalsekretär Michael Kretschmar: „Ich halte Herrn Dirschka für einen ehrenvollen Mann, der sich große Verdienste um das Handwerk und die Stadt Leipzig erworben hat."**

So ist das in Sachsen, das CDU-Parteibuch heilt sämtliche sonst bei anderen als gefährlich diagnostizierte Übel nachhaltig. Nur in der falschen Partei darf man in Sachsen nicht sein. Ob sich Dirschka trotz politischer Protektion von ganz oben an der Spitze des Verbandes halten kann, ist inzwischen mehr als fraglich geworden.

**„Wer nicht in die PGH eintreten will, ist ein Schwein."**

In einem breitgestreuten Brief, beklagen sich Leipziger Handwerker über die nicht aufgearbeitete, dunkelrote Vergangenheit ihres Präsidenten und eines Großteils der Kammerangestellten. Es habe sich, so schreiben sie, „für das redlich arbeitende Leipziger Handwerk gegenüber der alten DDR-Kammer nicht allzu viel geändert. Der Obrigkeitsgeist und Ton sowie eine beklemmende Selbstherrlichkeit sind täglich spürbar." Präsident Dirschka glaube, so der Brief, ein lupenreiner Demokrat gewesen und jetzt auch noch zu sein. Ältere Meister der Branche könnten sich noch gut an Dirschkas systemtreue Sprüche als PGH Vorsitzender der ELG Elektro (Einkaufs- und Liefergenossenschaft des Elektrohandwerks) erinnern. Zum Beispiel soll sich Dirschka damals mit dem Spruch hervorgetan haben: „Wer nicht in die PGH eintreten will, ist ein Schwein."

Die Briefschreiber der Leipziger Handwerkerschaft erinnern auch an eine wohl bis heute nicht aufgeklärte Aktion im Herbst 1989, als Dirschka als Vizevorsitzender der HWK Leipzig gemeinsam mit einem weiteren Vorstandsmitglied den Tresor der Kammer „heimlich" und gewaltsam aufgebrochen haben soll, um Dokumente und Geld „sicherzustellen", nur Schelme würden dabei Arges denken. Schließlich, so der Brief aus Leipzig, soll Dirschka als gewählter Landtagsabgeordneter der CDU des ersten sächsischen Landtages einer generellen Stasi-Überprüfung aller Abgeordneten durch Rückgabe des Mandates ausgewichen sein.

**Dokumentation:**
Presseveröffentlichungen zu den Stasivorwürfen gegen Dirschka

**Erneut Stasi-Vorwürfe gegen prominenten Vertreter der Ost-Wirtschaft**
Birthler-Dokumente belasten Leipziger Handwerkspräsidenten Dirschka – Sachsen-CDU will Verstrickung prüfen

Leipzig – In den Unterlagen fehlt die obligatorische Verpflichtungserklärung. Trotzdem steht für die Birthler-Behörde fest: Der Leipziger Handwerkspräsident Joachim Dirschka war einst Inoffizieller Mitarbeiter (IM) des Ministeriums für Staatssicherheit (MfS).

Insgesamt 30 Seiten, die den Funktionär aus Sachsen belasten, hat die Behörde jetzt freigegeben.

Der Fall ist brisant. Erst jüngst wurde publik, dass der Magdeburger IHK-Präsident Klaus Hieckmann unter dem Decknamen IM „Stahl" für das MfS gespitzelt hatte. Trotzdem glaubte der Unternehmer, der als Berater für die Bundesregierung gearbeitet hatte, im Amt bleiben zu können. Erst nach wochenlangen Protesten räumte er seinen Posten.

Mit Joachim Dirschka steht nun erneut ein hochrangiger Vertreter der ostdeutschen Wirtschaft unter Stasi-Verdacht. Der Elektroinstallateurmeister, der schon mehrmals in TV-Talkshows aufgetreten ist, sitzt in einem Beirat des Bundeswirtschaftsministeriums sowie im Rundfunkrat der ARD-Anstalt MDR. Ferner gehört er dem geschäftsführenden Präsidiums des Zentralverbandes des Deutschen Handwerks (ZDH) an und zählt zu den prominenten Mitgliedern der sächsischen Union.

Auf Anfrage räumt Dirschka Kontakte mit MfS-Mitarbeitern ein: „Ich habe mit Leuten gesprochen, die an der Macht waren – so wie ich das heute auch tue." Allerdings habe er nie schriftliche Berichte geliefert und sich auch nicht zur Zusammenarbeit mit der Stasi verpflichtet. „Ich bin mir keiner Schuld bewusst", beteuert er. Und: „Vielleicht war ich damals aber einfach zu naiv."

Laut den in der Birthler-Behörde aufgefundenen Dokumenten hatte der Betrieb Dirschkas vor 1990 in Stasi-Objekten Handwerksarbeiten ausgeführt. Deshalb musste er eine „Verpflichtung zur Geheimhaltung" unterschreiben und wurde von zwei Arbeitskollegen, die Inoffizielle Mitarbeiter waren, auf seine Zuverlässigkeit überprüft. Den Unterlagen zufolge änderte sich im Wendejahr 1989 aber der Charakter des Kontakts – aus dem Opfer wurde offenbar ein Zuträger des DDR-Geheimdienstes.

Allein von Februar bis September 1989 traf sich Dirschka mindestens sechs Mal mit einem MfS-Leutnant. Dabei gab er unter anderem private Informationen über einen Bekannten preis, den er kurz zuvor in der Bundesrepublik besucht hatte. Dirschka, der das nicht bestreitet, war seinerzeit Vizechef der Leipziger Handwerkskammer und Mitglied des Hauptvorstands der Blockpartei CDU – und damit für die Stasi interessant. Diese legte einen IM-Vorlauf an, in dem Dirschka der Name „Vorsitzender" gegeben wurde.

In Aktennotizen hält der MfS-Leutnant fest: Es sei ein gewisses Vertrauensverhältnis entstanden, „Vorsitzender" gäbe „bereitwillig Auskunft" und habe einen Auftrag angenommen. Weiter ist vermerkt, Dirschka habe „klar zum Ausdruck" gebracht, dass sich die CDU von „den Ereignissen" an der Leipziger Nikolaikirche distanziere – dort versammelten sich an jedem Montag friedliche Demonstranten, die gegen die erdrückenden Zustände in der DDR protestierten. Dirschka bestreitet, die Bemerkung gemacht zu haben.

Sachsens CDU-Generalsekretär Michael Kretschmar sagte dieser Zeitung: „Ich halte Herrn Dirschka für einen ehrenvollen Mann, der sich große Verdienste um das Handwerk und die Stadt Leipzig erworben hat." Die Union werde die Vorwürfe nun gründlich prüfen. Ein Sprecher der Dachorganisation des deutschen Handwerks erklärte: „Wir erwarten, dass die von der Stasi-Unterlagen-Behörde gemachten Aussagen aufgeklärt werden." Bis dahin gehe man davon aus, dass Dirschka seine Arbeit im ZDH fortführen werde.

*Von Uwe Müller, DIE WELT: Nr. 179 vom 03.08.2007, Seite 2*

## Berliner Zeitung:

### Stasi-Vorwürfe gegen Mittelstands-Präsidenten

LEIPZIG. Gegen den Sächsischen Handwerkskammer-Präsidenten Joachim Dirschka sind Stasi-Vorwürfe laut geworden. Dirschka sollte bis zur Klärung der Vorwürfe sein Amt ruhen lassen, forderte SPD-Generalsekretär Dirk Panter gestern. Als Kammerpräsident stehe Dirschka in öffentlicher Verantwortung und unter besonderer Beobachtung. Dirschka, der Vorsitzender einer DDR-Handwerks-Produktionsgenossenschaft (PGH) war, wies die Vorwürfe zurück und erklärte, er habe zwar mit Stasi-Leuten geredet, aber sich nie zu einer Mitarbeit bereit erklärt.

*Berliner Zeitung, (ddp) Nr. 17 vom 03.08.2007, Seite 6*

### Handwerkskammer-Chef weist Stasi-Vorwürfe zurück

LEIPZIG. Der mit Stasi-Vorwürfen konfrontierte Präsident der Handwerkskammer zu Leipzig, Joachim Dirschka, bleibt im Amt. Die Vorwürfe seien absurd, „zu keinem Zeitpunkt war ich wissentlich Mitarbeiter des MfS", sagte Dirschka am Freitag. Einen Anwerbeversuch der Stasi habe er 1989 mit einem klaren Nein abgelehnt. Die Kammer teilte mit, dass der Vorstand geschlossen hinter Dirschka stehe und ihm das volle Vertrauen ausspreche.

*Berliner Zeitung, (ddp) Nr. 180 vom 04.08.2007, Seite 5*

## Andrea Dombois (Hubrig)

CDU-MdL, Landtagsvizepräsidentin
„Sozialistische Kommunalpolitik
unter Führung der SED"

Von einer linientreuen Kreissekretärin der
CDU Dippoldiswalde, mit Kaderschulung in Burgscheidungen
zur Abgeordneten und zweiten Vizepräsidentin
des sächsischen Landtages.

Andrea Hubrig/Dombois (Malter-Paulsdorf) war von 1982-1984 technische Mitarbeiterin in Stadtverband der Blockpartei CDU, 1984-1986 Instrukteurin der Blockpartei CDU in Dresden-Land, seit 1986 Kreissekretärin der Blockpartei in Dippoldiswalde. **Vom 9. Januar bis 21.3.1986 war Andrea Hubrig Teilnehmerin der Kaderschulung zum Mittelstufenlehrgang I der zentralen Schulungsstätte der CDU „Otto Nuschke" in Burgscheidungen.**
Seit 1988 -1990 Fachschulstudium – Teilabschluß* wg. Auflösung der Fachschule im August 1990, Fachrichtung „Staats- und Rechtswissenschaften", seit 1989 Mitglied des sozialistischen Kreistages in Dippoldiswalde – Mandat der Blockpartei CDU, seit Oktober 1990 CDU-Landtagsabgeordnete im Sächsischen Landtag (seit Oktober 1994 ist sie 2. Vizepräsidentin des Sächsischen Landtages)

### „Sozialistische Kommunalpolitik unter Führung der SED"

„Unsere Kreisdelegierten-Konferenz war eine wichtige Etappe auf dem Weg zu diesem Höhepunkt." (16. Parteitag der CDU im Oktober 1987 in Dresden.) „Sie zeigte zugleich, daß die Mitglieder unseres Kreisverbandes im bewährten Bündnis mit den anderen Parteien unter Führung der SED die politische, ökonomische, gesellschaftliche und geistigkulturelle Entwicklung des Kreises Dippoldiswalde mitgestalten und Anteil an unseren gemeinsamen Erfolgen haben. (...) Durch aktives Wirken in den Volksvertretungen in den Ausschüssen der Nationalen Front und in anderen gesellschaftlichen Gremien tragen unsere Freunde Mitverantwortung für die sozialistische Kommunalpolitik".

(Andrea Hubrig lt. SZ 22.5.87)

* Anmerkung: „Die in den Jahren 1990 – 1999 erschienenen Volkshandbücher der 1. und 2. Wahlperiode des Sächsischen Landtages verweisen in Adrea Dombois Biografie auf ein Fachschulstudium Staats- und Rechtswissenschaften, das mit einem Teilabschluß 1990 wegen Auflösung der Fachschule beendet wurde. Diese systemnahe Fachrichtung war die qualifizierte Vorbereitung für die Übernahme von Ämtern in Politik oder Verwaltung des sozialistischen Arbeiter- und Bauernstaates. Wer sich für ein Studium Staat und Recht entschied, suchte seine

Zukunft im Sozialismus des DDR-Staates. Hier wurde politisch und fachlich für das Wirken in der Diktatur des Sozialismus ausgebildet.

Erst zu Beginn der 3. Wahlperiode wird die „Qualifizierung" nicht mehr angegeben. Ich denke, es hängt damit zusammen, dass es 1999 zu einer Positionierung des Bundesarbeitsgerichtes in Bezug auf die Systemnähe der Bildungseinrichtung kam. Ein Urteil des BAG vom 20.05.1999 hatte aufgrund von Klagen im Freistaat Thüringen das Anerkennen von Anrechnungszeiten dieser Ausbildung abgelehnt. In dem BAG heißt es u.a.: „Die Fachschule für Staatswissenschaft in Weimar war eine der Akademie für Staat und Recht vergleichbare Bildungseinrichtung, da beide Ausbildungen hinsichtlich des Lehrstoffs, der im wesentlichen Fächer der sozialistischen Staats-, Gesellschafts- und Wirtschaftslehre betraf, und des Ziels der Ausbildung, das in beiden Fällen auf die Vermittlung des ideologischen Rüstzeugs für die Tätigkeit im Staatswesen der DDR gerichtet war, wesentliche Gemeinsamkeiten aufwiesen...."

Dass es nur zu einem Teilabschluß kam, wird nicht mit der so einfach klingenden Erklärung „wegen Auflösung der Fachschule" plausibel. War es nicht die friedliche Revolution von 1989 die dafür sorgte, dass als Folge der Verabschiedung vom Kommunismus die Tore der Kaderschmieden geschlossen wurden, jener Ausbildungsstätten mit systemverbundenen Fachrichtungen? (so die Einschätzung von Günter Hofmann, ehem. Kreisrat der CDU, in seinem Buch „Wider das Vergessen – Das Ende des Sozialismus am Beispiel des Altlandkreises Freital und des Weißeritzkreises").

## Peter Dresler

### Vom SED-Bürgermeister zum CDU-Unterstützten Bürgermeister in Glauchau

### Kommunalwahl bizarr: In Glauchau machen Christdemokraten und Linke gemeinsame Sache, obwohl die Linke des Teufels ist, wenn man Steffen Flath glauben soll.

Eine ganz große Oper der Doppelzüngigkeit mit Sturzbächen von Krokodilstränen unter der Regie von Steffen Flath und Stanislaw Tillich spielen die christdemokratischen Pharisäer auch in der Stadt Glauchau. Nie und nimmer, so hat Steffen Flath verlauten lassen, kann es zwischen der CDU und den extremistischen Nachfolgern der SED eine politische Zusammenarbeit geben.

Diese Nicht-Zusammenarbeit sieht in Glauchau so aus: Seit der Wende regierte dort Oberbürgermeister Karl Otto Stetter (CDU) doch seine eigene Partei wollte ihn loswerden und machte zu diesem Zweck mit der Linken gemeinsame Sache. Die CDU in Glauchau wollte einen „Neuanfang zum Wohle der Stadt".

Die Nicht-Zusammenarbeit mit der SED-Nachfolgerin, wie Flath immer wieder sagt, hatte Erfolg, gewählt wurde mit 63 % Zustimmung Peter Dresler. Er war ab Mai 1989 (dem letzten Zettelfalten zur Kommunalwahl in der DDR mit vorher festgelegtem Ergebnis) letzter SED-Bürgermeister in Glauchau, ein Mann mit Erfahrungen also, die die CDU in Glauchau nicht missen will. Krokodilstränen gibt es gratis.

## Volker Ebermann

### CDU-Landrat im Landkreis Bautzen tritt wegen IM-Belastung nach zwei Jahren ab

CDU-Landrat Volker Ebermann war vom 1. Juni 1990 bis zum 27.08.92 CDU-Landrat im Kreis Bautzen. Noch zwei Monate bevor er als CDU Landrat unplanmäßig ausschied, hielt er beim 3. Bautzer Forum der Friedrich-Ebert-Stiftung ein Grußwort vor den Teilnehmern der Veranstaltung, die unter dem Titel: „Die kriminelle Herrschaftssicherung des kommunistischen Regimes der Deutschen Demokratischen Republik" in Bautzen stattfand.

Volker Ebermann sprach in seiner Begrüßung davon, dass Vergessen Gnade und Gefahr zugleich sei und erinnerte daran, dass die Dinge, die in Bautzen geschahen, allzu schnell vergessen werden könnten. Besonders wichtig war für ihn, wie er sagte, das Thema „Die juristische Problematik strafrechtlicher Verfolgung von DDR-Regierungskriminalität" und die damit verbundenen Konsequenzen für den inneren Frieden des deutschen Volkes.

Welche inneren Kämpfe mag er mit sich selbst ausgefochten haben? Volker Ebermann verlor noch im August 1992 seine Landratsposten wegen Tätigkeit als IM für das MfS. Die Bautzener CDU war nicht so „großzügig" wie die Kamenzer Parteifreunde und Minister Jähnichen. Sie konnten oder wollten für den als IM überführten Ebermann keine politische Auffanglösung finden. Unter diesen Bedingungen fiel Landrat Ebermann nicht nur ganz tief, sondern nahm sich auch aus Verzweiflung das Leben. – So unterschiedlich konnten die Folgen offenbar gewordener IM-Tätigkeit zweier Landräte sein. Es ist die Spanne zwischen Übernahme in den Landesdienst und Suizid. Seit den Ehrungen für den Trompeter Güttler kann man bei der Sächsischen Union noch eine weiter Perspektive für nach Aussagen der Birtler-Behörde identifizierte IM hinzufügen – die Ehrung mit dem Großen Verdienstkreuz der Bundesrepublik Deutschland.

# Heinz Eggert

Ex-CDU-Innenminister
„Januskopf" – CDU MdL

Ein Mann mit mehreren Dimensionen
oder wie ein Gegner des MfS und des
SED-Regimes als CDU-Innenminister, nach Aussagen
eines Ministerialbeamten, hohe Führungskader des
MfS förderte und so seine Glaubwürdigkeit
und moralische Gradlinigkeit ruinierte.

## Legenden um das Arbeitsgebiet 1 der DDR-Kriminalpolizei (K1)

Heinz Eggert scheint als Sächsischer Innenminister kaum Probleme mit höheren Führungskadern der MfS geführten K1 gehabt zu haben. Man solle die Führungskader aus dem K1 (siehe S. 169) in den Polizeidienst Sachsens übernehmen, sie aber in nichtöffentlichkeitswirsamen Bereichen „verstecken", heißt es in einem Vermerk aus seinem Ministerium vom Mai 1992. Und ein mit Untersuchungen zu Stasibelastungen befasster Regierungsdirektor machte in einem offenen Brief an Eggert öffentlich, dass Eggert offensichtlich keine Probleme hatte mit höheren Führungskadern des MfS. Ein Major der VP soll in Dresden als Ex-IM in den höheren Dienst befördert worden sein. MfS-Leute spielten bei Eggert Personenschützer und wurden in höhere Dienstgrade der Polizei befördert, erklärte der Regierungsdirektor. Als das öffentlich wurde, versuchte Heinz Eggert Nebel zu werfen und erfand die Legende vom inkompetenten Westministerialbeamten Giglberger. Der wiederum hatte damals den Eindruck, Eggert habe den Mantel des Schweigens über die alten Seilschaften gelegt. Er nahm ihm nicht ab, dass er tatsächlich Regimegegner gewesen sei. Eggert, vermutete er in einem Gespräch mit dem Autor Jürgen Roth im Frühjahr 2008, sah ihm eher nach einem „gelenkten Aushängeschild" aus.

In einem politischen Charakterbild über Eggert (FAZ vom 29.6.1995) schrieb der Autor Friedrich Karl Fromme zu dem Thema: „So hat von Eggerts Politikfeldern, beim näheren Hinsehen, eigentlich nur die Sicherheit Bestand, der Polizeiaufbau und die legendäre „Soko Rex", die Sonderkommission gegen Rechtsextremismus. Doch auch dieser Polizeiaufbau geschah um den hohen Preis eingeschränkter Glaubwürdigkeit: mehr als 300 MfS Kader wurden dabei übernommen."

Und die Süddeutsche Zeitung schrieb am 20. Juni 1995: „Freilich, nie war zu übersehen, dass der auf allen Hochzeiten tanzende Kumpel Eggert ein schillerndes Bild abgab. So wand sich Eggert, als publik wurde, wie viele hauptamtliche Stasi-Leute nach wie vor in der sächsischen Polizei Dienst tun. "

## Was sind die Hintergründe dieser Art der Selbstruinierung

Was mögen die Ursachen für diese Art der Selbstruinierung eigener Glaubwürdigkeit und moralische Gradlinigkeit eines „Opfers des MfS Apparates" (Giglberger) sein? Am 18.10.99 schrieb Eggert in der „online Zeitung faktuell.de" eine Kolumne zum Thema „10 Jahre Deutsche Einheit" und damit den Blockflöten seiner sächsischen CDU ins Stammbuch: „Warum darf ich erst 1990 erfahren, unter lauter Widerstandskämpfern gelebt zu haben. Sie hatten sich wirklich gut getarnt."

Wie kommt ein „Opfer der Stasi", von Mielkes Leuten in die Psychiatrie in Großschweidnitz gedrängt, dazu, hohe Führungskader des MfS in seiner unmittelbaren Umgebung als Personenschützer zu beschäftigen und sie dazu in höhere Dienstgrade zu befördern, als sie selbst unter Mielke innehatten (Giglberger)? Wurde Heinz Eggert als Innenminister mit der Veröffentlichung von ihm zugeschriebener besonderer Leidenschaften unter Druck gesetzt oder mit Drohungen zu einem nachsichtigen Umgang mit der Verbeamtung hochrangiger DDR-Funktionäre und Stasi-Spitzel gedrängt?

## Heinz Eggert ein schillernder CDU Politiker mit Leidenschaften, Polizeiklatsch und ambitionierte Giftspritzern

Im Juni 1995 wurde Sachsen, die sächsische Staatsregierung und vor allem der sächsische Staatsminister des Inneren, Heinz Eggert, öffentlich mit einer Kampagne überzogen, die ihresgleichen sucht. Der sächsische Innenminister und stellvertretende CDU-Bundesvorsitzende Heinz Eggert habe mehrere engere Mitarbeiter seines persönlichen Umfeldes sexuell belästigt, wie diese jungen Männer in eidesstattlichen Versicherungen dem damaligen Ministerpräsident Biedenkopf gegenüber erklärt haben sollen. Eggert hatte bis dato eine furiose Karriere hingelegt, vom Studentenpfarrer und Landrat von Zittau schnellte er zum sächsischen Innenminister empor und saß seit Herbst 1992 auf dem Stuhl des stellvertretenden CDU Bundesvorsitzenden. „Eggert war so wunderbar anders: er redete frei heraus, wirkte frisch und frech, trug Schlabberpullis statt Schlips und trieb sich nachts in Szenekneipen herum. Er war das fleischgewordene Gegenmodell des blassen Karrieristen," (schrieb die Frankfurter Rundschau am 9.6.1995).

Er kümmere sich nur um die Polizei und kaum um seine vielfältigen anderen Aufgaben als Innenminister hieß es in seiner Partei und in seinem Ministerium wurde gespottet, er habe sich umgeben mit einer Truppe „junger Fuzzis". „Auch dass er bisexuell ist, war in Dresden kein Geheimnis. Eggert hat im Grunde auch nie eins draus gemacht. Wer Augen hatte, der konnte sehen, was los war. Aber hat er Mitarbeiter belästigt? Im Büro, in der Dienstwohnung, auf Reisen? Gar nichts wird ausgeschlossen in Dresden. Ehrenerklärungen gibt es nicht", schrieb die FR am 29.6.95 und fügte an: „keiner würde seine Hand ins Feuer legen."

Treffend formulierte der Focus am 26.6.1995: *„Sachsens Innenminister muss Giftmischer und die Doppelmoral der Stammtische fürchten,"* und er merkte zum Thema sexueller Belästigung weiter an: *„die Substanz der Vorwürfe sei dünn, glauben Sachkenner in Dresden: Sachverhalte, die auf der Straße oder in der Bar weder rechtlich noch moralisch vorwerfbar wären. Gesten, Berührungen, anzügliche Redensarten. Pornofilmabend mit Mitarbeitern in der Dienstwohnung des Ministers? Das bestreitet er.*

*Ebenso verneint er die Selbstschutzregeln, dass ein Mann in solchem Amt sich nicht allzu gemein mit seinen Leute machen soll. Dass er bei deren Auswahl Menschenkenntnis anwenden muss. Dass er nicht jedem wahllos das 'Du' aufdrängt, vor allem: dass er im Persönlichen nicht zu tief blicken lassen, nicht erpressbar werden darf. Seinen Leichtsinn mag Eggert nicht einsehen: ich bin kein Vollkasko-Politiker."*

*Von Feinden also ungeschützt, die nur darauf spekulieren, dass das Volk 'igitt' sagt. Denn den vermeintlichen Freunden hat Eggert es anvertraut: 'ich mag auch Männer'.* Noch gefährlicher, meint der Focus, sei es für Eggert, weil er zu oft über die Stränge geschlagen habe. Und so würden im Lichte der neuen Anwürfe alte Geschichten aufgetischt, wie vom Heldenlied eines Innenministers, der *„nächtens auf dunkler Straße der Dresdener Neustadt einen armen Jungen aus den Fängen böser Skinheads herausgehauen habe".* Der Focus erwähnt auch einen *„seltsamen Unfall mit dem Dienst-BMW im Mai 1992 in Belgien."* Eggert hätte allein am Steuer gesessen, wieder ohne Begleitkommando. Und wieder hätte es gewispert: *„wo der wohl herkam?"*

Der Focus erinnert auch an die Sache mit einem dunkelhäutigen Dresdner Polizisten, Sam Meffire, mit dem Eggert abends *„durch die Gemeinde"* gezogen sein soll und sich so zum Thema sächsischen Polizeiklatsches gemacht habe. *„Darüber grölten dieselben Thekenrunden, denen Kumpel Heinz sich volksverbunden glaubt".* Auch berufsmäßige Giftspritzer hätten wieder mitgemischt und lanciert, was die Seelendoktoren der früheren DDR-Psychiatrie aktenkundig gemacht hätten, so der Focus: Eggert leide an einer *„endo-*

*genen Psychose, die schubweise Auftritt, die Folge sind unkontrollierte Handlungen".*

Wie selbst CDU-Spitzenpolitiker durchstechen können, erfuhr Eggert, wie der Focus im Januar 93 berichtete, *„als die ARD-Tagesthemen seinen Ruf als Stasi Opfer mit der Nachricht lädierten, der Minister habe Drangsalierungen durch die DDR-Psychiatrie übertrieben dargestellt."* So der Fokus.

## Vom Eisenbahner zum Innenminister

Heinz Eggert hatte bei der Bahn gelernt und war seit 1964 Stellwerkmeister und Fahrdienstleiter der Deutschen Reichsbahn in Warnemünde und Rostock. In den Siebzigern studierte er Theologie in Rostock und war seit 1990 Gemeindepfarrer in Oybin und Studentenpfarrer in Zittau. Zeitweise sollen Dutzende von Mitarbeitern des MfS zur Bespitzelung auf ihn angesetzt worden sein. Er wurde zur Wende Mitglied des Neuen Forums und beteiligte sich am Runden Tisch. Im Mai 1990 ließ er sich zum parteilosen Landrat im Kreis Zittau wählen, im Oktober trat er in die CDU Sachsen ein, war deren stellvertretender Landesvorsitzender von 1991-1995 sowie von 1997-2001 und von 1992-95 stellvertretender Bundesvorsitzender der CDU Deutschland. Im September 1991 wurde er von Kurt Biedenkopf zum sächsischen Staatsminister des Innern berufen, ein schillernder Minister in einem hochsensiblen Politikbereich, der den Stasi belasteten Innenminister Krause nach nur einem Jahr Amtszeit ablöste.

Am 10. Juli 1995 trat Eggert als Innenminister wegen behaupteter, nie aufgeklärter „sexueller Übergriffe" auf Mitarbeiter zurück, legte seine Parteiämter nieder, behielt aber sein Mandat als Landtagsabgeordneter. So endete eine berufliche und politische Karriere auf den Hinterbänken des Landtages. Er wurde Staatsmann auf Abruf. Die unendliche Geschichte seiner besonderen Leidenschaften holte ihn allerdings im Juli 1999 wieder ein, als ihm vorgeworfen wurde, Ermittlungen gegen einen Kinderschänderring im Jahre 1995 behindert zu haben.

Am 27. März 1998 um 13.40 Uhr wurde der Abgeordnete Eggert von den Staatsanwälten Kockel und Wenzlik zu den Vorwürfen aus dem Jahre 1995 angehört. Er soll dabei alle Tatvorwürfe bestritten und stattdessen vom Stuhl des Justizministers gesprochen haben. Das war nicht ohne Folgen. Die LVZ meldete am 13.7.1999: „Die Ermittlungen wurden (jedoch) auf Weisung des Generalstaatsanwalts mit Billigung von Justizminister Heitmann eingestellt."

## Datenschützer Thomas Giesen:
## „Das Justizministerium hat in unzulässiger Weise Einfluss genommen."

Das wiederum rief den sächsischen Datenschützer Thomas Giesen auf den Plan. In einem „Datenschutzrechtlichen Gutachten" warf Giesen daraufhin dem Justizminister rechtswidriges Verhalten vor. „Nach Ansicht des Datenschützers hat das Justizministerium in unzulässiger Weise auf den Generalstaatsanwalt Einfluss genommen, in dem es anregte, kein förmliches Ermittlungsverfahren gegen Eggert einzuleiten." (SZ 12.7.99)

Beide Skandale um Eggert aus 1995 und 1999 wurden rechtlich nie aufgearbeitet und ausermittelt, weder Unschuld noch Schuld wurde festgestellt. Dass sich die Sache selbst nicht mit den hohen Anforderungen an die Integrität eines Innenministers verträgt, war schon spätestens im Sommer 95 klar, aber wie konnte jemand mit diesem persönlichen Hintergrund maßgeblichen Einfluss auf die Verbeamtung, Übernahme und gar Beförderung einiger Hundert hochrangiger stasibelasteter Polizeiangehöriger und „Höherer Führungskader" des MfS erlangen, wie Giglberger behauptet? Stellte das nicht auch die Eignung zum Innenminister in Frage?

Offener Brief an Eggert
### K1-Offiziere versteckt, Führungskader des MfS befördert?

Ein Ministerialbeamter aus dem Innenministerium wehrte sich schon 1994 gegen Eggerts Schuldzuweisung an ihn und gegen die ihm zugedachte Rolle als Bauernopfer, er hat auch heute noch keine andere Meinung aufgrund seiner Erfahrungen.

Innenminister Eggert, laut Angaben von Regierungsdirektor Giglberger, Opfer des MfS Apparates, hatte, wie es scheint, keine Probleme mit höheren Führungskadern des MfS, sie spielten bei ihm Personenschützer und wurden in höhere Dienstgrade der Polizei befördert, so Giglberger. Als das öffentlich wurde, versuchte Heinz Eggert Nebel zu werfen, Regierungsdirektor Giglberger wehrte sich in einem offenen Brief gegen die Legende „Westbeamte hätten Schuld."

Giglbergers offener Brief ist zusammen mit anderen Briefen auf den folgenden Seiten dokumentiert. Giglberger schreibt dort unter anderem: „Sie selbst, sehr geehrter Herr Staatsminister, sind nach Ihren eigenen  Angaben auch Opfer dieses MfS-Apparates gewesen und nun sind unter Ihren Personenschützern immer noch hochrangige Angehörige dieses Unterdrückungsapparates (selbst 'Höhere Führungskader' des MfS!) – von Ihnen selbst in noch höhere Dienstgrade befördert als unter dem 'Genossen Minister Mielke'!

Ihre oft geäußerte Behauptung, unter Ihrer Amtszeit wären keine ehemaligen hauptamtlichen Mitarbeiter des MfS in die Sächsische Polizei eingestellt worden, kann ich so nicht bestätigen. Vielmehr könnte ich auf Ihr Verlangen das Gegenteil beweisen.

Warum sind denn einige namentlich feststellbare ehemalige IMS noch Monate lang trotz meiner negativen Bewertung im Sächsischen Polizeidienst geblieben? Wer hat denn dies so angeordnet?"

**Variable Maßstäbe im Interesse der Macht –**
**Doppelmoral und Doppelzüngigkeit**
Hier ist die christdemokratische Doppelmoral und Doppelzüngigkeit der sächsischen Nachfolgepartei der Block-CDU der DDR in Stein gemeißelt. Sie schwadronieren einerseits von Linksextremismus und beschwören die tiefe Gegnerschaft zu den Nachfolgern der SED, aber verbeamteten und/oder beförderten hunderte MfS nahe Polizisten und sogar Mielke-Offiziere in den sächsischen Polizeidienst, wie mit dem Thema befasste sächsische Ministerialbeamte erklärten. So wurden Prinzipienlosigkeit und Opportunität zum Leitmotiv christdemokratischer Doppelmoral

**Nach 18 Jahren Nebelkerzen und Dementis von Eggert**
**Die rätselhafte Übernahme der K1**
Zwei ranghohe sächsische Ministerialbeamte im Ruhestand, Ministerialrat a. D. Hans Heinrich Brockmann sowie Regierungsdirektor a. D. Dr. Xaver Giglberger nehmen Stellung zur rätselhaften Übernahme von einigen hundert Stasi belasteten K1-Offizieren der Volkspolizei der DDR sowie hohen Stasioffizieren in den sächsischen Polizeidienst.
Im Zuge meiner Recherchen zur Frage der Übernahme einiger hundert stasibelastete- K1-Offiziere in den sächsischen Polizeidienst im Jahre 1992 erhielt ich überraschende Stellungnahmen von hochrangigen Zeitzeugen, die das Bild von damals erklärten, vervollständigten und in einem neuen Licht erscheinen lassen. In einem Brief vom 23. Februar 2009 beschrieb Ministerialrat a. D. Hans Heinrich Brockmann überraschende neue Erkenntnisse zur K1-Frage. Brockmann hat jahrelang als Sonderermittler und Geheimschutzexperte der sächsischen Staatsregierung gearbeitet, unter anderem in der Aufbaugruppe ANKE (Antikorruptionseinheit Sachsen), der späteren, inzwischen „aufgelösten" INES.

## Offenbarungen bei einem persönlichen
## Gespräch beim Kaffee

Brockmann berichtete von einem persönlichen Gespräch beim Kaffee, das er im Büro des Polizeiinspekteurs Helmut Spang führte und bei dem auch das Thema K1-Übernahme angesprochen wurde. Zu seiner großen Überraschung erklärte ihm der Inspekteur der Polizei und Leiter des Referats Verbrechensbekämpfung im Sächsischen Staatsministerium des Innern, die seit 1992 rätselhaften Hintergründe bei der Übernahme der K1-Offiziere. Helmut Spang teilte ihm mit, dass die Übernahme der K1-Offiziere aufgrund eines persönlichen Wunsches erfolgte, den ihm Innenminister Heinz Eggert erfüllt habe, damit er, Spang, in Sachsen weiter bleibe und nicht nach Württemberg zurückkehre. Spang: „Heinz, das tue ich nur wenn du die K1-Leute endgültig in die sächsische Polizei übernimmst."

**Für die Übernahme, Beförderung und Verbeamtung hunderter stasibelasteter K1-Offiziere sollen, so Spang, persönliche Gründe zwischen Polizeiinspekteur Spang und Ex-Innenminister Eggert ausschlaggebend gewesen sein.**

Abgesehen davon, dass es erstaunt, dass der Inspekteur der Polizei seinen Innenminister duzt, ist es mehr als bemerkenswert, dass Spang erklärte, dass für diese folgenreiche Entscheidung offensichtlich persönliche Gründe in der Beziehung zwischen einem Minister und seinem Inspekteur ausschlaggebend waren. Resultat dieses Zusammenwirkens von Ex-Innenminister Eggert und dem Inspekteur der Polizei Spang ist die handschriftliche Notiz auf dem Vermerk des Regierungsdirektors Dr. Giglberger vom 17.6.1992. Spang kehrte mit dieser Notiz den ursprünglichen Vermerk des Regierungsdirektors nach Weisung von Eggert, dass die K1-Leute nicht mehr für die Polizei zu verwenden sind, in das blanke Gegenteil um. Nunmehr sollte diese weiterhin verwendet werden, sie müssten allerdings „versteckt" werden in „nichtöffentlichkeitswirksamen Bereichen". Der Hintergrund dieses Vermerkes, der auch schon einmal eine Rolle im Untersuchungsausschuss des sächsischen Landtages zu dem Thema spielte, ist damit sicherlich politisch folgenreich aufgeklärt. Für die Übernahme, Beförderung und Verbeamtung von einigen hundert stasibelasteten K1-Offizieren sowie hohen Stasioffizieren sollen nach diesen Informationen persönliche Gründe zwischen Polizeiinspekteur Spang und Ex-Innenminister Eggert ausschlaggebend gewesen sein. Im Folgenden wird der Brief von Ministerialrat a. D. Hans Heinrich Brockmann dokumentiert:

# Dokumentation

Hans-Heinrich Brockmann

Herrn
Karl H. Nolle, MdL
Bärensteiner Straße 30
01277 Dresden

Hamburg, den 23.02.2009

Ihre Frage bezüglich der K-1-Problematik
in der sächsischen Landespolizei
beantworte ich gern.

Sehr geehrter Abgeordneter,
vor fast genau fünf Jahren, es müßte im Februar 2004 gewesen sein, traf ich den damaligen Inspekteur der sächsischen Polizei, Herrn Helmut Spang, in dessen Büro zu einer Tasse Kaffee. Ich kannte Herrn Spang aus gemeinsamer Tätigkeit in einer ressortübergreifenden Arbeitsgruppe.

Im Verlauf des Gesprächs sagte ich zu ihm: „Ich suche immer noch nach demjenigen, der die Übernahme der K-1-Leute in die sächsische Polizei veranlaßt hat." Antwort von Herrn Spang: „Er sitzt vor Ihnen".

Ich konnte meine Verblüffung nicht völlig verbergen und antwortete: „Dies müssen Sie mir erklären." Daraufhin berichtete mir Herr Spang, daß er als baden-württembergischer Polizeibeamter zum Aufbau der sächsischen Polizei abgeordnet gewesen sei und seine Rückkehr nach Baden-Württemberg herangestanden habe.

Er selbst habe sich auch darauf eingerichtet, an seinen alten Dienstort und in seine frühere Verwendung zurückzukehren. Dann habe ihn Innenminister Heinz Eggert dringend gebeten, in Sachsen zu bleiben und sich hierher versetzen zu lassen. Daraufhin die Antwort Spang: „Heiner, das tue ich nur, wenn du die K-1-Leute endgültig in die sächsische Polizei übernimmst."

Die Gründe für diese Bedingung hat mir Herr Spang nicht genannt, aber eindeutig die Urheberschaft für die personalpolitische Grundsatzentscheidung für sich beansprucht.

Ich war ziemlich erstaunt über diese klare Antwort; ich hätte sie nicht erwartet. Die Bearbeitung von Personalfragen bei der sächsischen Polizei, insbesondere die Problematik der K-1-Mitarbeiter, gehörte nicht zu meinen dienstlichen Aufgaben.

Der Komplex interessierte mich aber, weil damals in der Öffentlichkeit und in den Medien die K-1-Problematik diskutiert wurde. Deshalb hatte ich Herrn Spang diese Frage gestellt, ohne zu ahnen, so schnell eine so klare Antwort zu erhalten.

Im übrigen erstaunte mich auch, daß offensichtlich der Inspekteur der Polizei seinen Minister duzte.

Mit freundlichen Grüßen
**Hans-Heinrich Brockmann**

**Regierungsdirektor a. D. Dr. Giglberger bekräftigt erneut den Inhalt seines offenen Briefes an Eggert vom 30.5.1994**

Wenige Tage, bevor ich den erstaunlichen Brief von Ministerialrat a. D. Brockmann zum Gespräch mit Spang erhielt, nahm ich in der Sache auch mit dem inzwischen wieder in Bayern lebenden Regierungsdirektor a. D. Dr. Giglberger Kontakt auf, der am 17.6.1992 für den ursprünglichen Vermerk der von Ex-Innenminister Eggert veranlassten „Nichtverwendung von K1-Leuten im sächsischen Polizeidienst" verantwortlich zeichnete. Gerade dieser Vermerk war es, der durch die handschriftliche Notiz des Polizeiinspektors Spang ins gerade Gegenteil verkehrt wurde.

Franz Xaver Giglberger, damals wieder Regierungsdirektor beim Polizeipräsidium Oberbayern, hatte am 20.5.1994 einen offenen Brief an Staatsminister Heinz Eggert sowie an den Untersuchungsausschuss des sächsischen Landtages und die Süddeutsche Zeitung gerichtet, in dem er sich entschieden gegen die Versuche Eggerts wehrte, ihm zum Schuldigen für die „Fehler bei der Verbeamtung hochrangiger DDR-Funktionäre und Stasispitzel" zu erklären.

Dr. Giglberger greift in seinem Brief Eggert scharf an und stellt klar, dass er selber keine Kündigungen oder Entlassungen aussprechen durfte, dass er persönlich mehrmals auf die rechtlichen Grundlagen von Kündigungen hingewiesen habe.

Besonderen Wert legt Giglberger auf die Aussage, dass selbst unter Eggerts Personenschützern noch immer hochrangige Angehörige, sogar höhere Führungskader des MfS zu finden seien, die von ihm Eggert, in höhere Dienstgrade befördert seien als unter dem Genossen Mielke.

Giglberger wehrte sich vor allem gegen die geäußerte Behauptung, unter der Amtszeit Eggerts wären keine ehemaligen hauptamtlichen Mitarbeiter des MfS in die sächsische Polizei eingestellt worden. Dies könne er, Giglberger, nicht bestätigen, er könne vielmehr auf Verlangen das Gegenteil beweisen.

**„Was ich 1994 an Eggert geschrieben habe, ist richtig."**

Giglberger teilte mir am 13. Februar 2009 in einer Mail mit, er könne mir versichern, dass das, was er damals an Eggert geschrieben habe, richtig sei. Eggert wäre ja sonst wegen Verleumdung u.ä. auf ihn losgegangen. Und er fände, dass das Wort „verstecken" in dem Vermerk doch treffend gewählt worden sei. Exakter könne die Weisung Eggerts nicht beschrieben werden.

Weiter bemerkte Giglberger in seiner Mail, dass er sich noch gut an die Sprunghaftigkeit von Eggerts Weisungen erinnern könne, in kurzer Zeit völlig konträre Anordnungen zu geben, genauso, wie es im Vermerk Spangs zum Ausdruck komme. Verstanden habe er dies nicht, aber er war der Innenminister Sachsens. Zur Entdeckung einer IM, fügte Giglberger hinzu, habe er im Sommer 1992 festgestellt, dass eine Kriminalbeamtin im Referat, er glaube von Spang, IM war. Er hätte dann große Mühe gehabt, die Personalführung im Ministerium zu überzeugen, dass diese Beamtin untragbar sei. Spang wäre ihr großer Fürsprecher gewesen. Dass hauptamtliche Mitarbeiter des MfS unter Eggert eingestellt worden seien, wäre ein offenes Geheimnis.

Auf meine Frage, ob er davon gehört habe, dass Spang damals von Eggert die Übernahme der K1 gefordert habe, meinte Giglberger, dass Spang die K1 übernommen habe, sei ihm neu. Seine Verbindung zu Eggert wäre aber schon 1992 unter der Hand bekannt gewesen, auch dass er so wäre. Die K1 Leute wären einfach, wie alle Angehörigen der Volkspolizei nach der Wende, weiter bei der Polizei geblieben. Sie seien überprüft worden und wenn IM oder OibE belastet, entlassen worden. Die Überprüfung wäre im Laufe der Zeit ab Sommer 1991 erfolgt. Da wären die schon lange – wie die anderen VP Angehörigen seit der Wende auch, als Angestellte bei der sächsischen Polizei gewesen. Bei der Überprüfung sei auch das mit dem früheren Chemnitzer K1-Leiter herausgekommen und dass Spang ein großer Befürworter der Übernahme gewesen sei – auch von früheren IMs. Spang wollte die Polizei führen, dazu brauchte er fähige Mitarbeiter, die was konnten – und die IMs hätten ihr Handwerk verstanden. Spang selbst sei ja nur ein kleiner unbedeutender Kriminalrat des württembergischen LKA gewesen, der auf einmal großer Polizeiführer spielen durfte.

### Dokumentation

Dr. Franz Xaver Giglberger
Regierungsdirektor beim Polizeipräsidium Oberbayern

Herrn Staatsminister Heinz Eggert
Archivstr. 1, 01097 Dresden

30.05.1994

Sehr geehrter Herr Staatsminister,
laut Süddeutscher Zeitung vom 19.05.1994 (in Kopie beiliegend) haben Sie u.a. mich als Schuldigen für die „Fehler bei der Verbeamtung hochrangiger DDR-Funktionäre und Stasi-Spitzel" bezeichnet. Danach hätte, ich nach „nicht nachvollziehbaren Kriterien gefeuert oder habe im Amt bestätigt".

Dies ist unrichtig! Jede meiner Entscheidungen ist rechtlich einwandfrei begründet und jederzeit detailliert nachvollziehbar.

Wie Sie selbst wissen, sehr geehrter Herr Staatsminister, waren für mich Entscheidungskriterien:

– Das Gesetz, nämlich hier insbesondere der Einigungsvertrag,
– einschlägige Urteile von diversen Gerichten und          .
– Ihre höchstpersönlichen Anordnungen.

Darf ich etwa Ihre Weisung vom 14.09.1992 (festgehalten im Aktenvermerk des Herrn Landespolizeipräsidenten Dr. Wolf) in Erinnerung rufen, nach der ich selbst ja keine Kündigung oder Entlassung aussprechen durfte, sondern nur Vorschläge zur Kündigung oder Entlassung zu machen hatte, und in der Sie selbst Voraussetzungen für Entlassungsgründe festsetzten?

Oder an Ihre Weisung (vgl. Aktenvermerk des jetzigen Inspekteurs der Polizei Spang) von etwa Ende Juni 1992, nach der Sie konkrete Schadensfeststellungen bei der Bewertung der Unzumutbarkeit forderten? Weitere Beispiele kann ich Ihnen ohne weiteres aufzeigen. Warum sind denn einige namentlich feststellbare ehemalige IMS noch Monate lang trotz meiner negativen Bewertung im sächsischen Polizeidienst geblieben? Wer hat denn dies so angeordnet?

Bezüglich der Problematik bei der Verbeamtung von „hochrangigen DDR-Funktionären" habe ich Sie persönlich mehrmals auf die rechtliche Grundlage einer Kündigung hingewiesen, insbesondere auf das eindeutige und klare Schreiben des Bundesinnenministeriums vom Februar 1991 und auf die darin aufgezeigte Möglichkeit der ordentlichen Kündigung. In einem einzigen. Fall haben Sie höchstpersönlich eine Kündigung angeordnet. Dar Betroffene allerdings war mit Sicherheit kein „hochrangiger DDR-Funktionär".

Zugegeben, Herr Staatsminister, die Stasi-Problematik ist sensibel. Ich bin aber nach wie vor der Überzeugung, daß Beamte aus dem Westen hierfür geeignet waren und weiter bleiben: Weder sind sie unter die Kategorie der MfS-Opfer noch die der Täter bzw. Mittäter einzugruppieren, sie sind insofern unparteiisch. (Daß bei einer früheren Überprüfungskommission gleich drei Protokollführer ehemalige IM gewesen sind, dürfte Ihnen bekannt sein!) Sie selbst, sehr geehrter Herr Staatsminister, sind nach Ihren eigenen Angaben auch Opfer dieses MfS-Apparates gewesen und nun sind unter Ihren Personenschützern immer noch hochrangige Angehörige dieses Unterdrückungsapparates (selbst „Höhere Führungskader" des MfS!) – von Ihnen selbst in noch höhere Dienstgrade befördert als unter dem „Genossen Minister Mielke"!

Übrigens – wenn Sie schon zur Auffassung gekommen sind, daß Beamte aus dem Westen für die MfS-Überprüfung wenig geeignet sind, warum haben Sie dann ihre Vorstellung noch nicht in die Tat umgesetzt?

Ihre oft geäußerte Behauptung, unter Ihrer Amtszeit wären: keine ehemaligen hauptamtlichen Mitarbeiter des MfS in die Sächsische Polizei eingestellt worden, kann ich so nicht bestätigen. Vielmehr könnte ich auf Ihr Verlangen das Gegenteil beweisen.

Das Bayer. Staaatsministerium des Innern als meine vorgesetzte Dienstbehörde, der Untersuchungsauschuß das Sächs. Landtags und die zuständige Redaktion der Süddeutschen Zeitung haben einen Abdruck dieses Schreibens erhalten.

Mit der Bitte um eine korrekte Bewertung meiner Person und Tätigkeit, sehr geehrter Herr Staatsminister, verbleibe ich

mit freundlichen Grüßen
Ihr Dr. Xaver Giglberger

# Dokumentation

ANLAGE 40 / Mehrfertigung/Leseabschrift zu DS 1/4900

Staatsministerium des Innern Abt. 3 – Landespolizeipräsidium
Dresden, den 17.06.1992

Vertrauliche Personalsache
Herrn Landespolizeipräsident Im Hause

<u>Betr.</u> : Besprechung am 14.05.1992 mit Herrn Staatsminister des Innern
In o. g. Besprechung hat der Herr Staatsminister neben der ordentlichen Kündigung des Arbeitsverhältnisees mit früheren Inhabern herausgehobener Funktionen in der Polizei, sämtlicher früherer hauptamtlicher Polit-Offiziere und aller Leiter/Stellvertreter der früheren K1 die Versetzung von XXXXXXXXX, PD Leipzig, in andere Bereiche verfügt:
Es wird gebeten, das Weitere zu veranlassen.
Regierungsdirektor

<u>Vermerk:</u> Am 14.05.1992 hat Herr Staatsminister mir gegenüber seine Weisung vom Vortag dahingehend geändert, daß sämtliche o.g. Polizeibedienstete weiterhin für die Polizei zu verwenden sind.
Sie müßten allerdings „versteckt" werden (Beschäftigung in nichtöffentlichkeitswirksamen Bereichen, z.B. Stäben).
Einzige Ausnahme von dieser Entscheidung des Herrn Staatsminister des Innern ist der in der von Abt. 3/LPP gefertigten Liste in letzter Position stehende Militärstaatsanwalt. Dieser ist aus dem Polizeidienst zu entfernen.
gez. Spa.. 17. 6.
Beglaubigt: XXXXXXXXX

# Dokumentation

Karl Nolle, MDL
**Parlamentarische Anfragen im Sächsischen Landtag**

**Stasibelastete Politoffiziere der K1 im sächsischen Polizeidienst**

Innenminister Heiner Eggert, Weisung vom 14.5.1992:
„*Sämtliche hauptamtlichen Polit-Offiziere Volkspolizei der DDR, aus der früheren K1, sind weiterhin für die Polizei zu verwenden und in nichtöffentlichkeitswirksamen Bereichen zu verstecken.*"

**„Versteckte" Politoffiziere des K 1**
Auszüge aus Fragen des SPD-Abgeordneten Karl Nolle zu den versteckten K1-Offizieren und die vernebelnden Antworten der Staatsregierung durch Innenminister Dr. Albrecht Buttolo, vom 15. September 2006

Am 13.05.1992 fand im SMI eine Besprechung mit dem Staatsminister des Inneren, Heinz Eggert, statt, in der die ordentliche Kündigung der Arbeitsverhältnisse mit früheren Inhabern herausgehobener Funktionen in der Polizei, d.h. sämtlicher früherer hauptamtlicher Polit-Offiziere und aller Leiter/ Stellvertreter der früheren K1 verfügt wurde. Einen Tag später hatte der Minister Eggert, nicht SED-belastet und ohne Blockflötenvergangenheit, seine Meinung ins Gegenteil geändert.

In einem Vermerk vom 17.06.1992 teilte Regierungsdirektor Spang, Inspekteur der Polizei, SMI, Abteilung 3 – Landespolizeipräsidium, mit: „Am 14.05.1992 hat Staatsminister mir gegenüber seine Weisung vom Vortag dahingehend geändert, dass sämtliche o. g. Polizeibediensteten weiterhin für die Polizei zu verwenden sind. Sie müssten allerdings „versteckt" werden (Beschäftigung in nichtöffentlichkeitswirksamen Bereichen, z. B. Stäben). Einzige Ausnahme von dieser Entscheidung des Herrn Staatsminister des Inneren ist der in der von Abt. 3 / LPP gefertigten Liste in letzter Position stehende Militärstaatsanwalt. Dieser ist aus dem Polizeidienst zu entfernen."

1. Wie viele Personen befanden sich auf der Liste des SMI, Abt. 3 / LPP und wie vielen davon wurde damals aus welchen jeweils genauen Gründen nicht gekündigt?
2. Wo wurden die oben erwähnten Personen versteckt (bitte gegliedert nach neuer Dienststelle und Anzahl)?
3. Wie viele der versteckten Personen aus Frage 1 wurden verbeamtet?
4. Wie viele dieser Personen waren per 1. Juli 2006 noch im aktiven Dienst und wie hoch sind die gesamten monatlichen Zahlungen an diese Personen per 1. Juli 2006?:
5. Wie viele dieser Personen befinden sich mittlerweile im vorzeitigen oder endgültigen Ruhestand und wie hoch sind die gesamten monatlichen Pensionszahlungen an diese Personen per 1. Juli 2006?

**„Wieviele K1-Politoffiziere versteckt und verbeamtet wurden, ausschieden oder sich noch im Dienst befinden, kann die Staatsregierung leider nicht beantworten."**

**Buttolo: „Die Moll-Liste liegt heute nicht mehr vor!"**

**Zusammenfassende Antwort der Staatsregierung auf die Fragen 1–5:**
In der vorliegenden Kleinen Anfrage wird auf einen Vermerk des Sächsischen Staatsministeriums des Innern. Abt. 3 – Landespolizeipräsidium - vom 17.06.1992 Bezug genommen.

Dieser Vermerk ist als Anlage 40 des Abschlussberichtes des Untersuchungsausschusses „Personalüberprüfung durch die Staatsregierung" beigefügt, nicht jedoch die in dem Vermerk erwähnte Liste, auf die sich die Kleine Anfrage konkret bezieht.

Insoweit handelt es sich bei der nicht näher bezeichneten Liste dem steno-grafischen Wortprotokoll des vorgenannten Untersuchungsausschusses vom 07.03.1994 zufolge vermutlich um die so genannte „Moll-Liste". Diese Liste liegt heute nicht mehr vor, so dass die Beantwortung der Kleinen Anfrage aus tatsächlichen Gründen nicht möglich ist.

In diesem Zusammenhang ist anzumerken, dass sich die in der Kleinen Anfrage erbetenen Angaben zu ehemaligen Funktionsträgern im Einzelfall aus den jeweiligen Personalakten, Personalaltakten und den Daten des Lan-desamtes für Finanzen ermitteln lassen.

Um jedoch die Sachverhaltsermittlungen unter Zuhilfenahme der vorge-nannten Quellen zielgerichtet im Sinne der Fragestellung betreiben zu kön-nen, müsste der Inhalt der Liste bekannt sein. Auch ist insoweit festzustellen, dass das Vorliegen der Liste aus dem Jahr 1992 nicht maßgebend für etwaige Personalentscheidungen ist, zumal die Aktualität der Liste angesichts der nach dem Jahr 1992 eingegangenen Antworten der/des Bundesbeauftrag-ten für die Unterlagen des Staatssicherheitsdienstes der ehemaligen Deut-schen Demokratischen Republik und der ab dem Jahr 2004 erneut erfolgten Abfrage zu den Daten aus den so genannten „Rosenholz-Dateien" in Frage stünde. Schließlich ist bei Eingang neuer Informationen ohnehin im Einzelfall über dienstrechtliche oder arbeitsrechtliche Maßnahmen zu entscheiden.

gez. Dr. Albrecht Buttolo

**Die Methode ist geblieben:**
**Christdemokratisches Vertuschen und Vernebeln**

Die Politik des offensichtlichen Vertuschens und christdemokra-tischen Vernebelns hat sich bis heute nicht verändert. Entweder konnte man nicht oder wollte nicht. Man ist bis heute nicht schlau-er geworden... Immer noch werden heute Fragen zu diesem dunk-len Kapitel christlicher Personalpolitik mit unglaublichen Nebelker-zen beantwortet, siehe meine kleinen Anfragen zu dem Thema. Man wird sich über die Antworten nicht wundern, wenn man weiß, dass derjenige sie beantwortete, Innenminister Dr. Albrecht Butto-lo, als „einfaches Mitglied" der Kampfgruppen der Arbeiterklasse und später dann ab 1979 intensive politische Erfahrungen bei den Blockflöten der DDR im Bündnis mit der SED gesammelt hat, die er in sein heutiges Amt einbringen konnte (er war nach eigener Aus-sage in die Ost-CDU eingetreten um seine Kinder katholisch erzie-hen zu können).

# Dokumentation

## Die K1, der verlängerte Arm in der Stasi –
## Was war die K1 ?
## Von der Sondereinheit der DDR-Kriminalpolizei
## blieben nur Dienstanweisungen
## und Befehle übrig

Schon 1952 hatte die SED-Führung geplant, die Volkspolizei dem Ministerium für Staatssicherheit anzugliedern. Nach dem Versagen der Stasi vor und am 17. Juni 1953 aber wurde der Plan fallengelassen. Stattdessen entwickelte man die Idee einer polizeilichen Sondereinheit, die weitgehende Befugnisse bekommen sollte. Im Mai 1959 bildete das Ministerium des Innern (MdI) eine „Operativ-Abteilung". Fünf Jahre später wurde diese Sondereinheit in die Struktur der Kriminalpolizei eingeordnet und wirkte fortan als Arbeitsgebiet I in den Kreis- und Bezirksbehörden der VP sowie als abgeschirmte Hauptabteilung im MdI.

Das Arbeitsgebiet 1 der Kripo, kurz K1 genannt, galt MdI-intern als verlängerter Arm der Stasi. Die Abteilung besaß einen Sonderstatus innerhalb der Kriminalpolizei, was schon daran deutlich wird, daß die K1 kein Untersuchungsorgan war. Man ermittelte verdeckt, unter Einsatz „spezieller Mittel und Methoden", also auf geheimdienstliche Art mit Observierung, „Lauschangriff" und Spitzeln. Während sich die Stasi aber vorrangig der Bekämpfung oppositioneller Gruppen und deren politischer Ziele widmete, setzte die K1 andere Akzente. Hauptsächlich ging es um Aufklärung solcher Kriminalität, die es in der DDR offiziell nicht zu geben hatte: Spekulation mit Autos, Grundstücken und Antiquitäten etwa, in die nicht selten Partei- und Staatsfunktionäre verwickelt waren; aber auch Ermittlungen zu Gewaltverbrechen gehörten zum Tätigkeitsbereich.

### „Ermittlungen im Latenzbereich"

Wurde die Sache konkret, gab die K1 ihre Kenntnisse weiter – entweder an die Kripo oder die Stasi. Tätig wurde die Sondereinheit nämlich fast ausschließlich im „Latenzbereich". Dabei galt es, über Personen zu ermitteln, die aufgrund ihrer sozialen Stellung, ihrer Beziehungen und ihrer Position in der „Szene" für bestimmte Straftaten in Frage kommen könnten.

Mit der zu Beginn der 70er Jahre einsetzenden flächendeckenden Überwachung der DDR-Bürger aber wuchs die Bedeutung der K1 für die politische Strafverfolgung. Im Vordergrund stand jetzt die Bekämpfung von „Verbrechen gegen die DDR sowie Straftaten gegen die staatliche und öffentliche Ordnung". Geschaffen wurden dafür in der K1 sechs Arbeitsgebiete: Kirche und Vereinigungen, Staatsgrenze, Jugend, Ausländer, organisierte Wirtschaftskriminalität, Straftaten gegen Leben und Gesundheit. Hinzu kam die Diensteinheit I/U, die für Observierung zuständig war.

## Antragsteller gerieten ins Fadenkreuz

Politisch Unbequeme mußten in der DDR also nicht zwangsläufig in das Fadenkreuz der Stasi geraten: Die K1 konnte auch, natürlich nach vorangegangener Absprache mit dem MfS „Verdächtige" unter Personenkontrolle nehmen und personenbezogene Kriminalakten über sie anlegen. Dazu reichten zum Beispiel das Stellen eines Ausreiseantrages, ja sogar die öffentlich geäußerte Absicht schon aus. Auch wer noch Verbindungen zu bereits in die Bundesrepublik übergesiedelte Bürgern hielt, war „interessant". Und nicht zuletzt „Personen, bei denen aufgrund von Erscheinungen des Klassenkampfes die Frage „Wer ist Wer?" zu prüfen ist, wie es in der Richtlinie 3/83 des MdI heißt.

Für ihren Informationsbedarf unterhielt die K1 ein eigenes Heer an Inoffiziellen Mitarbeitern, von dessen Existenz in der Öffentlichkeit bislang so gut wie nichts bekannt ist. Wie hoch deren Zahl war, darüber gibt es nur Schätzungen. Insider sprechen von etwa 15.000 bis 30.000 Inoffiziellen der K1.

Bei Ihrer inoffiziellen Skala differenzierte die K1 zwischen inoffiziellen kriminalpolizeilichen Mitarbeitern (IKM) und kriminalpolizeilichen Kontaktpersonen (KK) dabei waren die IKM die entscheidenden Kräfte, welche operativ zur Erfüllung ihrer übertragenen Aufgaben eingesetzt wurden. Sie wurden direkt zur Beobachtung und Bearbeitung operativ interessanter Personen und Personenkreise eingesetzt. Ihre Tätigkeit galt es ideell und materiell zu würdigen.

Weniger konspirativ gestaltete sich dagegen die Zusammenarbeit mit den KK. Diese brauchten im Gegensatz zu den IKM keine Verpflichtungserklärung unterschreiben und erhielten keine Decknamen. Dennoch zog man auch die KK, die vorrangig in Leitungsebenen von Betrieben, Hochschulen und anderen Einrichtungen geworben wurden, zur Kontrolle, Überwachung und Beurteilung operativ interessanter Personen heran. Außerdem mussten sie Personalunterlagen, Einschätzungen, Gutachten, Analysen, Prognosen und andere Dokumentationen für die K1 beschaffen.

Die Kandidaten für ihre inoffizielle Basis wählten die K1-Mitarbeiter selbst aus. Über ihren Einsatz aber bestimmte die Stasi, die auf diese Weise „Doppelagenten" verhinderte. Gleichzeitig war es dem MfS erlaubt, Informationen aus dem Kriminalakten der K1 zu bestimmten Personen abzufordern.

Die Stasi hatte ohnehin ein besonderes Auge auf die Kriposondereinheit geworfen. Am 14. Mai 1987 wies MfS-Chef Mielke in einem streng geheimen Papier an, das als K1 Leiter auf allen Ebenen bis hinunter zu den Kreisämtern geeignete OiBE (Offiziere im besonderen Einsatz der Stasi) einzusetzen sind oder wo dies nicht möglich ist IME (inoffizielle Mitarbeiter der Stasi im besonderen Einsatz) in Schlüsselpositionen zu schaffen seien.

Was ist außer den Dienstanweisungen und Befehlen von der K1 nach ihrer Auflösung Anfang 1990 übriggeblieben? In der Gauck-Behörde befänden sich keine Unterlagen. Auch aus dem Bundesinnenministerium kam auf Anfrage die lapidare Auskunft, daß bei Übernahme des MdI durch das BMI keine K1-Akten mehr vorhanden waren. Man könne davon ausgehen, so heißt es weiter, daß diese Akten vorher vernichtet worden sind. Das kann man wohl angesichts der Karriere der früheren K1-Verantwortlichen im letzten Jahr der DDR. So übernahmen unter Innenminister Peter Michael Distel alle K1-Leiter der VP-Bezirksbehörden Abteilungen in den neu geschaffenen Kriminalämtern.

### Ungestört Unterlagen vernichtet

Im zentralen Kriminalamt in Berlin blieb sogar der Chef der K1 in seinem Sessel und behielt auch seinen einstigen Stellvertreter neben sich. Der Leiter der für die Observation zuständigen Diensteinheit I/U blieb ebenfalls in seinem Metier – er übernahm die ZKA-Abteilung, die direkte Beobachtung. Auf diese Weise konnten ohne Kontrolle die K1-Archive einschließlich der personenbezogenen Kriminalakten durch den Reißwolf rauschen.

Das Fehlen jeglicher Akten macht ein Bewerten der tatsächlichen Arbeit der K1 schwierig. Zumal sich die Verantwortlichen von einst in Schweigen hüllen. Und auch die unteren Chargen zeigen wenig Bereitschaft zur Aufklärung. Kein Wunder – steht bei ihnen doch oftmals die berufliche Karriere auf dem Spiel. Schließlich sind allein in Berlin 135 Angehörige der K1 in den Polizeidienst übernommen worden.

Für die Inoffiziellen Mitarbeiter der K1 aber ist die Situation dadurch verfahren. Auf ihren Namen kann man im Stasiarchiv stoßen. Die Berichte, an denen allein sich ihre Tätigkeit moralisch messen lässt, bleiben aber – bis auf wenige Ausnahmen - verschollen.

### K1 Akten sind Stasiunterlagen

Aus dem Stasiunterlagengesetz vom 20. Dezember 1991 § 6:

(1) Unterlagen des Staatssicherheitsdienstes sind 1. sämtliche Informationsträger (…) soweit sie beim Staatssicherheitsdienst oder beim Arbeitsgebiet 1 der Kriminalpolizei entstanden, in deren Besitz gelangt sind oder ihnen zur Verwendung überlassen wurden.
(4) Mitarbeiter des Staatssicherheitsdienstes sind hauptamtliche und inoffizielle Mitarbeiter.
(5) die Vorschriften über Mitarbeiter des Staatssicherheitsdienstes gelten entsprechend für (…) Inoffizielle Mitarbeiter des Arbeitsgebietes 1 der Kriminalpolizei.

Von Andreas Förster, Berliner Zeitung, 21.10.92

## Wolfgang Engelmann

CDU-Blockflöte, Bürgermeister,
Kreistagsabgeordneter, linientreuer Aktivist der
FDJ-Kreisleitung, von der „Kampfreserve der Partei",
zum CDU-MdB.

Geboren am 27. Juni 1942 in Neuwürschnitz, Landkreis Stollberg, Sachsen; Mitglied der Evangelisch-Lutherischen Freikirche (Altlutheraner); verheiratet, eine erwachsene Tochter. Besuch der Grundschule von 1948 bis 1956, anschließend der Oberschule mit Abschluss der Mittleren Reife 1958; Lehre als Werkzeugmacher bis 1961, 1963 bis 1965 Tätigkeit als Grubenschlosser in der SDAG-Wismut, Zusatzausbildung als Hauer unter Tage, als solcher fünf Jahre tätig, 1969 Abschluss als Bergbaumeister; Studium zum Ingenieur-Ökonom bis 1974.

Wehrdienst von 1961 bis 1963 (freiwilliger Dienst bei kasernierter Volkspolizei). Bei seiner Bewerbung für den Kreisvorstand der FDJ soll Engelmann, laut Zeitzeugen, hervorgehoben haben, dass er während seines freiwilligen Dienstes bei der kasernierten Volkpolizei am „Antifaschistischen Schutzwall" mit gebaut habe.

**Mitglied der CDU seit 1962, 1979 Ortsgruppenvorsitzender der CDU, Mitglied des Kreisvorstandes seit 1965. Seit 1966 Gemeindevertreter und Ratsmitglied in der Heimatgemeinde, seit 1985 Mitglied des Kreistages Stollberg, Engelmann war Aktivist der FDJ, der „Kampfreserve der Partei" mit CDU-Parteibuch, FDJ-Jugendclubleiter und Mitglied der FDJ-Kreisleitung Stollberg.**

Kreisgeschäftsführer des Kreisverbandes Stollberg der CDU. Mitglied des Bundestages seit 1990, MdB 13. Wahlperiode für Sachsen, Wahlkreis 325 Annaberg/Stollberg/Zschopau

## Bernd Greif

CDU-Landrat, Kreis Dippoldiswalde und Weißeritzkreis
Ratsmitglied, Mandatsträger der Blockflöten,
Mitglied des sozialistischen Kreistages in Dippoldiswalde,
Landrat der Kreise Dippoldiswalde und des
Weißeritzkreises von 1990–2008.

Seit Oktober 1988 ist Bernd Greif (Oberbärenburg) Mitglied der Blockpartei CDU, seit Februar 1989 Ratsmitglied für den Bereich Energiewirtschaft beim Rat des Kreises Dippoldiswalde, seit der letzten gefälschten sozialistischen Kommunalwahl im Mai 1989 Mitglied des Kreistages in Dippoldiswalde mit Mandat der Blockpartei CDU, im März 1990 Kandidatur für die Volkskammer (wurde nicht gewählt), 1990-1994 CDU-Mitglied des Kreistages Dippoldiswalde, seit 22. März 1990 war er 1. Stellvertreter des Vorsitzenden des Rates des Kreises (amtierender Ratsvorsitzender war damals Lothar Striene – ehemals SED, seit Mai 1990 Landrat des Kreises Dippoldiswalde sowie Landrat des Weißeritzkreises in der 2. und 3. Wahlperiode von 1994-2008.

**„Die Nationale Front ist Errungenschaft und Ausdruck unserer Demokratie."**

„Das Bündnis der befreundeten Parteien und Massenorganisationen in der Nationalen Front ist bei uns seit 1949 geschichtliche Errungenschaft und Ausdruck unserer Demokratie. Wie das funktioniert, sehe ich z. B. hier bei uns im Rat, wo alle Mandate – SED, DBD, CDU, NDPD, LDPD – durch die Ratsmitglieder vertreten werden." (Bernd Greif lt. SZ 24.2.89)

**Ratsmitglied Bernd Greif feiert noch am 6. Oktober 89 mit den Funktionären des Rates des Kreises unter Regie der SED-Kreisleitung den 40. Jahrestag der DDR.**

„Noch am Vorabend des sogenannten Republikgeburtstages zum 40. Jahrestag der DDR am 6. Oktober 1989 war das Ratsmitglied Bernd Greif, der dann im Mai 1990 zum Landrat gewählte wurde, zur Feierstunde in das Dippoldiswalder Kulturhaus Parksäle gekommen, um zusammen mit den Funktionären des Rates des Kreises unter Regie der SED-Kreisleitung das Jubiläum 40 Jahre DDR zu begehen. Das alles in einer Zeit, in der seit Wochen die Bevölkerung dem Staat davonlief und im Oktober die Menschen auf der Straße aufgrund ihres couragierten Einsatzes verprügelt, zugeführt und mißhandelt wurden. Man war sich wahrscheinlich sicher, daß die sowjetischen Panzer vereint mit den eigenen militärischen Eliten dafür sorgen würden, daß auch der 41. Jahrestag wieder gefeiert werden könnte.

Erst nach dem Fall der Mauer am 9. November 1989 waren sich die im System agierenden Funktionäre sicher, daß die Uhr der SED und damit auch ihre Zeit abgelaufen war. Für das politische Überleben und die Sicherung der eigenen Karriere war eine sofortige Umorientierung mit Farbenwechsel erforderlich. In dieser Zeit wurde dann auch für die sich geschickt wendenden CDU-Funktionäre der Begriff der sogenannten schwarz-roten Socken geprägt und für das Wendeverhalten von der Bevölkerung das Prädikat Wendehals verliehen." (so die Einschätzung von Günter Hofmann, ehem. Kreisrat der CDU, in seinem Buch „Wider das Vergessen – Das Ende des Sozialismus am Beispiel des Altlandkreises Freital und des Weißeritzkreises").

# Ludwig Güttler

Musiker und berühmter Blechbläser

Das große Bundesverdienstkreuz für einen treuen CDU-Freund oder wie sogar Stasiverstrickungen durch die magischen Buchstaben „CDU" geheilt werden. Die Staatspartei CDU zeichnet Nationalpreisträger aus.

Am 29. August 2006 lagen beim Staatsminister und Chef der sächsischen Staatskanzlei, Hermann Winkler, Parlamentarische Fragen zum Thema „Medaillen und Orden des Freistaates Sachsen". Ich nutzte mein parlamentarisches Fragerecht als Landtagsabgeordneter und wollte u.a. Auskunft zu der Frage: „Welche Möglichkeiten sieht der Freistaat Sachsen, das Engagement von Herrn Professor Ludwig Güttler, dem immerhin schon in den siebziger Jahren der Nationalpreis der DDR verliehen wurde, durch Medaillen oder Ordensvergabe seitens des Freistaates Sachsen zu würdigen?"

Es besteht die Möglichkeit, erklärte die Staatskanzlei, seine Verdienste mit der Verleihung des Verdienstordens des Freistaates Sachsen zu würdigen. Nach dieser Antwort wollte der Abgeordnete, nicht ohne Grund, genauer wissen, ob ein ehemaliger Mitarbeiter der Staatssicherheit der DDR nach einer Einzelfallprüfung dennoch den Verdienstorden des Freistaates Sachsen erhalten kann?

Hermann Winkler antwortete unmissverständlich und eindeutig: „Grundsätzlich kann ein ehemaliger Mitarbeiter des Staatssicherheitsdienstes der DDR den Verdienstorden des Freistaates Sachsen nicht verliehen erhalten."

Nicht einmal 10 Monate später schlug der, wegen öffentlich gewordener privater Geldgeschäfte mit der Landesbank, inzwischen zurückgetretene, ehemalige CDU-Ministerpräsident Georg Milbradt dem Bundespräsidenten den berühmten Dresdner Ludwig Güttler für den höchsten deutschen Orden vor. Zuvor hatte es immer wieder, letztlich gescheiterte, Ordensinitiativen für den Künstler gegeben, denn legte man die Regeln der Staatskanzlei eng an, hätte man einen Orden für Güttler wohl erst erfinden müssen, wie damals in Regierungskreisen zu hören war, was natürlich nicht ging.

Bereits zweieinhalb Jahre vor der Weihe der wieder aufgebauten Frauenkirche wandte sich einer der aktiven Frauenkirchen-Förderer, ein mit dem Bundesverdienstkreuz geehrter Kammermusiker, in einer Reihe von Briefen an prominente Mitglieder in Stiftungsrat und Stiftung, unter anderem an deren Vorsitzenden Bernhard Walter, sowie an den Bundespräsidenten, den Bundeskanzler, den sächsischen Ministerpräsidenten, den Dresdener Oberbürgermeister sowie den sächsischen Landesbischof Volker Kreß, um sie auf die mögliche Belastung der bevorstehenden Weihefeierlichkeiten durch die Stasi-Diskussionen um Güttler hinzuweisen.

Er schrieb damals im Januar 2003: „In den Medien wurde mehrfach über eine Zusammenarbeit des jetzigen Vorsitzenden der Fördergesellschaft mit dem Ministerium für Staatssicherheit der DDR berichtet. Die Übereinstimmung dieser Tätigkeit mit der Aktenlage, festgestellt durch die Staatsanwaltschaft Dresden, ist meines Wissens bisher nicht von offizieller Seite entkräftet worden. Wegen des hohen Stellenwertes, den Ludwig Güttler beim Wiederaufbau und der künftigen Nutzung der Frauenkirche für sich beansprucht, dürfen diese belastenden Vorwürfen nicht länger ignoriert werden." Der Briefschreiber machte auf die besondere Verantwortung des Stiftungsrates der Frauenkirche aufmerksam und schrieb weiter: „Damit der hohe moralische Anspruch des grandiosen Aufbaus der Frauenkirche und (der Stifter) in aller Welt nicht in Misskredit gerät, können Sie sich dem Klärungsbedarf nicht entziehen."

Mit seinem Verweis auf die Feststellungen der Dresdener Staatsanwaltschaft aus dem Herbst 1993 bezog er sich auf eine Reihe von Medienberichten, die über Güttlers damalige Bemühungen berichteten, ihn betreffende Stasiunterlagen als gefälscht darzustellen.

Die Bild-Zeitung berichtete am 15. September 1993 über die Ermittlungen der Staatsanwaltschaft Dresden. In dem Artikel heißt es:

**„Güttler wurde von der Stasi geschult"**
„Ludwig Güttler, begnadeter gefeierter Trompeter. Viele hofften, er spricht die Wahrheit. Nun Enttäuschung, bittere Erkenntnis: er lernte nicht nur exzellent zu spielen, er lernte auch das Schnüffeln. Das Fazit der Staatsanwaltschaft Dresden: 'Eingesehene Unterlagen des Ministeriums für Staatssicherheit ergeben, daß die in den seinerzeitigen Presseberichten angeführte Tätigkeit des Herrn Güttler als IME mit der Aktenlage übereinstimmt.' Aus den Akten geht hervor: Ludwig Güttler war am 18. September 1979 als inoffizieller Mitarbeiter von der Kreisdienststelle Dresden Stadt angeworben worden. Deckname 'Friedrich', Registriernummer XII 487/79. Er war vor allem für den Einsatz in der Bundesrepublik vorgesehen.

Der damalige Leiter der Kreisdienststelle, Oberst Lehmann, in einem Bericht vom 16. Oktober 1981 an den Leiter der Bezirksverwaltung: 'Der IME wurde im Verlauf der Zusammenarbeit auf die Prüfung von Möglichkeiten zur Rückführung von Musikern, welche ungesetzlich die DDR verlassen haben, ausgerichtet und geschult.'

Gelobt wird die Bereitschaft Güttlers in einem weiteren Bericht: 'Der IM zeigt gute Bereitschaft und Mitarbeit, er wird systematisch qualifiziert und für seine geplante Einsatzrichtung – Aufklärung feindlicher Zentren in der BRD – geschult.'

In der Wendezeit drehte sich der begnadeter Musiker im Tempo des Allegro Furioso (schnell und leidenschaftlich): bei einer Kundgebung gab er den vom DDR-Regime verliehene Nationalpreis öffentlich zurück. Sehr bald trat er in die CDU ein, trompetete sogar vor dem Kanzler."

## „Gnade uns Gott, wenn Güttlers Verstrickungen vorher bekannt werden"

In den Reihen der Förderer der Dresdner Frauenkirche zitterte man bis zur feierlichen Kirchenweihe davor, dass eine ungünstige Botschaft über Güttler die Weihefestlichkeiten überschatten könnte: „Gnade uns Gott, wenn Güttlers Verstrickungen vorher bekannt werden", so hieß es bei eingeweihten Förderern der Frauenkirche Dresden. – Die befürchtete schlechte Nachricht blieb aus und aus dem möglichen neu zu erfindenden sächsischen Orden wurde etwas Unerwartetes.

Der Kulturredakteur der Sächsischen Zeitung, Bernd Klempnow, sah sich am 12. Mai 2009 bemüßigt, Güttler persilscheinverdächtig zu verteidigen. Er reagierte dabei prompt auf die schweren Vorwürfen von Uwe Müller und Grit Hartmann, die sie in ihrem gerade erschienenen Buch „Vorwärts und Vergessen!" zum „neuen" Fall Güttler erheben, wiederholen diese keineswegs alte IM-Vorwürfe, sondern machen auf einen erstaunlichen Präzedenzfall aufmerksam, über den bislang nicht berichtet worden ist. Erstmals ist eine Persönlichkeit mit dem Verdienstkreuz ausgezeichnet worden, obwohl sowohl dem Bundespräsidenten als auch der zuständigen Staatskanzlei als Prüfungsinstanz bekannt war, dass es sich nach den Kriterien des Stasi-Unterlagen-Gesetzes eindeutig um einen inoffiziellen Mitarbeiter des MfS handelt.

Unter solchen Umständen wurde die Ehrung bisher regelmäßig verweigert. Gerade hierin liegt die Besonderheit des Falls. Die sächsische Staatskanzlei hat es in der Vergangenheit sogar entschieden abgelehnt, den sächsischen Verdienstorden an Persönlichkeiten zu verleihen, die in vergleichbarer Weise wie Herr Güttler durch Stasi-papiere belastet sind – so jedenfalls der ehemalige Staatskanzlei-chef Hermann Winkler (CDU) zu einer Kleinen Anfrage des Abge-ordneten Karl Nolle (SPD), siehe oben.

## Sächsische Staatskanzlei umging den Landesbeauftragten für die Stasiunterlagen.

Gerade deshalb war es erstaunlich, dass die Staatskanzlei, trotz eindeutiger Einstufung des Falls durch die Birthler-Behörde, darauf verzichtet hat, zumindestens ein Gutachten des sächsischen Landes-beauftragten für die Stasiunterlagen anzufordern. Zufall? Was hätte Michael Beleites in seinem Gutachten festgestellt? Wurde eine un-komfortable Antwort des ausgewiesenen Experten befürchtet?

An der Plausibilität der IM-Akte „Friedrich" sind in der Vergan-genheit mehrfach Zweifel geäußert worden. Selbstverständlich müssen alle historischen Quellen kritisch gelesen werden. Das ha-ben die Autoren Uwe Müller und Grit Hartmann getan. Nach ihren intensiven Kontakten mit der Birthler-Behörde, Gesprächen mit Ex-perten und Zeitzeugen, dem Austausch mit dem Bundespräsidial-amt und der sächsischen Staatskanzlei sowie auf Basis anderer zu-gänglicher Informationen haben sich die Autoren von „Vorwärts und Vergessen!" ein nachvollziehbares Urteil gebildet.

Was ist an der Aussage der Birthler-Behörde unklar, wenn sie den Autoren Uwe Müller und Grit Hartmann mitteilt: „Die Bundes-beauftragte konnte Ihnen Unterlagen zur Verfügung stellen, die der Staatssicherheitsdienst zur Person von Güttler als inoffizieller Mitar-beiter (i.S. von § 6 Abs. 4 Nr. 2 StUG) angelegt hat. Nach archivi-scher Betrachtungsweise handelt es sich eindeutig um Unterlagen zu einem inoffiziellen Mitarbeiter. Wenn diese Voraussetzung nicht erfüllt wäre, hätten Ihnen diese Unterlagen nicht zur Verfügung gestellt werden dürfen." Und die Birthler-Behörde weiter: „Eine Ge-gendarstellung (die Rechtsanwalt Albert Wolff für Ludwig Güttler unmittelbar nach Bekanntwerden der Vorwürfe der IM-Akte beige-fügte) hat im übrigen keinen Einfluss auf die Einstufung der Unter-lagen im Sinne des StUG."

Die angeblichen Fälschungsvorwürfe, die auch SZ-Redakteur Klempnow in seinem Artikel suggeriert, waren schon nach der Ent-deckung der IM-Akte Auslöser für ein staatsanwaltschaftliches Er-mittlungsverfahren. Es ist nicht in dem Sinne ausgegangen, wie sich das Herr Güttler erhofft hatte (siehe oben) und die damalige Auskunft des zuständigen Staatsanwalts ist ebenfalls eindeutig. Dass

Kulturredakteur Klempnow diese bedeutsame Information den Lesern der Sächsischen Zeitung vorenthält, verwundert doch sehr.

**Als IM für den öffentlichen Dienst
und für eine Ordensehrung nicht geeignet, es
sei denn, man hat in Sachsen das richtige Parteibuch.
Das ist die Doppelmoral der Blockflöten.**

Anlässlich der von Uwe Müller und Grit Hartmann mit ihrem Buch öffentlich angestoßenen Diskussion um die Verleihung des Bundesverdienstkreuzes an Ludwig Güttler, hat der Autor als Mitglied des sächsischen Landtages im April 2009 insgesamt 32 parlamentarische Fragen zur Aufklärung der Hintergründe dieser Ehrung an die sächsische Staatskanzlei gestellt. Die sie entweder falsch oder unzureichend und mit der üblichen Arroganz der Macht beantwortete. Aus all dem geht hervor, dass nach Auffassung der Staatsregierung die Gründe und die Begründung für Ehrungen durch Ordensverleihung sich parlamentarischer und damit öffentlicher Kontrolle und Prüfung entziehen. Antworten auf Fragen nach eigenen Bewertungen und Beurteilungen, die schließlich Grundlage einer Ordensentscheidung sein müssen, werden schlicht verweigert.

Im Fall der Auszeichnung von Herrn Prof. Güttler mit dem Verdienstorden der Bundesrepublik handelt es sich wohl um den ersten Fall, in dem den beteiligten Seiten – Staatskanzlei und Bundespräsidialamt – klar war, dass der zu Ehrende nach den Kriterien der BStU ein Inoffizieller Mitarbeiter des Staatssicherheitsdienstes war. Dieses und der arrogante abweisende Umgang mit parlamentarischer Kontrolle und Transparenz lassen viele Fragen offen:

– Ob den Verantwortlichen bewusst war, dass sie mit dem Vorschlag, Herrn Prof. Güttler für die Ehrung vorzusehen, mit dem bis dahin ungeschriebenen Gesetz brachen, wonach ehemalige Mitarbeiter bzw. Begünstigte der Staatssicherheit für eine solche Empfehlung nicht in Frage kommen?

– Ob sie den Umstand bemerkten, dass der erste Inoffizielle Mitarbeiter der Staatssicherheit (nach den Kriterien des StUG), der mit dem Verdienstorden der Bundesrepublik ausgezeichnet worden ist, vom Freistaat Sachsen vorgeschlagen worden ist?

– Ob der Vorschlag, Herrn Prof. Güttler trotz seiner Einstufung als IM durch die Birthler-Behörde für den Verdienstorden der Bundesrepublik vorzuschlagen, eine politische Neubewertung einer Stasi-Mitarbeit durch die Regierung des Freistaates, die sich in der Vergangenheit beispielsweise in § 118 der Sächsischen Verfassung oder der Kündigungspraxis im Öffentlichen Dienst zur Konsequenz hat, und wenn dies nicht der Fall sein sollte, wie sich dann erklärt, einen IM für diese Ehrung vorzuschlagen?

– Weiter stellt sich die Frage, ob Herr Prof. Güttler, den die BStU als Inoffiziellen Mitarbeiter der Staatssicherheit einstuft, nach den gesetzlichen Bestimmungen und sonstigen Vorschriften im öffentlichen Dienst des Freistaates, etwa im Hochschuldienst, tätig sein dürfte und unter welchen Voraussetzungen Herr Prof. Güttler trotz der von der BStU festgestellten Stasi-Verstrickung im Freistaat als Mitarbeiter im öffentlichen Dienst des Freistaates tragbar wäre?

## Parteifreund hilft Parteifreund

Im bereits erwähnten Buch: „Vorwärts und Vergessen!", erschienen bei Rowohlt, Berlin 2009, schildern Uwe Müller und Grit Hartmann wie es dazu kam, dass Güttler sich 2007 keineswegs mit einer Ordensabsage durch die sächsische Staatskanzlei begnügen musste und auf welche Weise ein Parteifreund der CDU doch noch zu hohen Ehren kam.

Müller/Hartmann: (…) „Im September 2007 wurde der Musiker Ludwig Güttler mit dem Großen Verdienstkreuz des Verdienstordens der Bundesrepublik Deutschland bedacht. Sachsens damaliger Regierungschef Georg Milbradt (CDU) überreichte ihm stellvertretend die Insignien. Der international bekannte Trompeter Güttler hat sich um das vereinte Deutschland verdient gemacht: Er zählte zu den 22 Unterzeichnern, die im Februar 1990 den spektakulären „Ruf aus Dresden" in die Welt sandten – diesem Appell ist der Wiederaufbau der Dresdner Frauenkirche zu danken, die im Februar 1945 nach alliierten Luftangriffen ausgebrannt und eingestürzt war.

Am 30. Oktober 2005 feierten 1.800 geladene Gäste mit einem Festgottesdienst ihre Wiederauferstehung. Der Bundespräsident würdigte das bürgerschaftliche Engagement – gut 100 Millionen Euro, fast 60 Prozent der gesamten Kosten, stammten aus Spenden, Schenkungen, Zuwendungen und Erbschaften. Güttler, der unermüdlich für das Projekt geworben hatte, erklärte, die Kirche sei Symbol „nicht nur der Einheit, sondern der Einigkeit" der Deutschen: „Mit dem Wiederaufbau der Frauenkirche lassen Deutsche Schatten und Fluch der Vergangenheit hinter sich."[3]

Den Schatten der eigenen Vergangenheit hatte Güttler da schon abgestreift. Nachdem 1992 eine ihn betreffende IM-Akte gefunden worden war, ließ er dem Konvolut der Stasi-Unterlagenbehörde eine 22 Seiten umfassende „Persönliche Stellungnahme und Gegendarstellung" hinzufügen. Ein Fazit: „Zu keiner Zeit wurde durch mich die Bereitschaft erklärt, für das Ministerium für Staatssicherheit Informationen zu sammeln und diese weiterzugeben."[4]

Diese Lesart setzte sich durch. Die „Tageszeitung" berichtete unter Berufung auf Güttlers ehemaligen Führungsoffizier der Musiker sei wohl nur ein Phantom-Mitarbeiter der Stasi gewesen.[5] Der Hauptamtliche hatte gesagt, eine richtige Zusammenarbeit sei nie zustande gekommen. Die „Zeit" titelte: „Mit dubiosen Stasi-Papieren wird der Trompeter Ludwig Güttler als Spitzel denunziert."[6]

Angesichts des Inhalts der Akte verblüffen solche Bewertungen. Im Original umfasst sie 266 Seiten, von denen die Birthler-Behörde 168 Seiten freigegeben hat. Güttler wurde danach am 18. September 1979 in der konspirativen Wohnung „May" als IM „Friedrich" geworben. Der Vorgang endet im Januar 1983. In seiner Stellungnahme bestreitet der Musiker nicht, dass er unter konspirativen Umständen mehrfach die von der Stasi genutzte Wohnung in der Dresdner Wallstraße 17 aufgesucht hat. Aber er leugnet, dass er dort über Schwächen von Bekannten („Früher hat er dem Alkohol ganz schön zugesprochen"), Hintergründe der „Republikflucht" von Musikern oder Erkenntnisse von Konzertreisen berichtet hat.

Und doch enthält die Akte einen schwer widerlegbaren Beweis für die Verstrickung: zwei handschriftliche Berichte. Sie sind undatiert, stammen aber offenkundig aus dem Jahr 1980. Güttler war in Verdacht geraten, gegen Zollbestimmungen verstoßen und in großem Stil illegal Taschenrechner in die DDR eingeführt zu haben. Sein Auto wurde durchsucht. „Ich wurde fast wie ein Angeklagter behandelt", beschwerte er sich in einem Bericht, der die Überschrift „Betrifft: Vernehmung durch Zollorgane" trägt. Darin versicherte er: „Ich bin trotz allen Momenten in meiner Grundüberzeugung Staatsbürger der DDR und bin mir meiner hohen politischen Verantwortung und dem Vertrauen insb. durch das MfS bewusst." Beide Berichte sind persönlich unterschrieben – und das mit dem Decknamen «Friedrich». Im November 1992 sprach Güttler von einer Fälschung und erstattete Strafanzeige. Dresdner Staatsanwälte stellten das Verfahren ein und erklärten, die Papiere hätten sich als echt erwiesen.[7]

Zu DDR-Zeiten war Güttler ein geschätzter Staatskünstler. Am 7. Oktober 1989, als die DDR im Palast der Republik pompös ihren letzten Geburtstag feierte, musizierte der Sachse mit seinem Blechbläserensemble für das Politbüro und dessen internationale Gäste – das „Neue Deutschland" druckte das Bild des Trompeters gleich unter dem von Erich Honecker. Auf seiner Visitenkarte prangte der Titel „Nationalpreisträger". Als es mit dem sozialistischen Staat zu Ende ging, gab Güttler den am 7. Oktober 1985 verliehenen Preis 1. Klasse zurück und schrieb dem Staatsratsvorsitzenden Egon Krenz in einem Offenen Brief, er halte die „Ausgabe jeglicher Preise, Auszeichnungen und Prämien für eine gezielte Vertuschung nicht vorhandener ökonomischer Erfolge".[8]

Weitere Recherchen bei der Birthler-Behörde haben neues Material zum IM „Friedrich" ans Licht gebracht. In Akten des Führungsoffiziers, der konspirativen Wohnung und verschiedener Opfer fanden sich weitere 19 Seiten, die den Träger des Bundesverdienstkreuzes belasten. „Diese Unterlagen runden das Bild ab", teilte die Behörde mit. Für sie ist unstrittig: „Nach archivischer Betrachtungsweise handelt es sich dabei eindeutig um Unterlagen zu einem Inoffiziellen Mitarbeiter."[9]

Schon 2002 hatte ein Kammermusiker, auch eng mit dem Frauenkirchenprojekt verbunden, wegen Güttlers MfS-Karriere an den Dresdner Oberbürgermeister, den sächsischen Ministerpräsidenten, die Kulturstaatsministerin der Bundesregierung und den Bundeskanzler geschrieben, Die Politiker ließen den Brief freundlich beantworten — jeweils kommentierten sie das dort auch angesprochene Problem des Einbaus einer rekonstruierten Silbermann-Orgel, der Stasi-Hinweis hingegen wurde ausnahmslos ignoriert.

Als die sächsische Staatskanzlei dann Güttler dem Bundespräsidenten für die Ehrung vorschlug, wurde ganz auf eine weitere Prüfung der Vorwürfe verzichtet. Der dafür zuständige Stasi-Landesbeauftragte Michael Beleites jedenfalls versichert: „Ich habe die IM-Akte nie in Händen gehalten." Fürchtete man die Aussagen eines Gutachtens? Sie wären auch aus einem anderen Grund heikel gewesen: Güttler trägt einen Professorentitel – der Freistaat hat bis Oktober 2006 diesen Titel siebzehn Mal wegen MfS-Tätigkeit entzogen.[10] Zumindest informierte der Freistaat das Amt von Horst Köhler über die Existenz der IM-Akte. Dessen Sprecher teilte mit: „Vor der Vergabe staatlicher Ehrungen findet grundsätzlich und in jedem Einzelfall ein umfassender Prüfungs- und Abwägungsprozess statt." Im konkreten Fall sei „die Existenz einer Stasi-Akte auch der breiten Öffentlichkeit bekannt" gewesen.[11]

### Verleihung des Bundesverdienstkreuzes an Ludwig Güttler ist ein Präzedenzfall

Die Verleihung des Großen Bundesverdienstkreuzes an Ludwig Güttler ist ein Präzedenzfall. Denn die Ehrung ist erstmalig einer Persönlichkeit zuteilgeworden, von der alle Beteiligten wussten, dass sie nach den Kriterien der Birthler-Behörde für die Staatssicherheit tätig war. Vom 3. Oktober 1990 bis Oktober 2008 haben mehrere Bundespräsidenten das Verdienstkreuz an insgesamt 61.530 verdiente Frauen und Männer des Volkes vergeben, darunter 57.580 Westdeutsche und lediglich 3.950 Ostdeutsche und West-Berliner.

Abgesehen von dem auffälligen Missverhältnis: Es würde sich lohnen, genauer hinzuschauen. Beispiele für fatale Elitenkontinuität sind unter den Geehrten womöglich keine Seltenheit. Es muss ja nicht immer gleich ein Stasi-Spitzel sein."

Anmerkungen
3   Vgl. „Junge Freiheit, vom 28. 10. 2005: 'Symbol unserer Einheit'". Interview mit Ludwig Güttler
4   Prof. Ludwig Güttler: „Persönliche Stellungnahme und Gegendarstellung zu den beim Bundesbeauftragten für die Unterlagen des Staatssicherheitsdienstes in der ehemaligen Deutschen Demokratischen Republik vorliegenden Akten zu meiner Person", undatierte Kopie der BStU Außenstelle Dresden, Archiv der Verf.
5   Tageszeitung vom 1.12.1992: „Unterm Strich"
6   Die Zeit vom 8.4.1994: „Wie ein Mühlstein am Hals"
7   Vgl. Leipziger Volkszeitung vom 16.9.1993: „Stasi-Papier war echt/IM Akte über den Trompeter Güttler"
8   Vgl. http://www.ddr89.de/ddr89/ chronik/1289/011289.html (Stand: Februar 2009)
9   Schreiben der BStU an Uwe Müller vom 10.11.2008
10  Vgl. Antwort des Sächsischen Staatsministeriums für Wissenschaft und Kunst auf eine Kleine Anfrage des SPD-Abgeordneten Karl Nolle vom 4.10.2006, Drucksache 4/6070
11  Antwort des Sprechers des Bundespräsidenten Martin Kothé vom 17.6.2008 auf eine Anfrage, Archiv der Verf.

## Udo Hertwich

### Ex-CDU-Landrat mit 3,9 %
### Vom Mitglied der Ost CDU zum CDU-Landrat des ehemaligen Kreises Stollberg
### (1990 bis 2008)

Mit langjähriger Erfahrung als Mitglied der Ost-CDU konnte Udo Hertwich unmittelbar nach der Wende seine Karriere starten. Hertwich war von 1990-2008, bis zum neuen Kreiszuschnitt, Landrat im Kreis Stollberg und Mitglied im CDU-Kreisverband Stollberg. Die CDU stützte ihn jahrelang bei unzähligen Abwahlträgen im Kreistag, die trotz seines fragwürdigen Amtsverständnisses, Amtsmissbrauchs- und Untreuevorwürfen ergebnislos blieben. Durch die Verwaltungsreform 2008 wurden die Landkreise Annaberg, Aue-Schwarzenberg, Mittlerer-Erzgebirgskreis und Stollberg zum Erzgebirgskreis zusammengelegt. Für das Amt des Landrates im neuen Erzgebirgskreis wurde Hertwich von seiner Partei fallengelassen. Als parteiloser Einzelbewerber scheiterte er mit 3,9 %.

# Dokumentation:

## Ex-Landrat nicht mehr CDU-Mitglied
Der Ex-Landrat von Stollberg, Udo Hertwich, ist nicht mehr in der CDU. Das berichtet die Freie Presse. Hertwich soll seit 18 Monaten keine Mitgliedsbeiträge mehr gezahlt haben. Für Aufsehen hatte der damals noch CDU-Kommunalpolitiker gesorgt, als er bei den letzten Landtagswahlen gegen den CDU-Kandidaten Frank Vogel antrat. (Freie Presse 22.9.08)

## Landratskandidatur: CDU-Landrat erzürnt Parteispitze
Dresden – CDU-Landrat Udo Hertwich muss wegen seiner unabgesprochenen Kandidatur im zweiten Wahlgang der Landratswahl im neuen Erzgebirgskreis mit Konsequenzen rechnen. „Wir werden solche Fälle nicht tolerieren", sagte CDU-Landesvorsitzender und Ministerpräsident Stanislaw Tillich am Montag in Dresden. Er sprach von parteischädigendem Verhalten. „Ich glaube nicht, dass es bei einem Gespräch bleibt." Hertwich ist derzeit noch Landrat im Kreis Stollberg. Er war in der zweiten Wahlrunde als Einzelbewerber angetreten und hatte 3,9 Prozent der Stimmen erhalten. Neuer Landrat wurde Frank Vogel (CDU) mit 55,8 Prozent der Stimmen. (SZ 23. 6. 2008)

## Albrecht Kohlsdorf

seit 1984 CDU-Bürgermeister, Ex-CDU-Landrat,
Kreis Marienberg/Mittlerer Erzgebirgskreis

Geb am 13.9.1953, stammt aus Großrückerswalde, Werkzeugmacher, Albrecht Kohlsdorf war **von 1982 bis 85 stellvertr. CDU-Bürgermeister von Lengegefeld, von 85 bis 90 CDU Bürgermeister von Pobershau (Erzgeb.)** seit 1990 Landrat Kreis Marienberg, seit 1994 nach Zusammenlegung von Marienberg und Zschopau „Mittlerer Erzgebirgskreis". (lt. Freie Presse 7.6.2000)

## Frank Kupfer

CDU Staatsminister
für Umwelt und Landwirtschaft

1986 bis 1989 stellvertretender CDU-Kreisparteisekretär Kreis Oschatz, von 1984-1990 CDU-Mandat im Kreistag Oschatz, 1999 bis 2001 Generalsekretär der CDU-Sachsen, Mitglied des Sächsischen Landtags seit Oktober 1994; Mai 2002 bis Juni 2008 stellvertretender Vorsitzender der CDU-Fraktion, geboren 10. Juli 1962 in Torgau; wohnhaft in Oschatz,
**Teilnehmer am Mittelstufenlehrgang III/1987 (8.9.-26.11. 1987) der Zentralen Schulungsstätte der CDU „Otto Nuschke", Burgscheidungen.**

# Heinz Lehmann

CDU-MdL,
Parlamentarischer Geschäftsführer der CDU-Fraktion

**CDU-Mitglied seit 1979. Mitgl. und Vors. der Schiedskommission Neusalza-Spremberg 1986/90, 1986/90,** Vorstandsmitgl. der Ortsgruppe der CDU seit 1989, Abg. der Gemeindevertretung Neusalza-Spremberg seit 1990. – MdL seit Okt. 1990.

## Galoppierende Vergesslichkeit - Ein Briefwechsel:

Von: Lehmann, Heinz (SLT, CDU)
Gesendet: Mittwoch, 26. November 2008 13:22:30
An: Nolle, Karl (SLT, SPD)
Betreff: Artikel LVZ

Sehr geehrter Herr Nolle,
mit einigem Erstaunen habe ich zur Kenntnis genommen, dass die LVZ vom 27.11.2008 mit Bezug auf Ihr unveröffentlichtes Werk von meiner Tätigkeit als Vorsitzender einer Schiedskommission berichtete. Diese Behauptung ist unwahr. Ich bin zu keiner Zeit der Vorsitzende irgendeiner Schiedskommission gewesen. Um weiteren Gerüchten vorbeugen zu können wäre ich Ihnen dankbar mir mitzuteilen ob Herr Kochinke Ihr Werk korrekt zitiert hat und wenn ja aus welcher Quelle diese unrichtige Behauptung stammt.

Gruß Heinz Lehmann MdL


Von: karl-nolle@karl-nolle.de [mailto:karl-nolle@karl-nolle.de]
Gesendet: Mittwoch, 26. November 2008 15:46
An: Lehmann, Heinz (SLT, CDU)
Betreff: Re: Artikel LVZ

Sehr geehrter Herr Kollege Lehmann,
gerne erinnere ich Sie an das, was im Volkshandbuch der 1. Wahlperiode auf Seite 45 steht, von Ihnen erstellt und von Ihnen damals zum Abdruck freigegeben wurde:

LEHMANN, Heinz CDU
CDU-Mitgl. seit 1979. Mitgl. und Vors. der Schiedskommission Neusalza-Spremberg 1986/90, Vorstandsmitgl. der Ortsgruppe der CDU seit 1989. Abg. der Gemeindevertretung Neusalza-Spremberg seit 1990. – MdL seit Okt. 1990. Wahlkreis 34 (Löbau I)

Zu weiteren Fragen stehe ich gerne zur Verfügung.
Herzlichen Gruß Karl Nolle, MdL

From: Heinz.Lehmann@slt.sachsen.de
[mailto:Heinz.Lehmann@slt.sachsen.de]
Sent: Thursday, November 27, 2008 10:55 AM
To: Karl Nolle
Subject: AW: Artikel LVZ

Sehr geehrter Herr Nolle,
mit dem Auszug aus dem Volkshandbuch haben Sie mich nun doch überrascht. Das kommt davon wenn man die veröffentlichten Angaben zu seiner
eigenen Person nicht Korrektur liest. Ich bin aber nach wie vor davon überzeugt, dass ich zu keiner Zeit Vorsitzender der Schiedskommission war. Das
waren jeweils zwei mir gut bekannte Herren von der SED.
Ich werde den Überlebenden der beiden Herren zur Sicherheit noch einmal
befragen.

Gruß Heinz Lehmann MdL


DNN/LVZ, 8.12.2008:

**Atom-Heinz und die Schiedskommission ...**
Dresdner Depesche von Jürgen Kochinke

Heinz Lehmann ist nicht gerade das, was man einen kraftvollen Politiker
nennt. Als Geschäftsführer firmiert er zwar als zweitwichtigster Mann der
CDU-Fraktion, aber aufgefallen ist das bisher nicht. Mit einer Ausnahme: Im
Juni 2005 forderte er ein Kernkraftwerk an der Neiße. Das hatte eher den
Charakter einer Realsatire und hat Lehmann vor allem eines eingebracht:
Den Spitznamen Atom-Heinz.

Jetzt allerdings hat er mal eine Ausnahme gemacht und ist aktiv geworden. Nein, teilte er in eigener Sache mit, er sei zu DDR-Zeiten keineswegs
Vorsitzender einer Schiedskommission gewesen. Das hatten wir vorher geschrieben und hätten uns fast dafür geschämt. Doch bis es soweit war, haben wir noch ein wenig geblättert: in alten Landtagshandbüchern zum Beispiel, auch in dem der ersten Legislatur 1990 bis 1994. Und was lesen wir da?

Auf Seite 45 findet sich ein Lehmann, Heinz, und zwar als genau das, was
er nun nicht mehr gewesen sein will. So ein Pech. Doch auch dafür hat
Lehmann eine Erklärung: Er habe halt versäumt, den Text korrekt gegenzu-
lesen – was uns sofort bedingungslos überzeugt. In diesem Sinne noch eine
Facette am Rande: Es gibt ja die Handbücher aus späteren Jahren, und dort
hat Lehmann ganz offenbar mehr als korrekt kontrolliert. Denn jeder Hinweis auf die Schiedskommission ist komplett gestrichen, auch jener auf seine
Arbeit als einfaches Mitglied. Das aber war Lehmann nun wirklich – mindestens.

# Hans-Christoph Malcherek

## Ex-CDU-Landrat, Kreis Freital

Wie ein emsiger Parteifunktionär der Ost-CDU
nach der Wende CDU-Landrat wurde und dann als IM
„Hans" aufflog, weil er jahrelang einen Pfarrer
in Rabenau bespitzelte

Hans-Christoph Malcherek (Rabenau) war schon vor 1989 Mitglied des Kreisvorstandes der Blockpartei CDU, er war Mitglied des sozialistischen Kreistages in Freital mit Mandat der Blockpartei CDU und war vom 31.5.1990 – Dez. 1991 Landrat des Kreises Freital. Malcherek trat am 12. Dez. 1991 aus „gesundheitlichen Gründen" zurück und wurde zwei Jahre später, lt. Sächsischen Zeitung vom 18.9.1993, als IM Hans durch Opferakten enttarnt.

„Auch wenn der Sozialismus in der DDR nicht zur Disposition stehe, werde ein Sozialismus angestrebt, wo Freiheit auch die Freiheit der Andersdenkenden sei." (H.C. Malcherek laut „Die Union" 21./22.10.1989)

## Der Kreistag Freital beschließt einstimmig Untersuchungen zur Zusammenarbeit mit dem MfS

In der konstituierenden Sitzung des Kreistages Freital am 31.05.1990 war der Beschluss einstimmig gefasst worden, sich auf eine MfS-Mitarbeit beziehungsweise Vergabe von Informationen an das MfS überprüfen zu lassen. Ein Teil der Abgeordneten, die 1990 bereit waren, Verantwortung zu übernehmen, hatte wohl ein nur zu verständliches Interesse daran, die Spitzeldienste für das MfS offen zulegen und wollte dafür sorgen, dass alle, die sich nicht nur als hauptamtliche Mitarbeiter oder IM sondern auch als willige Informanten und Berichterstatter betätigt hatten, erkannt werden und so ein unbekanntes Eindringen in den öffentlichen Dienst verhindert wird.

Es sollte noch über ein Jahr dauern bis am 29. Oktober 1991 ein erneuter Beschluss zur Zusammenarbeit mit dem MfS verabschiedet wurde. Der Beschluss lautet: „Alle Abgeordneten des Kreistages Freital sowie die kommunalen Wahlbeamten werden hinsichtlich einer eventuellen Tätigkeit für das ehemalige MfS (hauptamtlich und inoffiziell) überprüft. Der Vorstand des Kreistages leitet die dazu erforderlichen Schritte ein. Für die Auswertung eingehender Informationen von der zuständigen Behörde ist vom Kreistag ein Sonderausschuss zu wählen." Dieser Beschluss wird einstimmig gefasst.

**Malcherek tritt aus „gesundheitlichen Gründen" zurück.**

Am 12. Dezember 1991 sollte laut Beschluss des Kreistages Landrat Malcherek seine Vorstellungen zur Feststellung offizieller und inoffizieller Tätigkeit für das MfS durch Mitarbeiter des Landratsamtes unterbreiten. Das tut er. (Wichtig dazu ist an dieser Stelle zu bemerken, dass ein Ausscheiden aus dem öffentlichen Dienst auch gleichzeitig eine weitere Überprüfung verbietet, da diese nur dem Zwecke der Feststellung einer Weiterbeschäftigung dient.) Über den tieferen Sinn dieser Regel konnte spekuliert werden, als der Vorsitzende des Kreistages, Kretschmer, den Kreistag vom Rücktrittsgesuch des Landrates informiert und seinem gleichzeitigen Wunsch, auch das Mandat als Kreisrat niederzulegen. Der Kreistag stimmte daraufhin der Abberufung des Landrates zum 31.12.1991 einstimmig zu. Er erkannte die Gründe von Hans Christoph Malcherek an, die zu seinem Ausscheiden als Kreisrat aus dem Kreistag Freital führten. Die SZ berichtete am 14./15. Dezember 1991 über die überraschende Abberufung, zu der Malcherek selbst erklärte, dass er gesundheitlich in keiner Weise mehr in der Lage sei, sein Amt ordentlich weiterzuführen.

**Nach zwei Jahren, Ende der Spekulation über den Rücktritt – Enttarnung als IM Hans durch die Opferakten des Bannewitzers Pfarrers Keil und des Rabenauers Pfarrers Reime**

Die Sächsische Zeitung vom 18.9.1993 beendete zwei Jahre später die Spekulationen über die Rücktrittsgründe des ehemaligen Landrates Malcherek mit einem Paukenschlag. Unter dem Titel „Enttarnung" schrieb die SZ zur Person des ehemaligen ersten Landrates nach der Wende, Hans Christoph Malcherek: 'Der frühere Freitaler Landrat, Hans Christoph Malcherek, war IM der Staatssicherheit. "Darüber informierte Kreisrat Peter Schewe am Donnerstag offiziell die Kreisräte. Schewe selbst habe zwei Berichte gelesen in einer Opferakte. (...) Hans Christoph Malcherek selbst erklärte gestern gegenüber der SZ, dass er nie eine IM Erklärung unterschrieben habe. Von einem IM Hans, so soll sein Deckname gelautet haben, wisse er nichts. Demgegenüber steht die Aussage eines Betroffenen, die des Bannewitzer Pfarrers Ulrich Keil. Er sagte gestern, dass Herr Malcherek beispielsweise Informationen über die Kontakte seiner Familie (...) weitergegeben habe.' Aussagen dazu, sind in meiner Akte nachlesen, so Pfarrer Keil".

Etwa ein halbes Jahr später berichtete ein weiteres Opfer und am 8. April 1994 erscheint ein umfangreicher Artikel in der Sächsischen Zeitung. Unter dem Titel: „Vergeben ja, aber nicht vergessen. Thomas Reime, bis Anfang 1993 Pfarrer in Rabenau, wurde 20

Jahre lang von 23 IM der Stasi bespitzelt." Dazu meint Günter Hofmann, ehem. Kreisrat der CDU: „Ich habe im Frühjahr 2006 bei Pfarrer i.R. Thomas Reime Teile seiner Akte gesehen – ich war erschüttert. Malcherek ist als IM beziehungsweise IMS „Hans" ausgewiesen und einmal passierte ihm ein Lapsus beim Unterschreiben eines Spitzelberichtes, er unterschrieb mit seinem richtigen Namen. Interessant war für mich, aus der Opferakte zu erfahren, dass Malcherek noch ihm nahestehende Personen als Spitzel bewusst oder unbewusst an seiner Seite hatte."

Pfarrer Thomas Reime wurde 20 Jahre lang intensiv bespitzelt, denunziert und verleumdet. Im Interview mit der SZ vom 8.4.1994 berichtet er von „weiterführenden Maßnahmen" aus seiner Akte: „Der IMS 'Hans' hat den Auftrag, unter Nutzung seiner Möglichkeiten innerhalb der Kirchengemeinde Rabenau die möglichen Teilnehmer am Treffen mit der Partnergemeinde aufzuklären. Er wird sich selbst gegenüber dem Pfarrer als Teilnehmer beziehungsweise als Kraftfahrer anbieten."

Dazu noch einmal CDU-Kreisrat Günter Hofmann: „Bei meinem Besuch bei Pfarrer Reime im Frühjahr 2006 erfuhr ich noch so einige Spitzeltypen aus seiner Akte. Darunter auch zwei CDU-Blockflöten aus Freital, IM 'Klaus Wittig' und IM 'Schur' – so die Decknamen. Letzterer ein ehemaliger CDU-Funktionär zu Göttings-Zeiten und nach der Wende 'ausgezeichnet für langjährige CDU Mitgliedschaft'. Es lässt sich auch darunter der IM 'Mühle' vom Rat des Kreises Freital - bei der Abteilung Kirchenfragen finden und ein Akademiker der Forstakademie aus Tharandt, der IM 'Anton Günther'. Der spitzelte, wenn Umweltprobleme in der Kirchgemeinde auf der Tagesordnung standen."

## Lothar Mende

Ex-CDU-MdL

1971 Mitglied der Blockpartei CDU aus Dorfhain
1977 Kreisvorstandsmitglied CDU des Kreises Freital
1985-90 Kreisvorsitzender der CDU des Kreises Freital
1985 Träger des Otto-Nuschke-Ehrenzeichens* in Bronze
1990-1994 CDU-MDL im Sächsischen Landtag.

### „Bewährte Bündnispolitik unter der Führung der SED"

„Wir werden die bewährte Bündnispolitik unter der Führung der SED weiterführen", antwortete im Frühjahr 1989 der Vorsitzende der CDU des Kreises Freital und Kreistagsabgeordnete (Lothar Mende) bei einer Wahlveranstaltung auf die Frage: „Welches eigene Programm hat die CDU, um die Probleme in der DDR zu meistern?" (Lothar Mende lt. „Die Union" 21./22.10.1989)

* Das Otto-Nuschke-Ehrenzeichen: „Mit der Ehrennadel der Christlich-Demokratischen Union Deutschlands werden Unionsfreunde ausgezeichnet, die beispielgebend und ergebnisreich zur Stärkung und Festigung unserer Partei und zur Gestaltung der entwickelten sozialistischen Gesellschaft in der DDR beigetragen haben." (ACDP-Zentralbestand-Ost-CDU 07-010-4884)

## Bernd Merbitz

sächsischer Landespolizeipräsident

DDR-Polizei-Major, aktives SED-Mitglied bis 1990,
Major der Kriminalpolizei und Einser Diplom
Staatswissenschaftler der DDR – ein verläßlicher Freund
der CDU und linientreu bis auf die Knochen. Aktiv in
der Sachsen-CDU als stellvertretender Kreischef,
als Fraktionsvorsitzender im Kreistag, und als
Beisitzer im Landesvorstand der CDU

### Porträt eines diplomierten und „staatsfernen" Wendehalses

Viele in der CDU kennen die Biografie von Merbitz, seine Auffassungen, seine Zuverlässigkeit und seine Erfahrungen. Bernd Merbitz, war regimetreues SED-Mitglied, bis 1990 in hervorgehobener Stellung. Der Major der Kriminalpolizei der DDR im Dezernat II der Bezirksbehörde der Deutschen Volkspolizei in Leipzig, war Einser Diplom-Staatswissenschaftler, Absolvent der Offiziersschule „Wilhelm Pieck" des DDR-Innenministeriums sowie der Hochschule der Volkspolizei „Karl Liebknecht". Merbitz galt als strammer SED-Genosse, revolutionäre Wachsamkeit und Kampfbereitschaft waren dafür selbstverständlich. Nur so konnte er Leiter der Mordkommission im Dezernat II werden. Ob er ein hervorragender Kripomitarbeiter war, ist nicht bekannt, ein linientreuer Kommunist musste er auf jeden Fall sein.

Kein anderer SED-Genosse in Sachsen kann eine solche Karriere in der sächsischen Union vorweisen wie Bernd Merbitz. Seit 2000 CDU-Mitglied, wurde er in der „christlich-demokratischen Einheitspartei Sachsens" Kreisvorsitzender sowie Chef der Kreistagsfraktion. In den Landesvorstand hat er sich als Beisitzer wählen lassen. „Was interessiert uns unser Geschwätz von gestern" werden sich die Delegierten des Landesparteitages gesagt haben, die ihn wählten sowie die Landesparteispitze der CDU, die noch 1991, auf dem Görlitzer Parteitag der CDU, gemeinsam beschlossen: „Die Aufnahme ehemaliger SED-Mitglieder in der CDU ist grundsätzlich nicht möglich."

Sicher hat SED-Genosse Merbitz seinem Personalfragebogen damals wie alle Beamten und Landesbediensteten bei Übernahme in den Landesdienst wahrheitsgemäß ausgefüllt, was ihn mit seinem Parteivorsitzenden und Chef der Staatsregierung, Ministerpräsident Stanislaw Tillich, verbindet. Er wird darüber präzise berichtet haben, welche andere als allgemeinbildende beziehungsweise berufsausbildende Ausbildung er durchlaufen hat, zum Beispiel über den obligatorischen Besuch von Parteikaderschmieden, Parteischulen, der Bezirksparteischule, der Polizeihochschule und der Offiziersschule, auch das verbindet ihn mit Stanislaw Tillich. Im von ihm auszufüllenden Fragebogen wird er gewiss auch eingeräumt haben, dass er naturgemäß mehr als nur regelmäßige, dienstliche Kontakte zur Staatssicherheit hatte bzw. haben musste, schließlich interessierte sich die Stasi für alle Morde und Selbsttötungen im Zuständigkeitsbereich des Leiters der Leipziger Mordkommission, Major Merbitz.

Im Dezernat II hieß es damals, Merbitz habe an seiner Tür eine goldene Klinke gehabt, so oft soll bei ihm die Stasi auf der Matte gestanden haben. Und sicherlich wird er in seinem Fragebogen genau ausgeführt haben, welche guten Kontakte er z. B. zum OiBE (Offizier im besonderen Einsatz) des MfS, dem Genossen Börner, hatte oder haben musste, wenn er sich noch an ihn erinnert. Genosse Börner soll als OiBE des MfS beim Dezernat II als Offizier, wie üblich mit legendierter Funktion, in einem extra abgeschirmten Zimmer (das heißt Vorhang als Sichtschutz hinter der Tür und kein Zutritt für Fremde) residiert haben mit selbstverständlich engsten Kontakten zum Chef der Mordkommission. Vielleicht konnte sich Merbitz in seinem Fragebogen auch an die Abteilung IX des MfS in Leipzig erinnern, wo erinnern, wo unter anderem sein Ansprechpartner ein Major Kunath gewesen sein könnte. Denn vom Leiter der MUK, Major Merbitz, soll die Abteilung IX des MfS in Leipzig zwangsläufig bei allen politisch bedeutsamen Morden und Selbsttötungen in die Ermittlungen einbezogen worden sein. Und letztlich dürfte ohne Segen des MfS Genosse Merbitz kaum Leiter der MUK geworden sein.

Im übrigen wurden hohe Offiziere, wie Staatsfunktionäre nur in Ausnahmefällen für die Zusammenarbeit mit der Sicherheit geworben und verpflichtet, denn sie hatten im Zweifel nicht nur dienstlich zu berichten, sondern konnten auch Berichte der Stasi abfordern, wenn es dienstlich geboten war. Sie waren der Staatssicherheit in der Regel nicht untergeordnet.

**Die höhere Gewalt der friedlichen Revolution vom Herbst 89 beendet die hoffnungsvolle Parteeikarriere eines linientreuen Kommunisten in der SED.**

Bedauerlicherweise hinderte die höhere Gewalt der friedlichen Revolution zu Wendezeiten den Genossen Merbitz daran, weiter SED-Mitglied zu sein. Die Partei der Arbeiterklasse hörte auf zu existieren. So trat er, wie viele bis dahin unentdeckte SED-Reformer mutig aus der SED aus. Diese Partei war nicht länger nützlich. Bald suchte er wieder Anschluss an die neuen christdemokratischen Herren im Lande, die sich gründlich an die Stelle der alten Machthaber setzten. Da wollte Bernd Merbitz nicht abseits stehen und sein Karriereschicksal nahm seinen Lauf, dabei haben ihm das neue CDU-Parteibuch sowie seine neuen parteipolitischen und kommunalpolitischen Funktionen in der sächsischen CDU sicher nicht geschadet.

Und Bernd Merbitz stieg weiter auf, an allen Weggefährten vorbei. Gegen die politisch völlig unverständliche Ernennung und Beförderung von Merbitz zum obersten Polizisten und polizeilichem Vorbild in Sachsen protestierten ehemalige Bürgerrechtler und viele andere CDU-Mitglieder vehement. Georg Milbradt entschied trotz alledem mit großer „Weisheit", dass der DDR-Polizeimajor, Einser Diplom-Staatswissenschaftler und ehemals so linientreue Kommunist, Bernd Merbitz, mit Staatsnähe gar nichts aber auch rein gar nichts zu tun hatte, was ihm ja möglicherweise die Karriere versaut hätte, wie bei anderen im Lande, wo allein schon die SED-Mitgliedschaft genügte um die Karriere bei den neuen Herren unmöglich zu machen. Georg Milbradt setzte sich, wie so oft, über alle Bedenken, auch eigener Parteifreunde, hinweg und machte Merbitz zum Landespolizeipräsidenten. Dieses Amt übt er nun seit Oktober 2007 aus.

**Gefahren der teuflischen, alles zerstörenden Kriminalität des imperialistischen Westens**

Bernd Merbitz wurde geboren am 13. Februar 1956 in Zumroda, nach Berufseinstieg als Maschinen- und Anlagenmonteur trat er im Februar 1975 in die Deutsche Volkspolizei der DDR ein. Er war Einser Diplom-Staatswissenschaftler der DDR mit dem Studium der „Gefahren der teuflischen und alles zerstörenden Kriminalität des imperialistischen Westens" und wurde Chef der Mordkommission in Leipzig und damit K2-Offizier der Volkspolizei.

Von 1991-1998 war Merbitz Leiter der Abteilung Extremismus/Terrorismus/Spionage-Bekämpfung im Landeskriminalamt Sachsen, von 1998-2005 Leiter der Polizeidirektion Grimma, von 2005-2007 Leiter der Polizeidirektion Westsachsen, ab Juli 2007 Leiter der Abteilung 3 im sächsischen Innenministerium und ab Oktober 2007 Landespolizeipräsident.

Wie alle seine Mitarbeiter ist Merbitz nach der Wende aus der SED ausgetreten. Er wurde schon bald aktiv in der Sachsen-CDU, als stellvertretender Kreischef der CDU, als Fraktionsvorsitzender im Kreistag, und als Beisitzer im Landesvorstand der CDU sowie in zahlreichen anderen Ämtern.

**Bernd Merbitz und die Schatten der Vergangenheit**

Schon im August 1990 (soeben aus der SED ausgetreten) gibt der Kriminalrat Bernd Merbitz (sein neuer Dienstgrad bei der bundesdeutschen Polizei) dem Redakteur der Süddeutschen Zeitung, Stephan Lebert, ein erhellendes Interview in dem er die bemerkenswerte Haltung eines Mitläufer und Parteikarrieristen der DDR Diktatur zum Ausdruck bringt und die Mitglieder der friedlichen Revolution vom Herbst 1989 schon im August 1990 als weltfremde Außenseiter mit der Aussage verhöhnt: **„Ich bin davon überzeugt, dass die Umstellung auf den neuen Staat Leuten wie mir leichter fällt als den Menschen, die im Herbst die Revolution gemacht haben. Diese Menschen werden auch in der Zukunft nur Außenseiter bleiben."**

Auszugsweise heißt es im Dossier von Stephan Lebert aus der „Süddeutsche Zeitung" vom 26. August 1990:

„Bernd Merbitz wirkt wie einer, der auch in der neuen Zeit beschlossen hat, die Dinge so zu akzeptieren so wie sie sind. Er leitet seit viereinhalb Jahren die Morduntersuchungs-Kommission von Leipzig. Seine Mannschaft umfasst acht Kriminalisten, eine Sekretärin und einen Gerichtsmediziner.

Wie alle seine Mitarbeiter ist Merbitz nach der Wende aus der SED ausgetreten. Bis zum März dieses Jahres entsprachen die Dienstgrade der Polizisten denen in der Armee, danach übernahm man die Rangbezeichnungen der bundesdeutschen Polizei: Merbitz war Major, jetzt ist der Kriminalrat. Er verdient 1700 DM im Monat, „wegen der Steuern", wie er sagt, sind es nun 300 DM weniger als vor der Währungsunion.

## Das alte Weltbild

Merbitz hält das Buch „sozialistische Kriminalistik" in der Hand, sozusagen die Bibel aller DDR-Kriminalisten. Geschrieben hat es Ehrenfried Stelzer, ein Professor der Ostberliner Humboldt-Universität. Merbitz sagt, es komme ihm selbst jetzt ein wenig komisch vor, was da alles drin stehe, „es ist mir fast peinlich" aber dies sei nun einmal das Weltbild gewesen, das, wie er hinzufügt, „nun völlig und endgültig zerstört ist". In dem Buch mit dem türkisfarbenen Einband steht: „Wie in allen Lebenssphären, so erweist der Sozialismus seine prinzipielle und reale Überlegenheit über den Kapitalismus auch in Hinblick auf die Kriminalität. Weiter heißt es: die ideologische Stellung des Menschen befähigt den Menschen, keine gesellschaftswidrige Handlungen und erst recht keine Straftat zu begehen". Und auch Stasi-Chef Erich Mielke wird in diesem Werk mit der Warnung zitiert, die einzige Gefahr für die sozialistische Verbrechensbekämpfung bestehe darin, dass „die subversiven Aktivitäten des Imperialismus zunehmend als allgemeine Kriminalität getarnt sind".

**Wenn er bei den Leipziger Nutten ermittelte, nahm er immer sein Parteiabzeichen vom Revers ab, dass er im Dienst tragen musste.**

Aber für Bernd Merbitz und seine Leute gab es nicht nur die Ideologie, sondern auch den Alltag. Der führte die Polizisten zum Beispiel in das Nordstraßenviertel, zu den Nutten von Leipzig (...). Ja, auch das war eine Wirklichkeit der DDR. (...) „wir müssen oft in dieses Viertel. Wie erkennen da jedes Haus, waren überall drin. Unglaublich, wie dreckig und elend diese Quartiere aussehen. Das ist der pure Schmutz" sagt Bernd Merbitz. Wenn er hier ermittelte nahm er immer sein Parteiabzeichen, dass man im Dienst tragen musste, vom Revers ab: „ein Nuttenbesuch im Namen der Partei ging halt nicht". (...)

Bernd Merbitz sagt, er sei nun wirklich kein Widerstandskämpfer gewesen: „es gibt bei uns viele Leute, die wollen das nun nachträglich behaupten. Das mache ich nicht". Er ist der Sohn eines SED-Kreisleiters, (Anmerkung Nolle: richtig ist wohl dagegen „Abteilungsleiter Sicherheitsfragen der SED-Kreisleitung"), er hat sich früh dafür entschieden, zur Polizei zu gehen. Er weiß noch, wie er als ganz junger Mann einmal bei einem SED-Fest als Kellner gearbeitet hat. Da habe er es einerseits schon als widerlich empfunden, was die hohen Herren und Damen, (ohne bezahlen zu müssen) alles gegessen und getrunken hätten, lauter Sachen, die ein DDR-Normalbürger niemals bekommen hätte. „Aber andererseits stand für mich fest, dass ich es auch schaffen und auf solchen Festen feiern will und solche Privilegien haben möchte".

Merbitz machte eine Blitzkarriere bei der Polizei: kleiner Streifenpolizist, Wachtmeister, Offiziersschule. Als einziger in Leipzig absolvierte er die Prüfung zum Diplomstaatswissenschaftler mit der Note eins, schließlich wurde er Chef der Morduntersuchungskommission. Heute ist er 34 Jahre alt. Er hatte es also geschafft. Da kümmerten ihn die, wie er sagt, kurzen Momente des Zweifels eben nicht so stark.

Als Chef der Morduntersuchungskommission habe er ja Glück gehabt, „Morde sind eine saubere Sache, da ist nichts politisches dran". Merbitz sitzt in seinem Büro und deutet auf einen Stuhl, der vor seinem Schreibtisch steht: „Natürlich saßen da auch ab und zu Leute vom MfS. Die waren unglaublich arrogant, haben geglaubt, sie sind die Allergrößten. Aber von mir wollten sie nichts, ich war praktisch uninteressant".

Insgesamt sagt Bernd Merbitz, blicke er sehr optimistisch in die Zukunft und freue sich auf die „neue Arbeit in der neuen Gesellschaft". Die ersten Dienstwagen aus der BRD („tolle Dinger im Vergleich zu unseren Wartburgs") seien bereits eingetroffen."Ich habe das Gefühl, die werden uns akzeptieren, einfach deshalb, weil wir gut sind". Natürlich seien dann noch Fragen offen, die viele Polizisten verunsicherten: wer wird uns im neuen Deutschland bezahlen? Werden die Polizisten Beamte, werden alle ihren Arbeitsplatz behalten? Aber Bernd Merbitz verdrängt diese Sorgen und sagt stattdessen noch einmal: „Ich freue mich auf die Arbeit mit all den neuen Möglichkeiten. Ich freue mich auf meinen neuen Staat".

**Kein bisschen Angst?**

Wie bitte? Ist also gar nichts mehr übrig geblieben von der Lehre des Ehrenfried Stelzer und seiner „sozialistischen Kriminalistik" (bei der Merbitz sich im Studium immerhin auch die Note eins verdient hatte), von Stelzers Warnungen vor der teuflischen, alles zerstörenden Kriminalität des imperialistischen Westens? Kein bisschen Angst vor der nun zweifellos zunehmende Zahl von Straftaten? Sicher, sagt Merbitz, werde die Kriminalität ansteigen.

Und lässt ihn das alles völlig kalt? Merbitz meint, wenn er an seinem kleinen Sohn denke, dann beunruhige es ihn schon. Aber als Kriminaler, nein, überhaupt nicht. „Ich habe meine Entscheidung getroffen, dass ich den neuen Staat akzeptiere, dass ich ihm als Polizist dienen will, so gut ich kann". Und er fügt hinzu: „Ich bin davon überzeugt, dass die Umstellung auf den neuen Staat Leuten wie mir leichter fällt als den Menschen, die im Herbst die Revolution gemacht haben. Diese Menschen werden auch in der Zukunft nur Außenseiter bleiben".

# Dokumentation:

## Vom SED-Major der Volkspolizei zum CDU-Landespolizeipräsidenten.
## Merbitz und die Exekutive Eigenverantwortung der Staatsregierung

Auszüge aus Fragen des SPD-Abgeordneten Karl Nolle zu Bernd Merbitz und die erhellenden Antworten der Staatsregierung durch Innenminister Dr. Albrecht Buttolo, vom 7. September 2007 (Merbitz war zu diesem Zeitpunkt noch nicht zum Landespolizeipräsidenten ernannt)

1) Wurde das angegebene Interview und die wiedergegebenen Äußerungen von Herrn Merbitz teilweise oder ganz dementiert, wenn ja, wann und in welcher Form und zu welchem Inhalt?

Nein

2) Inwieweit haben die geäußerten Auffassungen des Herrn Merbitz Bedeutung für die anstehende Personalentscheidung und öffentlich bekundete „Neubesetzung Landespolizeipräsident"?

Für die Personalentscheidung sind gemäß Artikel einer 91 SächsVerf/Art. GG ausschließlich Eignung Befähigung und fachlicher Leistung ausschlaggebend.

3) In wieweit befähigt, nach Auffassung der Staatsregierung, die im Interview zum Ausdruck gebrachte Grundhaltung eines Mitläufers und Parteikarrieristen, der DDR-Diktatur wie Merbitz zum Amt des Landespolizeipräsidenten, der die Mitglieder der friedlichen Revolution vom Herbst 1989 schon im August 1990 als Außenseiter mit der Aussage verhöhnt: „ich bin davon überzeugt, dass die Umstellung auf den neuen Staat Leuten wie mir leichter fällt als den Menschen, die im Herbst die Revolution gemacht haben. Diese Menschen werden auch in der Zukunft nur Außenseiter bleiben"?

Das Fragerecht der Abgeordneten dient nicht dazu, die Staatsregierung zu einer Bewertung anzuhalten, welche der Abgeordnete für geboten hält, sondern nur, dem Abgeordneten Informationen zu verschaffen (Sächsischer Verfassungsgerichtshof, Urteil vom 22. April 2004 - Vf. 44-1-03 - Sächsisches Verwaltungsblatt 2004, 188 [190]). Die Staatsregierung sieht deshalb von einer Meinungsäußerung ab.

4) In wieweit haben Herrn Merbitz Funktionen und Tätigkeiten, nach Auffassung der Staatsregierung ihn zum Amt des Landespolizeipräsidenten befähigt oder dies befördert, zum Beispiel seine nunmehrige aktive CDU-Mitgliedschaft als ehemaliger Angehöriger der SED-Kadernomenklatur, seine Funktion als CDU Fraktionsvorsitzender im Kreistag des Muldetalkreises, seine Tätigkeit als stellvertretender Kreischef der CDU und seine Funktion als Beisitzer im Landesvorstand der CDU Sachsen?

Auf die Antworten zu den Fragen 2 und 3 wird verwiesen.

5) Aus welchen Gründen und mit welchem Ziel hält es die Staatsregierung, angesichts der bundesweit öffentlichen Diskussionen um Korruptions- und Abhängigkeitsnetzwerke, um Erpressbarkeiten und teilweise unterstellte fehlende persönliche Integrität von Amtsträgern und Landesbediensteten in Sachsen, für eine gute Personalpolitik, ein belastetes, ehemaliges aktives Mitglied der SED-Nomenklatur (die SED-Nomenklaturkader gaben im Zweifel der Stasi die Befehle) und zugleich regimetreuen Major der Kriminalpolizei sowie Einser-Diplomstaatswissenschaftler der DDR-Diktatur zum neuen Landespolizeipräsidenten zu ernennen, der nach eigener Aussage „nun wirklich . kein Widerstandskämpfer" gewesen ist.

Das Fragerecht der Abgeordneten dient nicht dazu, die Staatsregierung zu einer Bewertung anzuhalten, welche der Abgeordnete für geboten hält, sondern nur, dem Abgeordneten Informationen zu verschaffen (Sächsischer Verfassungsgerichtshof, Urteil vom 22. April 2004 - Vf. 44-1-03 - Sächsisches Verwaltungsblatt 2004, 188 [190]). Die Staatsregierung sieht deshalb von einer Meinungsäußerung ab.

6) In welcher Form findet die Personalie Merbitz in den Reihen derjenigen Mitglieder der Staatsregierung uneingeschränkte Zustimmung oder ist sie überhaupt mit jenen und mit wem abgestimmt worden, die als Teilnehmer der friedlichen Revolution vom Herbst 1989 im August 1990 von Merbitz mit der Aussage verhöhnt wurden: „Ich bin davon überzeugt, dass die Umstellung auf den neuen Staat Leuten wie mir leichter fällt als den Menschen, die im Herbst die Revolution gemacht haben. Diese Menschen werden auch in der Zukunft nur Außenseiter bleiben."?

Die Frage berührt den Kernbereich exekutiver Eigenverantwortung und wird daher nicht beantwortet.

gez. Dr. Albrecht Buttolo, Innenminister

# Prof. Dr. Hans Joachim Meyer

Ex-CDU-Staatsminister
für Wissenschaft und Kunst

Stellvertretender Sektionsdirektor Erziehung und
Ausbildung (EuA), Leiter der Intensivsprachenausbildung der
Humboldt-Universität, Außerordentlicher Professor
für Angewandte Sprachwissenschaften,
Superreisekader ins kapitalistische Ausland.

Eine besonders scheinheilige Wendehalskarriere.
Von unverbrüchlicher Treue zu DDR als Nomenklaturkader
im SED System zum Absender schwarzer Listen
zur „Säuberung der Hochschulen" als
sächsischer Staatsminister.

Ex-Minister für Wissenschaft und Bildung der DDR, (in der Regierung von Ministerpräsident de Maiziére seit 12.4.90 bis Oktober 1990), ehem. Sächsischer Staatsminister für Wissenschaft und Kunst (in der Regierung von Ministerpräsident Prof. Kurt Biedenkopf, Oktober 1990 bis zum April 2002) Präsident des Zentralkomitees der deutschen Katholiken (ZdK) (seit April 1997). Nach seinem Ausscheiden aus der Regierung Biedenkopf konzentrierte sich Meyer ganz auf sein Amt als Präsident des Zentralkomitees der deutschen Katholiken (ZdK), der Vertretung katholischer Laien und Verbände.

**Biografie laut Munzinger Archiv:**
„Geb. am 13.10.1936 in Rostock als Sohn eines Apothekers/ Chemikers und einer Lehrerin. Ausbildung: Schon als Schüler engagierte sich M. politisch und **trat 1952 in die CDU der DDR ein.** 1961 verließ er diese wieder, aus Enttäuschung über die geringen politischen Gestaltungsmöglichkeiten der Partei. Nach dem Abitur 1955 an der Großen Stadtschule zu Rostock begann M. ein Studium an der **Akademie für Staats- und Rechtswissenschaft in Potsdam-Babelsberg**. 1958 wurde er wegen mangelnder Verbindung mit der Arbeiterklasse relegiert. Ein Jahr lang arbeitete er als Hilfsarbeiter im Lokomotivbau Babelsberg. 1959 wurde er zum Studium der Anglistik und Geschichte an der Ost-Berliner Humboldt-Universität zugelassen. 1964 schloss er dort mit dem Staatsexamen (Dipl. Phil.) ab. 1971 promovierte er zum Dr. phil. mit einer Dissertation über die Semantik englischer Verb-Partikel-Kombinationen. 1981 habilitierte er sich mit einer Arbeit über semantische Valenzstrukturen ausgewählter englischer Verben der wissenschaftlichen Kommunikation.

Karriere: 1964-1971 unterrichtete M. als Lehrer im Hochschul-dienst Englisch an der Humboldt-Universität. Danach war er dort bis 1982 wissenschaftlicher Oberassistent, wurde 1982 Hochschul-dozent für angewandte Sprachwissenschaft und 1985 außerordent-licher Professor. Zudem leitete er 1978-1990 den Bereich Sprachin-tensivausbildung. Seinen Rückzug auf die angewandte Sprachwis-senschaft erklärte er mit seiner distanzierten Einstellung zum Re-gime. Im Aug. 1990 wurde M. erneut Mitglied der CDU. (...)"

Munzinger-Archiv/Internationales Biographisches Archiv –
Personen aktuell 49/02 (gi) Aktualisierungsdatum: 26.05.2006

### Biografisches aus „Unsere Besten – Die VIPs der Wendezeit".

„Im Lebenslauf des sächsischen Ministers für Wissenschaft und Kunst M. passt alles zusammen: Katholik, mit 16 in die CDU, Stu-dium an der Akademie für Staat und Recht „Walter Ulbricht" in Potsdam-Babelsberg wahrscheinlich mit der Absicht, wie Gerald Göt-ting CDU-Funktionär zu werden. Leider geext, danach Lehrerstudi-um Englisch/Geschichte an der Humboldt-Uni. Er musste aber nicht in die Volksbildung, sondern durfte an der Uni bleiben. Dort Assis-tent, Dozent, schließlich Professor und bis zum Ende der DDR Chef aller Intensiv-Sprachenlehrer. Katholiken können sich anpassen, auch M. Nicht umsonst hat diese Kirche schon zweitausend Jahre auf dem Buckel.

Gegenwärtig hat M. wenig Zeit, seinen Aufgaben als sächsi-scher Minister, als oberster deutscher Denkmalspfleger und als Chef des Zentralkomitees der deutschen Katholiken nachzukommen, denn er jagt eine „Hexe", eine Dresdner Krankenschwester. Die soll in Gaucks Akten stehen. Zwar konnte sie nichts für das MfS tun, aber drinstehen reicht für M. Man sagt, er habe sich hinten rum ihre Akten besorgt und veröffentlicht, um diese Frau zu entlassen. Wo-her kommt M.s Fanatismus, seine Unerbittlichkeit?

Jeder einfache Katholik wird bei M.s Biografie neidisch. Solch eine Karriere hätte er auch gern gemacht, ohne auf die Ausübung seines Glaubens verzichten zu müssen. Und misstrauisch wird er auch. Ist es nicht so, dass die größten Stasi-Eiferer eine besondere Beziehung zu dieser Sekte hatten, entweder als „Opfer" oder als „Täter"? Wo aber, fragt er sich, ist die Opferakte seines ZK-Chefs?

Diese Krankenschwester sollte sich ruhig rausschmeißen lassen, zu Gauck nach Berlin fahren und für „wissenschaftliche Zwecke" die Akten von Prälat Lange und Generalvikar Steinke einsehen. Sie wäre erstaunt über die enge und gute Zusammenarbeit zwischen dem MfS und dem katholischen Episkopat. Dann könnte sie M.s oberster Kirchenleitung anzeigen, etwas daraus veröffentlichen zu wollen Am nächsten Tag wäre sie garantiert Leiterin eines katholischen Krankenhauses in Sachsen oder wo immer sie wollte. Sie könnte das als Atheistin sogar biblisch begründen: „Auge um Auge und Zahn um Zahn." (2. Mose 21, 24)."

Quelle: Vollständig überarbeitete und aktualisierte Neuausgabe des 1993 erstmals erschienenen Bandes „Unsere Besten – Die VIPs der Wendezeit". ELEFANTEN PRESS Verlag GmbH, Berlin 1999

## Wie aus dem außerordentlichen DDR-Professor ein ordentlicher West-Professor wurde.

Die fehlenden biografischen Daten zwischen 1973 und 1977, die im Folgenden aufgeklärt werden, sind nicht die einzigen Fragen, die ein aufmerksamer Leser zu Meyers Biografie hat. Da ist zum Beispiel die Frage, wie und wann wurde aus dem 1985 zum außerordentlichen DDR-Professor der Humboldt-Universität in Berlin berufenen Dr. Hans-Joachim Meyer mit Systemwechsel ein ordentlicher Westprofessor? Wie ehemalige seiner Studenten berichten, hat Meyer stets viel Sorgfalt auf die Übersetzung des Begriffs „entwickelte sozialistische Gesellschaft" verwendet. Dies wohl umso mehr, um bei seinen zahlreichen längeren Auslandsaufenthalten als Superreisekader ein authentisches Bild der DDR als genau dieser entwickelten sozialistischen Gesellschaft zu zeichnen.

Mit dem Ende der DDR kam für den außerordentlichen Professor auch das Ende der außerordentlich entwickelten sozialistischen Gesellschaft. Für deren Übersetzung er nun keine Mühe mehr verwenden musste. Nun war Meyer ordentlicher Minister für Wissenschaft und Bildung der „de Maizière-Regierung". In der Zeitschrift „Ostdeutsches Journal" Nr. 1/93 findet sich auf Seite 26 ein Hinweis, wie Meyer vom außerordentlichen zum ordentlichen Professor umgerubelt worden sein soll. „Professor Meyer, ein Professor für englische Sprache an der Humboldt-Universität, Reisekader des SED-Regimes, (sei) durch „Selbstberufung" als Minister der „de Maizière Regierung" vom außerordentlichen Professor im Herbst 1990 zum ordentlichen Professor avanciert.

**Selbstberufung? Das muss soviel heißen, dass sich der außerordentliche Professor Meyer als Minister Meyer selbst die Berufungsurkunde zum ordentlichen Professor unterschrieben haben musste. Das waren schon Zeiten. Ein Schuft ist, der Böses dabei denkt... Lücke geschlossen!**

# Professor Meyer 1973-1977

Eine biografische Lücke kann geschlossen werden.
Ein „Systemgegner" verantwortlich für die
kommunistische Erziehung.

Bei Munzinger steht darüber nichts – eine biografische Lücke
von 1973 bis 1977 – schauen wir bei Wikipedia nach, dann schließt
sich die Lücke. Dort steht u. a.: „Meyer war von 1973 bis 1977 stellvertretender Direktor für Erziehung und Ausbildung an der Humboldt-Universität und als solcher für die kommunistischen Erziehung
und die Verwirklichung der Grundsätze sozialistischen Kaderpolitik
zuständig."

## Meyer als stellvertretender Direktor EuA

Kommunistische Erziehung und sozialistische Kaderpolitik? Das
überrascht, ein parteiloser Widerstandskämpfer mit nach Selbster-
klärung distanzierter Einstellung zum Regime? Ja, von 1973 bis 1977
war Meyer stellvertretender Direktor EuA, d.h. stellv. Sektionsdirektor für Erziehung, Aus- und Weiterbildung (EuA) an der Humboldt-Universität. Meyer vertrat regelmäßig den Sektionsdirektor
und er amtierte zeitweise, da der Sektionsdirektor häufig krank
war. Meyer war damit in einer hohen Vertrauensposition. Man stelle sich vor, der heute oberste Laie der Deutschen Katholiken war
für die kommunistische Erziehung der Studenten verantwortlich.

Der Sektionsdirektor hatte zwei Stellvertreter, einen Stellvertreter für EuA und einen Stellvertreter für Forschung. Der Stellvertreter
für Erziehung, Aus- und Weiterbildung (EuA) sowie der Stellvertreter für Forschung waren dem Sektionsdirektor unterstellt und ver-
traten ihn.

Der Sektionsdirektor leitete die Sektion und war dem Direktor für
Studienangelegenheiten für den Bereich Erziehung und Ausbildung
unterstellt. Der Direktor für Studienangelegenheiten unterstand dem
Prorektor für Erziehung und Ausbildung. Aufgabe des Prorektors für
Erziehung und Ausbildung war „die Prinzipien der sozialistischen
Kaderpolitik zu verwirklichen" (Das Hochschulwesen der DDR, Berlin 1980, Deutscher Verlag der Wissenschaften, S. 246). Der Prorektor für Erziehung und Ausbildung stützte sich in dieser Kaderarbeit
auf den Direktor für Studienangelegenheiten, der *„sicherte die sozialistische Kaderarbeit mit den Studenten"*. (S. 247)

Der Direktor für Studienangelegenheiten stützte sich in dieser
Kaderarbeit auf den Sektionsdirektor und hier besonders auf den
Sektions-Stellvertreter für Erziehung, Aus- und Weiterbildung (EuA),
der „für die kommunistische Erziehung der Studenten verantwortlich

war und (...) der besonderen Einfluss nimmt auf die Festigung der Einheit von kommunistischer Erziehung und fachwissenschaftlicher Ausbildung (...) und der engen Zusammenarbeit mit der FDJ." (S. 249)

**„Kaderschleuse" ins westliche Ausland. Meyer als Bereichsleiter für Intensivausbildung Fremdsprachen – zuverlässig, linientreu und absolut vertrauenswürdig.**

Bis 1982 wissenschaftlicher Oberassistent, dann ab 1982 Dozent für angewandte Sprachwissenschaft und ab 1985 außerordentlicher Professor, leitete Meyer zwölf Jahre lang, von 1978-1990, den Bereich Intensivausbildung Fremdsprachen an der Humboldt-Universität. Dort wurden die Eliten der DDR für das kapitalistische Ausland sprachausgebildet. Meyer war u. a. zuständig für die Ausbildung in Englisch, Portugiesisch und Französisch. In diesem Bereich wurden auch Deutschkurse für ausgewählte Personen, Auswahl und Eignungsprüfung für Ausländer, durchgeführt.

Die Intensivsprachausbildung für Eliten war ein hochsensibler Bereich. Als der, für einen Zeitraum von zwölf Jahren bis zum Ende der DDR, verantwortliche Bereichsleiter kannte Meyer in der Regel alle dort durchlaufenden Personen, die unter seiner Obhut für das kapitalistische Ausland trainiert wurden. Er hat sie ausgesucht, erprobt und bewertet bzw. hat daran mitgewirkt. Durch die Intensivsprachausbildung der Humboldt-Universität gingen alle wichtigen Leute aus Wirtschaft und Politik, aber ebenso Leute mit Kundschafteraufträgen. Der Bereichsleiter Meyer wurde und war daher zu besonderer Verschwiegenheit verpflichtet.

Diese Tätigkeit und die damit verbundenen ausgedehnten Reisen in die USA und zu Patenschaften in England waren nur möglich mit einer für das MfS positiven Biografie, mit einem Vertrauensbonus der „Organe". Meyer galt als absolut vertrauenswürdig. Mit seiner speziellen Verantwortung für die Sprachausbildung von Eliten der DDR, die im NSW zum Einsatz kamen und die dabei auch in der Sprachausbildung „erprobt und bewertet werden mussten", bekommt das einen besonderen Klang. Ob Meyers Auslandsreisen als Superreisekader auch „im Auftrag der Firma" stattfanden, wie damals unter Sektionsleitungsangehörigen als Vermutung kursierte, ist nicht belegt. In jedem Falle war Meyer Reisekader in das NSW, was nur bei besonderer Verlässlichkeit möglich war. Absolute Vertrauenswürdigkeit war schon die Vorraussetzung für seine Tätigkeit als stellv. Sektionsdirektor EuA. Dass Meyer jemals in seiner Sektion gemaßregelt wurde, ist nicht bekannt. Die Berufung zum außerordentlichen Professor für Angewandte Sprachwissenschaften (nicht für Anglistik) Mitte der 80er-Jahre unterstreicht das.

## Reisekader für das KA „kapitalistische Ausland" – intensive Überprüfung.

Die Intensivausbildung Fremdsprachen für das KA war aus der Sicht des ZK der SED und des MHF (Ministerium für Hochschule und Fachschulwesen), aber auch des MfS, eine direkte „Kaderschmiede". Es ist nicht vorstellbar; dass jemand, der aus der Sicht des MfS keine positive Biographie hatte, eine solche Funktion des Leiters der Sprachintensivausbildung für Auslandskader, Eliten der DDR hätte innehaben können.

Es ist selbstverständlich, dass diese Sprachintensivausbildung für Professoren und Aspiranten, dem anderen Wissenschaftsnachwuchs sowie alle sonstigen Reisekader, ein Training für Elitekader war. Die Kader für diese Ausbildung, wurden in enger Abstimmung mit MHF, der Abteilung Wissenschaften beim ZK der SED und anderen Abteilungen sowie mit dem MfS ausgewählt. Das MfS schickte auch durch diese Schleuse so manchen Agenten. Einfluss auf den tatsächlichen Auslandseinsatz durch entsprechende Beurteilungen, Tests und Ausleseverfahren wurde natürlich von den Lehrkräften dieses Bereichs und ihrem Leiter durch entsprechende Beurteilungen wahrgenommen. Die Anforderungen für den Auslandseinsatz müssen Meyer als Leiter gut bekannt gewesen sein. Die Leitung dieser Kaderschleuse ins westliche Ausland wurde von ihm gewissenhaft und zuverlässig wahrgenommen, Reglementierungen von oben sind nicht bekannt.

Dass Meyer diese Funktion des Leiters und als „Superreisekader".bis Ende der 80er Jahre wahrgenommen hat und wahrnehmen konnte, unterstreicht das uneingeschränkte Vertrauen des MHF, der Abteilung Wissenschaften beim ZK der SED und anderer ZK-Abteilungen, sowie dem MfS in seine Arbeit. Bemerkenswert ist, dass dies in einer Zeit sich immer mehr häufender Ausreiseanträge in der DDR ablief und natürlich die Reisekader besonders beobachtet und geprüft wurden. Dass Meyer in diesen Prozess als Leiter nicht einbezogen war, ist undenkbar.

Es soll unter Meyers Studenten oft Witzeleien darüber gegeben haben, welche große Sorgfalt Meyer persönlich auf die Übersetzung des Begriffs „entwickelte sozialistische Gesellschaft" verwandte und mit welcher Ausdauer er alte Ulbrichttexte übersetzen ließ. So heißt es. Doch wohl, damit die bei ihm ausgebildeten Kader im Ausland die Politik der SED überzeugend und richtig darstellen konnten.

**„Diktaturen zeichnen sich nicht dadurch aus, dass sie Widerstandskämpfer in gehobene Positionen bringen."**

**Nomenklaturkader von SED-Gnaden**

Die Funktion eines Direktors für Erziehung und Ausbildung an einer Sektion der Humboldt-Universität bzw. auch die Funktion eines stellvertretenden Direktors, ist eindeutig eine Nomenklaturfunktion. D.h., dass deren Inhaber Nomenklaturkader sein musste und damit auch die Anforderungen erfüllte, die die „sozialistische Kaderpolitik" an ihn stellte.

Das Herzstück der SED-Kaderpolitik waren die sogenannten Kadernomenklaturen, also Verzeichnisse der Führungspositionen in den Parteien, gesellschaftlichen Organisationen, im Staatsapparat usw. Diese Positionen durften nur von entsprechenden Nomenklaturkadern, die aus der Sicht des SED-Apparates geeignet waren, besetzt werden. Das Netz der Kadernomenklaturen umspannte von der Zentrale bis zu den Städten und Gemeinden alle gesellschaftlichen Bereiche (mit Ausnahme der Kirchen) und ermöglichte der SED die gezielte Besetzung aller wichtigen Positionen. Die Zugehörigkeit zur Nomenklatura war parteiunabhängig, wobei natürlich das Gros der Positionen von SED-Genossen besetzt wurde. Alle Führungsfunktionäre der Blockparteien (CDU, LDPD, DBDB, NDPD) waren so z. B. Nomenklaturkader ihrer zuständigen SED-Leitungen.

**Insgesamt gab es ca. 400.000 Nomenklaturkader.**

Die hier vorliegende Position ist entweder in der Nomenklatur der Bezirksleitung der SED geführt worden oder in der Nomenklatur des Sekretariats der Kreisleitung der SED der Humboldt-Universität. Das wäre noch festzustellen, da die Kadernomenklaturen wie die Kaderprogramme Bestandteil der Leitungsreihen sind und dort die vielfältigen Aktenvernichtungsaktionen zum Ende der DDR überlebt haben. Bestandteil der Nomenklaturen ist ein Anforderungskatalog an die Nomenklaturkader, der von der „unverbrüchlichen Treue zur DDR" bis hin zur Erfüllung fachlicher Anforderungen reicht. Die zentrale Kategorie ist dabei „die politische Vertrauenswürdigkeit des ausgewählten Kaders" für den SED-Apparat. Auf diese Weise hat die SED ihre „führende Rolle" umgesetzt.

**Der Sachverhalt des Nomenklatursystems wurde zum Ende der DDR hin erfolgreich vertuscht.**

Das reichte vom Verschwindenlassen des „Zentralen Kaderprojektes der SED" in der Berliner Wuhlheide bis zu den Vernichtungsaktionen an Personalakten durch den Personalaktenbeschluss der Modrow-Regierung vom 22. Februar 1990, der die Bereinigung der Akten nach sich zog.

## Vergangenheitsbewältigung und das Thema „Staatssicherheit"

In der Folge hat die Verengung der Vergangenheitsbewältigung auf das Thema „Staatssicherheit" die Beurteilung der Nomenklaturkader weiterhin begünstigt, da das Belastungskriterium Stasi für sie möglicherweise nicht zutreffend war. Aber die Nomenklaturkader gaben entweder der Stasi die Befehle oder arbeiteten mit ihr offiziell zusammen, was inoffizielle Anwerbung natürlich erübrigte.

Festzuhalten bleibt auch, dass alle ordentlichen, außerordentlichen und Honorarprofessoren seitens der SED-Leitung zustimmungspflichtig waren. In der Humboldt-Universität erfolgten alle Berufungen durch den Rektor und den Sekretär für Wissenschaftspolitik der Kreisleitung.

Wenngleich es an der Humboldt-Universität ein zentrales Direktorat für Kader und Qualifizierung gab, darf doch nicht übersehen werden, dass die Direktoren für E/A und ihre Stellvertreter in den Sektionen vertrauensvoll mit diesem zusammenarbeiteten.

Das, wie auch die Ausbildung von Auslandskadern für den Einsatz im NSW (nichtsozialistisches Weltsystem – bzw. nichtsozialistisches Währungsgebiet), setzte ein Vertrauensverhältnis seitens des SED- Apparates voraus, dem ja dieses Direktorat gewissermaßen unterstand.

## Die Legende vom parteilosen Widerstandskämpfer

Bis zu seinem Ausscheiden als Minister hielt der sächsische Staatsminister an seiner Legende des parteilosen Widerstandskämpfers im SED-Regime fest. Noch in den letzten Tagen seiner Amtszeit im April 2002 suchte er eine gerichtliche Auseinandersetzung vor dem Landgericht Dresden. Dabei ging es unter anderem um die Frage, ob er als Kaderleiter oder Leitungskader bezeichnet werden darf in seiner Tätigkeit als Hochschullehrer in der DDR. Die Begriffe Kader, Kaderentwicklung, Kadererziehung, Kaderausbildung usw. waren allgegenwärtig im DDR-Sprachschatz und täglich in allen Zeitungen. Das Wort Kaderleiter wollte er nicht. Er wollte wohl nicht an seine besondere Verantwortung und seine jahrzehntelange verantwortliche Stellung als Hochschullehrer in leitender Funktion an der Humboldt-Universität erinnert werden. Da kamen die bis dahin existierenden Lücken in seiner Biografie gerade recht.

Aber trotz seiner Nomenklaturkaderfunktion war Meyer ein für damalige Verhältnisse „ganz normaler" DDR-Bürger, der allerdings besondere Verantwortung trug und tragen wollte und ohne Wende heute mit Sicherheit auch noch trüge. Sein Biografie ist nicht das Problem sondern sein heuchlerischer Umgang damit.

Die Aufgeregtheit und Verbissenheit, mit der Meyer sein Engagement bestritt, ist scheinheilig und doppelzüngig. Man könnte zur Tagesordnung übergehen, wenn er nicht selbst als einer der Oberabwickler, Absender schwarzer Listen en gros, mit hunderten Betroffenen und als verbissener Verfolger einer kleinen Krankenschwester mit Stasiverbindung, in die Geschichte des Einigungsprozesses einging. Insofern ist Meyer ein Wendehals, kein Mensch ohne Vergangenheit, aber mit nicht zufälligen Löchern in der Biografie und intensiver Verankerung im alten System.

**1992 reichte zur Entfernung aus dem öffentlichen Dienst im Grunde aus:** „dass ein Professor in besonderer Identifikation mit dem SED-Regime bestrebt war, die Studenten im Geist der SED zu erziehen, sich durch gewollt parteipolitische Ausrichtung seiner Lehrtätigkeit bewußt an wissenschaftsfremden Zielen in seiner Lehrtätigkeit orientierte und dadurch zur Beeinträchtigung der Freiheit der Wissenschaft beitrug".

**„Autoritärer Charakter, Scheinheiligkeit und Lüge im Parlament liegen bei ihm offensichtlich eng beieinander".**
Meyers Aufgaben als stellvertretender Sektionsdirektor für Erziehung und Ausbildung (EuA) an der Humboldt-Universität von 1973 bis 1977, als Leiter der Sprachintensivausbildung, als Außerordentlicher Professor und als Superreisekader, waren nicht weniger bedeutsam für das SED Regime, als z. B. die eines von ihm mit schwarzen Listen entlassenen Professors aus dem sächsischen Hochschuldienst (und das waren hunderte). Meyer allerdings konnte mit seiner Biographie zum ordentlichen Professor und zum Staatsminister in Sachsen aufsteigen. Seit seinem Ausscheiden im Frühjahr 2002 muss er es allerdings hinnehmen, dass er als der heute ranghöchste Laie der katholischen Kirche in Deutschland, so charakterisiert werden darf, wie er am 15. April 2002 vor der fünften Zivilkammer des Landgerichts Dresden einräumen musste: bei Staatsminister Meyer liegen „autoritärer Charakter, Scheinheiligkeit und Lüge im Parlament offensichtlich eng beieinander".

**Meyers Instrumentenkasten des Nachwende Elitenwechsels, Schwarze Listen, Personal- und Ehrenkommissionen**
In Übereinstimmung mit den Regelungen des Einigungsvertrages wurde von den Landesregierungen ein Instrumentarium geschaffen, das formal in die Zuständigkeit sogenannter Personal- und Ehrenkommissionen gelegt wurde. Die Empfehlungen und Entscheidungen zur Entlassung ehemaliger Hochschullehrer der DDR lag

somit in die Hände ostdeutscher Politiker und Wissenschaftler und war natürlich parlamentarisch legitimiert. Wie die „Säuberungen" in Wirklichkeit abliefen, wird sich vielleicht eines Tages für Historiker klären lassen, wenn die Akten und Unterlagen der betreffenden Ministerien nach Ablauf von Sperrfristen der Forschung zugänglich sind.

Die Bedeutung der Personalkommissionen zu Überprüfung der Hochschullehrer wuchs in dem Umfang, wie sich herausstellte, dass einige Hochschullehrer als informelle Mitarbeiter des MfS tätig gewesen waren, ihre Zahl allerdings so gering war, dass dieses Kriterium nicht ausreichte, um die personelle Transformation in dem angestrebten Umfang durchzusetzen. Die rechtswirksame Verdrängung der Hochschulprofessoren und -Dozenten aus ihren Positionen begann im Gefolge des Anschlusses der DDR an die Bundesrepublik nach etwa einjähriger Vorbereitung unter Anleitung alt-bundesdeutscher „Leihbeamter".

Mit Datum vom 7. Mai 1991 wurden in Sachsen „Richtlinien zur Prüfung der personellen Integrität von Angehörigen der Universitäten und Hochschulen" (Einzelfallentscheidung) erlassen. Danach reichte zum Negativvotum der hinreichende Verdacht des Verstoßes gegen die Grundsätze der Menschlichkeit. Ein solcher musste nicht nachgewiesen werden. Es genügte die Wahrnehmung einer SED-Funktion, wie die eines ehrenamtlichen Parteigruppenorganisators als unterste Stufe der Funktionswahrnehmungen in der SED, um den Verdacht auszusprechen. Hervorgehoben wird als Ausschlusskriterium auch die berufliche Benachteiligung von Nichtgenossen, ohne diesen Tatbestand näher zu erläutern. So war praktisch jede nicht erfolgte Berufung als politisch motiviert zu begründen, ohne fachliche Mängel oder die Persönlichkeitsstruktur zu hinterfragen. Da offensichtlich die Abberufungsanträge der Kommissionen in ihren Formulierungen vielfach nicht stichhaltig waren, wurde in einem Schreiben vom 6. April 1992 als unabdingbar darauf verwiesen, „dass die die Entlassung tragenden Gründe durch konkrete Angaben belegt werden können". Weiter heißt es: „wie der Staatsminister für Wissenschaft und Kunst (Professor Dr. Hans Joachim Meyer) in der Dienstbesprechung mit den Vorsitzenden der Personalkommissionen am 23.1.1992 ausführte brauchte, dabei die unmittelbare ursächliche Mitwirkung der Betroffenen nicht unbedingt nachweisbar sein, sofern nach der Sachlage zu vermuten ist, dass die Benachteiligung nicht ohne Billigung des zu diesem Zeitpunkt in einem entsprechenden Verantwortungsbereich ein staatliches Amt oder eine Parteifunktion bekleidenden gekommen wäre". (Arno Hecht, Die Wissenschaftselite Ostdeutschlands, Seite 114 ff.)

Während in jedem ordentlichen Gerichtsverfahren ein unabhängiger Richter über Schuld oder Unschuld des Angeklagten verhandelt und entscheidet, vereinte sich in diesem Kommissionen staatsanwaltschaftliche und richterliche Kompetenz, während die Anzuhörenden nicht mit vergleichbaren Schutzrechten ausgestattete waren. Dass subjektiv Betroffene, deren Betroffenheit in vielen Fällen ja gerade Voraussetzung für ihre Arbeit in den Kommissionen war, als in der Sache Befangene die Untersuchungen durchführten und Entscheidungen trafen, ist ebenfalls eine „rechtsstaatliche" Besonderheit der damaligen Vorgänge. In den Orientierungen des Senates der Karl-Marx-Universität Leipzig hieß es noch wie selbstverständlich: „Die Begutachtung beabsichtigt nicht, politische Überzeugungen zu untersuchen und zu bestrafen. Sie darf nicht mit der Lösung von Strukturfragen verknüpft werden." Die Wirklichkeit war vielfach anders.

## Mit dem Unrechtsbewusstsein geht auch das Rechtsbewusstsein verloren

In einer Erklärung der „Initiativgruppe zur demokratischen Erneuerung der Universität Leipzig", unterzeichnet vom späteren Rektor Cornelius Weiss, heißt es im Jahre 1990: *es darf keine Hexenjagd gegen Andersdenkende und keine Rache geben, trotz des vielen geschehenen Unrechts*. In vielen Fällen widerstanden die Personalkommissionen der nahe liegenden Versuchung, mit Vorverurteilungen, Pauschalisierungen und Gesinnungsschnüffelei persönliche Rechnungen zu begleichen.

Nach Abschluss der „politischen Säuberung" beschrieb Cornelius Weiss 1994 (in „Der Erneuerungsprozess der Universität Leipzig", Nova Acta Leopoldina NF Nr. 290, Bd. 71, S. 95-99) seine Erfahrungen so: „Das Klima verschlechterte sich enorm. Es kam zu verstärkten Schuldzuweisungen; anstelle einer auf strenger rechtsstaatlicher Grundlage eigentlich vorzunehmenden personellen Erneuerung kam es zu Denunziationen, zu einem Kampf aller gegen alle". Und er meinte weiter: „wir laden schon wieder Unrecht auf uns". In der gleichen Diskussion antwortete ihm damals der Sozialdemokrat Alfred Förster, wissenschaftspolitischer Sprecher der SPD im sächsischen Landtag: „... dieses Unrecht, was Sie meinen, das war vom Gesetzgeber so gewünscht". Förster brachte es damit auf den Punkt, die politisch Verantwortlichen waren sich in vielen Fällen über den Unrechtscharakter ihrer Maßnahmen im Klaren.

„Die geschilderte Atmosphäre sowie die Arbeitsweise und Entscheidungen der Personalkommissionen überraschten besonders im

Freistaat Sachsen nicht, da an der Spitze der Aktionisten der aus Berlin konvertierte parteilose Hochschullehrer Hans-Joachim Meyer stand. Der inzwischen aus dem Dienst geschiedene sächsische Wissenschaftsminister (zwischenzeitlich in die CDU eingetreten), als ehemaliger Stellvertreter des Direktors für Erziehung und Ausbildung an der Sektion Anglistik/Amerikanistik der Humboldt-Universität zu Berlin sowie als Reisekader und Dolmetscher des letzten kommunistischen Außenministers zweifellos Stasi überprüft, erfüllte nicht das politisch geforderte Reinheitsgebot, als er ins neue System wechselte. Verständlich deshalb sein Rigorismus. (...) Nach Abschluss der politischen Säuberung bekennt Mayer, das trotz einzelner Fehler die Aufgabe der personellen und strukturellen Erneuerung erfolgreich gelöst wurde. Dem Minister des Freistaates Sachsen ist für seine Offenheit zu danken. Er hat im Verlaufe des personellen Erneuerungsprozesses nie einen Zweifel an seiner Unnachgiebigkeit gelassen.

Doch Hans Joachim Meyer, der den Wissenschaftlern mangelndes Unrechtsbewusstsein vorwarf, gerät selbst ins Zwielicht ob der fragwürdigen Handhabung seines Amtes, weshalb der von ihm formulierte Anspruch auf Wahrhaftigkeit wenig überzeugend klingt. Das Unrechtsbewusstsein schwindet mit der Machtteilnahme, das Erinnerungsvermögen wird lückenhaft, wenn Verfehlungen im Amt nachgewiesen werden. Im Umgang mit der Kündigung einer Krankenschwester wegen ihrer Stasi-Vergangenheit, offenbarte Minister Meyer ein zweifelhaftes Rechtsverständnis, das in vergleichbaren Situationen zum Rücktritt eines SPD-Ministers in Nordrhein-Westfalen geführt hatte." (Hecht, S. 124 ff)

In einer Antwort auf eine parlamentarische Anfrage gab der sächsische Staatsminister für Wissenschaft und Kunst im Jahr 1999 an, dass sich die Zahl der Beschäftigten an den Hochschulen des Freistaates von 28.000 im Oktober 1990 auf 10.000 im Jahre 2000 reduziert habe. Wegen mangelnder persönlicher Eignung seien 985 Hochschullehrer gekündigt worden, davon 341 Hochschullehrer wegen angeblichen Verstoßes gegen Grundsätze der Menschlichkeit.

## Professor Dr. Hans Joachim Meyer als Versender schwarzer Listen mit 884 Namen

Am 9. November 1992, auf den Tag genau drei Jahre nach dem Fall der Mauer, schrieb der damalige Staatsminister für Wissenschaft und Kunst, Professor Dr. Hans-Joachim Meyer ein vielfach zitiertes Schreiben an alle Hochschulen im Freistaat Sachsen. Es heißt dort:

9. November 1992

Betr.: Abschluss der Arbeit in der Personalkommissionen der Hochschulen
hier: Information über abgeschlossene und noch laufender Beendigungen
von Arbeitsverhältnissen

Magnifizenz,
in der Anlage übersende ich Ihnen eine Liste aller Personen, für die ich
mangels persönlicher Eignung ein Kündigungsverfahren eingeleitet hatte.

Liste 1 enthält alle Personen, die bereits gekündigt wurden oder deren
Ausscheiden aus der jeweiligen Hochschule auf andere Weise bereits festgelegt ist.

Liste 2 enthält alle Personen, während Kündigungsverfahren gegenwärtig
noch laufen.

In allen Fällen ist eine Wiedereinstellung an einer sächsischen Hochschule
grundsätzlich ausgeschlossen.

Mit freundlichen Grüßen
Professor Dr. Hans Joachim Meyer

In der Zeitschrift „Ostdeutsches Journal" Ausgabe 1/93, in der
dieser Brief Meyers dokumentiert ist, heißt es unter der Überschrift
Schwarze Listen: „Es gibt wieder hunderte – vielleicht tausende
'schwarze Listen' im Land auf allen Ebenen." Die Zeitschrift zitiert
in dem Zusammenhang den sächsischen Datenschutzbeauftragten
Giesen, der auf einer turbulenten Pressekonferenz zu schwarzen
Listen erklärte: „für gravierender als die Versendung der Listen halte ich die Indiskretion und dem Bruch des Geheimnisses, durch den
diese Listen veröffentlicht worden." (…)

Es gab auch „weiße Listen", die vielleicht manchem Rektor das
Gewissen erleichterten und mit denen Minister Meyer in der „de-
Maizière-Regierung" begann, ehe er bei „Schwarzen Listen" unter
Biedenkopf in Sachsen endete. „Weiße Listen" sind natürlich kein
wirklicher terminus technicus – aber es waren eben Listen, die Minister Meyer anforderte, wen die Universitäten bei dem von ihm
veranlassten Kahlschlag an Hochschullehrern des Marxismus-Leni-
nismus unbedingt – als Einzelfall gedacht – zunächst behalten möchten. Nun hat er (mit seinem Brief vom 9.11.02) für 884 Akademiker, säuberlich aufgelistet, verlangt, dass sie an keiner Hochschule
Sachsens mehr anzustellen sind."

Die förmliche Beanstandung mit der der sächsische Datenschutz-beauftragten Giesen den Staatsminister für Wissenschaft und Kunst, Professor Dr. Hans-Joachim Meyer, für diese schwarzen Listen rügte, blieb für Minister Meyer folgenlos. Für ihn gab es offensichtlich den Art. 33 der sächsischen Verfassung nicht, in dem steht: „Jeder Mensch hat das Recht, über die Erhebung, Verwendung und Weitergabe seiner personenbezogenen Daten selbst zu bestimmen. Sie dürfen ohne freiwillige und ausdrückliche Zustimmung der berechtigten Personen nicht erhoben, gespeichert, verwendet oder weitergegeben werden. In dieses Recht darf nur durch Gesetz oder aufgrund eines Gesetzes eingegriffen werden."

In selbstkritischer Verbitterung über die Summe der Universitätssäuberungen erklärte damals der ehemalige Rektor der Universität Leipzig, Professor Dr. Cornelius Weiss, „wir laden schon wieder Unrecht auf uns". Es hat ihn nicht gestört, sich mit dieser Aussage keine Freunde gemacht zu haben.

Zum Artikel 33 der sächsischen Verfassung brauchen wir, Hans Joachim Meyer, den früheren DDR-Hochschullehrer in hohen SED-Nomenklaturkaderfunktionen, den stellvertretenden Direktor für Erziehung und Ausbildung (E u. A) und Leiter der Spezialfremdsprachenausbildung an der Sektion Anglistik der Humboldt-Universität, den Superreisekader ins KA (Kapitalistische Ausland) und Dolmetscher des letzten kommunistischen Hochschulministers der DDR, der so komfortabel in neue System wechselte, nicht befragen. Dieser Artikel hat sich in Sachen Schwarze Listen nicht als „zweckmäßig" erwiesen.

Das Problem mangelnden Unrechtsbewusstseins brachte der Soziologieprofessor Professor Dr. Oskar Negt einmal mit dem Satz treffend auf den Punkt:

**„Mit dem Unrechtsbewusstsein geht auch das Rechtsbewusstsein verloren."**

**Die Informationen zur Kadernomenklatur** stammen von Matthias Winkler, Potsdam (M. Winkler, geb. 1950, war 1990 Regierungsvertreter bei der Zusammenführung von MfS-Unterlagen in der Berliner Nonnenstraße, von März bis Oktober amtierender Leiter des MfS-Archivs, danach Grundsatzreferent beim Aufbau der Gauck-Behörde und von 1993 bis 1997 in leitender Tätigkeit beim Bundesarchiv in Koblenz. Winkler studierte Geschichte und Archivwissenschaften an der Humboldt-Universität Berlin, Winkler ist Autor von zwei Sachbüchern zum Nomenklatursystem und zur Stasi).

## Klaus Reichenbach

Ex-CDU MdB
Hauptvorstand der CDU der DDR 1987-1990
Vorsitzender CDU-Bezirk Karl-Marx-Stadt 1988-90
Landesvorsitzender der CDU Sachsen 1990-1991

Geboren am 22. September 1945 in Altenburg. Reichenbach war Minister im Kabinett von Lothar de Maizière, dem letzten Ministerpräsidenten der DDR. Reichenbach absolvierte nach der Ausbildung zum Maschinenbauer ein Studium der Ingenieursökonomie an der Textilfachschule Reichenbach und 1975-1980 ein Fernstudium der Staats- und Rechtswissenschaften an der Deutschen Akademie für Staats- und Rechtswissenschaften in Potsdam sowie 1982-1986 ein Jurafernstudium an der Humboldt-Universität zu Berlin.

1969 wurde er Geschäftsführer der Firma Hermann Reichenbach KG Hartmannsdorf, 1985 Betriebsleiter bzw. -direktor des VEB Feinstrickwaren „Goldfasan" Burgstädt.

**1969 trat Reichenbach der DDR-Blockpartei CDU bei. Ab 1974 war er Vorsitzender des CDU-Kreisverbandes Karl-Marx-Stadt-Land, seit 1987 Mitglied des CDU-Hauptvorstandes, seit 1988 Vorsitzender des CDU-Bezirksverbandes Karl-Marx-Stadt** und seit März 1990 des Landesverbandes Sachsen und seit Oktober 1990 Mitglied des Präsidiums der CDU Deutschland. Von März bis Oktober 1990 war er Abgeordneter der Volkskammer und von April bis Oktober Minister im Amt des Ministerpräsidenten. 1991 trat er vom Vorsitz des sächsischen CDU-Landesverbandes zurück. 1990-1994 war er Abgeordneter des Deutschen Bundestages. (nach Wikipedia)

## Frank Rüger

Bürgermeister von Mühlau/Chemnitz,
Ex-CDU-Mitglied, Ex-Stasi-Offizier mit Segen und
von Gnaden der CDU

**Hauptsache CDU: Der Generalsekretär der CDU, Kretschmer, findet die Wahl eines früheren Stasi-Offiziers zum Bürgermeister in Mühlau „demokratisch in Ordnung".**
Auf Bundes- oder Landesebene geißeln Christdemokraten jede Personalie mit MfS-Verbindung. In Mühlau bei Chemnitz, im ehemaligen Kreis Mittweida, hat ein Ex-Stasi-Offizier, jahrelanges CDU-Mitglied der CDU-Ortsgruppe, den Segen der CDU als Bürgermeister. Frank Rüger wurde 2001 mit 68,4 % auf der Liste der CDU zum

Bürgermeister gewählt. Nach Aussagen von Gemeinderatsmitgliedern hatte er damals seine Vergangenheit verschwiegen, ein Verstoß gegen das Kommunalgesetz, der jedoch folgenlos blieb. Die Gemeinderatsmitglieder haben seine Stasi-Karriere erst 2007 erfahren.

Bei den letzten Bürgermeisterwahlen in Sachsen am 8. Juni 2008 wurde Frank Rüger erneut zum Bürgermeister der kleinen Gemeinde Mühlau gewählt.

Rüger ist ein Mann mit bizarrer Vergangenheit. Dazu schreibt Oliver Hach in der „Freien Presse" am 4. Juni 2008 u.a.: „Der heute 47-jährige Rüger arbeitete zu DDR-Zeiten beim Ministerium für Staatssicherheit. Als die Mühlbauer ihn im Jahr 2001 zum Bürgermeister machten, ahnten sie nicht, dass der CDU-Kandidat (mit CDU-Parteibuch) einst Ausreisewillige unter Druck gesetzt und Spitzel für die Stasi angeworben hatte."

Das Landratsamt Mittweida, dass Rüger nach seiner Wahl überprüfte, fand dessen einstige Stasitätigkeit schnell heraus und lag mit dem Gemeindeoberhaupt lange juristisch im Clinch. Die Öffentlichkeit wurde darüber nicht informiert, man berief sich auf den Datenschutz. Als Rügers Vergangenheit schließlich durch einen anonymen Hinweis im September 2007 publik wurde, berief sich der Ex-Stasi-Offizier auf ein Urteil des Verwaltungsgerichtes Chemnitz aus dem Jahre 2006. Darin heißt es, der Landkreis Mittweida habe Rügers Wahl zu Unrecht für ungültig erklärt.

Der Bürgermeister wertete dies als Persilschein. Dabei hatte das Gericht die Frage, ob Rüger als Bürgermeister „tragbar" oder „nicht tragbar" ist, gar nicht bewertet. Es bemängelte lediglich, das Landratsamt habe den Vorgang nicht ausreichend geprüft. Bei der Bürgermeisterwahl am 8. Juni 2008 kandidierte Frank Rüger erneut. Diesmal als Einzelkandidat ohne CDU-Parteibuch. Nach Bekanntwerden seiner Vergangenheit hatte man ihm den Austritt nahe gelegt, das sollte nach außen besser aussehen. Die CDU im Mühlau unterstützte Rüger (laut FAZ vom 10.6.08) trotzdem gegen den Kandidaten der Freien Wähler.

## Sogar Stasikarrieren werden durch die sächsische CDU geheilt

„Auf Bundes- oder Landesebene wachen die Christdemokraten mit Argusaugen über Personalien mit MfS-Verbindung. Zugleich macht man sich für Stasi-Opfer stark wie zuletzt auf dem Landesparteitag in Zwickau, wo Spitzenpolitiker die im IM-Namensstreit pikant gewordene Ausstellung des Zwickauer Theologen Edmund Käbisch mit viel Aufmerksamkeit bedachten. In Mühlau steht die CDU jedoch hinter dem stasibelasteten Bürgermeister, auch wenn sie das öffentlich nicht zugeben will. „Natürlich ist die Sache heikel", räumt ein CDU-Gemeinderatsmitglied ein. Aber man müsse mangels Alternativen auf Rüger setzen. Man wolle schließlich auf keinen Fall, dass dessen Kontrahent von den Freien Wählern das Rennen macht. (...) lt. FP v. 4.6.08

Bei den Nachbarn aber sieht man die Zusammenarbeit mit einem ehemaligen Stasi-Mann weniger entspannt. Penigs Bürgermeister Thomas Eulenberger, ebenfalls CDU, sagte Anfang des Jahres (laut Freie Presse vom 4. Juni 2008) auf die Frage, ob er seinem Mühlauer Amtskollegen einen Posten in der Stadtverwaltung anbieten würde: „wenn das der Preis für die Eingemeindung wäre, würde ich verzichten".

Von Sachsens CDU-Spitze kommt zur Person Rüger ein klares „jein". Ich hätte ihn nicht als Kandidaten aufgestellt", sagte Generalsekretär Michael Kretschmer gegenüber der Freien Presse v. 4.6.08. Andererseits fände er es demokratisch in Ordnung und eine „vernünftige Aufarbeitung", wenn die Mühlauer nun, da alle Fakten auf dem Tisch liegen, Rüger im Amt bestätigen würden.

## Mandatsniederlegungen wegen des Ex-Stasi-Offiziers Bürgermeister Rüger

Nach Bekanntwerden der Stasi-Verstrickungen des Mühlauer Bürgermeisters gab es heftige Diskussionen und monatelange Auseinandersetzungen im Ort und im Gemeinderat. In der Folge erklärten im Oktober/November 08 zwei Gemeinderatsmitglieder der Freien Wählergemeinschaft aus Protest ihren Rücktritt, die Gemeinderäte Meinel und und Lommatzsch. Jens Meinel verwies nach Beschwerden und Wahlanfechtungen, die im Sande verlaufen waren, darauf, dass er nicht gewillt und in der Lage sei und es ihm auch nicht zuzumuten sei unter dem ehemaligen Stasioffizier seine Arbeit als Gemeinderat auszuüben. Herr Rüger sei nur durch Verschweigen seiner Vergangenheit also durch Wahlbetrug an die Macht gekommen. Als er vor fünf Jahren zum Gemeinderat kandidierte, sei diese Ungeheuerlichkeit noch nicht bekannt gewesen.

Gemeinderat Gerd Lommatzsch, der sich in der Sache schon einmal an Bundespräsident Köhler gewandt hatte, erklärte bei seiner Mandatsniederlegung: „Das was mir jetzt widerfährt, kann ich weder mittragen noch verantworten. Dies ist insbesondere, dass ein Stasi-Offizier der durch Wahlbetrug in der Gemeinde Mühlau zum Bürgermeister gewählt worden ist und auch 2008, unter fragwürdigen Umständen, wieder als Bürgermeister gewählt wurde. Dies kann ich mit meinem Rechtsempfinden auf keinen Fall vereinbaren."

## Ex-Stasi-Offizier Bürgermeister Rüger
## übt sein Amt zu Recht aus

Im Vollzug der Gemeindeordnung teilte der angegriffene Bürgermeister Ex-Stasi-Mann Rüger beiden Gemeinderäten mit, dass ihren Anträgen auf Mandatsniederlegung nicht stattgegeben wird. Sie widersprachen den jeweiligen Bescheiden. Gemeinderat Jens Meinelts Widerspruch wurde vom Landratsamt Mittelsachsen (Landrat Volker Uhlig, Ex-SED-Bürgermeister) am 20.4.2009 abgewiesen. Darin heißt es beispielgebend für die sächsische kommunale Rechtsauffassung im Umgang mit der DDR Geschichte: „Im Rahmen der Bürgermeisterwahl 2008 wurde vom Landkreis Mittelsachsen unter zum Teil auch kritischer Beurteilung des Verhaltens des Bürgermeisters dennoch die Entscheidung getroffen, dass der Bürgermeister unter Würdigung der Gesamtumstände für das Amt nicht untragbar erscheint. Somit übt der Bürgermeister derzeit sein Amt zu Recht aus."

## „Die Ablehnung eines Ex-Stasioffiziers reicht für einen möglichen Gewissenskonflikt nicht aus. Die Zulässigkeit der Beendigung der ehrenamtlichen Tätigkeit aus Gewissensgründen muss daher verneint werden."

Weiter schreibt die Rechtsaufsicht Landkreis Mittelsachsen: „Der Begriff des Gewissens ist nicht einfach definier-, aber doch umschreibbar. Gewissenskonflikte beruhen auf einer ethischen Überzeugung. Das Bundesverwaltungsgericht definiert das Gewissen als die eigene Erkenntnis des Erlaubten und des Verbotenen und die Ansicht, verpflichtet zu sein dieser Erkenntnis gemäß zu handeln, somit eine im Inneren ursprünglich vorhandene Überzeugung von Recht und Unrecht und die sich daraus ergebenden Verpflichtung des Betroffenen zu einem bestimmten Handeln oder Unterlassen. Vor dem Hintergrund, dass der Widerspruchsführer nach Bekanntwerden der Tätigkeit des Bürgermeisters für das Ministerium für Staatssicherheit im Juli 2007 erst nach circa 15 Monaten sein Mandat niederlegte, erscheint es durchaus zumutbar, die verbleibenden Monate der Wahlperiode ebenfalls im Gemeinderat zu verbleiben. Die pauschale Ablehnung der Zusammenarbeit mit einem ehemaligen Mitarbeiter des Ministeriums für Staatssicherheit reicht nicht aus um einen möglichen Gewissenskonflikt glaubhaft zu machen. Die Zulässigkeit der Beendigung der ehrenamtlichen Tätigkeit aus Gewissensgründen muss daher verneint werden."

## Persönliche Betroffenheit ist nicht erkennbar

Und nun kommt das Amt zur persönlichen Betroffenheit von Gemeinderat Jens Meinel: „Besonders fassbare Umstände, wie etwa persönlich oder in der Familie unter politischer Willkür aufgrund der Bespitzelung durch Mitarbeiter der Staatssicherheit der ehemaligen DDR gelitten zu haben oder aber Erkenntnisse des Widerspruchsführers darüber, von Herrn Rüger im Rahmen seiner MfS-Tätigkeit selbst ausgespäht worden zu sein, welche möglicherweise aus persönlichen Gründen zu einer Unzumutbarkeit der weiteren Ausübung des Mandates führen könnten, wurden vom Widerspruchsführer nicht vorgebracht." Kurz, es fehlte also eine Opferakte und damit persönliche Betroffenheit bei Jens Meinel.

Gemeinderat Gerd Lommatzsch dagegen hat eine dicke Opferakte. Er wartet allerdings immer noch auf die weise Entscheidung des Landratsamtes Mittelsachsen. Kaum anzunehmen, dass Ex-SED-Genosse Uhlig noch antwortet. Warum sollte er es anders machen als CDU-Innenminister und Ex-Mitglied der Kampfgruppen der Arbeiterklasse, Dr. Albrecht Buttolo, den Lommatzsch im Oktober 2007 um persönliche Unterstützung gegen den Stasi-Oberleutnant Rüger bat, aber nie Antwort erhielt.

Mit den Kommunalwahlen am 6.6.09 hat sich die unglaubliche Geschichte erledigt. Meinel und Lommatzsch sind um einige Erfahrungen reicher geworden. Mit der noch jungen Demokratie, dem Rechtsstaat und der nicht aufgearbeiteten DDR-Geschichte in Sachsen. Ob sie selber noch einmal zur Wahl gehen bleibt zu hoffen.

### Dokumentation:

www.cdu-muehlau.de

**Die Mühlauer CDU betont noch heute auf ihrer Homepage mit Stolz den Sieg über die Spaltungsversuche gegen die Arbeiterklasse ...**

„Der vom damaligen Landesvorsitzenden der CDU Dr. Hickmann 1949 gemeinsam mit Lemmer und Kaiser inszenierte Spaltungsversuch, die CDU in einen pro-westlichen Kurs gegen die Arbeiterklasse zu führen, führte auch in Mühlau zu heftigen Auseinandersetzungen, die bis zu Austritten aus der Partei führten. Der progressive Kern der CDU setzte sich durch."

(CDU-Homepage am 22.11.08,
http://www.cdu-muehlau.de/index.php? page_id=1)

## Andreas Schramm

Ex-CDU-Landrat, Landkreis Mittweida,
Verwaltungsratsvorsitzender der Sparkasse
Mittweida, Kirchenvorstand, Rundfunkrat Ex-Präsident des Land-
kreistages, ehemaliger Innenministerkandidat in Sachsen,
Ex-Verwaltungsrat der Sachsen LB, Berater der
Sparkassenversicherung Sachsen.

Prof. Dr. Andreas Schramm wurde am 05. Mai 1951 in Zschor-
lau/Erzgebirge geboren. Heute wohnt er im Ortsteil Schweikershain
der Gemeinde Erlau im Landkreis Mittweida. Er ist verheiratet und
Vater zweier erwachsener Kinder.

Nach dem Besuch der Grundschule und Erweiterten Oberschule
erwarb Andreas Schramm 1969 in Aue das Abitur und den Fachar-
beiterbrief als Eisenbahner. Der Schulzeit schloss sich ein Studium
der Elektrotechnik und Mathematik an der Verkehrshochschule in
Dresden an.

Von 1973 – 1990 arbeitete der diplomierte Ingenieur als Assistent an der Ingenieurhochschule Mittweida und promovierte zum
Doktor der Ingenieurwissenschaften. Im Dezember 2006 wurde er
von der Hochschule Mittweida zum Honorarprofessor berufen.

Seit Juni 1990 war Prof. Dr. Schramm Landrat im Landkreis Rochlitz und seit September 1992 bis zum Ende der Wahlperiode 1990/
94 zugleich auch Landrat des Landkreises Hainichen. Zu den 1994
im Freistaat Sachsen durchgeführten Kommunalwahlen wurde er
zum Landrat des am 1. August 1994 neugegründeten Landkreises
Mittweida gewählt. Der Landkreis Mittweida besteht im Wesentlichen aus den Altkreisen Rochlitz und Hainichen sowie Teilen der
ehemaligen Kreise Chemnitz/Land, Geithain und Flöha.

Von März bis Oktober 1990 war Prof. Dr. Schramm Mitglied der
Volkskammer der DDR. Nach erfolgter Länderbildung und im Ergebnis der sächsischen Parlamentswahlen zog Dr. Schramm als Di-
rektkandidat in den Sächsischen Landtag ein. Dort wirkte er als
Abgeordneter bis zum Ende der Wahlperiode 1990/94 aktiv im Innen-
ausschuss, zu dessen Vorsitzendem er im November 1993 gewählt
worden war.

Seit April 1995 bekleidete Prof. Dr. Schramm das Amt des Präsidenten des Sächsischen Landkreistages und war seitdem Präsidiumsmitglied des Deutschen Landkreistages. (www.landkreis-
mittweida.de) Soweit die offiziellen, öffentlich zugänglichen Informationen von der Homepage des Kreises Mittweida und im Volkshandbuch der 1. Landtags-Legislatur von 1990 bis 1994 (siehe die
alphabetisch aufgeführten Volkshandbuch-Biografien).

## Andreas Schramm, ein Kreisschulungsreferent der CDU
## Sekretär für Agitation und Propaganda, ...
## in unverbrüchlicher Treue zur DDR?

Schramms Biographie sieht so aus, als hätte er vor der Wende politisch nicht gelebt. (1973 bis 1990 ein Satz: „Ingenieurhochschule Mittweida" und 1985/89 Abg. Kreistag Hainichen). Jetzt kann diese wundersame Lücke geschlossen werden,

Andreas Schramm war CDU-Kreisschulungsreferent im CDU-Kreisverband Hainichen. Er unterschlägt in seinen veröffentlichten Lebensläufen als MdL und als Landrat von Rochlitz/Mittweida seine Mitgliedschaft und Tätigkeit im Kreissekretariat des CDU-Kreisverbandes Hainichen, dessen 20-köpfigem Vorstand er spätestens nach der KDK 1980 angehörte. Andreas Schramm war nicht nur einfaches Mitglied des CDU-Kreisvorstandes Hainichen, sondern Sekretariatsmitglied in einer hervorgehobenen Position. Dem Kreissekretariat gehörten damals der Kreisvorsitzende Horst Polster, der stellvertretende Kreisvorsitzende Dr. Christoph Richter und der Kreissekretär Armin Richter an. Der damals 28-jährige Andreas Schramm aus Mittweida, spielte eine wichtige Rolle im Kreissekretariat der CDU. Er war als Kreisschulungsreferent für die politisch ideologische Arbeit der Partei verantwortlich. Die Funktion, die er ausübte, wurde auch verschiedentlich als „politischer Instrukteur" bezeichnet und entsprach von seinen Aufgaben dem „Sekretär für Agitation und Propaganda" der SED. Leider finden wir über diese wichtige politisch-ideologische Arbeit nichts in der politischen Biografie von Andreas Schramm. Das muss er wohl bis heute vergessen haben. Gottseidank wurde auch in der damaligen CDU alles aufgeschrieben und es taucht heute, selbst nach 25 Jahren, noch das eine oder andere Dokument auf ...

## „... eine neue, wahrhaft demokratische Ordnung
## des Sozialismus ..."

Nun fand sich u. a. ein Papier vom Oktober 1984 mit dem Titel: „Durchführung des Politischen Studiums im CDU-Kreisverband Hainichen 1984/85". Das Papier dokumentiert die politisch/ideologische Linie des politischen Studiums im CDU-Kreisverband Hainichen.

„... die CDU (...) ist zuverlässiger Bündnispartner der Partei der Arbeiterklasse als der führenden Kraft der sozialistischen Gesellschaft, (indem sie) eine neue, wahrhaft demokratische Ordnung des Sozialismus gestalten und die sozialistische Staatsmacht der DDR festigen hilft.

Die CDU (...) hat sich zu einer Partei des Friedens, der Demokratie und des Sozialismus entwickelt, die aus christlicher Verantwortung und in demokratischer Verpflichtung die DDR, unseren sozialistischen deutschen Arbeiter- und Bauernstaat, von Anfang an mit aufgebaut, geprägt, gefestigt und dabei an Eigenständigkeit und Schöpfertum stetig gewonnen hat.

Deshalb ist sie bereit und fähig, diesen Staat, der zur politischen Heimstatt auch christlicher Bürger geworden ist, weiter allseitig zu stärken und parteilosen Christen Beispiel und Hilfe für die Bewährung (...) im Sozialismus zu geben."

## Nicht die Biografie ist erschreckend, sondern der heutige Umgang damit.

Dr. Andreas Schramm war als CDU-Kreisschulungsreferent verantwortlich für das politisch-ideologische Studium im CDU Kreisverband Hainichen. Er hat sich 1984/85 mit politisch linientreuer Arbeit in acht Parteizirkeln als ideologischer „Lehrer" des CDU Kreisverbandes Hainichen hervorgetan. Die acht Schulungszirkel waren den Ortgruppen Bockendorf, Etzdorf, Frankenberg, Goßberg, Greifendorf, Hainichen, Mittweida und Ottendorf zugeordnet.

Parteifreund Schramm hatte die Aufgabe, die politisch-ideologische Arbeit der Vorstände zu unterstützen und die Erkenntnisse und Grundsätze zu vermitteln und durchzuführen, die laut Maßnahmenplan zur Vorbereitung und Durchführung des Politischen Studiums 1984/85 im CDU-Kreisverband Hainichen festgelegt wurden.

Schramm war außer seiner Funktion als alleinverantwortlicher Kreisschulungsreferent für den Kreis Hainichen auch Zirkelleiter für den Zirkel 7. Die Anleitung der Zirkelleiter fand durch den Kreisschulungsreferenten Dr. Schramm im Kreissekretariat statt. Zu den Sekretariatssitzungen berichtete der Kreisschulungsreferent über die Ergebnisse der Zirkelarbeit, legte den Abschlussbericht vor und unterbreitete Schlussfolgerungen für das neue Studienjahr.

Alles das hat er bis heute vergessen, oder er hielt es seiner neuen Karriere nach der Wende für abträglich. So hatte er, wie auch andere führende CDU-Funktionsträger mit einer Lebenslüge zu leben und er befindet sich mit der Methode in der Sachsen-Union in bester Gesellschaft. Nicht die Biografie ist erschreckend, sondern der heutige Umgang damit.

## Im Nomenklaturkadersystem der SED ...

Kreisschulungsreferenten der CDU waren verantwortlich für die ideologische Festigung und Unterstützung der Zirkel und Vorstände der Partei. Sie waren in der Regel Mitglieder des Nomenklaturkadersystems der SED. Wer solche politische Kaderfunktion innehatte, der wusste, was er politisch vertreten musste und welche politisch-ideologische Anforderungen insgesamt daran geknüpft waren.

Das Netz der Kadernomenklaturen umspannte von der Zentrale bis zu den Städten und Gemeinden alle gesellschaftlichen Bereiche (mit Ausnahme der Kirchen) und ermöglichte der SED die gezielte Besetzung aller wichtigen Positionen. Die Zugehörigkeit zur Nomenklatura war parteiunabhängig, wobei natürlich das Gros der Positionen von SED-Genossen besetzt wurde. Alle Führungsfunktionäre der Blockparteien (CDU, LDPD, DBDB, NDPD) waren so z.B. Nomenklaturkader ihrer zuständigen SED-Leitungen. Insgesamt gab es ca. 400.000 Nomenklaturkader.

Bestandteil der Nomenklaturen ist ein Anforderungskatalog an die Nomenklaturkader, der von der „unverbrüchlichen Treue zur DDR" bis hin zur Erfüllung fachlicher Anforderungen reicht. Die zentrale Kategorie ist dabei „die politische Vertrauenswürdigkeit des ausgewählten Kaders" für den SED-Apparat. Auf diese Weise hat die SED ihre „führende Rolle" umgesetzt.

Nach 1990 hat die Verengung der Vergangenheitsbewältigung auf das Thema „Staatssicherheit" die Beurteilung der Nomenklaturkader weiterhin begünstigt, da das Belastungskriterium Stasi für sie möglicherweise nicht zutreffend war. Aber die Nomenklaturkader gaben entweder der Stasi die Befehle oder arbeiteten mit ihr offiziell zusammen, was inoffizielle Anwerbung durch das MfS natürlich erübrigte.

### Belastete Ehrenmänner

Darf man heute danach fragen (schrieb ich schon am 21.10.2002 in einer Presseinformation als MdL), ob solche Ehrenmänner wie Schramm, die ihre tatsächliche politische Arbeit und Verantwortung verschweigen und vernebeln, an der politischen und Verwaltungsspitze von Landkreisen stehen sollten? Darf man heute danach fragen, ob solche Ehrenmänner Rechts-, Fach- und Sachaufsicht im demokratischen Gemeinwesen wahrnehmen sollten? Ist es heute noch eine Frage, ob solche Ehrenmänner Präsidenten von Landkreistagen werden durften? Sollen solche Ehrenmänner im Rundfunkrat einer öffentlich-rechtlichen Anstalt sitzen? Ist es noch eine Frage, ob solche Ehrenmänner im Verwaltungsrat der öffentlich-rechtlichen Landesbank Sachsen LB mitwirken sollten? Fragt man sich nicht wirklich, warum solche Ehrenmänner schon mal in der CDU Sachsen als Innenministerkanditaten gehandelt wurden? Sollten solche Ehrenmänner als Professoren an Sächsischen Hochschulen jungen Studenten Demokratie, Rechtsstaat und Marktwirtschaft beibringen, die jahrelang mit Überzeugung, Standfestigkeit und Zuverlässigkeit die sozialistische Staatsmacht der DDR festigen halfen?

**Familienbande ...**

Schramm ist einer der Prototypen von Charakteren in der CDU, die sich seit zwanzig Jahren vor der Wahrheit der eigenen Biografie davonschleichen ohne über ihre Verantwortung und ihren eventuellen Lernprozess Auskunft und Rechenschaft zu geben. Was übrig bleibt ist prinzipienloser Opportunismus von Karrieren, die ohne Skrupel jedem Regime dienen. Sie sind dabei bei den sächsischen Christdemokraten in bester Gesellschaft. Hier hat das Wort Familienbande einen völlig neuen Geschmack.

---

### Horst Schulz

---

seit 1975 CDU-Kreisvorsitzender
Lehrer an der Oberschule Reichstädt
am Tag des Lehrers 1989 zum Oberstudienrat befördert,
im Juni 1989 Delegierter zum IX. Pädagogischen Kongreß,
1990-93 erneut CDU-Kreisvorsitzender

**Margot Honecker und der Pädagogische Kongress als hohe Auszeichnung**

„Für mich als Mitglied der CDU war im Rahmen der Vorbereitung des Pädagogischen Kongresses eine schulpolitische Beratung meiner Partei am 12. April in Berlin von besonderem Interesse. Volksbildungsminister Margot Honecker würdigte hier die Zusammenarbeit mit christlich engagierten Lehrern, mit Christlichen Demokraten. Sie bestätigte, daß alle Bürger unseres Staates, unabhängig auch von weltanschaulicher Überzeugung oder ihrem Glaubensbekenntnis, gleiches Recht zur Mitwirkung und gleiches Recht auf Bildung besitzen. Daß ich am IX. Pädagogischen Kongreß teilnehmen darf, betrachte ich nicht nur als eine hohe Auszeichnung, sondern vor allem als eine Verpflichtung für meine weitere Arbeit." (Horst Schulz lt. SZ 2.6.89)

---

Anmerkung: „Ich habe die Behandlung von und den Umgang mit Menschen, die sich zu ihrem Glauben bekannt haben, selbst erfahren „dürfen". Ich empfinde diese gemachten Äußerungen als widerliche Heuchelei – Äußerungen wider besseres Wissen, eine Verhöhnung aller derer z. B., die sich zur Konfirmation entschlossen und dann die damit verbundenen Benachteiligungen zu ertragen hatten." (so die Einschätzung von Günter Hofmann, ehem. Kreisrat der CDU, in seinem Buch „Wider das Vergessen – Das Ende des Sozialismus am Beispiel des Altlandkreises Freital und des Weißeritzkreises") Günter Hofmann, Dresden, im Juli 2008

# Volker Uhlig

Vom SED-Vorzeigebürgermeister zum CDU-Landrat:
ab 1990 parteiunabhängiger Landrat (AUW),
CDU-Landrat seit 2008

Geb. am 9. Oktober 1949 in Lichtenberg/Erzgebirge, 2 Kinder, 1966 Abschluss der 10. Klasse in Freiberg, 1967 Metallhüttenfacharbeiter in der Hütte Freiberg, 1968 bis 1970 Grundwehrdienst bei der NVA 1971 bis 1983 Landmaschinen- und Traktorenschlosser in der LPG, Ablegen der Meisterprüfung. Volker Uhlig ließ sich, nach Auskunft von Parteifreunden und Zeitzeugen, als **„zuverlässiger und linientreuer SED-Genosse"** 1983 zum Bürgermeister der Gemeinde Lichtenberg „wählen". Bis zur Wende soll er als SED-Vorzeigebürgermeister seiner Heimatgemeinde regiert haben.

Nach der Wende blieb er Bürgermeister bis 2001. Er absolvierte ein berufsbegleitendes Studium zum „Diplomverwaltungswirt (FH)" (früher Dipl. Staatswissenschafter der Akademie für Staat und Recht der DDR).

Ulig übte eine Reihe wichtiger kommunalpolitischer Ämter aus: Kreisvorsitzender des Sächsischen Städte- und Gemeindetages für die Kommunen des Altkreises Brand-Erbisdorf und des Landkreises Freiberg, Stellv. Präsidiumsmitglied des SSG und Vorsitzender des Ausschusses Bau, Umwelt und Verkehr, 1994 Mitglied im Kreisvorstand der Vereinigung der „Allianz Unabhängiger Wähler" (AUW) 1999 bis 2001 Mitglied des Kreistages Freiberg und Fraktionsvorsitzender der AUW im Kreistag, ab 2001 Landrat des Landkreises Freiberg, **2007 Eintritt in die CDU, ab 01.08.2008 Landrat des Landkreises Mittelsachsen.** Ex-Genosse Ulig wusste 2007 genau, in welche Partei er eintreten musste, um Landrat im neuen Großkreis Mittelsachsen zu werden.

# Edgar Unger

1990-91 CDU-Landrat des Kreises Kamenz,
Unger tritt nach Beschluß des Kreistage am 23.10.91 wegen
Offenlegung seiner Tätigkeit als IM „Kleeblatt" zurück

Edgar Unger, wohnhaft in Lieske/Oßling, ließ sich am 07.06.1990 auf vier Jahre zum Landrat des Kreises Kamenz wählen und trat am 23.10.1991, nach Beschluß des Kamenzer Kreistages wegen Offenlegung seiner Tätigkeit für das Ministerium für Staatssicherheit, als Kamenzer Landrat zurück, wie in der kurzen Geschichte des Landkreises Kamenz von 1990 bis 1996 im Kreisarchiv zu lesen ist.

CDU-Mann Edgar Unger, alias IM Kleeblatt, fiel weich. Seine Parteifreunde machten ihn zum Landesbediensteten im Amt für ländliche Neuordnung. Heute ist Unger im wohlverdienten Ruhestand.

Gefragt, warum er denn im Wissen um seine IM-Tätigkeit keine Skrupel hatte und für das Amt des Kamenzer Landrates angetreten sei, soll er einmal einem Zeitzeugen erklärt haben, dass man damals im Kamenzer Kreisvorstand der CDU, dem 1990 auch Stanislaw Tillich angehörte, der Meinung gewesen sei, danach würde sowieso niemand mehr fragen. Welche besonderen Umstände einer Einzelfallprüfung dann dazu führten, dass Edgar Unger trotz seiner öffentlich diskutierten Stasibelastung gut bezahlter Landesbediensteter im Staatlichen Amt für ländliche Neuordnung Kamenz, unter dem CDU-Staatsminister für Landwirtschaft, Dr. Rolf Jähnichen, wurde, ist nicht bekannt.

Vielleicht hat es etwas damit zu tun, dass Jähnichen, seit 1981 CDU Mitglied, während seiner 6-jährigen Tätigkeit beim Rat des Bezirkes Leipzig und später als stellvertretender LPG-Vorsizender, als politisch absolut zuverlässig galt und so Funktionen wahrnehmen konnte mit denen üblicherweise keine Systemgegner oder Oppositionelle betraut wurden. So konnte er, wie zu vermuten ist, aus rein christlicher Verantwortung, die er schon für den entwickelten Sozialismus der DDR in führender Funktion wahrnahm, einem Mann helfen, der auf jeden Fall eines besaß, das CDU-Parteibuch und so vor der Öffentlichkeit verborgen werden konnte. Als Landrat hätte er zu sehr in der Öffentlichkeit gestanden. Parteifreund hilft Parteifreund.

### Christine Weber

1999-2003 Staatsministerin für Soziales,
stellvertretende Landesvorsitzende der CDU,
Weber tritt nach Hochwasseraffäre zurück.
Es blieben viele Fragen zu ihrer
politischen Biografie.

Geboren 1.12.1948 Aue; ev.-luth.; verw., 3 Kinder – 10. Klasse, Fachschule, Zahnärztl. Helferin, Diplom-Betriebswirtin (FH); Staatsministerin; Zschopau – 1965/68 Lehrling bei einem Privatzahnarzt, 1968/70 zahnärztl. Helferin Poliklinik Aue. 1970/75 Sachbearbeiterin Rat des Kreises Zschopau, fristlose Entlassung bzw. Kündigung wegen Nichteignung 1976, Grund der Kündigung: Nichtteilnahme an der Volkskammerwahl, dies wurde als politischer Grund 1990 durch den Untersuchungsausschuss Zschopau anerkannt. 1976/85

Heimarbeit Feingerätewerk Drebach, 1985/90 Revisor Sozialversicherung, 1990/94 Gesundheits-Sozialdezernentin, 1. Stellv. des Landrats im Landkreis Zschopau.

Seit Okt. 1999 Sächsische Staatsministerin in der Staatskanzlei für die Gleichstellung von Frau und Mann. Bis 1991 parteilos. Nov. 1991 CDU-Mitgl., seit 1995 stellv. Landesvors. und Vors. des CDU-Kreisverbandes Mittleres Erzgebirge. Seit 1990 Mitgl. Kreistag, stellv. Fraktionsvors. – MdL seit Okt. 1994. (Angaben aus dem Volkshandbuch der 3. Legislatur)

**Nach öffentlicher Diskussion – Rücktritt als Ministerin**

Am 17.6.2003 trat Christine Weber vom Amt der Sächsischen Staatsministerin für Soziales zurück. Sie hatte Flutgelder zur Regulierung von Hochwasserschäden durch das Jahrhunderthochwasser der Elbe und ihrer Nebenflüsse aus dem August 2002 für Regenwasserschäden an ihrem Haus (auf dem Birkberg hoch über Zschopau), beim befreundeten Zschopauer Oberbürgermeisters Klaus Baumann beantragt und mit Hilfe seiner Blitzentscheidung erhalten. Nachdem ich dieses recherchiert und öffentlich gemacht hatte, trat Christine Weber aus gesundheitlichen Gründen von ihrem Amt zurück und tauchte auch als Landtagsabgeordnete nicht wieder auf ...

Aber die Flutgelder waren nicht die einzigen Rücktrittsgründe. Als am frühen Nachmittag des 17.6.03. – wenige Stunden später trat sie zurück – meine Presseerklärung mit einem Duzend Fragen an die Staatsregierung nach der wahrheitsgemäßen politischen Biografie von Christine Weber in der Staatskanzlei bekannt wurde, soll dort dem Vernehmen nach von mit der Sache befassten Personen gesagt worden sein: „Jetzt gibt es auch noch Probleme mit ihrer Biografie."

**Christine Weber – Politisch Verfolgte oder zuverlässige Aktivistin?**

Grundlage für die Kleinen Anfragen waren meine Recherchen. Nach Befragungen von Zeitzeugen stellte sich das Bild von Christine Webers politischer Biografie im Juni 2003 gänzlich anders dar, als im Handbuch des Landtages und auf der Homepage des Sozialministeriums zu lesen war. Aus dem „Revisor Sozialversicherung" ihrer Biografie wurde nunmehr eine fünfjährige Tätigkeit von 1985-1990 als Revisor beim Kreisvorstand des FDGB Zschopau im Bereich Sozialversicherung. An diese Revisorentätigkeit war naturgemäß absolute politische Zuverlässigkeit mit ständiger Überprüfung als Einstellungs- und Beschäftigungsvoraussetzung geknüpft.

Hinter dem Bild einer in der DDR zu Unrecht politisch Verfolgten, wie ihre Angaben im Landtagshandbuch noch Glauben machen, schien nun mit Christine Weber eine vielseitig zuverlässige politische Aktivistin zu stehen. Gespräche mit Zschopauer Zeitzeugen im Juni 2003 veranlassten mich nun auch den Wahrheitsgehalt ihrer politischen Biografie mit 14 Kleinen Anfragen an die Staatsregierung zu klären. Dabei ging es um den Stab Zivilverteidigung, Aufnahmeanträge zur SED-Mitgliedschaft, den Demokratische Frauenbund und einen Untersuchungsausschuss vom Februar 1990. Diese Informationen wurden dann am 17.6.03 parlamentarisch hinterfragt, da sie die berufliche Eignung der Ministerin für ein demokratisches Amt betreffen.

**Demnach soll Christine Weber:**
– vor 1989 Mitglied des circa 15-köpfigen Stabes Zivilverteidigung (ZV) beim Rat des Kreises Zschopau gewesen sein, einer Organisation mit zivilen und militärischen Mitgliedern, die militärisch geführt wurde durch den Chef der Zivilverteidigung Oberstleutnant Konrad Löschner mit der Aufgabe zivilen und militärischen Katastrophenschutzes im Kreis Zschopau. Zu den Aufgaben des Stabes Zivilverteidigung gehörte unter anderem die Schaffung von Ordnung und Sicherheit im Krisenfall und besonders die Planung, Vorbereitung und Einrichtung von „Ruhigstellungslagern für auffällig gewordene Personengruppen" in Krisenlagen. Alle Mitglieder des Stabes Zivilverteidigung mussten höchste politische Zuverlässigkeit nachweisen und sollen von der Stasi regelmäßig überprüft worden sein.
– im Jahre 1988 einen Aufnahmeantrag auf SED-Mitgliedschaft in ihrer zuständigen Basisgruppe gestellt haben, der dann wegen zu geringer „Arbeiterquote" in der Parteigruppe erstmal ruhen musste.
– noch 1989 soll sie erneut eine SED-Mitgliedschaft beantragt haben, diesmal unter Angabe von zwei Bürgen. Darunter soll der Bürge Armin Albrecht, damals Abteilung Gesundheit beim Rat des Kreises Zschopau, Alters- und Pflegeheime gewesen sein.
– die letzte und damals einzige Delegierte des Demokratischen Frauenbundes Deutschlands (DFD) aus Zschopau gewesen sein, die am letzten DFD-Kongress, dem XII. Bundeskongress im März 1987 im Palast der Republik in Berlin, teilgenommen haben soll. (Für eine solche Delegiertentätigkeit waren absolute politische Zuverlässigkeit und eine positive Einstellung zum sozialistischen Arbeiter- und Bauernstaat der DDR Voraussetzung.)
– entgegen ihres Hinweises auf Aussagen eines Untersuchungsausschusses Zschopau, der am 21.2. und 7.3.1990 tagte, keinen

politischen Persilschein ausgestellt bekommen haben. In diesem Ausschuss soll keineswegs die einhellige Meinung vertreten worden sein, Frau Weber sei allein wegen der Nichtteilnahme an der Wahl 1976 entlassen worden.

## „Mit einer politischen Oppostion hatte das wenig zu tun, dafür umso mehr mit ihrem Häuschen auf dem Birkberg."

Zu Webers Nichtteilnahme an Wahlen erklärte der Kantor der Sankt Martinskirche in Zschopau, Hermann von Strauch (78) im Februar 2009 in einem Brief an den Autor:

„Wenn z.B. ein DDR-Bürger nicht das bekam, was er wollte (die Zulassung der Tochter zur EOS oder 'Baukapazitäten' für sein Häuschen u.ä.), dann gab es kein wirksameres Mittel als die Drohung: 'Dann gehe ich eben nicht zur nächsten Wahl!' So machte es auch unsere (Ex-Sozialministerin) Christine Weber. Sie hat es mir selbst erzählt, denn ihr 'Hermännel' war in den achziger Jahren mein Klavierschüler. Sie ging tatsächlich nicht zur Wahl. Nur, der Schuß ging nach hinten los: Sie verlor alsbald ihren Posten. In ihrer Nachwende-Biographie freilich machte sich das gut: Wegen Wahlverweigerung geschaßt. Aber es ist eben nur die halbe Wahrheit. Mit einer politischen Oppostion hatte das wenig zu tun, dafür umso mehr mit ihrem Häuschen auf dem Birkberg."

## Fragen zur Biografie von Christine Weber weder bestätigt noch dementiert

In ihren Antworten zu meinen Kleinen Anfragen vom 17.6.03 (zehn Fragen zu Biografie und politischer Eignung der Sozialministerin) mochte die Staatsregierung im August 2003 die angefragten Sachverhalte weder bestätigen noch dementieren. Sie erklärte gleichlautend, dass aus den der personalverwaltenden Stelle der Sächsischen Staatsregierung vorliegenden Unterlagen die unterstellten und angefragten Sachverhalte nicht ersichtlich seien, die Angaben im Landtagshandbuch von ihr nicht geprüft werden und sie für die Angaben auf der Homepage des Sozialministeriums nicht zuständig sei, da sie in die Zuständigkeit des jeweiligen Ministeriums fallen. Kurz, über die politische Eignung der Ministerin hatte sich niemand ein genaues Bild gemacht.

Der Demokratische Frauenbund Deutschlands (DFD) verstand sich als Erbe der Frauenbewegung. Die zunächst antifaschistische, demokratische, parteipolitisch und religiös unabhängige Organisation entwickelte sich schnell zu einer Massenorganisation im Gefolge der SED. Der DFD war im Demokratischen Block der Nationalen Front eingegliedert und stellte anteilmäßig Abgeordnete für die Volkskammer und ab 1952 auch in den Bezirks- und Kreistagen.

**Einfach dumm – Sachsens Sozialministerin organisierte sich Flutgeld – und fürchtet um den Job**

Zur Frage der von Christine Weber kassierten Flutgelder schrieb Alexander Wendt im Focus Nr. 24/2003 unter anderem:

„(...) Ihr Anwesen, idyllisch am Birkberg im erzgebirgischen Zschopau gelegen, hatte während der Augustflut lediglich Regenwasser im Keller. Dennoch beantragte die CDU-Frau bei der Sächsischen Aufbaubank (SAB) 10.005 Euro. (...) Obwohl sie nun definitiv wusste, dass ihr keine Hilfsgelder zustanden, orderte die Ministerin im April dieses Jahres 7.300 Euro Nachschlag bei der SAB – und erhielt auch diese. Die Staatsanwaltschaft Chemnitz forderte jetzt die Akten des Falles für ein 'Prüfverfahren' an. 'Die Sache', so ein Beamter, „riecht modrig. (...)"

# Prägnante Biografien aus Thüringen, Brandenburg und Sachsen-Anhalt

### Dieter Althaus
(Ministerpräsident in Thüringen)

### Reibungslos im DDR-Erziehungssystem funktioniert

Ein Brief von Thüringens Ministerpräsident Dieter Althaus zeigt die problematische Rolle der Ost-CDU

*Berlin* – Es war der 9. November 1989, als sich der Mann an den Schreibtisch setzte. Er bitte dringend darum, „einen zentralen Standpunkt zur Jugendweihe zu formulieren", schrieb er an den Bezirksausschuss für Jugendweihe. Die – als sozialistisches Pendant zur Konfirmation gedachte – Zeremonie solle künftig außerhalb der Schule organisiert werden und „wieder den Inhalt einer marxistisch-leninistischen Weltanschauung haben". Nur so werde sie für die teilnehmenden Schüler und Eltern „wieder zu einem wahrhaften Schritt, der ihre Überzeugung dokumentiert". Am Abend desselben Tages fiel die Mauer. Der Briefschreiber aber war kein SED-Funktionär, sondern der christliche Demokrat Dieter Althaus, heute Ministerpräsident in Thüringen.

Althaus' Brief könnte auf dem Bundesparteitag der CDU Anfang Dezember in Stuttgart für Zündstoff sorgen. Denn dort soll es auch um die Verstrickungen der Ost-CDU im DDR-System gehen. Anlass ist ein 28 Seiten umfassender Antrag, der sich unter dem Titel „Geteilt. Vereint. Gemeinsam" mit den „Perspektiven für den Osten Deutschlands" beschäftigt. Dieser hatte im Vorfeld eine Kontroverse ausgelöst. Denn in dem Papier ist zwar vom Versagen der SPD während der Teilung die Rede, doch über die problematische Rolle der Ost-CDU als Blockpartei wird kein Wort verloren.

Nachdem nicht nur von der SPD, sondern auch von ostdeutschen CDU-Politikern heftige Kritik gekommen war, griff CDU-Generalsekretär Ronald Pofalla ein. Er will nun in Stuttgart über einen Zusatzpassus abstimmen lassen. Darin heißt es, dass die

DDR-CDU zwar von der SED „zwangsweise gleichgeschaltet" wurde, jedoch „im totalitären System mitgewirkt" habe. Diese Mitwirkung gelte es aufzuarbeiten.

Wie schwierig die angestrebte „Aufarbeitung" werden könnte, zeigt der Fall Althaus. Denn die Grenzen zwischen stiller Opposition und Kollaboration waren mitunter fließend. So weist Althaus' Biografie ihn keinesfalls als klassischen „Mitläufer" aus. Sein Vater zählte zu den Mitbegründern der Ost-CDU. Althaus, 1958 in Heiligenstadt im thüringischen Eichsfeld, einer katholischen Enklave, geboren, verzichtete als Katholik auf die Jugendweihe. Nach Volksarmee und Mathematikstudium arbeitete er ab 1983 als Lehrer an der Polytechnischen Oberschule von Geismar, damals Grenzstadt. Dort stieg er 1987 mit 29 zum Vizeschulleiter auf. In dieser Funktion war er, wie in der Regel üblich, für die Vorbereitung der Jugendweihe zuständig. Der CDU war Althaus 1985 beigetreten. Er habe damit „den Werbeversuchen der SED entgehen" wollen, sagte er später.

Im Oktober 1989 organisierte er die erste Montagsdemo in Heiligenstadt mit. Nach der Wende übernahm Althaus im Januar 1990 die Schulamtsleitung seines Heimatkreises. In dieser Funktion sorgte er dafür, dass an den Schulen die FDJ, die Pioniere und das Fach Staatsbürgerkunde verboten wurden.

Auch die Durchführung der Jugendweihe an der Schule ließ er untersagen, jene Veranstaltung also, für die er Monate zuvor in seinem Brief noch ein Plädoyer gehalten hatte. Es ist nicht die einzige Ungereimtheit. So wurde Althaus im Juni 1989 vom FDJ-Zentralrat „für hervorragende Leistungen bei der kommunistischen Erziehung" mit dem Thälmann-Orden in Gold ausgezeichnet – als einziger Lehrer des Bezirks. Althaus bestreitet nicht, für den Orden nominiert worden zu sein. Er habe ihn jedoch nicht angenommen. Gegenüber dem „Spiegel" gab er allerdings schon 1993 zu, die damit verbundene Prämie in Höhe von 500 Mark kassiert zu haben.

Im selben Jahr zitierte der „Spiegel" aus einer Rede, die Althaus am 25. August 1989 gehalten haben soll und in der er seine Kollegen zu einem „festen Klassenstandpunkt" aufforderte. Auch soll er sich, so der „Spiegel" damals, noch Mitte November 1989 in einem Artikel für die Gewerkschaftszeitung „Unterricht und Erziehung" darüber Gedanken gemacht haben, wie man es schaffe, „unsere Schüler die Werte des Sozialismus als moralisch erstrebenswert erkennen zu lassen".

Vor diesem Hintergrund wirkt der am Tag des Mauerfalls verfasste Brief wie ein Versuch, sich nach allen Seiten abzusichern. „Da befindet sich offenbar jemand in der vollkommenen Orientierungslosigkeit", urteilt der Historiker Stefan Wolle vom Forschungsverbund SED-Staat an der Freien Universität Berlin. Ein richtiger Opportunist sei der Schreiber zwar nicht, denn die Opportunisten hätten in den Wendezeiten lieber geschwiegen, glaubt Wolle. Doch der Duktus des Briefes („marxistisch-leninistische Weltanschauung") und auch die Ordensauszeichnung weise auf eine „gewisse Anpassungsleistung" hin: „Es zeigt, dass er im DDR-Erziehungssystem reibungslos funktioniert hat."

Gegenüber der WELT will Althaus nicht zu den Vorwürfen Stellung nehmen. Er habe sich dazu „seit den 90er-Jahren mehrfach umfänglich geäußert". Sie blieben „in großem Umfang" falsch. Dass er den Brief am 9. November 1989 geschrieben hat, dementiert er nicht. Er selbst habe sich mehrfach für den „notwendigen Prozess der Aufarbeitung und Erneuerung der gesamtdeutschen Parteigeschichte" eingesetzt, sagt Althaus und verweist auf den Ost-Antrag für den Bundesparteitag, an dem die „von mir geführte Thüringer CDU" federführend mitgewirkt habe. Tatsächlich entstand das Papier unter Leitung von Dagmar Schipanksi, thüringische Landtagspräsidentin und einst Wissenschaftsministerin unter Althaus – freilich ohne den später von Pofalla angekündigten Passus zur Mitverantwortung der Ost-CDU.

Nach der Wende zog Althaus durch seine scharfe Abgrenzung von der DDR den Zorn einiger Ex-Kollegen auf sich. Als Kultusminister war er politisch dafür verantwortlich, dass einst systemnahe Lehrer aus dem Staatsdienst entlassen wurden. Der Linkspartei warf Althaus ihre „personelle Verstrickung in das Unrecht des SED-Staats" und mangelnden Willen zur Aufarbeitung vor.

Auf den Willen zur Aufarbeitung in der eigenen Partei setzen nun ostdeutsche CDU-Politiker wie Sachsen-Anhalts Ministerpräsident Wolfgang Böhmer. Andernfalls, so fürchten sie, könnte die Ost-CDU 2009 mit einem Glaubwürdigkeitsproblem in den Bundestagswahlkampf gehen. Für Althaus steht auch die eigene Karriere auf dem Spiel: Umfragen zufolge muss seine Partei bei der Landtagswahl 2009 um die absolute Mehrheit bangen.

*Von Miriam Hollstein, DIE WELT, 25. Oktober 2008*

# Ulrich Junghanns

Wirtschaftsminister seit November 2002,
stellv. Ministerpräsident von Brandenburg seit Februar 2007,
seit Januar 2007 Landesvorsitzender der CDU Brandenburg,
Rücktritt als Landesvorsitzender im Oktober 2008.

Junghanns beendete 1974 eine Ausbildung zum Pferdewirt. Er trat 1974 als 18-Jähriger in die Blockpartei Demokratische Bauernpartei Deutschlands (DBD) ein und machte eine steile Funktionärskarriere. Ab 1981 war er hauptberuflich für die DBD tätig. Das dreijährige Studium der öffentlichen Verwaltung an der Fachhochschule für Staatswissenschaft „Edwin Hoernle" Weimar schloss er 1979, Staatswissenschaftler ab. Von 1979 als 1982 war er Mitglied des Rates des Kreises Greiz. Anschließend war er Erster Sekretär der DBD Greiz und 1983 bis er schließlich zum politischen Mitarbeiter im Parteivorstand der DBD berufen. Er ist Träger der Verdienstmedaille der DDR.

Im Jahr 1986 schloss er ein fünfjähriges Fernstudium an der Deutschen Akademie für Staats- und Rechtswissenschaften „Walter Ulbricht" in Potsdam als Diplom-Staatswissenschaftler ab. Später wurde er Bezirksvorsitzender der Demokratischen Bauernpartei Deutschlands in Berlin. Noch am 3. Juli 1989 verteidigt Junghans die Mauer: „Was die Mauer betrifft, so lassen wir uns nicht deren Schutzfunktion ausreden – ganz einfach, weil wir den Schutz spüren vor all dem, was hinter der Mauer an brauner Pest wuchert."

1990 wurde Junghanns erster stellvertretender Vorsitzender der Demokratischen Bauernpartei Deutschlands. Nachdem der Vorstand der DBD im Juni 1990 den Anschluss an die CDU beschlossen hatte und sich Günther Maleuda kurz darauf vom Vorsitz zurückzog, wurde Junghans amtierender Vorsitzender. Unter seinem Vorsitz sprach sich die DBD gegen einen Beitritt der DDR zur Bundesrepublik nach Art. 23 Grundgesetz aus und organisierte später den Zusammenschluss der Bauernpartei mit der CDU, seit 1990 ist Junghanns Mitglied der CDU. (mit Wikipedia).

Junghanns hohes Lied auf Walter Ulbrichts Mauerbau findet sich in einem Artikel der Zeitung „Bauernecho" vom 3. Juli 1989 mit der schönen Überschrift „Berlin - sozialistische Metropole in Farben der DDR". Laut Tagesspiegel vom 25.7.2007 erklärte Junghanns, dass ihm dieser Artikel zum Mauerbau immer wieder exemplarisch für seine frühere Tätigkeit in der ehemaligen ostdeutschen Bauernpartei vorgehalten würde, ihm würde heute nur übrig bleiben, seinen eigenen Lebensweg zu verantworten und daraus zu lernen. Beides würde er tun.

Der Landesvorsitzende der Jungen Union Nordrhein-Westfalen, Sven Volmering, forderte laut Tagesspiegel 25.7.2007 den Rücktritt von Junghanns. Wer noch im Juli 1989 – im Sommer der Botschafts-Flüchtlinge – Loblieder auf die DDR und die Mauer gesungen und damit Opfer verhöhnt habe, sei weder als CDU-Landesvorsitzender noch als Minister tragbar. Die Äußerungen seien „unentschuldbar und nicht akzeptabel".

Innerparteiliche Auseinandersetzungen veranlassten Junghanns im Oktober 2008 als Landesvorsitzender der CDU Brandenburg zu-rückzutreten, Spitzenkandidat für die Landtagswahlen in 2009 zu werden, war für ihn sowieso unrealistisch geworden. Mit seiner Biografie ist Junghanns eine Symbolfigur der Vor-Wende-Zeit, ein Symbol für die Doppelzüngigkeit und Scheinheiligkeit christdemo-kratischer Personalpolitik in Ostdeutschland und ein Symbol für die nicht aufgearbeitete Vergangenheit der Blockpartei CDU.

### Klaus Schmotz

parteiloser Oberbürgermeister von Stendal,
Ex.-SED-Genosse, Oberstleutnant der Grenztruppen,
am 2008 für eine weitere Amtszeit von
7 Jahren  mit Unterstützung der CDU
wiedergewählt.

**Stendaler Geschichtsstunde**
**Wie ein Ex-Offizier der DDR-Grenztruppen Innenminister Schäuble für seinen Oberbürgermeister-Wahlkampf einspannte**

*Stendal* – Wolfgang Schäuble hat genau gewusst, wie heikel diese Reise ist. Trotzdem tritt der Bundesinnenminister am Mitt-wochabend in Stendal bei Magdeburg auf. Der prominente Gast aus Berlin wird im karnevalgeschmückten Festsaal des Hotels „Schwarzer Adler" von 400 Zuhörern frenetisch begrüßt. Eine Blaskapelle heizt die Stimmung an. Die örtliche CDU hat vier Fässer Freibier spendiert. Es ist Wahlkampf in der altmärkischen Kreisstadt. Der seit sieben Jahren von der CDU unterstützte Ober-bürgermeister Klaus Schmotz stellt sich zur Wiederwahl. Er hofft auf Rückenwind durch Schäuble.

Auf der anderen Straßenseite, im Rathaus, versammeln sich an diesem Abend rund 60 Stendaler. Sie sind einer Einladung des Landesbeauftragten für die Stasi-Unterlagen gefolgt. Der Buchautor und Filmemacher Roman Grafe, der sich seit Jahren mit der innerdeutschen Grenze beschäftigt, spricht über „Täter, Opfer, Mitläufer". Journalisten wurde im Vorfeld eine Enthüllung angekündigt – ausgerechnet über OB Schmotz, der den Christdemokraten Schäuble für seine Wahlkampagne eingespannt hat.

Es ist purer Zufall, dass beide Veranstaltungen zeitgleich stattfinden. Dennoch korrespondieren sie miteinander. Das Bindeglied ist der Rathaus-Chef. Dort, wo sich die Mehrzahl der Bürger versammelt, wird er als ehrenwerter und engagierter Kommunalpolitiker wahrgenommen. Dort, wo sich die Minderheit trifft, wird er „Schreibtischtäter einer Diktatur" genannt.

Der DDR-Experte Grafe hat im badischen Freiburg, wo das Bundesarchiv Unterlagen zur deutschen Militärgeschichte aufbewahrt, brisante Dokumente entdeckt. Den Fundstücken zufolge gehörte Schmotz vor 1990 als Oberstleutnant zum engen Führungszirkel des Grenzkommandos Nord mit Sitz in Stendal. Mit mehr als 10.000 Mann sicherte diese Einheit den Todesstreifen von der Lübecker Bucht bis zum Südharz – gegen „Republikflüchtlinge" ging man auch mit der Schusswaffe vor.

Während Grafe referiert, spricht Schäuble auf der anderen Seite des Marktplatzes darüber, wie sicher wir in Deutschland leben. Dass der Oberbürgermeister zu Zeiten der Teilung das Staatsgefängnis DDR absicherte, war seinem Stab bekannt. „Bei der Abstimmung des Termins ist die vormalige Tätigkeit von Herrn Schmotz beim Grenzkommando Nord der DDR offen kommuniziert worden", räumt der Ministeriumssprecher ein. Es hätte keine Anhaltspunkte gegeben, die einer „Annahme einer Einladung entgegengestanden hätten".

Der Innenressortchef wird in Stendal von Schmotz freundlich begrüßt und „dringend" gebeten, sich für den Bau einer Autobahnanbindung nach Stendal einzusetzen. Schäuble antwortet dem „sehr geehrten Herrn Bürgermeister", er habe eine beschwerliche Anreise mit dem Auto hinter sich, weshalb er die Forderung durchaus verstehe. Allein: „Ich bin nicht zuständig."

Im Rathaus spricht Grafe zu diesem Zeitpunkt über seine Archivfunde. Als „Oberoffizier Finanzökonomie" sei Schmotz mitverantwortlich gewesen etwa für die Finanzierung von Grenzzäunen und Selbstschussanlagen, für die Besoldung und Entlohnung der Grenzsoldaten, einschließlich der Prämierung von Todesschützen. Nach dem Mauerfall habe Schmotz, damals 37

Jahre alt, im Zivilberuf „klammheimlich weitergemacht und seine Karriere erfolgreich fortgeführt".

Das Schicksal der Massenarbeitslosigkeit, das viele Ostdeutsche nach dem Mauerfall ereilte, ist Schmotz erspart geblieben. Laut seinem im Internet abrufbaren Lebenslauf leitete er bereits 1990 die Kämmerei im Landkreis Stendal und baute das Amt zur Regelung offener Vermögensfragen auf. 1999 berief man den gebürtigen Thüringer zum Kämmerer der Stadt. 2001 schließlich wurde der Ex-SED-Genosse als parteiloser Kandidat der CDU mit 75 Prozent der Stimmen zum Oberbürgermeister gekürt. Damals hatte er über seine Biografie lediglich gesagt, die Nationale Volksarmee (NVA) habe ihn nach dem Studium als Finanzoffizier „geholt". Doch in Stendal, dem ehemaligen Standort des Grenzkommandos, wissen einige, wo genau er tätig war. Inzwischen räumt Schmotz ein, er habe von 1974 bis 1990 bei den „NVA-Grenztruppen" gedient.

Der Autor Grafe fragt sich: „Hat er einem überlebenden Opfer des Grenzregimes geholfen oder es auch nur um Verzeihung gebeten?" Während der Zeit von Schmotz beim Grenzkommando seien durch Selbstschussanlagen zumindest drei DDR-Flüchtlinge getötet und drei weitere durch Splitterminen schwer verletzt worden. Noch am 15. September 1988 habe ein fanatischer Grenzoffizier einem 19-Jährigen, der schon das Westufer der Elbe erreicht hatte, in den Rücken geschossen: „Der Schütze erhielt eine Geldprämie."

Am Mittwochabend scheint Stendal aus zwei Parallelgesellschaften zu bestehen. Die eine hat offenbar ihren Frieden mit der Vergangenheit geschlossen. Die andere bohrt in den Wunden der Vergangenheit. Der Innenminister verabschiedet sich um 20.30 Uhr aus dem „Schwarzen Adler". Schmotz schüttelt ihm zum Dank für seine Wahlkampfvisite nochmals die Hände und schenkt ihm ein Buch seiner „schönen Stadt", die für ihre Backsteingotik berühmt ist. Die andere Veranstaltung dauert gut eine halbe Stunde länger. Es gibt viel zu diskutieren. Am 17. Februar wird in Stendal gewählt.

(Von Uwe Müller und Martin Lutz, DIE WELT Nr. 27 vom 01.02.2008, Seite 4) siehe auch: http://einestages.spiegel.de/static/topicalbumbackground/1335/kassenwart_bei_moerdertruppe.html

# Zusammenarbeit im Dunkeln
# Der Schattenpakt von CDU und Linkspartei in den Kommunen

### Abgesang auf Doppelmoral, Einäugigkeit, Heuchelei und Pharisäertum der patentierten Christen in Sachsen und anderswo

Spätestens seit der Abwahl Roland Kochs im Frühjahr 2008 und seiner späteren Wiederwahl in Hessen ist die Diskussion über die Zusammenarbeit mit der Linken beziehungsweise Koalitionen von Rot-Grün-Rot in den Ländern und im Bund zu einem täglichen Reflex geworden. „Es ist ein Skandal, dass dabei Wahrheits-Experten wie Roland Koch kräftig ihre Verdammungsmaschine anspringen lassen, dass ein Mann, der der Macht schon mehrmals Wahrheit und politischen Anstand opferte, sich nun praktisch widerstandslos als Wahrer der Moral in der Politik aufspielen kann. Selten hat wohl eine bis ins SPD-Lager hinein benebelte Öffentlichkeit einen Bock so dämlich beim Gärtnern zugeschaut", schreibt Stephan Hebel am 4.10.2008 in der Frankfurter Rundschau.

### Gespielte Sorgenfalten der CDU

Man müsse sich, sagt Stephan Hebel, die größere, strategische Dimension der lauthalsen Polemik der CDU in Sachen Zusammenarbeit mit der Linken vergegenwärtigen. „Und zwar in aller Ruhe und möglichst ohne Rücksicht auf diejenigen, die die linke Mehrheit aus ideologisch verbrämten Eigeninteresse mit einem Tabu zu belegen versuchen. Diese größere Dimension geht weit über Hessen hinaus. Sie hat etwas mit der veränderten Parteienlandschaft zu tun. Die CDU weiß sehr wohl, dass sie die SPD auf absehbare Zeit von der Kanzlerschaft wird ausschließen können, wenn so etwas wie ein linkes Lager nicht regierungsfähig wird. Deshalb macht sie auf moralisch: sie will vor allem die Möglichkeit tabuisiert sehen, dass ein womöglich erfolgreiches hessisches Experiment die Türen für den Bund öffnet, indem es die Linke als verträglichen Spross der Sozialdemokratie entdämonisiert. Dann nämlich wäre – nicht für 2009 –, aber vielleicht vier Jahre später- die Gefahr einer echten politischen Alternative auch im Bund real. Das ist es was die Konservativen fürchten. (...) Hessen hat eine ähnliche Rolle schon bei rot-grün gespielt. Und auch damals dauerte es eine Weile, bis die Mehrheit der Sozialdemokratie aufhörte, auf die gespielten Sorgenfalten der Union hereinzufallen".

**Offizielle Dämonisierung der Linken und der Zusammenarbeit mit der Linken – aber wo es um kommunale Macht geht, gibt es heimliche Zusammenarbeit in den Hinterzimmern der Rathäuser und Landratsämter.**

„Fast 20 Jahre nach dem Fall der Mauer und der deutschen Einheit betreibt die CDU ihre eigene Geschichtsdeutung und zeichnet ein Schwarzweiß-Bild über die ehemalige DDR, das weder der Lebenserfahrung vieler Menschen in Ostdeutschland entspricht noch ihren Lebensleistungen gerecht wird" erklärte der sächsische SPD-Generalsekretär Dirk Panter am 10. Oktober 2008. „Die CDU suggeriert, sie sei in der DDR nie dabei gewesen." Und Wolfgang Tiefensee, SPD-Vorstandsmitglied und Bundesverkehrsminister, unterstützt Panters Position indem er sagt: „Die DDR-Blockparteien sind mitverantwortlich für das Desaster in der DDR. Die Menschen haben nicht nur gegen die SED sondern auch gegen die Blockparteien demonstriert". Die heutigen Warnungen der Union vor einer Linksfront seien reine Heuchelei. „Es gibt eine Reihe von Städten, in denen die CDU mit der Linkspartei koaliert."

### Das Janusgesicht der CDU

„Hier zeige die CDU wieder einmal ihr Janusgesicht" betont Panter, „einerseits verteufelt sie die DDR und feiert sich selbst als Wendepartei, andererseits fehlt ihr jede kritische Auseinandersetzung mit der eigenen Rolle als DDR-Blockpartei". Laut Panter werde die Doppelzüngigkeit der CDU auch im Umgang mit der Partei Die Linke deutlich. „Wer in der Öffentlichkeit jede Zusammenarbeit mit der Linkspartei ablehne, im Hinterzimmer der Kommunalparlamente munter mit der linken kungele, sei das an Heuchelei kaum zu überbieten, denn wenn es um Macht und Posten geht, ist sich die CDU keineswegs für einen Pakt mit der Linken zu schade, wie man in vielen sächsischen Kommunen und zahlreichen ostdeutschen Großstädten, wie Dresden, Chemnitz, Zwickau, Magdeburg, Cottbus oder Schwerin sehen kann."

In zahllosen ostdeutschen Kommunen arbeiten Abgeordnete der CDU mit ihren Kollegen aus der Linkspartei zusammen und strafen die offizielle Position der CDU-Bundespartei damit Lügen. „Wir lehnen", heißt es im Bund, „die Zusammenarbeit mit der Partei Die Linke, den politischen Erben der totalitären SED, ab." „Wer unsere Gesellschaftsordnung überwinden will und nicht auf dem Boden unserer freiheitlichen Grundordnung steht, kann kein Partner von demokratischen Parteien werden". Diese gespielte Art der Abgrenzung hat mit der Realität in Ostdeutschland und in Sachsen insbesondere nicht das Geringste zu tun. Überall ist ein unverkrampfter, machtgeleiteter Umgang zwischen Politikern von CDU und Linkspartei an der Tagesordnung.

„Wenn demokratische Parteien nicht grundsätzlich koalitionsfähig sind", erklärte unlängst Ministerpräsident Böhmer, „schaffen wir die Demokratie ab." Offiziell steht Böhmer mit seiner realitätsnahen Sicht noch allein. Sein sächsischer Amtskollege Stanislaw Tillich macht unmissverständlich klar, „dass ganz links weiter nur der politische Feind steht," schrieb am 3.10.2008 Hendrick Lasch in der Wochenzeitschrift Freitag. Und der Chef der CDU-Fraktion im sächsischen Landtag plädiert für eine grundsätzliche Gleichbehandlung der Linkspartei und der NPD. „Anträge von Parteien am rechten und linken Rand sind generell abzulehnen", schreibt er in seinem Thesenpapier.

**Tillichs und Flaths geschauspielerter Fundamentalismus**
hält noch nicht einmal im sächsischen Landtag von Zwölf bis Mittag. Hier hat die CDU-Sachsen überhaupt keine Probleme, mit den als extremistisch verteufelten linken Verfassungsfeinden gemeinsam die Richterposten im sächsischen Verfassungsgerichtshof zu besetzen – ein Musterbeispiel von Doppelzüngigkeit und politisch-moralischer Mangelerscheinung. Mit den angeblichen Verfassungsfeinden paktiert man für den Sächsischen Verfassungsgerichtshof. – Wie es gerade ins Machtkalkül passt.

# Politische Absprachen und gemeinsame Kandidaten in Sachsen

## Gemeinsame Mehrheiten, Geschacher um Posten – SED- und Stasivergangenheit ist egal – Haupsache CDU

In **Meißen** unterstützten PDS und CDU zusammen den parteilosen Jugendamtschef Olaf Raschke als Kandidaten für die Oberbürgermeister-Wahl 2005.

In **Hoyerswerda** (Sachsen) kandidiert der ehemalige CDU-Chef Joachim Lossack bei den Kreistagswahlen nun für die Linkspartei. In **Kölleda** (Thüringen) ist hingegen der ehemalige Kreischef der PDS, Heinz Döring, zur örtlichen CDU gewechselt.

Im Kreistag **Sächsische Schweiz-Osterzgebirge** hat der <u>CDU-Kultusminister</u> Roland Wöller in seiner Eigenschaft als Mitglied des Kreistages einem Antrag der Linken zugestimmt – gemeinsam mit den Mitgliedern seiner Kreistagsfraktion. Dabei ging es um die Angleichung von Leistungen für Hartz-IV-Empfänger (Sächsische Zeitung, 1.10.2008)

In **Glauchau** unterstützte die CDU einen Kandidaten, der vor der Wende der letzte SED-Bürgermeister der Stadt gewesen war (FAZ, 10.6.2008).

In **Mühlau** bei Chemnitz unterstützte die CDU ihren alten Kandidaten, Frank Rüger, obwohl vor der Wahl dessen Tätigkeit als Stasi-Offizier bekannt geworden war. Rüger war zwar aus der CDU ausgetreten, trotzdem stand die lokale CDU zu ihm, auch um zu verhindern, dass der Kandidat der Freien Wähler gewinnt (FAZ, 10.6.2008).

In **Zwickau** sind Absprachen zwischen CDU und Linkspartei Alltag. So wurde der Zwickauer Bevölkerung in einer Zeitungsanzeige, in der die CDU gemeinsam mit der Linkspartei sowie der „AG Zwickau" (Wählervereinigung) für die Streichung von zwei der fünf Beigeordnetenposten warb, mitgeteilt: „Diese drei Fraktionen vertreten (…) den überwiegenden politischen Willen und sind gemeinsam in der Lage, diesen in Beschlüsse münden zu lassen." (Wochenspiegel, 23.4.2008, FAZ, 10.6.2008). Bei der Beigeordnetenwahl am 25. September 2008 wählten CDU und Linkspartei gemeinsam die bisherigen Fraktionschefs Rainer Dietrich (CDU) und Bernd Meyer (Linke) zu neuen Beigeordneten (Sächsische Zeitung, 26.9.2008).

In **Chemnitz** haben sich CDU und Linkspartei im Stadtrat über die Verteilung der drei Beigeordneten-Posten geeinigt. Dadurch wurden am 11.6.2008 zwei CDU-Politiker und ein parteiloser Kandidat der Linkspartei gewählt. Der Kandidat der Linken ist nun mit konservativem Segen Bürgermeister mit den Geschäftsbereichen Recht und Ordnung in Chemnitz (FAZ, 10.6.2008). Der SPD-Kandidat wurde von der Union hingegen nicht unterstützt. Aus Protest gegen die Wahl trat das CDU-Ratsmitglied Christoph Paus aus der Fraktion aus.

**CDU Dresden** – in der sächsischen Landeshauptstadt hat die CDU ebenfalls die Posten der Beigeordneten bei den Wahlen am 7. August zwischen sich und der Linksfraktion.PDS aufgeteilt. Mit den Mandatsträgern der Linksfraktion.PDS hatte die CDU auch schon den Beschluss zum Verkauf der Dresdner Wohnungsbaugesellschaft (Woba) durchgesetzt. Faktisch gibt es eine inhaltliche Koalition (Sächsische Zeitung, 11.5.2005). Die Fraktion der Linkspartei spaltete sich aufgrund des Woba-Verkaufs. Linksfraktion. PDS und CDU verabschieden am 08.9.2008 gemeinsam mit der FDP den Doppelhaushalt 09/10 (Sächsische Zeitung, 09.9.08).

**Der Generalsekretär der sächsischen CDU, Kretschmer, lobt die Zusammenarbeit mit den „vernünftigen Linken", Kreisvorsitzender Rohwer fabuliert von „Persönlichkeiten" der abgespaltenen Linksfraktion.PDS.**

Bereits anlässlich der Bürgermeisterwahlen hatte der Generalsekretär der sächsischen CDU, Michael Kretschmer, öffentlich die Zusammenarbeit mit den „vernünftigen" Linken gelobt und die Abspaltung als „Glücksgriff" bezeichnet (Sächsische Zeitung, 09.8.08). Am 11. September 2008 wurde der Antrag auf eine Schweigeminute für die Opfer des 11. September von Seiten des rechtsradikalen „Nationalen Bündnisses" u.a. mit Stimmen von Linksfraktion.PDS und CDU beschlossen. Im Zusammenhang mit der Diskussion um den Parteiausschluss von Roland Weckesser (MdL, finanzpolitischer Sprecher und Stadtratsabgeordneter Dresden) äußern sich reihenweise hochrangige CDU-Mitglieder positiv über den „von allen Seiten geschätzten" und „hochanständigen Kollegen" und Ex-SED-Mann (Süddeutsche Zeitung, 17.9.2008). Der Sprecher der CDU-Stadtratsfraktion, Helfried Reuther sagte: „Wir werden weiter mit den Linken zusammenarbeiten" (Sächsische Zeitung, 29.9.2008).

**CDU Dresden, Kreisvorstand** segnete die inhaltliche Zusammenarbeit sowie die gemeinsame Wahl von Beigeordneten mit der Linksfraktion.PDS ab: Der Kreisvorsitzende Lars Rohwer stellte fest, man habe den Plan „zustimmend zur Kenntnis genommen" (DNN, 10.7.2008). Zudem könnte er sich Politiker der Linksfraktion.PDS als Verbündete der lokalen CDU vorstellen. „Noch ist niemand auf mich zugekommen und es wird deswegen sicher harte Diskussionen geben. Aber ich kann mir einen Stadtrat ohne solche Persönlichkeiten schwer vorstellen" (MoPo, 10.7.2008).

### CDU Dresden Wasserträger für die NPD

In Dresden arbeitet die CDU der NPD in die Arme und boykottiert das breite Bündnis von Parteien, Organisationen, Kirchen und

Einzelpersonen „GehDenken" gegen den Massenaufmarsch der Neonazis am 14. Februar 2009. Die Nazis wollen das Gedenken an die Bombardierung Dresdens zu einem rechtsradikalen Propagandafeldzug missbrauchen. Zahlreiche Kirchenvertreter, Parteichefs aus ganz Deutschland und der Altbundespräsident engagieren sich dagegen. Doch Dresdens CDU beschimpft sie.

## Dresden: CDU rückt Altbundespräsident von Weizsäcker in die Nähe von Linksradikalen

Mit einer Briefkampagne versucht der CDU-Stadtverband Dresden, eine Großdemonstration gegen den Missbrauch des Zerstörungsgedenkens in der Stadt durch Nazis zu hintertreiben. An entsprechenden zivilgesellschaftlichen Aktionen hatte sich die Union in den vergangenen Jahren nicht beteiligt. Nun versucht CDU-Stadtchef Lars Rohwer, prominente Erstunterzeichner eines Aufrufs zum „Geh Denken" am 14. Februar 2009 von ihrer Unterstützung abzubringen. Gerichtet sind die mit Rohwers Briefkopf als Landtagsabgeordneter versehenen Schreiben offenbar vorrangig an Kirchenvertreter.

### Ex-Bundespräsident von Weizsäcker. Ein linker Chaot?

Zum Jahrestag des alliierten Bombenangriffs auf Dresden 1945 finden mittlerweile große Nazi-Aufmärsche statt. Tausende Polizisten beherrschen an diesem Tag das Stadtbild. Um eine weitere Instrumentalisierung durch Nazis zu stoppen, hat ein Bündnis von Parteien, Gewerkschaften, Kirchen und Künstlern seinen Aufruf überregional erweitert. Als prominente Unterstützer wurden Bundestags-Vizepräsident Wolfgang Thierse, SPD-Chef Franz Müntefering, Linksfraktions-Chef Gregor Gysi, Grünen-Chefin Claudia Roth und Altbundespräsident Richard von Weizsäcker gewonnen.

Dieses Engagement nennt Rohwer in einer Pressemitteilung eine „Einmischung von außen" und „mehr als unglücklich." Die Unterstützer rückt er in die Nähe von Linksradikalen: „Wir brauchen keinen braunen Spuk und keine linken Chaoten aus Deutschland und Europa an diesem Tag", heißt es. In der Mitteilung unterstellt die CDU den Organisatoren der Gedenkveranstaltung Wahlkampfabsichten. Rohwer geht in seinem Rundschreiben von der unrealistischen Vorstellung aus, es könne in Dresden noch ein Gedenken „in Stille und Würde" geben. Zum Umgang mit dem Naziaufmarsch fällt kein Wort. Der CDU-Stadtchef schreibt, die Bombardierung Dresdens dürfe nicht „als logische Konsequenz der nationalsozialistischen Verbrechen verharmlost werden". Den Organisatoren unterstellt er einen „Protest gegen die Gedenkpolitik der Stadt und gegen das Gedenken der Bürger".

**Dresden: Prominente Kirchenvertreter verwahren sich gegen die Beschimpfung durch die CDU**

Die Hamburger Bischöfin Maria Jepsen bekräftigte, in Dresden reden zu wollen. Der Theologieprofessor Hubert Frankemölle, unter anderem Berater der Deutschen Bischofskonferenz, verwahrte sich in seiner Antwort auf Rohwers Brief gegen eine Gleichsetzung der Motive von „Protest und Gegenprotest" und eine Vereinnahmung als „Linker". Auch ein stilles Dresden-Gedenken sei nicht ohne geschichtlichen Kontext möglich. Jürgen Scheinert vom Sächsischen Landesjugendpfarramt erkennt im CDU-Verhalten die „typische Dresdner Provinzialität". Bisher zog nur Sachsens ehemaliger Regierungschef Kurt Biedenkopf seine Unterstützung zurück. (Michael Bartsch, taz - tageszeitung, 11.11.2008)

# Dresden: CDU Schulterschluß rechtem Bündnis

**Antrag der Rechten für eine gemeinsame Resolution fand im Dresdner Stadtrat erstmals eine Mehrheit**

Am Donnerstag 11.9.08 hatte das von der NPD gesteuerte „Nationale Bündnis" im Dresdner Rathaus eine Gedenkminute für die Opfer der Terroranschläge vom 11. September 2001 in den USA beantragt. Die CDU-Oberbürgermeisterin Helma Orosz fragte zunächst ob sich gegen den Antrag Widerspruch rege. Der SPD-Fraktionsvorsitzende Peter Lames bestand auf einer Abstimmung des Antrages mit der Bemerkung, dass viele der zu gedenkenden Katastrophen gerade von den geistig verbündeten der vier rechtsradikalen Antragsteller vom rechten Bündnis verursacht worden seien. Orosz stellte den Antrag der Rechten zur Abstimmung. Der erhielt bei vielen Enthaltungen eine Mehrheit. SPD, Grüne und Linke hatten gegen den Antrag gestimmt und dagegen protestiert, dass zum ersten Mal Neo-Nazi Anträgen im Stadtrat mit Mehrheit aus CDU, FDP, Bürgerliste und sogar Teilen der ehemaligen PDS zugestimmt worden sei. Linke und Grüne verließen den Saal. Aus den Reihen der CDU und FDP, aber auch von Teilen der linken „Altfraktion" gab es Zustimmung.

Der DGB zeigte sich entsetzt über den Beschluss des Dresdner Stadtrates und erklärte durch seinen Vorsitzenden Ralf Hron, „die Vorgänge zeigen in einem drastischen Ausmaß, wieviele Kommunalpolitiker den Ernst der Lage immer noch nicht verstanden haben. Und wieviel Schaden ein solches Vorgehen der sächsischen

Landeshauptstadt in der deutschen und internationalen Öffentlichkeit bringen kann. Dass eine langjährige ehemalige sächsische CDU-Ministerin wie Frau Orosz, nicht weiß, wie man einer gezielten rechtsextremen Provokation parlamentarisch korrekt begegnet, macht mich einigermaßen sprachlos." Laut Sächsischer Zeitung vom 12. September 2008 erklärte dazu die Fraktionschefin der Grünen im Landtag, Antje Hermenau, „dass Kommunalpolitiker den Rechtsextremisten auf den Leim gehen, ist in Sachsen offenbar nicht nur ein Problem des ländlichen Raumes sondern auch in der Landeshauptstadt" und André Hahn Fraktionsvorsitzender der Linken im Landtag betonte, „welche konkreten Themen sich Nazis aussuchen, um ihre Menschen verachtende Ideologie zu verschleiern, ist völlig belanglos".

Der CDU-Generalsekretär Michael Kretschmer verwies laut ddp-Meldung vom 12.9.2008 darauf, „dass die Rechtsextremen mit dem von einem NB-Vertreter vorgebrachten Antrag eine Überrumpelungstaktik angewandt und darauf gehofft hätten, dass viele Stadträte nicht gegen das Gedenken an die Terroranschläge vom 11. September votieren wollten."

Dass die Mehrheit aus CDU und anderen für den Antrag der Rechtsextremisten eine Frage des politischen Anstands war, bei der die CDU Dresden einmal mehr versagt hat, vergaß er zu bedenken. Der Schulterschluss mit den Rechten in der sächsischen Landeshauptstadt ist kein Zufall und zeigt einmal mehr die moralische Ziel- und Planlosigkeit christdemokratischer Machtpolitiker. Dafür ist auch der CDU-Landrat Michael Czupalla symptomatisch.

### CDU Nordsachen – Landrat Michael Czupalla: „NPD-Anträge nicht einfach ablehnen"

CDU in Nordsachsen will NPD-Anträge nicht einfach ablehnen. Der stellvertretende Fraktionschef der CDU im Kreisrat, Roland Märtz, sagte: „Nein, Anträge der NPD werde ich nicht einfach ablehnen, nur weil die NPD sie stellt" (Spiegel online, 27.08.08). Märtz wollte nicht ausschließen, dass ein sachlicher Antrag der NPD einmal seine Zustimmung bekommen wird. Der CDU-Landrat Michael Czupalla erklärte dazu: „Die Abgeordneten sind in ihren Entscheidungen frei." Über seinen Pressesprecher lässt er wissen, „es hinzunehmen, wie es kommen wird".

## CDU und die Verhaiderisierung durch den MdL Volker Schimpff

Bundesverdienstkreuz für Rechtsaußen der CDU –
Zickzackkurs durch die politische Moral in Sachsen –
NPD bedankt sich bei CDU Abgeordneten

Der umstrittene Rechtsaußen Volker Schimpff sitzt als Nachrücker noch keine 100 Tage im Landtag, da sorgt er bereits wie früher schon für Negativschlagzeilen. „Europa habe einen seiner prägenden und vielleicht in den hervorstechensten Politiker deutscher Zunge verloren" schreibt Schimpff in einer Traueradresse als Landesvorsitzender der Ost- und mitteldeutschen Vereinigung, zum Unfalltod des Kärntner Landeshauptmanns Jörg Haider. Dass der sein Heimatland Österreich stets als Teil der deutschen Nation ansah und ausgerechnet SS-Mitglieder für anständige Menschen hielt, störte Schimpff offensichtlich nicht.

„Mit seiner Haider-Laudatio blieb sich der Leipziger Schimpff, der schon 1990-2000 für die CDU im Landtag saß, treu. So bezeichnete er einst Journalisten als „geistige KZ-Wächter" und erklärte im Parlament, dass sich sein Mitleid in Grenzen halte, wenn straffällige Ausländer in ihre Heimat abgeschoben werden und dort in Ketten gelegt oder ausgepeitscht würden. „Konsequenzen hatte das nie" schreibt Gunnar Saft in der Sächsischen Zeitung vom 15.10.2008.

Schimpff, der 1992 der heutigen Landesverfassung nicht zustimmte, war lange Vorsitzender des Verfassungs- und Rechtsausschusses im Parlament. 2007 erhielt er auf Drängen von Ex.-Ministerpräsident Georg Milbradt (CDU) das Bundesverdienstkreuz. Zu seinem Vorsitz im Verfassungs- und Rechtsausschuss des Parlamentes erklärte ich damals in einer Presseerklärung: **„dann kann man ja gleich einen Vampir zum Präsidenten der Blutbank machen,"** und warnte damals schon die sächsischen Christdemokraten „durch Schimpff zu verhaidern."

Die NPD frohlockte, ihr Abgeordneter Johannes Müller bedankte sich bei dem Haider-Fan Schimpff. Es gebe in der CDU offenbar noch immer einige wenige Patrioten, „die sich ihren politischen Anstand bewahrt haben und nicht vor dem antideutschen Zeitgeist kapitulieren". „Wirr und völlig deplatziert" nannte CDU-Generalsekretär Michael Kretschmer Schimpffs Traueradresse. Das war's. Weitere Folgen hatte der Skandal nicht. Und die sächsischen Christdemokraten bleiben weiter auf ihrem geradlinigen Zickzackkurs durch die politische Moral in Sachsen.

**Die Bürgermeister und Räte sind für sieben Jahre gewählt,**

**die CDU-Machtbasis ist gesichert.** Das wäre erledigt, nun rollen bei der CDU Krokodilstränen zu den belasteten Personalien oder zu anrüchigen Koalitionen. CDU Sachsen entdeckt die Doppelmoral – und findet Ausnahmen –.

Trotz der intensiven Zusammenarbeit mit der Linkspartei in den Kommunen will die sächsische CDU nun **Linkspartei und NPD in Zukunft gleichsetzen**. In einem Papier des CDU-Fraktionsvorsitzenden im sächsischen Landtag, Steffen Flath, wird u.a. gefordert, zur Bekämpfung der NPD keine Bündnisse mit der Linken einzugehen sowie generell Anträge sowohl der NPD als auch der Linkspartei abzulehnen. **Michael Kretschmer**, Generalsekretär der CDU Sachsen und Ministerpräsident **Stanislaw Tillich** stützten zwar die Grundthesen des Papiers des Fraktionsvorsitzenden Steffen Flath zur Ablehnung jeglicher Zusammenarbeit mit der Linkspartei, formulierten aber Ausnahmen: z.B. Wahl von Verfassungsrichtern, Einhaltung von Verfassung oder Gemeindeordnungen (Dresdner Neueste Nachrichten, 29.9.2008).

## Politische Absprachen und gemeinsame Kandidaten in anderen Bundesländern

In **Cottbus** kandidierte im Oktober 2006 der CDU-Politiker Holger Kelch unter dem Dach eines Wahlbündnisses mit der damaligen Linkspartei.PDS für das Amt des Oberbürgermeisters. Er verlor zwar gegen den Kandidaten der SPD, Frank Szymanski. Doch weiterhin ist es Alltag im Cottbuser Stadtrat, dass CDU und Linkspartei zusammen abstimmen (DIE WELT, 23.5.2008). Kelch: „Das Ende der DDR ist jetzt schon 15 Jahre her. (…) Wenn ich mir die PDS-Funktionäre hier in Cottbus anschaue, sind das aber nicht die Menschen, die damals daran schuld waren." (SUPER ILLU, 12.10.2006). CDU-Kreistagschef Dombrowski: „Die PDS ist nicht mehr die SED." (Tagesspiegel, 29.8.2006).

In **Magdeburg** kam es am 3. Juli 2008 zum Skandal, weil sich die CDU zusammen mit der Linkspartei die Posten der Beigeordneten zuschanzte. Nachdem der Kandidat der CDU für den Posten des Wirtschaftsbeigeordneten mit den Stimmen der SPD gewählt worden war – wie dies zwischen Christdemokraten und Sozialdemokraten besprochen war, hielt sich die CDU bei der Wahl der

Sozialbürgermeisterin nicht an diese Absprache. Die CDU gab ihrerseits nicht ihre Stimmen der SPD, sondern wählte einen Altlinken aus der Linksfraktion, der bis 1989 die Moskauer Parteihochschule besuchte und fast ein Vierteljahrhundert als hauptamtlicher Parteiarbeiter in Diensten der FDJ, SED, PDS und Linkspartei agierte (Volksstimme, 03.7.2008).

In **Schwerin** arbeiten CDU und die Linkspartei seit mehreren Jahren zusammen. Sie organisieren Mehrheiten und verteilen Posten im Rathaus (Spiegel 40/2008: 36ff.).

Im **Prignitz-Kreis** in Brandenburg wurde der CDU-Landrat Hans Lange mit den Stimmen der Konservativen, der FDP, der Bauernpartei und der PDS gewählt. Dafür erhielt letztere einen Dezernenten-Posten. CDU und PDS erarbeiteten zudem ein gemeinsames Positionspapier (Süddeutsche Zeitung, 07.11.2001).

Im **Berlin Marzahn-Hellersdorf** wurde die Bürgermeisterin Dagmar Pohle (Linkspartei) zu Beginn der Legislaturperiode 2006 mit den Stimmen der CDU gewählt, obwohl auch eine Koalition von SPD, CDU, FDP und Grünen möglich gewesen wäre. Linkspartei und CDU arbeiten auch inhaltlich zusammen. (Quelle: MdBA Mario Czaja, CDU).

In **Berlin-Mitte** hatte sich in der letzten Legislaturperiode (2001-2006) Joachim Zeller (CDU) mit den Stimmen der damaligen PDS (sowie der Grünen und der FDP) zum Bezirksbürgermeister wählen lassen, um einen SPD-Bürgermeister zu verhindern. In einer gemeinsamen Vereinbarung zwischen CDU, Linkspartei und Grünen wurden kommunalpolitische Schwerpunkte beschlossen (Quelle: Zeitschrift der PDS, Mittendrin, 12/2001). Der Spiegel titelte: „Die rechte Empörung ist nicht gerade glaubwürdig. Wenn es um die eigene Macht geht, scheuen auch Christdemokraten und Liberale nicht den Pakt mit dem angeblich roten Teufel. (...) Selbst der scheidende CDU-Landeschef Eberhard Diepgen orakelte, man könne langfristig eine Zusammenarbeit auf Landesebene mit der PDS nicht ausschließen." (Spiegel, 10.12.2001).

In **Bad Kösen**, Sachsen-Anhalt, wird die CDU-Bürgermeisterkandidatin Jacqueline Kreisel vom Bad Kösner Bürgerforum und der Linkspartei unterstützt. Jetzt erarbeiten „CDU, Bürgerforum und Linkspartei ein nachhaltiges Programm für Bad Kösen". (Quelle: http://blog.cdu-burgenland.de/?cat=11 Mittwoch, den 21. 5. 2008).

In **Spremberg** hat die CDU eine Frau Franke von der Linkspartei für den Vorsitz in der Stadtverordnetenversammlung am 27.10.2008 vorgeschlagen und sie dann auch gewählt. Am 27. Oktober wiederholte sich diese Zusammenarbeit bei der Besetzung der Vorsitzposten der Ausschüsse des Stadtrates.

## Nicht alles im Dunkeln ...

**Manche aus der Union sprechen offen über eine Zusammenarbeit mit der Linkspartei.**

Der Ministerpräsident von Sachsen-Anhalt, **Wolfgang Böhmer** sagte im Radiosender MDR: „Was ich an der Linkspartei respektiere, ist ihre sehr intensive Basisarbeit, und das fehlt mir bei der CDU." Darüber hinaus schloss Böhmer eine Koalition mit der Linken nicht generell aus. Gegenwärtig könne er sich das zwar nicht vorstellen, er betrachte ein Angebot des Fraktionsvorsitzenden der Linken, Wulff Gallert auch nicht als „unmoralisch". Böhmer: „Wenn demokratische Parteien nicht grundsätzlich koalitionsfähig sind, schaffen wir die Demokratie ab" (Mitteldeutsche Zeitung, 17.7.2008).

## „Die Krippen haben gewechselt, die Ochsen blieben dieselben."

„Die Zeit seit dem Herbst 1989 wird oft als 'Wende' bezeichnet. Dieser Begriff beschreibt nur unzureichend, was in den letzten Jahren im östlichen Deutschland geschah.

'Die Krippen haben gewechselt, die Ochsen blieben dieselben', sagte meine Mutter über frühere 'Revolutionen.

Auch das stimmt so nicht, denn viele neue Gesichter sind bekannt geworden, sind jetzt die aus der grauen Masse hervorragenden Persönlichkeiten.

Sie stehen auf Tribünen und in Zeitungen, sitzen auf Talkshow- und Ministersesseln. Sie haben nun die politische und die andere Verantwortung für uns übernommen. Es gilt, sie dabei zu unterstützen, ihnen Achtung und Ehre zu erweisen. Ihr soziales Engagement sollte uns Vorbild sein. Das wollen sie auch und übergaben uns deshalb in vielen Broschüren ihre Lebensläufe, damit wir daraus lernen können.

Umweltbewusst wie sie sind, denn durch jedes Heftchen sterben ja Bäume, haben sie sich auf Wesentliches ihrer Biographien beschränkt.

Nach der Geburt folgt bei vielen unmittelbar ihr Wirken nach dem Herbst 1989. Dazwischen war nichts. Bei mir liegt leider allerhand dazwischen."

*Reinhold Andert, Liedermacher*

Aus Reinhold Andert „Unsere Besten – Die VIPs der Wendezeit".
Elefanten-Press-Verlag GmbH, Berlin 1999

1. Legislatur 1990-1994   92 CDU-Abgeordnete, davon 70 Blockflöten, 76 %
2. Legislatur 1994-1999   77 CDU-Abgeordnete, davon 43 Blockflöten, 55 %
3. Legislatur 1999-2004   76 CDU-Abgeordnete, davon 36 Blockflöten, 47 %
4. Legislatur 2004-2009   55 CDU-Abgeordnete, davon 23 Blockflöten, 41 %

(Die Anzahl der Abgeordneten kann wegen Personenwechsel und Nachfolgekandidaten während einer Legislatur geringfügig schwanken)

# Sächsische CDU-Landtagsabgeordnete, Mitglieder und Funktionäre in wichtigen Funktionen

### Sechsundzwanzig Beispiele sächsischer CDU-Karrieren
### Blockflöten, Wendehälsen, Janusköpfe und ganz normale Karrieristen

| | |
|---|---|
| Klaus Baumann | CDU-Oberbürgermeister in Zschopau, Ex-SED, Ex-FDJ-Mandatsträger |
| Albrecht Buttolo | CDU seit 1979, Staatssekretär, Innenminister, Kampfgruppenmitglied |
| Michael Czupalla* | CDU-Landrat Nordsachsen, davor Delitzsch-Eilenburg |
| Joachim Dirschka | 1984-1989 Hauptvorst. Ost-CDU, Handwerkskammerpräsident, IM-'Vorsitzender' |
| Andrea Dombois* | 2. Vizepräs. des sächs. Landtages, CDU seit 1979, Kreissekretär |
| Peter Dresler | Oberbürgermeister Glauchau, Ex-SED-Bürgermeister |
| Volker Ebermann | Ex-CDU-Landrat Bautzen |
| Heinz Eggert | Ex-CDU-Innenminister |
| Wolfgang Engelmann | Ex-CDU-MdB, CDU seit 1962, FDJ-Kreisleitung |
| Bernd Greif | Ex-CDU-Landrat Dippoldiswalde/Weißeritzkreis, CDU seit 1988 |
| Ludwig Güttler | Dresdner Blechbläser, Nationalpreisträger, IM-'Friedrich' |
| Udo Hertwich | Ex-CDU-Landrat Stollberg, Mitglied der Block-CDU |
| Albrecht Kohlsdorf | Ex-CDU-Landrat Marienberg/Mittl. Erzgebirgekreis, CDU seit 1982 |
| Frank Kupfer* | CDU-Umweltminister seit 2008, CDU seit 1982, stellvertretender Kreissekretär |
| Heinz Lehmann | CDU seit 1979, parlamentarischer Geschäftsführer der CDU-Landtagsfraktion |
| Hans-Chr. Malcherek | Ex-CDU-Landrat Kreis Freital, Mitglied der Block-CDU, IM-'Hans' |
| Lothar Mende | Ex-CDU-MdL, CDU seit 1971, |
| Bernd Merbitz | CDU-Landesvorstand, Landespolizeipräsident, SED-Major der K2 |
| Hans Joachim Meyer | Ex-CDU-Minister für Wissenschaft und Kunst |
| Klaus Reichenbach | CDU-Minister im Kabinett de Maiziere, Ex-Landesvorsitzender, CDU seit 1969, Ex-CDU-MdB |
| Frank Rüger | Ex-CDU-Bürgermeister in Mühlau, jetzt parteilos, Ex-Stasi-Offizier |
| Andreas Schramm | Ex-CDU-Landrat Mittweida, CDU-Kreisvorstand seit 1980 |
| Horst Schulz | CDU-Kreisvorsitzender 1975-1993 in Dippoldiswalde |
| Volker Uhlig | CDU-Landrat Mittelsachsen, Ex-SED-Bürgermeister |
| Edgar Unger | Ex-CDU-Landrat Kamenz, IM-'Kleblatt' |
| Christine Weber | Ex-CDU-Sozialministerin, Stab ZV (Zivilverteidigung) |

*) Kupfer, Dombois und Czupalla, absolvierten mehrmonatige CDU Kaderschulungen in Burgscheidungen

## Nachbarn: Biografien aus Thüringen/ Brandenburg/Sachsen-Anhalt

| | |
|---|---|
| Dieter Althaus | CDU seit 1985, Ministerpräsident von Thüringen |
| Ulrich Junghanns | seit 1975 DBD, CDU-Wirtschaftsminister, stellvertretender Ministerpräsident von Brandenburg und von Januar 2007 bis Oktober 2008 Landesvorsitzender der brandenburgischen CDU |
| Klaus Schmotz | Ex-Oberstleutnant der DDR Grenztruppen, Oberbürgermeister von Stendal mit CDU-Unterstützung von ganz oben |

## Ehemalige Blockparteimitglieder mit CDU-Landtagsmandat in der Sächsischen Staatsregierung und der Fraktions- und Parlamentsspitze

| | |
|---|---|
| Stanislaw Tillich | CDU seit 1987, CDU-Staatsfunktionär, Stellvertreter des Vorsitzenden des Rates Kamenz für Handel und Versorgung, 1989 Kaderausbildung in der Akademie für Staat und Recht „Walter Ulbricht", Potsdam, Volkskammer, Europabeauftragter, Finanzminister, Ministerpräsident |
| Albrecht Buttolo | CDU seit 1979, Staatssekretär, Innenminister, Kreistagsabgeordneter, „einfaches" Mitglied der Kampfgruppen |
| Christine Clauss | CDU seit 1984, seit 1983 Lehrbeauftragte an der Frauenklinik Leipzig, Sozialministerin seit 2008 |
| Frank Kupfer* | CDU seit 1982, stellv. CDU-Kreissekretär Kreis Oschatz 1986-1989, Generalsekretär der CDU-Sachsen von 1999-2001, seit 2008 Sächs. Staatsminister für Umwelt und Landwirtschaft |
| Steffen Flath | CDU seit 1983, 1983-1991 CDU-Ortsvorsitzender, 1995 bis 1999 Generalsekretär der CDU-Sachsen, seit 2008 Vors. der CDU-Landtagsfraktion, Ex-Kultusminister |
| Heinz Lehmann | CDU seit 1979, seit 2004 parlamentarischer Geschäftsführer der CDU-Landtagsfraktion |
| Andrea Dombois* | CDU seit 1979, 2. Vizepräsidentin des Sächsischen Landtages, 1984-1986 politischer Instrukteur, 1986-90 erster Sekretär der CDU-Kreisleitung |
| Bernd Merbitz | Ex-SED Major Kriminalpolizei K2, CDU-Landesvorstand, Fraktionsvorsitzender. Kreistag, Sächsischer Landespolizeipräsident |

*) Kupfer und Dombois absolvierten mehrmonatige CDU-Kaderschulungen in Burgscheidungen

## Ausgeschieden aus Staatsregierung, Fraktion und Fraktionsspitze

| | |
|---|---|
| Herbert Goliasch | Ex-CDU-Vorsitzender der Landtagsfraktion, CDU-Landesvorstand, Mitglied der Block-CDU, Fraktionsvorsitzender 1990-1994, nach jahrelangen Diskussionen um Stasi- und KGB-Kontakte schied Goliasch 1998 aus der CDU-Fraktion und 1999 aus dem Landtag aus. |
| Friedbert Groß | Kultusminister (1993/94), CDU seit 1984 |
| Rolf Jähnichen | Landwirtschafts-/Umweltminister (1990-1999), CDU seit 1981 |
| Rudolf Krause | Innenminister, Stellvertretender Ministerpräsident (1990/91) CDU seit 1962 |
| Karl Mannsfeld | Kultusminister (2002-2004), CDU seit 1974 |
| Horst Metz | Finanzminister (2002-2007), CDU seit 1968 |
| Hans-J. Meyer | Minister für Wissenschaft und Kunst (1990-2002) |
| Christine Weber | Ministerin für Gleichstellung/Sozialministerin 1999-2003, 1987 Kreisdelegierte XII.Bundeskongress DFD, Stab ZV (Zivilverteidigung) |

## Kreis/Stadt-Parteisekretäre, MdL

| | | |
|---|---|---|
| Andrea Dombois (Hubrig) | Eckmar Hähnel | Frank Kupfer |
| Siegfried Pausch | Gottfried Teubner | Gottfried Tröger |
| Eva Maria Wünsche | | |

## Hauptvorstand der CDU der DDR

| | | |
|---|---|---|
| Dirschka, Joachim | Jähnichen, Rolf | Krause, Rudolf |

## Bezirksvorstand der CDU der DDR (MdL)

| | | |
|---|---|---|
| Kockert, Gerhard | Krause, Rudolf | Pfordte, Helmut (DBD) |
| Reber, Stephan | Schicke, Herbert (DBD) | Witzschel, Eberhard |
| Zimmermann, Ingo | | |

## Kreis-/Stadtverbands-/Ortsgruppen-Vorstand, MdL

| | | |
|---|---|---|
| Goliasch, Herbert | Gregori, Dietrich | Gallert, Horst |
| Böttrich, Heinz | Hahn, Andreas | Hauck, Christian |
| Klaussner, Bernd | Klinnert, Werner | Madai, Wolfgang |
| Mende, Lothar | Metz, Horst | Müller, Helmut |
| Nowak, Wolfgang | Pausch, Siegfried | Pfordte, Helmut |
| Rauchalles, Arnold | Reber, Stephan | Reinfried, Dieter |
| Richter, Christoph | Sachse, Karl | Schicke, Herbert |
| Schramm, Andreas | Spantig, Clemens | Stempell, Kurt |
| Süß, Wolfgang | Thomaschk, Ludwig | Tillich, Stanislaw |
| Weber, Wolfgang | Weigel, Eckhard | Weinhold, Karl |
| Wildführ, Dietmar | Zimmermann, Ingo | Flath, Steffen |

## Bezirk/Kreistagsabgeordete/Stadt/Gemeinde (MdL)

| | | |
|---|---|---|
| Albrecht, Uwe | Buttolo, Albrecht | Binus, Karl-Heinz |
| Dierich, Peter | Enders, Wolfgang | Gallert, Horst |
| Günther, Klaus | Hähnel, Eckmar | Heinrich, Peter |
| Klaußner, Bernd | Krause, Rudolf | Kühnrich, Klaus-Dieter |
| Kupfer, Frank | Lippmann, Eberhard | Mannsfeld, Karl |
| Mende, Lothar | Metz, Horst | Pausch, Siegfried |
| Pfordte, Helmut | Rauchalles, Arndt | Sachse, Karl |
| Schramm, Andreas | Schubert, Ingo | Sprotte, Paul |
| Stempell, Kurt | Strempel, Karin | Teubner, Gottfried |
| Tillich, Stanislaw | Ulbricht, Hartmut | Weber, Wolfgang |
| Weinhold, Karl | Witzschel, Eberhard | Schmidt, Werner |

## Bürgermeister/Stellvertr. Bürgermeister (MdL)

| | | |
|---|---|---|
| Binus, Karl-Heinz | Börner, Eckhard | Einsle, Sigrun |
| Kannegiesser, Hans-Jörg | Laue, Dietmar | Mende, Lothar |
| Rauchalles, Arndt | | |

# Biografien aller sächsischen CDU- Landtagsabgeordneten

mit politischen Erfahrungen in der Blockpartei CDU,
in anderen Blockparteien oder in staatsnahen Funktionen
in verschiedenen Bereichen.

1990 bis 2009

Quellen: Sächsischer Landtag, Volkshandbuch 1. Wahlperiode; Volkshandbuch 2. Wahlperiode, 4. Auflage; Volkshandbuch 3. Wahlperiode, 3. Auflage; Volkshandbuch 4. Wahlperiode 3. Auflage; NDV Neue Darmstädter Verlagsanstalt (Irrtum vorbehalten)

### ALBRECHT, Uwe, CDU

Dipl.-Ing. Kfz-Technik; Leipzig – *19.7.1957 in Leipzig; ev.; verh., 1 Sohn – 1964/74 Grundschule in Leipzig. 1974/76 Lehre Kfz-Schlosser; danach Grundwehrdienst. 1979/82 Ingenieurstudium in Dresden, KfzTechnik, 1983/89 Hochschulfernstudium in Dresden, Kfz-Technik. 1978/90 im Kraftverkehr Leipzig in den Funktionen Kfz-Schlosser, Revisionsbeauftragter, Gruppenleiter Kfz-Instandsetzung, Abteilungsleiter Kfz-Instandhaltung, Abteilungsleiter Anlageninstandhaltung, Hauptabteilungsleiter Wirtschaftsverwaltung. **1979 Eintritt in die CDU; 1990 Stellv. des Ortsverbandsvors. Leipzig-Nord. 1985 und 1989 Stadtbezirksabgeordneter, Kommission Bauwesen,** 1990 Vors. der Untersuchungskommission zu Fällen des Amtsmissbrauches, der Korruption und der persönlichen Bereicherung im Stadtbezirk. – MdL seit Okt. 1990. Wahlkreis 8 (Leipzig IV)

### BINUS, Karl-Heinz, CDU

Dipl.-Ing.; Hilmersdorf – *15.9.1954 in Hilmersdorf; ev-luth.; verh., 2 Kinder - POS in Hilmersdorf, Berufsausbildung mit Abitur in Auerbach. Studium der Physik und der Elektroautomatisierungstechnik TU Dresden und TH Zwickau, Diplom-Abschluss 1978. Bis 1983 Techn. Leiter im VEB Blechbearbeitung Marienberg. 1983/90 Bürgermeister in Marienberg. Seit 1989 außerplanm. Aspirant an der TH Zwickau. Aufsichtsratsmitgl. der Konsument-Handels-GmbH. **Mitgl. CDU seit 1976. Abgeordneter der Stadtverordnetenversammlung Marienberg 1984/90.** März/Okt. 1990 MdV – MdL seit Okt. 1990. Wahlkreis 54 (Marienberg)

### BÖRNER, Eckhard, CDU

Bürgermeister; Witzschdorf – *16.1.1951 in Klingenberg-Colmnitz; ev.-luth.; verh., 1 Tochter - POS in Miltitz-Roitzschen. EOS und Abitur in Meißen 1969. Studium an der Bergakademie Freiberg, 1973 Dipl.-Ing. für Gewinnungs- und Aufbereitungsmaschinen. VEB Metallaufbereitung Dresden 1973/75, im Motorradwerk Zschopau 1976/84. **Seit 1984 Bürgermeister der Gemeinde Witzschdorf im Erzgebirge.** Seit Feb. 1990 Vors. CDU Kreisverb. Zschopau. Fraktionsvors. der CDU im Kreistag Zschopau, MdL seit Okt. 1990. Wahlkreis 67 (Zschopau-Annaberg II)

### Dr. BÖTTRICH, Heinz, CDU

Arzt; Chemnitz – *10.6.1925 in Chemnitz; ev.-luth., verh., 2 Kinder-Volksschule und Oberrealschule mit Abitur in Chemnitz, anschl. 3 Monate Reichsarbeitsdienst, dann 2 Jahre Wehrmacht. 1945 Studium der Humanmedizin in Jena, 1951 Staatsexamen in Greifswald, 1952 Promotion, nach Erhalt der Vollapprobation Facharztausbildung zum HNO-Arzt, als solcher seit 1957 in eigener Praxis tätig. Vorstandsmitgl. (e) der Gesellsch. für Oto-Rhino-Laryngologie und cervicofaciale Chirurgie von Nordostdeutschland. **Gründungsmitgl. der CDU, Ehrenvors. Stadtverb. Chemnitz. Jeweils drei Legislaturperioden Bezirkstagsabg. und Stadtverordneter Karl-Marx-Stadt.**, MdL seit Okt. 1990. Wahlkreis 59 (Chemnitz I)

### Dr. BUTTOLO, Albrecht, CDU

Dipl.-Ing.; Wüstenbrand –*1.9.1947 in Langenrinne, Kr. Freiberg; röm.-kath., verh., 2 Kinder-Abitur 1966 an EOS „Geschwister Scholl" Freiberg; 1966 Facharbeiter Feinmechanik. Studium Technologie Maschinenbau, Vertiefungsrichtung EDV. 1970 Dipl. Ing. 1973 Promotion an der TH Karl-Marx-Stadt. 1973/90 Tätigkeit im IFA-Ingenieurbetrieb. Seit Juni 1990 Regierungsbevollmächtigter in Chemnitz. **1979 Eintritt in CDU;** Seit 1989 Kreistagsabgeordneter, 1990 Kreisvors. der CDU in Hohenstein-Ernstthal. Seit 1990 CDU-Fraktionsvors. Kreistag, MdL seit Okt. 1990; Parl. Staatssekretär beim Staatsminister des Innern. Wahlkreis 56 (Hohenstein-Ernstthal) (siehe Extrabiografie)

### CLAUSS, Christine Ursula, CDU

Fachschwester für Anästhesiologie und Intensivtherapie, Leipzig, Landesliste; *10.2.1950 in Scheibenberg/Erzgebirge; evangelisch-lutherisch; verheiratet, ein Sohn. POS in Chemnitz. 1966 bis 1969 Krankenpflegeschule „Rethanien" Leipzig, 1973 bis 1974 Bezirksakademie des Gesundheits- und Sozialwesens Leipzig. 1970 bis 1994 in der Städt. Frauenklinik Leipzig, davon 20 Jahre leitende Schwester der Intensivstation. 1994 bis 1999 Fachberaterin der AOK Sachsen. 1976 bis 1983 Ausreiseantragsstellung. **Seit 1984 CDU-Mitglied,** 2003 bis 2007 Kreisvorsitzende der CDU Leipzig, seit 2003 stellvertretende Vorsitzende der Sächsischen Union. 1990 bis 2000 Stadtverordnete/Stadträtin in Leipzig. Mitglied des Sächsischen Landtags 1999 bis 2004 und seit April 2005; September 2002 bis 2004 stellvertretende Vorsitzende der CDU-Fraktion; frauenpolitische Sprecherin der CDU-Fraktion. Eingetreten am 22. April 2005 für Abg. Wolfram Köhler. Seit Juni 2008 Staatsministerin für Soziales.

### CLEMENS, Martin, CDU

Dipl.-Ing. Bergbau; Herrnhut – *19.3.1939 in Herrnhut; ev. Brüder-Unität; verh., 4 Kinder - Oberschule in Neugersdorf, Abitur. Studium Tagebaukunde Bergakademie Freiberg, 1963 Dipl.-Ing. Bergbau Tagebau, 1966 Abschluss ökonomisches

Zusatzstudium an der Bergakademie. 1963/65 wiss. Mitarbeiter am Brennstoffinstitut Freiberg. 1966/67 Tagebautechnologe im Braunkohlenwerk Oberlausitz in Hagenwerder. 1968/89 stellv. Produktionsdirektor im BKW Oberlausitz. 1972/89 BGL Mitgl. Kirchl. Mitarbeit: 1968/80 Mitgl. im Ältestenrat Brüdergemeinde Herrnhut, 1980 Abg. in der Synode der Ev. Brüder-Unität, Distrikt Herrnhut. 1981 bis heute Vors. der Synode im Distrikt Herrnhut und stellv. Vors. Finanzausschuss der Synode. 1975/90 Mitgl. Grubenwehr im Braunkohlenwerk Oberlausitz (e), seit 1976 Oberführer. **1957 Mitgl. der CDU. Bis März 1990 keine Parteifunktionen außer Mitarbeit im Ortsgruppenvorst. Herrnhut.** März 1990 Gründungsmitgl. der Wirtschaftsvereinigung Sachsen der CDU. März/Okt.1990 MdV, MdL seit Okt.1990. Wahlkreis 30 (Görlitz, Land II-Zittau II-Löbau III)

### COLDITZ, Thomas, CDU

Diplom-Lehrer Aue, Wahlkreis 5 (Aue-Schwarzenberg 1), *8. September 1957 in Aue; evangelisch-lutherisch; ledig. EOS, Abitur 1976. 1976 bis 1978 Grundwehrdienst. 1978 bis 1982 Studium an der TH Karl-Marx-Stadt, Diplom-Lehrer für Polytechnik. 1982 bis 1985 Lehrereinsatz in Schwarzenberg, 1985 bis 1989 Lehrer in Aue. **Seil 1985 Mitglied der CDU** und der CDA. 1994 bis 1999 Stadtrat in Aue. Mitglied des Sächsischen Landtags seit Oktober 1990.

### CZOK, Karl, CDU

Erzieher für Jugendheime, Agrotechniker; Leipzig - *22.12.1949 in Groß-zschepa; geschieden, 2 Kinder - Grundschule in Großzschepa, Oberschule in Thallwitz, beruft. Grundausbildung in Canitz, Facharbeiterabschluss in Großzschepa 1967. Agrotechniker bis 1970, Kraftfahrer im Fernverkehr bis 1972, Kraftfahrer im Betriebsverkehr bis 1979. Fernstudium am IfH (Institut für Heimerzieherausbildung) Hohenprießnitz bis 1983 mit päd. FS-Abschluß. 1979/86 Heimerzieher und Lehrer in Berufsausbildung, **1986/89 Lehrer und Leiter an Bildungsstätte der DBD in Leipzig. Mitgl. DBD seit 1967. 1990 Geschäftsführer Bezirksvorst. der DBD in Leipzig bis zur Fusion CDU - DBD.** Mitglied der CDU seit Sept. 1990; Mitgl. Kreisvorst. Wurzen der DBD 1980/86. Abgeordneter der Gemeinde Böhlitz, Vors. der Komm. Bau- u. Wohnungspol., Ratsmitgl. 1979/89, Vors. Elternbeirat der Oberschule Röcknitz 1986/88. - MdL seit Okt. 1990. Landesliste

### Dr. DIERICH, Peter, CDU

Dipl.-Gewerbelehrer Mathematik; Zittau - *2.6.1942 in Schluckenau; verh.; 2 Kinder - 1948/60 Grundschule und EOS in Großschönau. 1962/68 Studium der Mathematik und Berufspädagogik TU Dresden. Ab 1968 an der jetzigen TH Zittau im Fachbereich Mathematik; seit 1972 wiss. Oberassistent; 1976 Promotion zum Dr. oec., 1988 Habilitation zum Dr. sc. techn, (lt. Handbuch 10. Volkskammer **seit 1969 CDU Mitglied), 1977/90 Kreistagsabgeordneter.** Feb. 1990 Mitgl. Kreisvorst. der CDU. März/Okt. 1990 MdV - MdL seit Okt. 1990; Mitgl. Präsidium. Wahlkreis 31 (Zittau I)

### DIRSCHKA, Joachim, CDU

Elektromeister; Leipzig - *6.8.1941 in Leipzig; kath.; gesch., 1 Kind - Grundschule in Leipzig. Ausbildung als Elektroinstallateur, Meisterprüfung 1965, Ab 1963 bei PGH Elektroinstandsetzung Leipzig, 1969/ 90 Vors, Ab Okt. 1990 Geschäftsführer der Elektroinstandsetzung und Anlagen GmbH Leipzig. Präs. Handwerkskammer Leipzig, Mitgl. AR Volksbank Leipzig, Mitgl. Mitgliederbeirat der Signal Versicherung. **Mitgl. Hauptvorst. der CDU 1984/89.** 1989/90 Mitgl. Parteivorst. CDU. Mitgl. Mittelstandsvereinigung und Stellv. des Vors. des ehem. DDR-Bereiches. Gegenwärtig kooptiertes Mitgl. Bundesvorst. der MIT. - MdL seit Okt. 1990. Wahlkreis 5 (Leipzig I) Ausgeschieden, Nachfolger Abg. Lars Rohwer, s. S. 73

### DOMBOIS (HUBRIG), Andrea, CDU

Kreisgeschäftsführerin CDU; Dippoldiswalde - *4.8.1958 in Leipzig; ev.; verh., 1 Kind - Grundschule in Dresden. Teilabschluss Fachschulstudium Staats- und Rechtswissenschaften 1988/90; Teilabschluss wegen Auflösung der Fachschule im August 1990. Abschluss als Wirtschaftskauffrau. 1978/82 Servfererin Ferienheim der CDU, **Mitglied der CDU seit 1979, 1982/84 technische Mitarbeiterin CDU Stadtverband, 1984/86 Instrukteur CDU Dresden-Land, ab 1986 Kreissekretär der CDU Dippoldiswalde.** Mitgl. Kreisvorst. der CDU Dippoldiswalde, Mitgl. Landesvorst. CDU Sachsen. - MdL seit Okt. 1990. Wahlkreis 50 (Dippoldiswalde - Freital II)

### EINSLE, Siegrun, CDU

Stenotypistin, Dipl. Wirtschaftsing. für Energie; Leipzig, OT Baalsdort, Landesliste; *10.12.1958 Zwenkau; ev.- luth.; 2 Kinder - 10. Klasse POS Rüssen Kleinstuikwitz 1975/77 Ausbildung zur Stenotypistin. 1978/81 Studium an der Ingenieurschule für Energiewirtschaft Markkleeberg. 1981/85 Bereichsökonom im Kraftwerk Lippendorf, 1986/90 Bürgermeisterin in der Gemeinde Audigast, **Mitgl. DBD/CDU seit 1977, Kreisvorstandsmitgl. seit 1986**, Mitgl. Kreisvorst. CDU Borna bzw. Leipziger Land 1990/97. MdL seit Nov. 1991; Vors. Ausschuss für Bauen, Wohnen und Verkehr, Vorsitzender des Arbeitskreises „Petition" der CDU-Fraktion.

### ENDERS, Wolfgang, CDU

Rundfunk- u. Fernsehmechanikermeister; Steinpleis - *20.1.1951 in Zwickau; ev-luth.; gesch. 1 Kind - 10-Klassen-Schule in Steinpleis Kr. Werdau. Lehre als Rundfunk- u. Fernsehmechaniker; 1978/80 Meisterstudium. Werkstattmeister in der GHG Technik Zwickau; seit 1988 selbst. Handwerksbetrieb in Steinpleis. **Mitgl. CDU seit 1972. Grundstufenlehrgang an der Schulungsstätte in Burgscheidungen, 1974/79 Abg. der Gemeindevertretung in Steinpleis; 1979/89 Vors. der Schiedskommission Steinpleis, seit 1979 Schöffe beim Kreisgericht Werdau.** MdL seit Okt. 1990. Wahlkreis 73 (Werdau)

### FLATH, Steffen, CDU

Diplom-Agraringenieur, Staatsminister a. D., Annaberg-Buchholz, Wahlkreis 17 (Annaberg); *10.2.1957 in Bärenstein; römisch-katholisch; verheiratet, zwei Kinder. 1975 Abitur. 18 Monate Grundwehrdienst. 1977 bis 1982 Martin-Luther-Universität Halle. 1982 bis 1986 Abteilungsleiter, 1986 bis 1987 Hauptdisponent und 1988 bis 1990 Wissenschaftlicher Mitarbeiter in der Landwirtschaft; 1990 bis 1994 Hauptdezernent Landratsamt Annaberg. Oktober 1999 bis Oktober 2004 Sächsischer Staatsminister für Umwelt und Landwirtschaft, November

2004 bis Juni 2008 Sächsischer Staatsminister für Kultus. **Seit 1983 Mitglied der CDU, 1983 bis 1991 Ortsvorsitzender in Buchholz**, 1991 bis 1994 Kreisvorsitzender in Annaberg; **1995 bis 1999 Generalsekretär der CDU Sachsen**, seit September 2001 stellvertretender Landesvorsitzender der CDU Sachsen. 1990 bis 1992 Kreisrat im Landkreis Annaberg, 1999 Stadtrat in Annaberg-Buchholz. Mitglied in zahlreichen Vereinen. Mitglied des Sächsischen Landtags seit Oktober 1994; seit Juni 2008 Vorsitzender der CDU-Fraktion.

### GALLERT, Horst, CDU
Ingenieur; Schirgiswalde - *23.7.1937 in Bautzen; ev.; verh., 2 Kinder - EOS und Abitur in Bautzen. Kraftfahrzeugschlosser. Ingenieurstudium Ingenieurschule für Fördertechnik Bautzen, Abschluss 1962. Technologe im VEB DKK Scharfenstein bis 1963, 1964/69 Technologe im VEB Armaturenwerk Wehrsdorf, bis 1987 Absatzleiter in Maschinenfabrik Guido Herrmann, Großschönau. Betriebsdirektor 1987/Mai 1990 im VEB Späneförderanlagen Schirgiswalde, ab Juni Geschäftsführer bei Ernst Teubner, Stahl- und Förderanlagenbau GmbH, Schirgiswalde. Mitgl. AR Ostsächsische Baugesellschaft mbH Bautzen. **Mitgl. der CDU seit 1963, Mitgl. Kreisvorst. der CDU seit 1972. Seit 1965 Kreistagsabg. Kreis Bautzen.** Abgeordneter der Stadtverordnetenvers. Schirgiswalde seit Mai 1990. - MdL seit Okt. 1990. Wahlkreis 33 (Bautzen II - Löbau II)

### GOLIASCH, Herbert, CDU
Journalist; Leipzig - *11.1.1938 in Beuthen/Oberschlesien; Kirche Jesu Christi d. HLT; verh., 4 Kinder - Grundschule und Abitur in Halle/Saale. Volontariat bei der Zeitung Der Neue Weg, Halle. Fernstudium an der Fachschule für Journalistik in Leipzig. Stellv. Chefredakteur beim Thüringer Tageblatt Weimar bis 1973. Ab 1973 beim Kunstverlag H. C. Schmiedicke in Leipzig. Seit 1983 Verlagsdirektor. **Ortsgruppenvors. CDU in Leipzig-Süd bis 1989. Mitgl. der Revisionskommission der Nationalen Front Leipzig Stadt 1985/89.** Stellv. Vors. CDU Leipzig-Stadt ab 1990 und Mitgl. Landesvorst. Sachsen der CDU, - MdL seit 1990, Fraktionsvors. 1990-94, nach jahrelangen Diskussionen um Stasi- und KGB-Kontakte schied G. 1998 aus der Fraktion und 1999 aus dem Landtag aus. Wahlkreis 10 (Leipzig VI)

### GREGORI, Dietrich, CDU
Dipl.-Ing. Architekt; Meißen - *10.10.1939 in Reichenstein/Schlesien; ev.; ledig - Abitur. Ausbildung als Möbeltischler in Görlitz. Studium der Architektur mit Diplom 1967. Institut für Denkmalpflege und an der Bauakademie in Dresden. Seit 1978 Direktor der Albrechtsburg zu Meißen. **Stellv. Kreisvors. CDU seit 1980,** Vorstandsmitgl. CDU Dez. 1989/Okt. 1990, Kreisvors. CDU Meißen seit Jan. 1990. 1980/88 Mitgl. Kreistag. - MdL seit Okt. 1990. Wahlkreis 22 (Meißen 1)

### GROSS, Friedbert, CDU
Komponist/Musikpädagoge; Leipzig - *20.4.1937 in Medingen bei Dresden; ev.; verh., 1 Tochter - Kreuzschule (Mitgl. Dresdner Kreuzchor) und Abitur. Musikstudium in Dresden, Staatsexamen 1960. 1960/61 Lektor am Zentralhaus für Kulturarbeit Leipzig. Lehrer für musikalische Bildung und Rhythmik an der Deutschen Hochschule für Körperkultur in Leipzig 1962, seit 1990 Leiter des Fachbereichs Musik-Tanz-Choreografie. **Mitgl. der CDU seit 1984. Mitgl. Kulturaktiv**

beim Bezirksvorst. Leipzig der CDU und berufenes Mitgl. der Ständigen Kommission Kultur des Bezirkstages Leipzig 1985/90. Seit 1990 Vors. Ortsverb. Leipzig Mitte der CDU - MdL seit Okt. 1990. Wahlkreis 9 (LeipzigV)

### GÜNTHER, Klaus, CDU

Diplom-Landwirt; Chemnitz - *26.1.1941 in Chemnitz; ev.; gesch., 4 Kinder - EOS und Abitur in Aue. Landwirtschaftsstudium Univ. Leipzig, Diplom 1965. Produktionsleiter LPG Bernbach. **Seit 1976 Mitarbeiter des Bezirksvorst. DBD in Chemnitz,** 1990 stellv. Vors. (bis zur Vereinigung). Abg. Kreistag Zschopau 1974/76. Landesliste. Eingetreten am 4.2.1991 für Abg. Böhm.

### HÄHNEL, Andreas, CDU

Geschäftsführer, Chemnitz, Wahlkreis 13 (Chemnitz 2); *27. 4.1966 in Erlabrunn; evangelisch; ledig. 10. Klasse POS. Wirtschaftskaufmann. Seit 1989 geschäftsführender Inhaber der Firma Hähnel-Souvenir, Chemnitz (Familienunternehmen in der dritten Generation), ab 1. Januar 2006 Geschäftsführer und Gesellschafter Hähnel-Souvenir, Andreas Hähnel GmbH. **1984 Eintritt in die CDU.** 1999 bis 2004 Stadtrat in Chemnitz. 1999 bis 2004 Verbandsrat des Sparkassenzweck Verbands Chemnitz und Aufsichtsrat der Stadthalle Chemnitz. Schirmherr der Chemnitzer Tafel e. V. Mitglied des Sächsischen Landtags seit Oktober 2004.

### HÄHNEL, Eckmar, CDU

Kreisgeschäftsführer; Dorf Wehlen - *30.4.1946 in Pirna; ev.; verh., 1 Tochter - 10-klassige Schule in Pirna mittlere Reife. Berufsabschluss Schlosser und Facharbeiter Handel. 1979/84 Fernstudium und Fachschulabschluss Staatswissenschaft. Kreistagsabg., ab 1989, Mitgl. Kreisausschuss ab Mai 1990; Abg., der Gemeindevertretung Dorf Wehlen 1974/90. Vors. Turn- und Sportverein Wehlen ab 1990 und Vors. der Abteilung Badminton ab 1965. **Mitgl. CDU seit 1966. Kreisgeschäftsführer der CDU Sebnitz ab 1985, vorher in Pieta ab 1974;** Vorstandsmitgl. Sportausschuss beim CDU Landesverb. Sachsen. - MdL seit Okt. 1990. Wahlkreis 37 (Sebnitz)

### HAHN, Andreas, CDU

Ing.-Ökonom; Bischofswerda - *4.1.1951 Neustadt/Sachsen; verh., 1 Tochter - Grundschule in Neustadt/Sachsen; Abendschule zum Ing. in Sebnitz. Seit der Lehre Maschinenbauer im Landmaschinenbau als pers. Mitarbeiter,. Ökonom, Grundsatzbearbeiter und zuletzt als Abteilungsleiter Materialwirtschaft bis März 1990. Anschl. Wahl zum Volkskammerabg. **Mitgl. der CDU seit 1969; 1978-1982 Stadtvorst. in Neustadt/Sachsen und Bischofwerda tätig,** (seit 1977?) amtierender stellv. Vors. der Mittelstandsvereinigung e.V. in Bischofswerda (e) im dortigen Ortsgruppenvorst. als Hauptkassierer. - MdL seit Okt. 1990 Wahlkreis 38 (Bischofswerda)

### HAMBURGER, Georg, CDU

Diplom-Ingenieur, Werdau, Wahlkreis 8 (Zwickauer Land 2); *5.5.1941 in Verneint (Ungarn); römisch-katholisch; verheiratet, vier Kinder. Oberschule, ab 1962 Werkzeugmacher. Studium Technologie des Maschinenbaus, Ingenieurprüfung

1967 an der Ingenieurschule Zwickau. Studium Angewandte Mechanik an der TU Dresden, Diplomprüfung 1974. Bis 1990 Projekt-Ingenieur, Hauptkonstrukteur. 1990 bis 1994 Landrat des Landkreises Werdau, 1994 bis 2001 geschäftsführendes Präsidialmitglied im Sächsischen Landkreistag e. V. **Seit 1959 Mitglied der CDU**, 1991 bis 1994 Kreisvorsitzender der CDU Zwickau-Werdau, seit 1999 Mitglied Kreisvorstand Zwickau-Werdau. Mitglied des Sächsischen Landtags seit Oktober 1999; stellvertretender Vorsitzender des 2. Untersuchungsausschusses des Sächsischen Landtags in der 3. Wahlperiode.

### HAUCK, Christian, CDU

Dipl.-Ing.-Ök.; Mülsen St. Micheln - *25.10.1938 in Mülsen St. Jacob; ev.; verh., 1 erwachsenen Sohn - Grundschule in Mülsen St. Jacob. Lehre als Kfz-Schlosser in Zwickau, Fachschule Maschinenbau Breitenbrunn und Roßwein, Abschluss als Maschinenbau-Ing. und Schweiß-Ing.; Hochschule Zwickau, Abschluss als Dipl.-Ing.-Ök. Abteilungsleiter im Kraftverkehr Zwickau. **Mitgl. CDU seit 1967; Ortsgruppenvors. der CDU seit 1976;** Kreisvors. Zwickau-Land der CDU seit 1990. Gemeindevertreter in Mülsen St. Micheln seit 1970. März/Okt 1990 MdV - MdL seit Okt. 1990. Wahlkreis 69 (Zwickau, Land 1)

### HEINRICH, Peter, CDU

Bürgermeister; Frauenstein - *28.3.1948 in Nassau; ev.-luth.; verh., 2 Kinder - 10. Klasse POS in Frauenstein 1954/64. Lehre als Schmied, 8 Jahre E-Schweißer im Stahlbau Reichenau. 18 Monate Armee. Berufskraftfahrerqualifikation; 16 Jahre Kraftverkehr Freiberg, davon 11 Jahre Berufskraftfahrer; Einsatzleiter, Leiter TLK, 1990 Leiter Ökonomie. 1986/91 Fernstudium zum Verkehrsingenieur. Seit Juli 1990 hauptamtl. Bürgermeister in Frauenstein. **Mitgl. der CDU seit 1980;** Mitgl. Ortsverbands- und Landesvorst. der CDU. Abg., d. Stadtverordnetenversammlung seit 1989. -MdL seit Okt. 1990. Wahlkreis 53 (Brand-Erbisdorf - Freiberg II)

### HEINZ, Andreas, CDU

Agrotechniker, Diplom-Agraringenieur, Pöhl, Wahlkreis 2 (Vogtland 1); *27. Februar 1960 in Plauen; verheiratet, zwei Kinder. 1966 bis 1976 Schulbesuch in Weischlitz, 1976 bis 1979 Agrotechnikerausbildung mit Abitur. 1979 bis 1981 Agrotechniker in der LPG (P) Geilsdorf, 1982 Betriebswechsel in die LPG (P) Syran, ab 1985 dort tätig als Investvorbereiter. 1986 Abschluss des Fernstudiums als Diplom-Agraringenieur, 1990 bis 1991 stellvertretender Vorsitzender LPG (P) Syrau. Nebenerwerbslandwirt. **Oktober 1989 Eintritt in DBD**, seit 1990 Mitglied der CDU. Mitglied des Sächsischen Landtags seit November 1991; stellvertretender Vorsitzender des Ausschusses für Umwelt und Landwirtschaft; in der 3. Wahlperiode stellvertretender Vorsitzender des Ausschusses lür Umwelt und Landentwicklung, seit November 2002 agrarpolitischer Sprecher der CDU-Fraktion.

### HENKE, Rita Birgit, CDU

Fachschullehrer; Düben - *24.10.1952 in Bitterfeld; ev.; verh., 3 Kinder - POS Bad Düben, Berufsschule der VEB CKB (Chemiekombinat Bitterfeld). Ingenieurstudium Chemie in Magdeburg, Pädagogisches Zusatzstudium in Dessau.

1974/84 im CKB; Ingenieur, Berufsschullehrer, jetzt Fachschullehrer am IfH Hohenprießnitz, Institut für Heimerzieherausbildung. **Mitgl. CDU seit 1982,** stellv. Ortsgruppenvors. Kreistagsabgeordnete. - MdL seit Okt. 1990. Wahlkreis 2 (Eilenburg)

### HUBRICH, Werner, CDU

Installateur und Klempner, Fachlehrer f. Natur- und Techn, Wissenschaften, Ing., Dipl.-Ing.-päd., Fachschuldozent; Wurzen - *20.10.1934 Nimptsch/Schlesien, röm.-kath., verh., 4 Kinder - Lehre, Berufsschule, 1952 Geselle. Studium zum Berufsschullehrer 1952/54, 1. Lehrerprüfung 1955, 2. Lehrerprüfung 1956. Berufsschullehrer in Wurzen 1954/68. Fernstudium an der Ing.-Schule K. Diesel Meißen 1962, an der TU Dresden 1972. 1968/90 Fachschullehrer an der Ing.-Schule Dahlen/Döbeln. ~~Mitgl.~~ **CDU seit 1952, 1956/57 Ortsgruppenvors., 1980/90 Mitgl. Kreisverbandsvorst. CDU Wurzen,** 1990/92 Vors. Kreisverb. Wurzen. 1989/90 Mitgl. Kreistag Wurzen, 1990/94 Mitgl. Kreistag und Landrat des Landkreises Wurzen. 1989/90 Runder Tisch Wurzen. U.a. 1965/80 Kirchenvorstand, 1991/94 Vors. Abfallzweckverband Nordsachsen, stellv. Vors. Sozialausschuß des Sächs. Landkreistages, seit 1992 Kreisverbandsvors. DRK Wurzen e.V. Seit Mai 1995 Vors. und der Vertriebenen Landesverb. Sachsen/Schlesische Lausitz e.V. - MdL seit Okt. 1994; stellv. Vors. Europaausschuss. Wahlkreis 34 (Muldental 1)

### Dr. JÄHNICHEN, Rolf, CDU

Diplom-Landwirt, Staatsminister a. D., Borna, OT Zedtlitz, Wahlkreis 23 (Leipziger Land 1) - *11.5.1939 in Helmsdorf; römisch-katholisch; verheiratet, drei Kinder. Abitur. 1957 bis 1963 Landwirtschaftsstudium in Leipzig, Diplom-Landwirt, Dr. agr. 1964 bis 1970 Tätigkeit beim Rat des Bezirks Leipzig, Abteilung Landwirtschaft, zuständig für Bergbau. 1970 bis 1990 Produktionsleiter/stellvertretender LPG-Vorsitzender der LPG Neukirchen (Kreis Borna). Mai bis November 1990, 1. frei gewählter Landrat in Borna. 1990 bis 1998 Sächsischer Staatsminister für Landwirtschaft, Ernährung und Forsten, 1998 bis 1999 für Umwelt und Landwirtschaft, **1981 Eintritt in die CDU, 1989 bis 1990 Mitglied des Parteivorstandes,** 1990 his 1994 Kreisvorsitzender der CDU Borna, seit 2000 Mitglied des CDU-Landesvorstandes; seit 2000 Landesvorsitzender der Senioren-Union, 2000 bis 2004 Mitglied des Bundesvorstandes der Senioren -Union. Vorsitzender des Christlich-Sozialen Bildungswerkes e.V. 1991 bis 2004 Präsident, seit 2004 Ehrenpräsident des Sächsischen Blasmusikverbandes. Mitglied des Sächsischen Landtags seit Oktober 1994

### Dr. JAHR, Peter, CDU

Diplomlandwirt; Lunzenau/OT Berthelsdorf - * 24.4.1959 Burgstädt; ev.-luth., verh., 4 Kinder - 1965/77 POS, EOS. 1979/84 Studium 1984/88 wissenschaftl. Assistent an der Karl-Marx-Univ. Leipzig, 1988 Promotion Dr. agr. 1990/94 Geschäftsführer, seit 1995 Unternehmer, Gesellschafter in der Agrar GbR Taura (mbH) - Landwirtschaft, Nebenerwerbslandwirt. **Seit 1988 Mitgl. DBD/CDU**, seit 1995 CDU-Kreisvors. Seit 1994 Stadtrat in Lunzenau sowie Kreisrat im Kreistag Mittweida. - MdL seit Okt. 1990. Wahlkreis 22 (Mittweida 2) Ausgeschieden am 15. 12. 2002, Nachfolger

### KANNEGIESSER, Hans-Jörg, CDU

Dipl.-Ingenieur; Chemnitz - *9.12.1943 in Meißen; ev.; verh., 3 Kinder - EOS und Abitur in Meißen, Facharbeiterausbildung zum Maschinenbauer. Ingenieurausbildung in Karl-Marx-Stadt, Fachrichtung Wärmetechnik; Hochschulfernstudium an der TH Karl Marx-Stadt und TU Dresden, Sektion Energieumwandlung. Projektingenieur bei der Fa. Gebr. Weißbach KG 1967/74, Rationalisierungsingenieur im Ingenieurbüro Kosmetik **1974/89. Stellv. Stadtbezirksbürgermeister für Energie, Verkehr, Nachrichtenwesen, 1988 Eintritt in die CDU,** seit 1990 Mitgl. Stadtvorst. Chemnitz. 1989/90. Vorstandsmitgl. Förderverein Blindenbildung Chemnitz Altendorf. - MdL seit Okt. 1990. Wahlkreis 60 (Chemnitz II)

### KIENZLE, Alfons, CDU

Buchhändler, Reichenbach, Wahlkreis 4 (Vogtland 3) - *27. 10.1950 in Reichenbach; evangelisch; verheiratet, zwei Kinder. 10. Klasse. Fleischerlehre und Gesellentätigkeit im elterlichen Betrieb. Buchhändler über Erwachsenenqualifizierung, Fernstudium an der Fachschule für Buchhändler. 10 Jahre beim Volksbuchhandel, ab 1988 privater Einzelhändler, danach technischer Angestellter im VSTR Rodewisch. **Seit 1988 Mitglied der CDU,** seil 1996 Ortsvorsitzender in Reichenbach, seit 1998 Mitglied Kreisvorstand Vogtlandkreis, Stadtrat Reichenbach seit 1990, Kreisrat Vogtlandkreis seit 1996. Mitglied des Sächsischen Landtags seit Oktober 1999.

### Dr. KLAUSSNER, Bernd, CDU

Wissenschaftlicher Oberassistent; Adorf - *11.7.1940 in Adorf/Erzgebirge - ev.; verh., 2 Kinder - Grundschule in Adorf. Landwirtschaftliche Lehre. Hochschulstudium an der LPG-Hochschule Meißen, Staatsexamen 1965, Diplombetriebswirtschaftler. LPG Vors. in Adorf, 1968/69 Institut für Landwirtschaft. Aspirantur an der ASR in Potsdam 1969, 1973 Promotion zum Dr. rer. pol. Bis 1975 wiss. Oberassistent an der ASR, seit 1975 wiss. Oberassistent an der TU Chemnitz, 1980/88 Beauftragter für EAW an der Sektion Wirtschaftswissenschaften. **Mitgl. der CDU seit 1962, 1964/65 Mitgl. Kreisvorst. CDU Meißen, ab 1965 Mitgl. Kreisvorst. CDU Karl-Marx-Stadt/Land,** 1973/83 Vors. eines Elternaktivs der POS in Adorf und der EOS Dr. Theodor Neubauer Karl-Marx-Stadt. 1976/90 Abg. Bezirkstag Karl-Marx Stadt, stellv. Vors. der STK Bauwesen, 1973/89 Mitgl. der AG Kommunalpolitik beim Hauptvorst. der CDU, MdL seit Okt. 1990. Wahlkreis 64 (Chemnitz, Land II - Stollberg II)

### KLINNERT, Werner, CDU

Dipl.- Chemiker;Hoyerswerda - *17.2.1938 in Saarbrücken; ev.; verh., 4 Kinder - EOS und Abitur in Zittau und Großschönau. Chemiestudium an der Bergakademie Freiberg, Diplomabschluss 1962. Mitarbeiter der Forschung im Lautawerk 1962/66. Technologe im Synthesewerk Schwarzheide 1966/67, Mitarbeiter der Forschung und Gruppenleiter Labor im Industriezweig Braunkohle 1967/90 (Wiss. Techn. Institut Spreetal, Gaskombinat Schwarze Pumpe, Braunkohlenbohrungen und Schachtbau Welzow). Seit Juli 1990 Dezernent in der Stadtverwaltung Hoyerswerda. Mitgl. der Gesellschaft Deutscher Chemiker. **Seit 1972 Mitgl. Kreisvorst. der CDU in Hoyerswerda.** Mitgl. der Mittel-standsvereinigung der CDU, Vors. Ortsverb. Hoyerswerda III der CDU; Mitgl. Kreistag Hoyerswerda seit 1990. - MdL seit Okt. 1990. Wahlkreis 25 (Hoyerswerda I)

### KOCKERT, Gerhard, CDU

Diplomagraringenieur; Wittichenau - *15.10.1946 in Wittichenau; kath.; verh., 3 Kinder- POS in Wittichenau. Landwirtschaftslehre mit Abitur im VEG Herzberg- Studium an den Univ. Leipzig und Halle, 1971 Abschluss als Diplomagraringenieur. Seit 1971 Vors. der LPG (T) Wittichenau und Vors. des Kooperationsrates. Vors. AR der Bank und Handelsgenossenschaft Raiffeisen Hoyerswerda, Vors. (e) der Bevollmächtigtenversammlung der ZGE SZMA Schweinemast und Zuchtanlage Hoyerswerda. **Seit 1971 Mitgl. der CDU, 1972/89 Mitgl. Bezirksvorst. CDU Cottbus,** 1989 Mitgl. Landesvorst CDU Brandenburg, 1990 Vors. Ortsverband CDU Wittichenau. - MDL seit Okt. 1990. Wahlkreis 26 (Hoyerswerda II Bautzen IV)

### Dr. KRAUSE, Rudolf, CDU

Diplommathematiker; Leipzig - *19.2.1939 in Poditau Kr. Glatz; röm.-kath.; verh., 2 Kinder - EOS und Abitur. Studium an der Sektion Mathematik der Leipziger Univ., Staatsexamen 1962. Lehrer an der OS Großdalzig 1962/63, an der Oberschule Markkleeberg West 1963/69, an der EOS Rudolf Hildebrand* 1969/87; stellv. Direktor an der Spezialschule, mathem.-nat.-techn. Richtung 1987/90. Regierungsbevollmächtigter für den Bezirk Leipzig Juni/Nov. 1990. Staatsminister des Innern. **Mitgl. der CDU seit 1962; Mitgl. Bezirksvorst. und Parteivorst.,** stellv. Parteivors. 1989/90. Abg. im Kreistag Leipzig und im Bezirkstag Leipzig. Teilnehmer am Zentralen Runden Tisch der DDR, Landesbevollmächtigter Sept./Okt. 1990. - MdL seit Okt. 1990; Staatsminister des Innern und Stellv. Ministerpräsident. Wahlkreis 6 (Leipzig II)

### Dr. KRONE, Günter, CDU

Rechtsanwalt; Holzhausen - *15.10.1927 in Leipzig; ev.; verh.- Volksschule, König-Albert-Gymnasium in Leipzig. Jura-Studium in Leipzig 1946/50. Referendar 1951/53. Bis 1969 Justitiar. Seit 1969 Rechtsanwalt in Leipzig. **CDU-Mitgl. 1946/ 53** und seit 1990. - MdL seit Okt.1990. Wahlkreis 14 (Leipzig, Land II)

### KÜHNRICH, Klaus-Dieter, CDU

Dipl. Ing., Dezernent; Chemnitz - *10.8.1944 in Chemnitz; ev.; verh., 3 Kinder - Grund- und Mittelschule in Chemnitz/Karl-Marx-Stadt, Berufsausbildung Maschinenbauer mit Abitur. 1963/68 Studium der Fachrichtung Angewandte Mechanik an der ingenieur-wissenschaftlichen Fakultät der TH Karl-Marx-Stadt, Abschluss Dipl.-Ing. 1970/90 Mitarbeiter Forschung/Entwicklung im Forschungszentrum des Werkzeugmaschinenbaues Karl-Marx-Stadt, Informatiker und Berechnungsingenieur für Festigkeitsberechnungen im Werkzeugmaschinenbau. Seit August 1990 Dezernent für Öffentliche Ordnung und Sicherheit im Landratsamt Chemnitz. **1981 Beitritt zur CDU. 1984/90 Abg. der Stadtbezirksversammlung Karl-Marx-Stadt/West mit einem Mandat der CDU.** Mitarbeit in Ständigen Kommissionen Örtliche Versorgungswirtschaft und Umweltschutz. 1989/90 Sprecher der CDU-Fraktion und Vors. der Zeitweiligen Kommission für Strukturveränderungen in der Kommunalverwaltung. 1972/90 Angehöriger eines Sanitätszuges der Territorialen Einsatzkräfte der Zivilverteidigung (Katastrophenschutz). - MdL seit Okt. 1990, Wahlkreis 61 (Chemnitz III)

### KULSCHER, Ursula, CDU

Fotografin;Wohlhausen - *18.7.1936 in Wohlhausen; ev.-luth.; verh., 1 Tochter - Grundschulbesuch 1942/50 in Tirpersdorf bzw. Erlbach/Vogtl. 1950/53 Lehre als Portraitfotograf bei Foto-Fischer Markneukirchen, 1952 als bester Lehrling ausgezeichnet, bis 1957 noch als Fotograf in dieser Firma. 1958/72 im Dick-Foto-Verlag Erlbach als Fotograf und techn. Angestellte. 1972/87 Werbebearbeiter im VEB Musima Markneukirchen, seit 1988 freischaffende Fotografin für Presse und Werbung. **Mitgl. der CDU seit Mai 1985, keine politischen Funktionen.** MdL seit Okt. 1990. Wahlkreis 80 (Klingenthal-Auerbach II) + Landesliste

### KUPFER, Frank, CDU

Fernmeldetechniker, Staatsminister für Umwelt und Landwirtschaft, Oschatz Wahlkreis 33 (Torgau-Oschatz) - *10.7.1962 in Torgau; evangelisch; verheiratet, zwei Kinder, Abitur, Fernmeldetechniker, 1980 bis 1985 Fernmeldetechniker in Leipzig und Oschatz. 1985 bis 1986 NVA, Grundwehrdienst. **1986 bis 1989 stellvertretender Kreissekretär, seit 1982 Mitglied der CDU,** 1990 bis 1994 Kreisgeschäftsführer. Seit Juni 2008 Staatsminister für Umwelt und Landwirtschaft des Freistaates Sachsen. CDU-Kreisvorsitzender Nordsachsen, 1999 bis 2001 Generalsekretär der CDU Sachsen. 1984 bis 1989 und 1992 bis 1994 Mitglied Kreistag Oschatz, 1992 bis 1994 Fraktionsvorsitzender, seit Oktober 2004 Mitglied Kreistag Torgau-Oschatz. Präsident Sächsischer Schützenbund e.V., Vorsitzender Regionale Arbeitsgemeinschaft Gesundheitsförderung im Landkreis TorgauOschatz, Vorsitzender Förderverein Lions-Club Oschatz e.V., Vorsitzender Initiativkreis Schloss Hartenfels e.V., Vorsitzender Fürderverein 4. Sächsische Landesgartenschau Oschatz 2006 e.V. Mitglied des Sächsischen Landtags seit Oktober 1994; Mai 2002 bis Juni 2008 stellvertretender Vorsitzender der CDU-Fraktion.

### LANDGRAF, Katharina, CDU

Dipl.-Ing.; Pegau, OT Großstorkwitz – *24.2.1954 Kirchengel; ev.-luth.; verh., 4 Kinder - 1972 Abitur. 1972/76 Studium des Meliorationsingenieurwesens an der Univ. Rostock, Abschluss Dipl.-Ing. 1976/ 79 Ingenieurin für Wasserwirtschaft und Umweltschutz im Braunkohlenwerk Borna, 1980/90 wiss. Mitarbeiterin bei der LPG Pflanzenproduktion Wiederau-Zwenkau, 1991/99 bei der Konrad-Adenauer-Stiftung, Bildungswerk Leipzig. **Seit 1988 Mitgl. der CDU,** 1991/99 Mitgl. des CDU-Landesvorst., 1991/93 stellv. Landesvors., 1995/01 CDU-Kreisvors. Leipziger Land; 1991/95 Landesvers. der Frauen-Union Sachsen. März/Okt. 1990 Mitgl. der Volkskammer d. DDR, Okt./Dez. 1990 MdB - MdL seit Okt. 1999, Wahlkreis 24 (Leipziger Land 2)

### Dr. LAUE, Dietmar, CDU

Arzt; Geithain - *31.12.1940 in Dresden; ev.; verh., 2 Kinder - EOS mit Abitur in Dresden. Studium der Medizin in Leipzig und Dresden, Staatsexamen 1966. Qualifikation als Betriebsarzt 1973, Facharzt für Hygiene 1975. 1970/77 und 1979/Juni 1990 Kreishygienearzt in Geithain, gleichzeitig Betriebs- und praktischer Arzt. Seit 1982 fachlicher Berater am Bezirkshygieneinstitut Leipzig. Seit Juli 1990 Amtsarzt in Geithain. Mitgl, der CDU seit 1970; 1975/90 Ortsvorsteher in Geithain, Mitarbeit in Arbeitsgruppen Gesundheit und Umwelt auf allen Ebenen der CDU. Gleichzeitig Wahrnehmung versch. ehrenamtl. Funktionen im Territorium - Gesundheitserziehung, Urania, Kulturbund. **Seit Dez. 1989 Kreisvors. der CDU in Geithain,** seit März 1990 Mitgl. Landesvorst. Sachsen. Mai 1990 Wahl in die Stadtverordnetenversammlung Geithain. - MdL seit Okt. 1990. Wahlkreis 16 (Geithain-Borna II)

### LEHMANN, Heinz, CDU

Dipl.-Physiker, Werkzeugmacher; Neusalza Spremberg - *9.1.1951 in Neusalza-Spremberg; kath.; verh., 4 Kinder - Grundschule in Neusalza-Spremberg, Berufsausbildung zum Werkzeugmacher im Duroplast Preßwerk Neusalza-Spremberg. Parallel dazu Abendakademie der VHS Löbau, Abitur. Ab 1973 Studium der Physik an der Martin-Luther-Univ. Halle, Staatsexamen 1978. Seit 1978 im Duroplast-Preßwerk Neusalza Spremberg in verschiedenen Funktionen, ab 1985 Leiter des Bereiches Fertigungsmittelbau. **CDU-Mitgl. seit 1979. Mitgl. und Vors. der Schiedskommission Neusalza-Spremberg 1986/90,** Vorstandsmitgl. der Ortsgruppe der CDU seit 1989. Abg. der Gemeindevertretung Neusalza-Spremberg seit 1990. - MdL seit Okt. 1990. Wahlkreis 34 (Löbau I)

### LEHNER, Hans Heinz, CDU

Selbst. Fleischermeister; Radebeul - *17.5.1940 in Dresden; ev.; verh., 1 Tochter, 2 Söhne - Facharbeiter für Fleischerzeugnisse, Meister, Obermeister der Innung. 1961/66 Studium an der Franz-Liszt-Hochschule in Weimar. Dipl.-Gesangspädagoge, Opern- u. Konzertsänger; Vors. der Arbeitsgruppe Handwerk u. Gewerbe bis 1989. Mitgl. Vorst. Fleischerinnung Land Sachsen. **Mitgl. CDU seit 1983.** MdL seit Okt. 1990. Wahlkreis 48 (Dresden, Land I)

### Dr. LIPPMANN, Eberhard, CDU

Dipl.-Landwirt; Leipzig - *20.2.1939 in Dresden; ev.; verh., 2 Kinder - Grundschule, Oberschule. Studium der Landwirtschaftswissenschaften in Leipzig, Diplom 1964, 1966/67 Studium an der Ingenieurschule für Lebensmittelindustrie in Dippoldiswalde, Promotion 1975 auf dem Gebiet der Tierernährung. 1988/90 Postgradualstudium TU Dresden zum Fachberater für Umweltschutz. Leiter für Qualitätskontrolle in einem Kraftfutterwerk 1965/66, Prüfingenieur, Leitender Mitarbeiter, Abteilungsleiter im Fachgebiet Futtermittel beim Amt für Standardisierung, Meßwesen und Warenprüfung in Halle, seit 1986 Hauptinspekteur der Staatlichen Umweltinspektion Leipzig. **Mitgl. der DBD seit 1965. Schriftführer der Ortsgruppe Leipzig-Reudnitz. Abg. der Stadtverordnetenvers. (Kommission Landeskultur und Umweltschutz) Leipzig 1976/89.** Moderator des Runden Tisches - Umweltschutz und Energieentwicklung - der Stadt Leipzig. Seit Okt. 1990 Mitgl. der CDU; Gründungs- und Vorstandsmitgl. Land-Union Sachsen der CDU. - MdL seit Okt. 1990. Landesliste

### MADAI, Wolfgang, CDU

Journalist; Dohna - *27.1.1956 in Dohna; ev. - Oberschule Dohna, Abitur Volkshochschule. Verwaltungsausbildung, 1. und 2. landeskirchl. Verwaltungsprüfung, kirchlicher Fernunterricht (Theologie) Magdeburg; Fernstudium Journalistik Univ. Leipzig/Berlin. 1974/86 Mitarbeiter, Verwaltungs- und Abteilungsleiter, kirchlicher Einrichtungen, zuletzt Ev-Luth. Landeskirchenamt Sachsen, Finanz-, Personal- und Presseangelegenheiten. Mitarbeiter und Korrespondent in- und ausländischer Tages-, Wochen- und Kirchenzeitungen; Pressereferent kirchlicher und politischer Organisationen. **1986 CDU, 1987 Kreisvorst.,** 1990 Vors. Kreisverb. Pirna. Landesvors. EU und Mitgl. Hauptausschuss, Bonn. Vors. Kuratorium EUROPA ZENTRUM DRESDEN. Mitgl. Vereinigung Europ. Journalisten, Brüssel, Mitgl. Vorst. Sächsische Kirchl. Konferenz, Leipzig, und Gustav-Adolf-Werk, Dresden sowie weiterer kirchlicher, kultureller und wissenschaftl. Gesellschaften und Vereinigungen. Generalsekretär Wettingesellschaft. 1990 Mitgl. Stadtverordnetenversammlung Dohna. - MdL seit Okt. 1990. Wahlkreis 36 (Pirna II)

### Dr. MANNSFELD, Karl, CDU

Dipl.-Geograph; Dresden - *30.7.1939 in Dresden; röm.-kath.; verh., 4 Kinder - Grundschule und Oberschule mit Abitur 1945/57 in Dresden. Lehrerstudium für Germanistik/Geographie an der Univ. Leipzig, ab 1963 Fachstudium für Geographie an der TU Dresden, Diplomprüfung 1963, Dr. rer. nat. 1971 und Dr. sc. nat. 1981 an der TU Dresden; Facultas docendi für das Fach Physische Geographie TU Dresden. Seit 1966 wiss. Mitarbeiter bei der Sächsischen Akademie der Wissenschaften zu Leipzig, Arbeitsgruppe Naturhaushalt und Gebietscharakter Dresden. **Mitgl. der CDU seit 1974. Abg. der Stadtbezirksvers. Dresden-Nord und Vors. der Kommission Landeskultur/Umweltschutz bzw. Energie und Umweltschutz 1974/84; Abg. der Stadtverordnetenvers. Dresden und Vors, der Kommission Erholungswesen und Stadtgrün 1984/90. Leiter des Aktivs Umweltschutz beim Bezirksverb. Dresden der CDU 1985/90;** Mitgl. Landesvorst. der CDU seit März 1990 und Leiter der Arbeitsgruppe Umweltschutz/Energie. - MdL seit Okt. 1990. Wahlkreis 45 (Dresden VII)

### MATKO, Karl, CDU

Landrat, Bauingenieur; Erla-Crandorf/Erzgebirge - *10.6.1940 in Schwanenberg; röm.-kath.; verh., 2 Kinder - EOS und Abitur in Schwanenberg, Praktikant. Studium Ingenieurschule Bauwesen Glauchau, Abschluss 1963; postgraduales Studium TU Dresden 1971/73. Arbeitsstellen: Technologe/Bauleiter im VEB (K) Bau Annaberg bis 1966, VEB Eisenwerk Erle bis 1985, stellv. Stadtbaudirektor Rat der Stadt Schwarzenberg bis 1990. Ehrenamtl. Beauftragter der staatl. Bauaufsicht seit 1973; berufenes Mitgl. der Kommission Bauwesen Stadt Schwarzenberg und Gemeinde Erla/Crandorf 1975/90. Sprecher Pfarrgemeinderat und Dekanatsrat, Vors. Verwaltungsrat der Kreissparkasse Schwarzenberg, **Mitgl. der CDU seit 1987;** stellv. Vors. CDU-Kreisverb. Schwarzenberg seit 1990. Abg. Kreistag Schwarzenberg seit 1990, Landrat Landkreis Schwarzenberg seit Mai 1990. Wahlkreis 72 (Schwarzenberg)

### MATTHES, Gesine, CDU

Facharbeiter für Qualitätskontrolle, Fachwirtin für Grundstücks- und Immobilienwirtschaft, 09116 Chemnitz, Landesliste - *21.10.1955 in Karl-Marx-Stadt, jetzt Chemnitz; evangelisch-lutherisch; zwei Kinder. 10. Klasse POS. 1972 bis 1974 Ausbildung zum Facharbeiter für Qualitätskontrolle im damaligen Fritz-

Heckert-Kombinat. 1974 bis 1990 Qualitätskontrolleur, Bereichsökonom und Programmiererin im Werkzeugmaschinenkombinat „Fritz Heckert". 1990 bis 1996 Geschäftsführerin der CDU-Stadtratsfraktion. 1996 bis 1999 Niederlassungsleiterin bei einer Projektentwicklungs-GmbH, seit 1998 selbstständiges Gewerbe. **Seit 1980 Mitglied der CDU;** seit 1990 Kreisvorsitzende der Frauen-Union, stellvertretende Bundesvorsitzende der Frauen-Union. Seit 2002 Präsidentin der Chemnitzer Basketgirls/Chemcats, seit 2005 Vorsitzende des Vereins fiir die berufliche Förderung und Ausbildung benachteiligter Jugendlicher (VBFA). Mitglied des Sächsischen Landtags 1999 bis 2004 und seit November 2005.

### MENDE, Lothar, CDU
Bürgermeister; Dorfhain - *6.5.1952 in Dorfhain; ev.; verh., 2 Kinder - Grundschule in Klingenberg, EOS und Abitur in Altenberg. Studium der Wirtschaftswissenschaften in Leipzig, Diplomwirtschaftler 1976. Abteilungsleiter im VEB EBD 1976/78. **Seit 1979 Bürgermeistermeister in Dorfhain. Gemeindevertreter in Dorfhain seit 1979. CDU-Kreisvorstandsmitgl. seit 1972 Kreisvors. 1985/90.** Landesvorstandsmitgl. seit 1990. - MdL seit Okt. 1990. Wahlkreis 49 (Freital I)

### Dr. METZ, Horst, CDU
Leiter Zentralabteilung Umweltschutz; Dresden - *6.7.1945 in Groß Laasch; ev.; verh., 1 Kind - 1960/64 EOS und Abitur in Ludwigslust. 1964/65 Betriebsberufsschule für Wasserbau Kleinmachnow, Wasserbaufacharbeiter. 1965/70 Studium an TU Dresden, Sektion Wasserwesen, 1970/72 Forschungsstudium mit Promotion. 1972/86 Wasserwirtschaftsdirektion Obere Elbe - Neiße; 1987/90 WAB Dresden; seit Juli 1990 Bezirksverwaltungsbehörde Dresden, Leiter der Zentralabteilung Umweltschutz. **Seit 1968 Mitgl. der CDU; Mitgl. des Ortsguppenvorst. Wilder Mann in Dresden. 1984/89 Stadtbezirksabg. in Dresden-Nord, 1989/90 Stadtverordneter Dresden. 1985/90 Mitgl. des Aktivs Umweltschutz beim Bezirksvorst.** Dez. 1989/Mai 1990 Leiter des Untersuchungsausschusses Amtsmissbrauch/Korruption in Dresden. Seit März 1990 stellv. Vors. Landesverb. Sachsen der CDU, - MdL seit Okt. 1990; Parl. Staatssekretär beim Staatsminister für Umwelt und Landesentwicklung. Landesliste

### MÜLLER, Helmut, CDU
Diplomlandwirt; Meuselwitz - *10.7.1940 in Komotau; kath.; verh., 2 Kinder - EOS und Abitur in Hildburghausen. Studium der Landwirtschaftswissenschaften in Leipzig, Diplom 1967. Brigadier und Produktionsleiter in der LPG Meuselwitz Krs. Görlitz bis 1972. Abteilungsleiter Futter 1973/77. Ökonom 1977/Juli 1990. Ab Juli 1990 Referatsleiter Amt für Wirtschaftsförderung, ab Okt. 1990 Amtsleiter für Landwirtschaft im Landratsamt Görlitz. **Ortsgruppenvors. der DBD in Reichenbach/OL 1978/86 und in Meuselwitz 1986/90. Kreisvorstandsmitgl. 1978/90.** Mitgl. Parteivorst. der DBD Jan./Juni 1990. Ab Juli 1990 Mitgl. der CDU (Fusion) und Kreisvorstandsmitgl. Gemeindevertreter Gemeinde Meuselwitz 1981/90. - MdL seit Okt. 1990. Landesliste

### NOACK, Ludwig, CDU
Lehrer; Crostwitz - *22.2.1947 in Räckelwitz; kath.; verh., 3 Kinder - Grundschule in Räckelwitz und Crostwitz, Sorbische erweiterte Oberschule und Abitur

in Kleinwelka. 1965/70 Slawistikstudium in Leipzig, Diplomfachlehrer Russisch/ Sorbisch. Lehrer an der Sorbischen Oberschule Räckelwitz 1970/80, danach bis März 1990 stellv. Direktor. **Mitgl. CDU seit 1982;** Mitgl. Parteivorst. der CDU Dez. 1989/Sept. 1990; Kreisvors. CDU Kreis Kamenz ab Jan. 1990. MdV, Leiter der Arbeitsgruppe Bildung der CDU-Fraktion und stellv. Ausschußvors. Bildung März/Okt. 1990. - MdL seit Okt. 1990. Wahlkreis 24 (Kamenz)

### Dr.-Ing. NOWAK, Wolfgang, CDU

Dampflokschlosser, Dipl.-Ing.; Leipzig - *7.6.1944 Beuthen/Oberschlesien; röm.-kath.; verh., 1 Sohn - EOS und Abitur in Lichtenstein/Sa.; Dampflokschlosserlehre in Leipzig. Studium Fachrichtung Schienenfahrzeugtechnik an der Hochschule für Verkehrswesen in Dresden, Diplomhauptprüfung 1969. Forschungsstudium und Promotion A 1973. 1972/75 wiss. Mitarbeiter, 1975/85 Gruppenleiter am Zentralen Forschungsinstitut des Verkehrswesens. 1986/Sept. 1990 Wissenschaftsbereichsleiter am Wissenschaftlich Technischen Zentrum der Deutschen Reichsbahn, seitdem Abteilungsleiter in der Zentralstelle Güterverkehr der Deutschen Reichsbahn in Leipzig. **Mitgl. der CDU seit 1972; Mitarbeit im Orts- und Stadtbezirksverbandsvorst.** Seit Mai 1990 Stadtverordneter in Leipzig. - MdL seit Okt. 1990. Wahlkreis 7 (Leipzig III)

### PAUSCH, Siegfried, CDU

Museumsdirektor;Schneeberg - *1.11.1941 in Zschorlau, Kr. Aue; ev.-luth.; verh., 3 Kinder - Grund- und Mittelschule in Schlema. 1958/59 Fachschule für Landwirtschaft in Thurm. 1959/60 Museumsführer Schloßberg-Museum Chemnitz. 1960/64 und 1967/77 Museumsassistent in Burgk, Kr. Schleiz. 1961/64 Fachschulfernstudium in Weißenfels, Abschluss als Museologe. Seit 1977 Direktor des Museums für bergmännische Volkskunst in Schneeberg/Erzgebirge. 1979/83 Fernstudium an der Humboldt-Univ. Berlin, 1983 Diplom-Ethnograph. Kreisdenkmalpfleger 1983/90. Mitgl. AR der Wohnungsbaugesellschaft Schneeberg (e) seit Okt. 1990. **Mitgl. der CDU seit 1960; 1964/67 CDU-Kreissekretär in Gera-Stadt. Kreisvors. der CDU Kreis Schleiz 1973/77. Abgeordneter der Stadtverordnetenvers. Gera 1965/67, Abgeordneter Kreistag Schleiz 1971/ 77, Abgeordneter Stadtverordnetenvers. Schneeberg 1979/89. Vors. der CDU-Ortsgruppe Schneeberg 1985/90.** - MdL seit Okt. 1990. Wahlkreis 70 (Aue II Zwickau, Land II)

### PETZOLD, Jürgen, CDU

Diplom-Betriebswirtschaftler Auerbach, Wahlkreis 3 (Vogtland 2) - *4. April 1053 in Auerbach-Brunn; evangelisch-lutherisch; verheiratet. Abitur. Hochschulstudium Betriebswirtschaft, Abschluss Diplom-Betriebswirtschaftler. Bis 1990 in verschiedenen Unternehmen und der Stadt Auerbach tätig, 1990 bis 1992 Leiter Vertrieb und Logistik bei der Londa GmbH Rothenkirchen, 1992 his 1999 Amtsleiter für Wirtschaftsförderung und Liegenschaften bei der Stadt Auerbach. **Mitglied der CDU seit 1971,** seit 1999 Vorsitzender des CDU-Stadtverbandes Auerbach, 1996 bis 1998 stellvertretender Kreisvorsitzender. 1990 Vorsitzender der CDU-Fraktion der Stadtverordnetenversammlung Auerbach. Mitglied des Sächs. Landtags seit Oktober 1999.

### PFEIFFER, Angelika Sabine, CDU

Diplom-Sozialarbeiter, Leipzig Wahlkreis 34 (Muldental 1)* 27.7.1952 in Lutherstadt Eisleben; katholisch; verheiratet, zwei Kinder. Lehre bei der Deutschen Post als Facharbeiter Fernschreibtechnik. 1979 bis 1982 Studium in Potsdam, Abschluss Diplom-Sozialarbeiter. Heimleiter eines Seniorenheims in Leipzig. **Mitglied der CDU**. März bis Oktober 1990 Mitglied der ersten freien Volkskammer der DDR; 1990 bis 1998 Mitglied des Deutschen Bundestags. Vorsitzende des Kreisverbands Volksbund Deutsche Kriegsgräberfürsorge Muldental, Mitglied des Sächsischen Landtags seit Oktober 1999; seit November 2004 stellvertretende Vorsitzende des Petitionsausschusses.

### PFORDTE, Helmut, CDU

Dipl.-Landwirt; Delitzsch - *4.6.1940 in Kertiz, ev.; verh., 3 Kinder - Grundschule in Schenkenberg, Abitur 1958 an der EOS Delitzsch. Studium mit Abschluss Diplomlandwirt 1958/64 in Leipzig. Mitarb. Landwirtschaft Rat des Kreises 1965/71. Produktionsleiter im VEB Rindermast Delitzsch 1971/83, seit 1984 Leiter der LPG/T Schenkenberg, Kr. Delitzsch. **Mitglied der DBD seit 1964, Kreisvors. DBD seit 1980, stellv. Bezirksvors. seit 1989. Stadtverordneter Delitzsch 1968/79, Kreistag 1980/90.** Seit Sept. 1990 Mitgl. der CDU. - MdL seit Okt. 1990 Landesliste

### RAUCHALLES, Arndt, CDU

Bürgermeister; Falkenstein - *9.11.1957 in Chemnitz; ev.; verh., 2 Kinder - POS in Flöha. Lehre als Buchdrucker. Studium des Verwaltungsrechts (extern). **Mitgl. der CDU seit 1975. Mitgl. CDU-Kreisvorst. Flöha 1980/87 und Auerbach seit 1987, Bürgermeister der Gemeinde Erdmannsdorf 1982/87. Bürgermeister der Stadt Falkenstein. 1979/82 Stadtverordneter in Oederan, 1982/87 Abgeordneter Gemeindevertretung Erdmannsdorf,** Stadtverordneter in Falkenstein, Mitgl. Landesvorst. der CDU. Vorstandsmitgl. der KPV Sachsen. - MdL seit Okt. 1990. Wahlkreis 79 (Auerbach I). Ausgeschieden

### REBER, Stephan, CDU

Dipl.-Ing. Ök.; Stollberg - *22.3.1949 in Stollberg; ev.; verh., 2 Kinder - POS in Stollberg, Schriftsetzer. Studium Ingenieur für Polygraphie und Fernstudium der Ökonomie in Leipzig. Betriebsdirektor der Druckwerkstätten Stollberg 1984/89. Aufsichtsratsmitgl. der Sparkasse Stollberg. **Mitgl. CDU seit 1978; Mitgl. Kreisvorst. der CDU Stollberg seit 1980, Mitgl. Bezirksvorst. der CDU Karl-Marx-Stadt 1985/89.** Seit1993 stellv. CDU-Kreisvorsitzender Stollberg, seit 1993 CDU-Landesvorstand Sachsen. MdV März/Okt. 1990. - MdL seit Okt. 1990. Wahlkreis 66 (Stollberg 1)

### REICHARDT, Monika, CDU

Handelsökonom; Bad Lausick - *23.6.1956 Bad Lausick; ev.-luth.; 3 Kinder - Nach Abitur betriebswirtschaftl. Fachschulstudium in Leipzig, 1979 Ökonom, Mitarbeiter für Kommissionshandel Konsumgen. Krs. Grimme, Leiterin Kurcafé Bad Lausick, Wiss. Mitarbeiterin Handelsorganisation Geithain, ab 1990 Mitarbeit in der Firma Reichardt Sanitär- und Heizungsgroßhandel, zwischenzeitl. Anpassungsausbildung für Fachschulabsolventen im Handel. **Seit 1987 Mitglied**

**der CDU**. 1989 Ortsvorst. Bad Lausick, stellv. Kreisvors. Muldentalkreis. 1990 Berufung Satzungskommission Land Sachsen zur Vorbereitung des Görlitzer und Annaberger Parteitages, Arbeit in der FU auf Kreis-, Landes- und Bundesebene, 1991 Berufung in den Landesfachausschuss Umwelt, Landesentwicklung und Verkehr. Mitarbeit Grüne Charta, 1993 Nachfolgekandidatin Kreistag Geithain/Haushaltsausschuss. Mitgl. in der Stadtverordnetenversammlung Bad Lausick, im Kreistag Geithain und im besonderen Ausschuss Muldentalkreis. Ehrenamtl. Richter Verwaltungsgericht, Mitgl. regionaler Planungsverb. Westsachsen bis 1999. - MdL seit Okt. 1994. Landesliste

### Dr. REINFRIED, Dieter, CDU

Dipl.-Physiker; Dresden - *7.8.1947 in Mittweida; ev.-luth.; verh., 4 Kinder-Grundschule in Lichtenstein; BÖS, Abitur 1966. Facharbeiter Betriebsschlosser 1966 Studium der Physik 1966/70 an der TU Dresden, Diplom. Mitarbeiter im F/E-Bereich des VEB Messelektronik 1970/75; wiss. Mitarbeiter im Zentralinstitut für Kernforschung Rossendorf 1976/90. Promotion A 1984. **Ortsgruppenvors. CDU in Dresden-Neustadt 1971/74;** Vors. CDU-Kreisverb. Dresden seit 1990. Sprecher des NEUEN FORUM in Dresden Okt. 1989/Feb. 1990. - MdL seit Okt. 1990. Wahlkreis 40 (Dresden II)

### Dr. RICHTER, Christoph, CDU

Tierarzt; Greifendorf - *10.4.1942 in Hartmannsdorf; ev.-luth.; verh., 2 Kinder - EOS und Abitur in Burgstädt, prakt. Jahr im Lehr- und Versuchsgut Wachau/Leipzig. Studium der Veterinärmedizin in Leipzig, Staatsexamen 1967. 1968/90 prakt. Tierarzt im staatl. Veterinärwesen Kreis Hainichen, 1988 Fachtierarzt für Schafe. Vors. Landesvorst. Tierärzteverband Sachsen. **Mitgl. CDU seit 1968; 1976/80 Ortsgruppenvors. der CDU in Greifendorf; 1971/90 Nachfolgekandidat der Volkskammer.** Seit Feb. 1990 Kreisvors. der CDU in Hainichen. - MdL seit Okt. 1990. Wahlkreis 58 (Hainichen)

### SACHSE, Karl, CDU

Tierarzt; Dommitzsch - *20.4.1936 in Etzleben; ev.; verh., 3 Kinder - EOS, Abitur in Sömmerda. Studium der Veterinärmedizin in Leipzig, Staatsexamen 1959. Pflichtassistent in Leipzig 1960. Leiter der Staatl. Tierarztpraxis Dommitzsch 1961/90. Seit 1980 Kreiszuchthygiene, Fachtierarzt Rinderproduktion 1971. Seit Oktober 1990 stellv. Leiter des Veterinäramts Torgau. **1969/90 Mitgl. der DBD, 1987/90 Kreisvors. Torgau. 1982/90 Mitgl. Kreistag Torgau, Kommission Landwirtschaft.** Seit Sept. 1990 Mitgl. der CDU. - MdL seit Okt. 1990. Wahlkreis 4 (Torgau)

### SCHICKE, Herbert, CDU

Landwirt; Strehla - *19.8.1931 in Waschen; röm.-kath.; verh., 1 Kind - Grundschule in Waschen. Studium an der Landw. Fachschule in Meißen, Staatsexamen 1960. Genossenschaftsvors. in der LPG Oppitzsch. **Mitgl. der DBD seit 1958, Kreisvorstandsmitgl. seit 1962, Kreisvors. seit 1965, Mitgl. Parteivorst. seit 1968.** Mitgl. CDU seit 1990. Kreistagsabg. seit 1970. - MdL seit Okt. 1990. Landesliste

### SCHMIDT, Thomas, CDU

Diplom-Agraringenieur, Taura, Wahlkreis 22 (Mittweida 2) - *7. März 1961 in Burgstädt; evangelisch-lutherisch; verheiratet, zwei Kinder. Abitur. Agrotechniker. 1982 bis 1987 Studium an der Martin-LutherUniversität in Halle, Abschluss als Diplomagraringenieur. 1987 bis 1991 verschiedene Leitungsfunktionen in der LPG (P) Hartmannsdorf, seit 1991 Betriebsleiter der Gruma Agrar GmbH Tauscha. **1985 Eintritt in die DBD**, seit 1990 Mitglied der CDU, 1995 bis 2007 stellvertretender Vorsitzender und 2007 bis 2008 Vorsitzender des CDU-Kreisverbands Mittweida. Mitgl. d. Gemeinderats Taura b. Burgstädt. Mitglied des Sächsischen Landtags seit Oktober 2004

### SCHMIDT, Werner, CDU

Sattlermeister; Leipzig - *2.12.1926 in Quesitz; ev., verh., 1 Kind - Volksschule in Markranstädt. Lehre als Sattler, 1950 Meisterprüfung. Selbständig: C. E. Pilz, Lederwarenfabrik in Leipzig, 1972 enteignet. Studium an der Ingenieurschule Weißenfels, 1978 Ingenieur f. Lederverarbeitungstechnik. Seit 1972 Direktor in eigenem ehem. Betrieb, später Fachdirektor im Kombinat Aktuell Leipzig. Seit 1990 mittätig im Lederwarengroßhandel der Ehefrau in Leipzig. Gesellschafter der Terra Tec GmbH i. G. in Leipzig. **1957/64 Mitgl. Kreistag Leipzig-Land, 1970/89 der Stadtverordnetenversammlung Leipzig.** Amt. Vors. der Mittelstandsvereinigung der CDU/CSU Sachsen seit 1990.

### SCHMITZ, Wolfgang, CDU

Dipl.-Geologe; Hoyerswerda – *30.4.1937 Eschwege; ev.; verh., 3 Kinder – Abitur, Studium der Geowissenschaften, Abschluss Dipl.-Geologe. 1963/Geologe im Institut für Zement in Dessau, 1965/90 Rohstoffgeologe in der Braunkohlenindustrie. 1990/95 Landrat des Kreises Hoyerswerda. 1996/99 Rentner. **Seit 1966 Mitgl. der CDU.** Stadtrat in Hoyerswerda. Mitgl. Aufsichtsrat des Städtischen Klinikums, Mitgl. der Verbandsversammlung des Zweckverbandes Oberelbe, gewählter Vertreter der Stadt Hoyerswerda im kommunalen Zweckverband Elstertal. MdL seit Okt. 1999. Wahlkreis 35 (Hoyerswerda)

### Dr.-Ing. SCHRAMM, Andreas, CDU

Eisenbahner; Schweikershain - *5.5.1951 in Zschorlau; verh., 2 Kinder - Grundschule, EOS, Abitur in Aue. Studium der Starkstromtechnik in Dresden, Diplom 1973. 1973/90 Assistent an der Ing.-Schule Mittweida, Promotion zum Dr.-Ing. **1985/89 Abg. Kreistag Hainichen.** Seit Juni 1990 Landrat beim Landkreis Rochlitz., seit 1990 Kreisvors. CDU-Kreisverb. Rochlitz; seit 1989 Abg. Kreistag Rochlitz. März/Okt. 1990 MdV - MdL seit Okt. 1990. Wahlkreis 57 (Rochlitz). **Anmerkung des Autors:** Schramm unterschlägt in den veröffentlichten Lebensläufen als MdL und als Landrat von Rochlitz/Mittweida seine Mitgliedschaft und Tätigkeit im CDU-Kreisverband Hainichen, dessen 20-köpfigem Vorstand er spätestens nach der KDK 1980 angehörte. Sekretariatsmitglieder waren damals: Kreisvorsitzender Horst Polster, Stellvertr. Dr. Christoph Richter und neben dem Kreissekretär Armin Richter saß Schramm als Sekretariatsmitglied und Kreisschulungsreferent für politisch ideologische Arbeit. Das hat er leider bis heute vergessen. (siehe Extrabiografie)

## Dr. SCHUBERT, Ingo, CDU

Facharzt; 0Schkeuditz - *26.12.1927 in Dresden; ev.-luth.; verh. – Hum. Gymnasium Kreuzschule in Dresden, Abitur 1946. Studienablehnung, dann Schauspieleleve und Schauspieler in Dresden. 1951 Studium Humanmedizin Leipzig, 1956 Staatsexamen und Promotion, nach Vollapprobation Anatomie, dann Neurologie und Psychiatrie, Facharzt 1961 Universitätsnervenklinik Leipzig. Spez. Neurologie und Neuroradiologie, wiss. Oberassistent und Oberarzt bis 1968 Universitätsklinik Leipzig, dann Leitung Neurologie Fachkrankenhaus für Neurologie und Psychiatrie Altscherbitz, seit 1973 dort Ärztlicher Direktor und Chefarzt. Lehrbeauftragter (Facultas docendi) Univ. Leipzig, Mitgl. Diplom-Kommission der Medizinischen Fakultät. **Seit 1946 Mitgl. CDU, Stadtverordneter in Leipzig 1970/73.** Aktiv Gesundheitspolitik, seit 1990 gesundheitspol. Arbeitskreis Landesverband CDU, - MdL seit Okt. 1990. Wahlkreis 13 (Leipzig, Land 1)

## SPANTIG, Clemens, CDU

Diplomagrarpädagoge; Wittgendorf - *13.9.1941 in Seitendorf; kath.; verh., 2 Kinder - Grundschule in Wittgendorf, 1959/62 Fachschule für Landwirtschaft Bautzen. 1972/76 Univ. Leipzig. 1978/83 Direktor der Kreislandwirtschaftsschule Zittau, ab Okt. 1990 Direktor der Abt. Landwirtschaft der Kaufm. Schule Zittau. **1968/90 Mitgl. Kreisvorst. der DBD im Kreisverband Zittau,** seit 1990 Mitgl. CDU. - MdL seit Okt. 1990. Landesliste, Nachrücker Wahlkreis 77 (Oelsnitz - Plauen, Land)

## SPROTTE, Paul, CDU

Werkzeugmacher, Ing., Diplomingenieur; Döbeln - *15.6.1940 in Kunzendorf, Schlesien; verh., 1 Kind - Mittlere Reife. Werkzeugmacher. Tätigkeit im VEB DBM Döbeln, Abendstudium Ingenieurschule Breitenbrunn, Ingenieur für Umformtechnik 1971. Fernstudium TU Chemnitz, Dipl.-Ing. für Fertigungsprozess-Gestaltung 1980. Werkzeugmacher bis 1969, Gruppenleiter der Planung im Werkzeug- und Formenbau bis 1975, Abteilungsleiter für Technik im Werkzeug- und Formenbau seit 1976. Mitgl. Betriebsrat der DBM-GmbH i.A. Döbeln. Katholischer Jugendführer, Verfolgung nach dem Mauerbau 1961. Elternaktivvors. 1971/78, Mitgl. Elternbeirat der Lessing-Oberschule Döbeln, Leitung Kommunale Werterhaltung. Initiator und Leiter des Verbraucherschutzverb. i. Gr. Kr. Döbeln. **Mitgl. der CDU seit Okt. 1961, Abgeordneter Kreistag Döbeln seit 1971, Vors. der Ständ. Komm. Verkehr und Nachrichten 1985/90,** stellv. Vors. Ortsverb. und Mitgl. Kreisvorst. der CDU Döbeln; Mitgl. CDA und Europaunion Sachsen. Vors. Kreistag Döbeln seit Juni 1990 und Vors. Geschäftsordnungsausschuss. - MdL seit Okt. 1990. Wahlkreis 19 (Döbeln I)

## STEMPELL, Kurt, CDU

Dipl.-Ing. Textil- u. Faserstofftechnik; Plauen/Vogtland - *1.5.1938 in Kreuzburg/Oberschlesien; röm.-kath.; verh., 2 Kinder - Oberschule und Abitur an der Landesschule Schulpforte bei Naumburg/Saale. 1956/62 Studium an der TU, Fakultät für Technologie, Abschluss Diplomingenieur für Textil- und Faserstofftechnik. 1962/63 Technologe im VEB Falkensteiner Gardinenfabriken. 1963/65 NVA. 1965/67 stellv. Abteilungsleiter Produktion im VEB Sächsische Zellwolle Plauen. Seit 1967 wiss. Mitarbeiter/stellv. Abteilungsleiter Erzeugnisentwicklung im VEB Kombinat Deko Planen. **Mitgl. CDU seit 1965. Abg. der Stadtverordnetenvers. Plauen 1970/90. Vors. einer Ortsgruppe der CDU.** März/ Okt. 1990 MdV - MdL seit Okt. 1990. Wahlkreis 78 (Plauen)

### STREMPEL (Keller, Keller-Strempel), Karin, CDU

Diplomökonom; Lommatzsch - *27.8.1961 in Meißen; ev.; gesch., 1 Kind - EOS und Abitur in Meißen. Ausbildung als Fachverkäuferin 1980/81. Studium an der Hochschule für Binnenhandel in Leipzig. Diplom 1985. Wiss. Assistentin an der Hochschule, 1985/88. Mitarbeiter der Wirtschaftskontrolle der HO-Bezirksdirektion Dresden 1988/89. Danach auf persönliche Bitte des Betriebsleiters Gruppenleiter für Rechnungsführung und Statistik im VEB Elbtal Lommatzsch. Seit Sept. 1990 Mitarbeiter Landratsamt Meißen. Seit 1989 Schöffe am Kreisgericht Meißen – **Seit 1979 CDU, Abg. Stadtbez. Leipzig Nordost 1984/86, Abg. Bezirkstag Leipzig 1986/88.** MdL seit Okt. 1990. Wahlkreis 23 (Meißen II)

### Dr. SÜSS, Wolfgang, CDU

Apotheker, Oberpharmazierat Wermsdorf - *10.2.1940 in Magdeburg; ev.; verh., 2 Kinder - Grundschule in Magdeburg. Apothekenfacharbeiterausbildung. Abendoberschule und Abitur in Magdeburg. Studium der Pharmazie in Jena, Staatsexamen 1963. Wissenschaftlicher Assistent und Oberassistent am Pharmazeutischen Institut der Univ. Jena, Promotion zum Dr. rer. nat. 1968. Seit 1969 Chefapotheker an den Kliniken Hubertusburg Wermsdorf. Staatliche Anerkennung als Fachapotheker für Arzneimitteltechnologie 1976. Promotion zum Dr. sc. nat. 1980. Mitgl. Präsidium der Pharmazeutischen Gesellschaft 1987/90. Vorstandsmitgl. der Fachgesellschaft Arzneimitteltechnologie seit 1984. Präs. Verband der Krankenhaus-Apotheker (ADKA-DDR) März/Okt. 1990. Vorstandsmitgl. Bundesverband Deutscher Krankenhaus-Apotheker seit Okt. 1990 (e). Vors. der Gesellschaft, Königlich-Sächsisches Jagdschloss Hubertusburg seit 1990. **CDU-Ortsgruppenvors. 1978/80.** Elternbeiratsmitgl. 1977/87. Mitgl. Kreistag Oschatz seit 1990. Mitgl. CDU-Kreisvorst. Oschatz seit 1990. - MdL seit Okt. 1990. Wahlkreis 18 (Oschatz - Döbeln II)

### TEUBNER, Gottfried, CDU

Kreisgeschäftsführer; Freiberg - *27.9.1944 in Zwickau; gesch., 4 Kinder - 1951/ 61 POS in Cainsdorf bei Zwickau, 1961/64 Elektromonteurlehre, 1964/67 Elektromonteur. 1967/69 NVA-Grundwehrdienst. 1969/79 Elektromonteur. 1979/ 89, 1983/ 88 Studium an der Fachschule für Staats- und Rechtswissenschaften, Abschluß als Staatswissenschaftler, 1989/90 Abteilungsleiter Arbeitsökonomie. **Mitglied der CDU seit 1965, 1979-1988 CDU-Kreissekretär.** 1990 CDU Kreisgeschäftsführer. 1969/74 und 1984/89 Stadtverordneter in Freiberg. Seit 1990 2. Landesvors. der CDA Sachsen. - MdL seit Okt. 1990. Landesliste (im Handbuch „Sächsischer Landtag" ab der 4. Wahlperiode/ 1. Ausgabe, findet sich die Information zum Studium von „Staat und Recht" nicht mehr. Die Ausbildung und Ausrichtung zum Staatswissenschaftler war für den mittleren Dienst im DDR-Staatsapparat vorgesehen, für das dem System treue ergebende und verlässliche Funktionäre ausgesucht wurden. Mit der Funktion eines Kreissekretärs der CDU war in der Regel die Teilnahme an Kaderschulungen in der zentralen Bildungsstätte der Ost-CDU „Otto Nuschke" in Burgscheidungen verbunden)

**THOMASCHK, Ludwig, CDU**

Kreisgeschäftsführer, Verkehrsmeister; Bad Muskau - *20.7.1946 in Gollner-berg; ev.; verh., 3 Kinder - 1953/61 Grundschule in Krauschwitz. 1962/63 Ofen-setzerlehrling,1963/65 Traktorist MTS Weiskeißel, 1965/66 Staplerfahrer VEB Keulahütte.1966/68 Wehrdienst in Cottbus. 1968/89 KOM-Fahrer Kombinat Schwarze Pumpe, BT Weißwasser. 1985/87 Meisterlehrgang als Verkehrsmeis-ter, 1988/90 Tätigkeit als Verkehrsmeister, **Seit 1968 Mitgl. der CDU,** ab 1989 Kreisgeschäftsführer CDU-Kreisverband Weißwasser, Kreisvorstandsmitgl., Orts-vors. in Skerbersdorf und in Bad Muskau. Oktober 1989/März 1990 Mitgl. Neues Forum. - MdL seit Oktober 1990. Wahlkreis 27 (Weißwasser)

**TILLICH, Stanislaw, CDU**

Diplom-Ingenieur für Konstruktion und Getriebetechnik, Ministerpräsident des Freistaates Sachsen, Pauschwitz-Kuckau, Wahlkreis 54 (Kamenz 2). * 10.4.1959 in Neudörfel; römisch-katholisch; verheiratet, zwei Kinder. Sorbe, 1977 Abitur. 18-monatiger Grundwehrdienst. Februar 1984 Abschluss des Studiums an der TU Dresden, Diplom-Ingenieur für Konstruktion und Getriebetechnik. 1984 bis 1987 Konstrukteur in einem Elektronikunternehmen, 1987 bis 1989 Angestell-ter der Kreisverwaltung Kamenz. Von 1989 bis 1995 selbstständiger mittelstän-discher Unternehmer. Vom Oktober 1999 bis April 2002 war Tillich Sächsischer Staatsminister für Bundes- und Europaangelegenheiten, Mai 2002 bis Oktober 2004 Chef der Sächsischen Staatskanzlei, November 2004 bis September 2007 Sächsischer Staatsminister für Umwelt und Landwirtschaft, September 2007 bis Mai 2008 Sächsischer Staatsminister der Finanzen. Seit 28. Mai 2008 Minister-präsident des Freistaates Sachsen. **Seit 1987 CDU-Mitglied, seit 1989 Kreis-vorstandsmitglied.** Von 1992 bis 1999 Mitglied des Vorstands der Christdemo-kratischen Parteien Europas (EVP), seit Mai 2008 Landesvorsitzender der Säch-sischen Union. Mitglied der Volkskammer März bis Oktober 1990. 1991 bis 1994 Beobachter im Europäischen Parlament, Mitglied des Europäischen Parlaments Juni 1994 bis Oktober 1999, dort stellvertretender Vorsitzender des Haushalts-ausschusses und Generalberichterstatter für den Haushalt der Europäischen Union 1998.

**Anmerkung des Autors:** (lt. SZ v. 01.4.89 war Tillich bei seiner Wahl zum Kreistagsabgeord-neten am 07.5.89 bereits stellv. Abteilungsleiter für Handel und Versorgung (**nicht einfach Angestellter der Kreisverwaltung**). Er wurde danach am 25.5.89 zum stellvertr. Vorsitzen-den des Rates Kamenz für Handel und Versorgung ernannt und war dies bis zur letzten Sitzung des Rates im März 1990. Das war eine **Wahlfunktion als Staatsfunktionär,** kein kleiner Angestellter. Laut Vertrag über sein Ausbildungsprogramm als Reservekader von 1987 wurde Tillich bereits am 1.10.87 **in den „Staatsapparat" übernommen.** In seiner Kurzbiografie anläßlich seiner VVS Verpflichtung laut Antrag vom 3.4.1989 wird Tillich als **„politischer Mitarbeiter in der Abteilung HuV Rat des Kreises Kamenz"** geführt. Für den Beginn seiner Tätigkeit im Kreisvorstand wurde von ihm im Handbuch der 10. Volkskammer **nicht 1989 sondern 1988** angegeben. Das deckt sich auch mit Aussagen ehemaliger Parteifreunde von Tillich. Seine Angaben: „**Von 1989 bis 1995 selbstständiger mittelständischer Unterneh-mer**" decken sich nicht mit seinen Angaben gegenüber der Volkskammer. Dann wäre er gleichzeitig selbstädig und Stellvertr. Vorsitzender des Rates gewesen. Gegenüber der Volks-kammer hatte er noch angegeben: „Seit Mai 1990 Inhaber einer Firma für Konstruktionsbau.", lt. Handelsregister wurde die **„Clauß und Tillich GmbH" Sitz Kamenz tatsächlich am 11. Mai 1990 gegründet**. Die Firma wurde dann wegen Vermögenslosigkeit am 22.11.2005 von Amts wegen gelöscht (siehe auch auf den Seiten 95 und 99).

### TRÖGER, Gottfried, CDU

Diplom-Landwirt; Lobsdorf - * 20.2.1935 in Lobsdorf; ev.; verh., 3 Kinder - Grundschule in Lobsdorf, Meister Landwirtschaft in Hohenstein-Ernstthal, Fachschule in Chemnitz, Diplom an der Univ. Leipzig 1968. 1960/68 Mitarb. RLN. 1968/70 Leiter Beratungsdienst f. Getreidewirtschaft, 1970/90 Leiter Betriebsteil Glauchau Getreidewirtschaft, jetzt Leiter der Niederlassung Agromarkt GmbH Glauchau. **Mitgl. des DBD seit 1962, des Sekretariats des DBD Hohenstein-Ernstthal 1982/90,** Jan. 1990 Kreisvors. DBD Hohenstein-Emstthal. - MdL seit Okt. 1990. Landesliste

### ULBRICHT, Hartmut, CDU

Agrar-Chemieingenieur; Klitten - *17.2.1950 in Klitten; ev-alt-luth.; verh., 2 erw. Kinder - POS. Landwirtschaftslehre. 1970/73 Fachschulstudium Agrochemie und Pflanzenschutz in Halle, spez. Aviochemie und Phytopathologie. Zuletzt Leiter Agrochemie und Wissenschaft in der LPG/P Weigersdorf. Vizepräs. Kuratorium Schlesische Lausitz, Mitgl. der Rechtskommission der Kirchenleitung der ev.-alt-luth. Kirche. **Mitgl. CDU seit 1971, Gemeindevertreter, 1988 Ortsgruppenvors.** März/Okt. 1990 MdV, Obmann der CDU-Fraktion im Ausschuss für Abrüstung und Verteidigung. - MdL seit Okt. 1990. Wahlkreis 28 (Niesky-Görlitz, Land 1-Bautzen III)

### Dr. Ing. WEBER, Wolfgang CDU

Diplomingenieur; Chemnitz - *23.6.1939 in Breslau; ev.; verh. - Volksschule, Berufsschule. Lehre als Werkzeugmacher bei Fichtel & Sachs in Reichenbach, Facharbeiterprüfung 1956, Tätigkeit als Werkzeugmacher. Ingenieurstudium (Fertigungstechnik) in Karl -Marx-Stadt, Ingenieurprüfung 1960. Versuchsingenieur und Konstrukteur TH/TU Dresden. Diplomfernstudium der Fertigungstechnik TU Dresden, Diplomprüfung 1969. Promotion zum Dr.-Ing. 1978. Fachschullehrer, Laborleiter, Technischer Leiter, wiss. Oberassistent Ingenieurschule für Werkzeugmaschinenbau Karl-Marx-Stadt und TU Chemnitz, Sektion Technologie der mvl bis Juni 1990. Seit Juni 1990 Ressortleiter Bildung, Kultur, Jugend/ Sport an der Bezirksverwaltungsbehörde Chemnitz. **Mitgl. CDU seit 1968; 1975/89 Ortsgruppenvors. der CDU in Chemnitz, 1969/89 Abg. der Stadtbezirksversammlung Karl-Marx-Stadt/Süd, Kommission Finanzen**, zuletzt Kommissionsvors. Vors. Bezirksfachausschuss Bildung in Chemnitz seit 1989. seit 1990 kommissarischer Ortsvereinsvors. CDU, - MdL seit Okt. 1990. Wahlkreis 63 (Chemnitz V)

### WEBER, Christine, CDU

Zahnärztl. Helferin, Dipl.-Betriebswirtin (FH), Staatsministerin; Zschopau - *1.12.1948 Aue; ev.-luth.; verw., 3 Kinder - 10. Klasse, Fachschule. 1965/68 Lehrling, Privatzahnarzt, 1965/70 zähnärztl. Helferin; Poliklinik Aue. 1970/75 Sachbearbeiterin Rat des Kreises Zschopau, fristlose Entlassung bzw. Kündigung wegen Nichteignung 1976, Grund der Kündigung: Nichtteilnahme an der Volkskammerwahl, dies wurde als politischer Grund 1990 durch den Untersuchungsausschuss Zschopau anerkannt. 1976/85 Heimarbeit Feingerätewerk Drebach, 1985/90 Revisor Sozialversicherung. 1990/94 Gesundheits-Sozialdezernentin, 1. Stellv. des Landrats im Landkreis Zschopau. Okt. 1999/Mai 2002 Staatsministerin in der Staatskanzlei für die Gleichstellung von Frau und Mann, seit Mai 2002 Staatsministerin für Soziales. Bis 1991 parteilos. Nov. 1991 CDU-Mitgl. seit 1995 stellv. Landesvors., 1995/02 Vors. des CDU-Kreisverbandes Mittleres Erzgebirge. Seit 1990 Mitgl. Kreistag, stellv. Fraktionsvors. - MdL seit Okt. 1994. Wahlkreis 18 (Mittleres Erzgebirge) (Weber hat keinen Blockparteihintergrund siehe jedoch Extrabiografie)

### Dr.-Ing. WEIGEL, Eckhard, CDU

Architekt; Niederwiesa - *4.6.1942 in Chemnitz; ev.; verh., 1 Kind - Grundschule, EOS, Abitur in Chemnitz. Architekturstudium TU Dresden, 1968 Diplom. Promotion zum Dr.-Ing. Architekt 1977 in Dresden. Entwurfsarchitekt im Wohnungsbaukombinat Karl-Marx-Stadt 1968/71. Architekt und Städteplaner im Büro des Stadtarchitekten Karl-Marx-Stadt 1971/82. Stellv. des Stadtarchitekten für Wohnungsbau 1982/89. Stadtarchitekt in Chemnitz 1989/90. Dezernent für Stadtentwicklung und Bauordnung in Chemnitz ab 1990. Mitgl. Bund der Architekten. **Seit 1968 Mitgl. der CDU. Seit 1974 Vors. CDU-Ortsgruppe Niederwiesa. Abg. Kreistag Flöha 1975/89.** - MdL seit Okt. 1990. Wahlkreis 51 (Flöhe)

### WEINHOLD, Karl, CDU

Diplomingenieur (FH); Elterlein -*23.1.1946 Elterlein, ev.-luth., verh., 2 Kinder - Abitur. Ingenieurschule Apolda, Ing. für Betontechnologie. 1964/65 Berufsausbildung Betonbauer, 1965/68 Studium. 1968 TKO-Leiter und Technologe im Betonwerk Lukkenwalde, 1969/72 Bauleiter BMK Süd, 1972/78 Investbauleiter Eisenwerk Elterlein, 1979/90 Abteilungsleiter für Bau und Investitionen LPG P Schlettau. Seit 1990 Bürgermeister Stadt Elterlein. **CDU-Mitgl. seit 1971, Mitgl. im Ortsgruppenvorst. bzw. Ortsverbandsvorst. seit 1972, Ortsgruppenvors. 1988/90. Kreisvorstandsmitgl. Annaberg 1983/88. Stadtverordnetenversammlung Elterlein 1975/84 und 1989/90,** Mitgl. Kreistag Annaberg seit 1990, Stadtrat Elterlein 1990/94. Ehrenamtl. Mitgl. im AR der Eisenwerk GmbH Elterlein. - MdL seit Okt. 1994. Landesliste. Ausgeschieden am 30.10.1995

### Dr. WILDFÜHR, Dietmar, CDU

Arzt; Delitzsch - *4.5.1942 in Dresden; ev.; verh., 2 Kinder - Oberschule, Abitur in Leipzig. Studium der Medizin in Leipzig. 1967 Staatsexamen, Dr. med. Facharztausbildung Karl-Marx-Universität Leipzig, Kinderklinik. Seit 1972 leitender Kinderarzt Kreispoliklinik Delitzsch, bis 1975 in Personalunion Kreisjugendarzt; seit Juni 1990 Dezernent für Gesundheits- und Sozialwesen, Landratsamt Delitzsch. **Seit 1975 Mitgl. CDU, 1979 Mitgl. des Kreisvorst. CDU Delitzsch,** 1990 stellv. Kreisvors. der CDU. Seit 1990 Abg. der Stadtverordnetenversarnmlung Delitzsch. - MdL seit Okt. 1990. Wahlkreis 1 (Delitzsch)

### WINKLER, Hermann, CDU

Diplom-Ingenieur; Grimma - *22.4.1963 in Grimma, ev.-luth.; verh., 2 Kinder - EOS, Abitur in Grimma. Studium der Fachrichtung Fertigungstechnik im Maschinenbau TU Magdeburg, Abschluss Diplomingenieur 1988. 1988/90 Entwicklungsingenieur im Chemieanlagenbau Leipzig-Grimma. Juli 1990 Stadtdirektor von Grimma. **Mitgl. CDU seit 1988;** Vors. CDU-Ortsverband Grimma seit Jan. 1990, Mitgl. CDU-Kreisvorst. Grimma seit Feb. 1990. Abg. der Stadtverordnetenversammlung Grimma seit Mai 1990, stellv. Bürgermeister. - MdL seit Okt. 1990. Wahlkreis 17 (Grimma)

### WITZSCHEL, Eberhard, CDU

Diplom-Ingenieur; Frankenberg/Sachsen - *9.5.1941 in Frankenberg; ev.-luth.; verh., 3 Kinder - POS in Frankenberg und Hainichen. Lehre in Karl Marx-Stadt. 3jähriges Direktstudium in Karl-Marx Stadt, 7jähriges Fernstudium TU Dresden. Technologe, Techn. Leiter, Geschäftsf., Betriebsdirektor VEB Teppichweberei Frankenberg, **Abteilungsleiter Wirtschaft CDU-Bezirksvorst. 1988/89. Mitgl. Bezirksvorst. CDU Karl-Marx-Stadt 1964/90. Abg. Bezirkstag Karl-Marx-Stadt 1971/90,** Mitgl. eines Elternaktivs 1980/86, Vors. Elternaktiv EOS Frankenberg 1986/88. Ab 1990 Landesgeschäftsf. der MIT der CDU. Mitarbeiter der MCR Treuhand- und Steuerberatungsgesellschaft Weinböhla seit Okt. 1990. Mitgl. Elternbeirat der Musikschule Flöha 1982/86, - MdL seit Okt. 1990. Landesliste

### WÜNSCHE, Eva-Maria, CDU

Lehrer; Leipzig - *15.5.1952 in Leipzig; ev. luth.; verh. - POS in Leipzig bis 1968.1968/72 Studium am Institut für Lehrerbildung Leipzig, Staatsexamen 1972. Erzieher an der 11. POS Leipzig 1972/79. Fernstudium an der Hochschule für Staat und Recht 1975/Feb. 1990, Abschluss als Hochschulstaatswissenschaftler. **Stadtbezirkssekretär CDU Leipzig-Südwest 1979/Mai 1990. 1979/90 Mitgl. Stadtbezirksvorst. Leipzig-Südwest der CDU, Abg. der Stadtbezirksversammlung Leipzig Nordost 1974/79.** Wiss. Mitarbeiter eines Abg. der CDU/DA-Fraktion der Volkskammer der DDR Mai/Okt 1990. Seit Auflösung der Volkskammer Hausfrau. Mitgl. Wirtschaftsvereinigung Sachsen der CDU, Mitgl. MIT, Mitgl. Landesvorst. Sachsen seit März 1990, Mitgl. der Grundwertekommission des Parteivorst. der CDU seit Dez. 1989. - MdL seit Okt. 1990. Wahlkreis 11 (Leipzig VII)

### Dr. ZIMMERMANN, Ingo CDU

Schriftsteller; Dresden - *17.12.1940 in Dresden; ev.; verh. - Grundschule, Internatsschule des Dresdner Kreuzchores und Abitur in Dresden. Studium der Theologie Univ. Leipzig, Staatsexamen 1964, Promotion 1965. Wiss. Oberassistent 1967/71. Stellv. Cheflektor im Union Verlag Berlin 1972/73. Kulturjournalist in Dresden 1974/76. Freiberuflicher Schriftsteller in Dresden 1977/90. Leiter des Ressorts Kultur der Bezirksverwaltungsbehörde Dresden. 1990 Vors. Schriftstellerverband Bezirk Dresden. **Seit 1966 Mitgl. der CDU; 1968/72 Nachfolgekandidat CDU-Bezirksvorstand Leipzig, 1974/81 Vors. CDU-Ortsgruppe Dresden-Striesen, 1985/87 Mitgl. CDU-Stadtvorst. Dresden. Berufenes Mitgl. der Ständigen Kommission Kultur der Stadtverordnetenversammlung Dresden 1985/89.** - MdL seit Okt. 1990. Wahlkreis 39 (Dresden 1

# Übersicht: Abgeordnete der CDU-Landtagsfraktionen von 1990 bis 2008 mit „Blockpartei-Vergangenheit"

| # | Nachname | Vorname | Geb. | Wohnort | Wahlperioden 1. | 2. | 3. | 4. | Ost-CDU | Partei- und/oder Staatsfunktionen[1,2] (DDR) |
|---|----------|---------|------|---------|----|----|----|----|---------|---------------------------------------------|
| 1 | Albrecht | Uwe | 19.07.1957 | Leipzig | x | | | | 1979 | Stadtbezirksabgeordneter |
| 2 | Binus | Karl-Heinz | 15.09.1954 | Hilmersdorf | x | x | x | | 1976 | Bürgermeister, Stadtrat |
| 3 | Börner | Eckhard | 16.01.1951 | Witzschdorf | x | | | | ? | Bürgermeister |
| 4 | Böttrich, Dr | Heinz | 10.06.1925 | Chemnitz | x | x | | | ? | Bezirkstag, Stadtrat |
| 5 | Buttolo, Dr. | Albrecht | 01.09.1947 | Wüstenbrand | x | | | | 1979 | Kreistag |
| 6 | Clauß | Christine | 10.02.1950 | Leipzig | | x | x | x | 1984 | |
| 7 | Clemens | Martin | 19.03.1939 | Hernnhut | | | | | 1957 | |
| 8 | Colditz | Thomas | 08.09.1957 | Aue | x | x | x | x | 1985 | |
| 9 | Czok | Karl | 22.12.1949 | Leipzig | x | | | | 1967[3] | |
| 10 | Dierich, Dr. | Peter | 02.06.1942 | Zittau | x | | | | ? | Kreistag |
| 11 | Dirschka | Joachim | 06.08.1941 | Leipzig | x | x | | | 1984 | Hauptvorstand CDU 84-89 |
| 12 | Dombois | Andrea | 04.08.1958 | Dippoldiswalde | x | x | x | x | 1979 | Kreissekretär seit 86 |
| 13 | Einsle | Siegrun | 10.12.1958 | Rüssen-Kleinstorkwitz | | x | x | | 1977[3] | Kreisvorstand, BM |
| 14 | Enders | Wolfgang | 20.01.1951 | Steinpleis | x | x | x | | 1972 | Gemeinderat, Schöffe |
| 15 | Flath | Steffen | 23.07.1957 | Annaberg-Buchh. | | x | x | x | 1983 | Ortsvorstand, P |
| 16 | Gallert | Horst | 11.01.1938 | Schirgiswalde | x | | | | 1963 | Kreisvorst. CDU, Kreistag |
| 17 | Goliasch | Herbert | 11.01.1938 | Leipzig | x | x | | | vor 1989 | Revision Nationale Front 85-89 Ortsvorst. |
| 18 | Gregori | Dietrich | 10.10.1939 | Meißen | x | | | | vor 1980 | Stellv. Kreisvorst. 80 - 90 |
| 19 | Groß | Friedbert | 20.04.1937 | Leipzig | x | x | | | 1984 | P, S |
| 20 | Günther | Klaus | 26.01.1941 | Chemnitz | x | | | | um 1976[3] | Kreistag |
| 21 | Hähnel | Eckmar | 30.04.1946 | Dorf Wehlen | x | | | | 1966 | Kreistag, Stadtrat, Kreissekretär CDU seit 1974/1985 |
| 22 | Hähnel | Andreas | 27.04.1966 | Chemnitz | | | x | x | 1984 | |
| 23 | Hahn | Andreas | 04.01.1951 | Bischofswerda | x | x | x | | 1969 | Stadtvorstand CDU seit 77 |
| 24 | Hamburger | Georg | 05.05.1941 | Werdau | | x | x | x | 1959 | |
| 25 | Hauck | Christian | 25.10.1938 | Mülsen St. Micheln | x | | | | 1967 | Ortsgruppenvorst. seit 76 |
| 26 | Heinrich | Peter | 28.03.1948 | Frauenstein | x | | | | 1980 | Stadtrat |
| 27 | Heinz | Andreas | 27.02.1960 | Pöhl | x | x | x | x | Okt. 89[4] | FDJ-Sekretär 84 - 89 |
| 28 | Henke | Rita | 24.10.1952 | Bad Düben | x | x | x | x | 1982 | |
| 29 | Hubrich | Werner | 20.10.1984 | Wurzen | x | x | | | 1952 | Ortsgruppenvorst., Kreisvorstand |
| — | Hubig | Andrea | >Dombois | | | | | | | |

| # | Nachname | Vorname | Geb. | Wohnort | 1. | 2. | 3. | 4. | Ost-CDU | Partei- und/oder Staatsfunktionen[1,2] (DDR) |
|---|----------|---------|------|---------|----|----|----|----|---------|-----------------------------------------------|
| 61 | Reichardt | Monika | 23.06.1956 | Bad Lausick | x | | | | 1987 | Kreisvorstand, P |
| 62 | Reinfried, Dr. | Dieter | 07.08.1947 | Dresden | x | x | | | ca. 1971 | P |
| 63 | Richter, Dr. | Christoph | 10.01.1942 | Greifendorf | x | | | | 1968 | P |
| 64 | Sachse | Karl | 20.04.1936 | Dommitzsch | x | | | | 1969[7] | Kreisvorstand, Kreistag |
| 65 | Schicke | Herbert | 19.08.1931 | Strehla | x | | | | 1958[7] | Kreisvorstand, Kreisvorsitzender, Parteivorstand |
| 66 | Schmidt | Thomas | 07.03.1961 | Taura | | | | x | 1985[7] | |
| 67 | Schmidt | Werner | 02.12.1926 | Leipzig | x | | | | vor 1957 | Kreistag, Stadtrat |
| 68 | Schmitz | Wolfgang | 30.04.1937 | Hoyerswerda | | x | | | 1966 | |
| 69 | Schramm, Dr. | Andreas | 05.05.1951 | Schweikerhain | x | | | | ? | Kreistag |
| 70 | Schubert, Dr. | Ingo | 26.12.1927 | Schkeuditz | x | | | | 1946 | Stadtverordneter |
| 71 | Spantig | Clemens | 13.09.1941 | Wittgendorf | x | | | | vor 1968[7] | Kreisvorstand |
| 72 | Sprotte | Paul | 15.06.1940 | Döbeln | x | | | | 1961 | Kreisvorstand, Kreistag, S |
| 73 | Steinert | Erhard | 10.01.1952 | Halsbrücke | | x | | | 1976 | Vors. Ortsgruppe, Stadtrat |
| 74 | Stempell | Kurt | 01.05.1938 | Plauen | | x | x | | 1965 | Stadtbezirk, Bezirktag |
| 75 | Strempel | Karin | 27.08.1961 | Meißen | | x | x | x | 1979 | Vorstand Ortsgruppe |
| 76 | Süss, Dr | Wolfgang | 10.02.1940 | Wermsdorf | | x | x | | vor 1978 | Kreissekretär, Stadtverordneter |
| 77 | Teubner | Gottfried | 27.09.1944 | Freiberg | | x | x | | 1965 | Kreisvorstand |
| 78 | Thomaschk | Ludwig | 20.07.1946 | Bad Muskau | | x | x | | vor 1968 | Kreisvorstand |
| 79 | Tillich | Stanislaw | 10.04.1959 | Panschwitz-Kuckau | | | | x | 1987 | Kreisvorstand, Kreistag, (Stellver. d. Vorsitzenden d. Rat d. Kreises f. Handel u. Versorgung) |
| 80 | Tröger | Gottfried | 20.02.1935 | Lobsdorf | x | | | | 1962[9] | Ortsgruppenvorstand, Gemeindevertreter |
| 81 | Ulbricht | Hartmut | 17.02.1950 | Klitten | x | x | | | 1971 | Ortsgruppenvorstand |
| 82 | Weber, Dr. | Wolfgang | 23.06.1939 | Chemnitz | x | | | | 1968 | Vors. Ortsgruppe |
| 83 | Weigel, Dr. | Eckhard | 04.06.1942 | Niederwiesa | x | | | | 1968 | Vors. Ortsgruppe |
| 84 | Weinhold | Karl | 23.01.1945 | Elterlein | | x | | | 1971 | Kreisvorstand, Stadtverordnetenversamml. |
| 85 | Wildführ, Dr. | Dietmar | 04.05.1942 | Delitzsch | x | | | | 1975 | Kreisvorstand |
| 86 | Winkler | Hermann | 22.04.1963 | Grimma | | x | x | x | 1988 | |
| 87 | Witzschel | Eberhard | 19.05.1941 | Frankenberg | | x | x | | um 1964 | Bezirksvorstand, Bezirkstag |
| 88 | Wünsche | Eva-Maria | 15.05.1952 | Taucha | x | | | | um 1979 | Stadtbezirksvorstand, P, Stadtbezirkssekretär |
| 89 | Zimmermann, Dr. | Ingo | 17.12.1940 | Dresden | x | | | | 1966 | Bezirksvorstand, P, S |

**Quellen:** Volkshandbuch 1. Wahlperiode; Volkshandbuch 2. Wahlperiode, 4. Auflage; Volkshandbuch 3. Wahlperiode 3. Wahlperiode 3. Auflage; Volkshandbuch 4. Wahlperiode
3. Auflage;

Stand: 07.12.2008, 17:30 U

# Dokumentation

### CDU-Bundesparteitag in Stuttgart, 2.12.2008

### „Nolle in Sachsen, (ist) sowieso aus meiner Sicht der übelste Schmierfink, der aus dem Westen hier rüber gekommen ist.

...wir dürfen uns vor diesen Halunken hier nicht vorführen lassen."

Dokumentation der Rede von Fritz Niedergesäß, CDU Treptow/ Köpenick zum Thema: Geteilt – Vereint – Gemeinsam, Perspektiven für den Osten Deutschlands. (CDU Parteitag in Stuttgart, 02.12.2008, 13 Uhr, Mitschrift nach Tonaufzeichnung)

**Tagungsleiter Stanislaw Tillich:** Ich darf mich bei Frau Professor Dagmar Schipanski für die Einführung in den Antrag bedanken ganz im Sinne des Titels Geteilt – Vereint – Gemeinsam Perspektiven für den Osten Deutschlands. Ich bitte erstmal zur allgemeinen Aussprache. Wir kommen dann zu den Einzelanträgen. Bisher hat sich Herr Fritz Niedergesäß zur allgemeinen Aussprache gemeldet ich bitte um weitere Wortmeldungen hier im Tagungspräsidium und rufe Herrn Fritz Niedergesäß auf, bitteschön.

**Fritz Niedergesäß:** Danke, Herr Tagungspräsident, Frau Bundeskanzlerin, meine sehr verehrten Damen und Herren. Als einer der 1953 am 17. Juni schon mal ein paar Stunden im Knast gesessen und verhört worden ist, komme ich natürlich nicht umhin mal klarzustellen, was heute so alles hier durch die Gegend spukt in den Zeitungen in den letzten Wochen, vor allen Dingen wie die DDR glorifiziert wird, wie versucht wird von der eigentliche Verantwortung der Stalinisten, die letztendlich bis 1989 regiert haben, abzulenken. Vielen ist der auf dem Gebiet der ehemaligen DDR nicht einmal klar wie diese Machtstrukturen funktioniert haben. In Westdeutschland kann man das kaum von einem erwarten, weil natürlich keiner denkt, dass die Diktatur des Proletariats ein so brutales System war, dass die Parteien, die sich dahinter versteckten, eigentlich nur Klitterei waren. Die Macht ging einzig und allein von der SED aus, vom Politbüro, vom Zentralkomitee, von den Bezirksleitungen der SED und von den Kreisleitungen der SED.

Wenn dann nun immer wieder behauptete nun ja, die CDU hat ja einen Postminister und die CDU hatte da noch irgendwo ein paar Stadträte und um paar Verantwortliche in den Landtagen, aber Landtage hatten wir ja keine in denen Bezirksverwaltungen und in den Kreisverwaltungen da muss man wissen, dass über jeden im Kreis und im Bezirk und oben dann sowieso jeweils einer von der SED-Bezirks- oder Kreisleitung gesessen hat. Diese Leute hatten da nen Job zu machen. Die hatten sich mit den Leuten rumzuprügeln, weil ja ständig Versorgungsmängel aufkreuzten. Die eigentliche Macht hatte bis auf die Kreisebene runter eindeutig die SED.

**Und wenn heute Leute wie Nolle in Sachsen, sowieso aus meiner Sicht der übelste Schmierfink, der aus dem Westen hier rüber gekommen ist in die neuen Bundesländer, wenn diese Typen uns jetzt hier für ne Sache verantwortlich machen wollen, für die wirklich keiner verantwortlich ist, dann können wir uns dagegen nur ganz energisch gegen aussprechen.**

Meine Damen und Herren, die Volkskammer beispielsweise, die ja immer für einen der erst gar nicht so kennt, dargestellt wird als demokratische Institution wo nun über vieles entschieden wurde, die Volkskammer war natürlich besetzt von der SED von den vier Blockparteien und außerdem waren ja in der Volkskammer noch der Freie Deutsche Gewerkschaftsbund vertreten, die FDJ, der demokratische Frauenbund, der Kulturbund und ich weiß gar nicht wer da noch alles gesessen hat. Geredet wird heute nur noch davon, dass es außer der SED wahrscheinlich nur noch in der DDR die CDU gegeben hat. Wir können da eigentlich stolz darauf sein.

Ich habe in meinen Kreisverband Treptow-Köpenick, dem ich vorstehe, habe ich Leute, die 1945 im Sommer in die CDU eingetreten sind, die heute noch Mitglieder sind und dieses Diaspora durchstanden haben und die heute froh sind, dass es alles so gekommen ist, wie sie sich es einstmal gewünscht haben. Und Leute, wir dürfen diese Mitglieder und diese Bürger, die das alles ausgehalten haben, nicht enttäuschen, dass wir uns jetzt hier vielleicht noch beschmuddeln lassen und für die Verbrechen der SED und für diesen ganzen Schleuderladen da vielleicht noch mit verantwortlich gemacht werden. Ich bin Bauingenieur, ich bin 1963 in meinem Beruf eingetreten, da muss ich mir jetzt in dem Abgeordnetenhaus in Berlin, in dem da 16 Jahre gesessen habe, von den Kommunisten noch vorwerfen lassen, dass ich als Bauingenieur für dieses Schleuderwirtschaft da noch mit verantwortlich bin, ja. Also wir haben da wirklich ne Knochenarbeit geleistet und haben uns bemüht das Beste noch draus zu machen, aber am Ende werden wir von denen die ganze Schaden angerichtet haben heute noch vorgeführt. Meine

Damen und Herren, das können wir uns nicht gefallen lassen, da müssen wir dagegen halten mit aller Kraft, die wir haben.

Nun habe ich aufgrund meiner familiären Erfahrungen, meine Familie war zehn Jahre getrennt, mein Vater lebte im Westen wie im Osten, haben wir natürlich unsere Erfahrungen gehabt. Von uns kam keiner auf die Oberschule und meine Schwester noch nicht mal eine Lehrstelle gekriegt, weil man ihr gesagt hat, wir waren ne Unternehmerfamilie, da hat man erst mal gesagt, meine Schwester soll sich erstmal unter der werktätigen Bevölkerung rehabilitieren, dass sie überhaupt ne Lehrstelle kriegt. Das muss man sich heute mal vorstellen. Meine Damen und Herren, wir kamen auf keene Oberschule, aber was ich dann wirklich fürchterlich fand, ich bin 1983 in die CDU eingetreten im Osten, weil mir das eigentlich da ganz sympathisch vorkam, weil die alle im Bauwesen, da war so ein Arbeitskreis Bauwesen, dem ich angehörte, da hauten die alle auf die DDR ein.

Ich hab ja gedacht, dass sind ja alles Spione, als ich das erste Mal drinnen war. Ich konnte mir gar nicht vorstellen, dass die das ernst meinen, aber von den 30 oder 40 Leuten die wir in dem Arbeitskreis waren, da waren vielleicht zwei oder drei dabei die linientreu waren, die andern haben sich da, wie man so schön auf Deutsch sagt, richtig ausgekotzt, ja, also da flogen richtig die Fetzen, und da habe ich gedacht na gut hier wirste wohl eintreten und mitmischen und das haben wir dann auch gemacht, natürlich mit dem Erfolg, dass mein Generaldirektor dann mal zu mir gesagt hat, 1986, nun ja, aus dir könnte ich ja nen Fachdirektor machen, war im Brückenbau tätig, da bist du ja richtig gut, aber sagte er, mit deiner CDU kann ich mit dir überhaupt nichts anfangen, wenn du wenigstens parteilos wärst, meine Damen und Herren. Und das ist auch die Wahrheit ist der Bereiche, wo solche Leute wie wir überhaupt nicht zum Zuge kamen. Das ging den anderen Parteien wahrscheinlich ähnlich. Und dann habe ich ihm gesagt, na siehste, deshalb bin ich ja in die CDU eingetreten, dass ihr mit mir nicht Karriere macht. Ich habe kein Interesse, ich bleibe Bauleiter bis ich 65 bin. Das ist mir dann ein bisschen erspart geblieben, weil ich dann 1990 natürlich in die Geschäftsleitung eingegangen bin und meine Firma heute eine der größten Straßenbauunternehmen in Deutschland ist. Det is doch auch schon was, ne.

Meine Damen und Herren,
**wir dürfen uns vor diesen Halunken hier nicht vorführen lassen.** Natürlich hat es in der CDU Ost, genau wie in allen anderen, ob im FDGB oder wo auch sonst immer, auch Leute gegeben auch

bei den so genannten parteilosen Kommunisten von denen ja überhaupt keiner redet, die dann irgendwo untergekrochen sind, ich will bloß mal ein Beispiel erwähnen, als ich 1990 erstmal in die Stadtversammlung in Berlin Ost noch eingezogen bin, da war das alles noch durcheinander, aber 91 waren wir im Abgeordnetenhaus vereinigt in Berlin da erstellte sich dann plötzlich, wir hatten natürlich treu und brav angegeben wo wir herkommen, CDU und da und da, ja aber beim Bündnis 90 Die Grünen, die nannten sich dann plötzlich Revolutionäre und Bürgerrechtler und wie sie sich alle nannten, aber nach nem halben Jahr da flog der Schwindel auf, da waren von den zwölf, die aus dem Osten kamen, alleine viere aus der SED und weitere dreie aus den Blockparteien. Die nannten sich dann plötzlich Revolutionäre.

Meine Damen und Herren, schönen Gruß an Frau Künast solch eine Schweinerei lassen wir uns hier nicht bieten, da halten wir gegen, da machen wir nicht mit. Dazu wäre auch noch zu sagen und für Westdeutsche sage ich jetzt mal um die Relationen ein bisschen klarer zu machen: im Politbüro saß der oberste Boss vom Freien Deutschen Gewerkschaftsbund, der oberste FDJ-ler Egon Krenz, viele kennen ihn noch, ja, der saß ooch im Politbüro. Von dieser CDU hat keener im Politbüro gesessen, war ja wohl ooch klar, ja. Also da muss man mal darüber nachdenken, wenn ich die Zeitungen der letzten Tage hier lese, da denke ich, was ist denn da los gewesen, warst wohl gar nicht dabei, das ist ja alles ganz anders wie die das heute darstellen. Also, so können wir miteinander nicht umgehen und Frau Schipanski, herzlichen Dank für Ihren herrlichen Vortrag, hat er nun gesagt, dass eben die blühenden Landschaften in Ostdeutschland wirklich zu sehen sind. Ich sage den Kommunisten immer, die könnt ihr gar nicht sehen, diese blühenden Landschaften, denn eure Parteischulen hießen ja damals schon Blindenschulen. – Dankeschön!

**Stanislav Tillich:** Zur allgemeinen Aussprache liegen keine weiteren Wortmeldungen vor.

<u>Anmerkung von Karl Nolle</u>: Die tiefschürfenden Thesen des Fritz Niedergesäß blieben ohne weitere Diskussion im Raum. Danach wurde über den Antrag des Bundesvorstandes abgestimmt. Für die CDU Deutschlands war damit das Thema der „Rolle der Ost-CDU in der DDR" und ihrer Aufarbeitung der eigenen Geschichte unter dem Slogan: Geteilt – Vereint – Gemeinsam, Perspektiven für den Osten Deutschlands, erledigt. Der unwidersprochene Beitrag von Niedergesäß ist erhellend für den Zustand der Christdemokraten.

Steffen Flath MdL

## Die Saat des
## Spalters Nolle darf nicht aufgehen!

14. März 2009

Georg Dertinger war das, was der SPD-Politiker Karl Nolle als Blockflöte bezeichnet. Kurz nach Ende des 2. Weltkrieges wurde Dertinger Mitglied der CDU in der Sowjetischen Besetzungszone, amtierte ein Jahr später als Generalsekretär der CDU und wurde 1949 sogar der erste Außenminister der DDR. Anfang 1953 kam die steile Karriere Georg Dertingers zu einem überraschenden Ende. Die Staatssicherheit verhaftete den Politiker und verurteilte ihn zu 15 Jahren Zuchthaus. Seine Ehefrau erhielt acht Jahre und sein ältester damals 15-jähriger Sohn drei Jahre Zuchthaus. Die kaum jüngere Tochter wurde nach einer Haft zu der ins Erzgebirge verbannten Großmutter gegeben. Der mit acht Jahren jüngste Sohn kam unter fremden Namen bei einer SED-treuen Familie in Pflege. Warum wurde Dertinger so hart bestraft und seine Familie in Sippenhaft genommen? Als Minister für Auswärtige Angelegenheiten bemühte sich der Christdemokrat um ein wiedervereinigtes Deutschland. Damit stand er den Interessen der Sowjetunion und SED-Führung entgegen. Grund genug für die Staatssicherheit, Dertinger und seine Familie wegen „Spionage und Verschwörung" von der politischen Bildfläche verschwinden zu lassen.

Dertingers Vision, die ihn Anfang der 50er Jahre ins Bautzener Stasi-Gefängnis brachte, wurde 40 Jahre später Wirklichkeit: Die deutsche Einheit. In diesem Jahr erinnern wir uns an die friedliche Revolution des Jahres 1989. Vor 20 Jahren fiel die Mauer. In dieses Jubiläum platzt die angekündigte Buchveröffentlichung „Sonate für Blockflöten und Schalmeien" von Karl Nolle und reißt alte Gräben zwischen Ost und West wieder auf. Kaum ein Zeitungsartikel über das Phantombuch, der nicht mit einer Flut von Leserbriefen beantwortet wird. „Ein Wessi kann sich kein Urteil über ostdeutsche Lebensläufe erlauben" — lautet einer der harmlosesten Vorwürfe. In zahlreichen Reaktionen tauchen erledigt geglaubte Ressentiments gegen Westdeutsche wieder auf. So verständlich die Äußerungen sind, so verheerend wirken sie auf den Wiedervereinigungsprozess. Es wäre ein Treppenwitz der Geschichte, wenn es dem Autor Nolle gelingen würde, 20 Jahre nach dem Mauerfall, die Mauer in den Köpfen wieder hochzuziehen.

**Mehr Gelassenheit**

Viel spricht dafür, mehr Gelassenheit im Umgang mit dem Buch zu beweisen. Ob die CDU ihre Geschichte und Verantwortung als ehemalige Blockpartei ausreichend aufarbeitet, können Historiker bewerten, aber nicht ein wahlkämpfender Landtagsabgeordneter. Und dass sich die Sachsen nicht von einem Politiker westdeutscher Herkunft ihre Vergangenheit beurteilen lassen wollen, haben sie durch eine beispielhafte Solidarisierungswelle für unseren Ministerpräsidenten Stanislaw Tillich bereits bewiesen. Allerdings in einem Punkt muss die Union dem SPD-Politiker energisch Widerstand leisten: der spaltenden Wirkung seines Buches. 20 Jahre nach der friedlichen Revolution darf die Herkunft Ost oder West keine Rolle mehr spielen. Gerade die Union, die wie keine andere Partei für die Deutsche Einheit steht, muss zusammenführen, was Nolle wieder trennen möchte. **Die Saat des Spalters darf nicht aufgehen.**

(aus: Sachsens Mitte, März 2009 (Informationsdienst der CDU-Fraktion))

---

Anmerkung Karl Nolle, MdL

Die Verwendung des Begriffes „Spalter" im politischen Sinn, als Beschimpfung, hat seinen Ursprung vor allem im stalinistischen, extrem linken politischen Spektrum politischer Kleinstgruppen.

**Spalter**
Ein Spalter ist eine abgewandelte Axt zur Holzbearbeitung. Der Hammerteil des Spalthammers fehlt, somit kann mit diesem Werkzeug nur gespalten werden. Das Gewicht liegt in Größenordnung einer schweren Axt. Ein Spalter ist beim Spalten von Holz einer Axt überlegen. (nach Wikipedia)

Edgar Moron

## Unehrlichkeit und Heuchelei von CDU/FDP ist kaum zu überbieten ...

„Als wir unsere Geschäftsstellen in der ehemaligen DDR
aufbauen mussten, sind Sie in die alten Geschäftsstellen
der Ost-CDU und der LDPD eingezogen".

Herr Präsident! Meine sehr verehrten Damen und Herren! Der
von den Koalitionsfraktionen eingebrachte Antrag sowie – jedenfalls
streckenweise – die beiden gerade gehaltenen Reden waren an
Unehrlichkeit und Heuchelei kaum zu überbieten. Ich sage Ihnen
ganz ehrlich:

Als Sozialdemokrat – ich bin schon lange in dieser Partei – fühle
ich mich durch Ihren Antrag und Ihre Reden persönlich beleidigt.
Gerade Sie, Herr Papke, haben gegenüber der Sozialdemokratie
einen Ton angeschlagen, der der Geschichte dieser Partei, ihrer
Würde und ihrer Ehre nicht angemessen ist.

Ich will Ihnen das auch erklären: Die SPD hat in diesem Land,
das es ja nun seit 62 Jahren gibt, über 40 Jahre lang regiert. Acht
Mal haben die Wählerinnen und Wähler uns den Regierungsauf-
trag erteilt, nicht Ihnen. Wir haben hier Politiker gehabt, die in ihrer
eigenen persönlichen Geschichte den Umgang mit Extremisten persönlich erlebt haben.

Hören Sie mal ein bisschen zu, bevor Sie weiterhin Ihre Ausbrü-
che produzieren. Warten Sie mal in Ruhe ab. Josef Neuberger Jude,
verfolgt, Justizminister der SPD; Heinz Kühn, Ministerpräsident,
verfolgter Sozialdemokrat, in der Tschechoslowakei und in Belgien
im Exil; Johannes Rau, den Sie in seiner demokratischen Qualität ja
wohl nicht einschränken und bestreiten wollen. Das waren Repräsentanten der SPD, die dieses Land hervorragend regiert haben,
und zwar 40 Jahre lang, meine Damen und Herren.

Sie wollen dieser Partei, die es seit fast 150 Jahren gibt, jetzt
erklären und vorhalten, wie wir mit politischen Extremen umgehen
sollen. Ich sage Ihnen, meine Damen und Herren: Es gibt keine
Partei in Deutschland, die eine so lange demokratische Tradition,
eine so ungebrochene Geschichte hat wie die deutsche Sozialdemokratie. Wir haben von Ihnen überhaupt keine, null Ratschläge
entgegenzunehmen.

Die Sozialdemokraten waren es doch, die unter Bismarck in
den Gefängnissen gesessen haben, die man per Gesetz verboten
hat. Die Sozialdemokraten haben versucht, die Weimarer Republik

am Leben zu halten und sind von der extremen Rechten und der extremen Linken bekämpft worden. Die Sozialdemokraten mit Otto Wels an der Spitze haben gegen die Ermächtigungsgesetze gestimmt.

Meine Damen und Herren, wir haben uns von Ihnen nichts, aber auch gar nichts vorhalten zu lassen. Ich setze noch einen drauf: – Ist davon irgendetwas falsch, meine Damen und Herren? Der eine sagt Bravo, und die anderen schreien dagegen. Einigen Sie sich mal, meine Damen und Herren.

Jetzt kommen wir in die jüngere deutsche Geschichte; der Vorsitzende der famosen FDP hat es angesprochen. Wie war es denn in der DDR? Die Sozialdemokratie war verboten. Bis 1961 gab es noch eine SPD in Ostberlin, Viermächtestatus. Sie musste nachher aufgelöst werden, weil die dann noch verbliebenen Mitglieder einem immensen staatlichen Druck ausgesetzt waren.

Als Sozialdemokraten in der DDR in den Gefängnissen der Stasi gesessen haben, haben die Mitglieder der Ost-CDU und der Ostliberalen in der Volkskammer gesessen. Das ist der Unterschied zwischen Ihnen und uns.

Und wir müssen uns von Ihnen anhören, wie wir mit Extremisten umgehen sollen. Was erlauben Sie sich eigentlich in diesem Parlament? Eine Unverschämtheit! Wie war es denn, sehr geehrter Herr Papke, mit Ihren Ostliberalen und der Ost-CDU? 500.000 hat es 1989 gegeben bei 2,2 Millionen Mitgliedern der SED.

Wir haben einen klaren Abgrenzungsbeschluss gefasst. Sie aber haben die 500.000 Blockparteimitglieder sehr schnell in Ihren Parteien aufgenommen. Die FDP hatte ihre Mitgliederzahlen innerhalb von Wochen verdreifacht. Das ist die Wahrheit.

Da Sie es angesprochen haben, erlaube ich mir auch noch die Bemerkung: Sie haben einen Teil des Vermögens der Ost-CDU und der LDPD wieder zurückgegeben, allerdings einen Großteil behalten. Als wir unsere Geschäftsstellen in der ehemaligen DDR aufbauen mussten, sind Sie in die alten Geschäftsstellen der Ost-CDU und der LDPD eingezogen. Und dann sagen Sie uns, wie wir mit Extremisten umzugehen haben. Sie müssen die Realitäten der Vergangenheit wirklich komplett ausblendet haben. Fragen wir noch einmal, wie es dann weitergegangen ist. Meine Damen und Herren, wer hat denn einen Landesvorsitzenden der CDU, einen gewissen Herrn Ulrich Junghanns, der früher Funktionär und Mitarbeiter der Bauernpartei war? Er ist heute Landesvorsitzender der CDU in Brandenburg und hat noch am 3. Juli 1989 geschrieben – alles belegt –: „Was die Mauer betrifft, so lassen wir uns nicht deren Schutzfunktion ausreden – ganz einfach, weil wir den Schutz spüren vor all dem, was hinter der Mauer jetzt an brauner Pest wuchert."

Das sind Ihre Leute, Sie haben sie aufgenommen. Okay, einverstanden, sie können sich ja auch bessern. Wenn man selbst im Glashaus sitzt, liebe Kolleginnen und Kollegen, sollte man beim Umgang mit Extremisten bitte vorsichtig sein. Ich will gar nicht an das zahllose Zusammenarbeiten zwischen CDU, ehemaliger PDS oder jetziger Linker in vielen Städten in Ostdeutschland erinnern. Ich könnte Ihnen alles aufzählen, will uns aber nicht langweilen. Ihr seid längst in einer anderen Welt als eure Kollegen und Parteifreunde in der ehemaligen DDR, den heutigen fünf neuen Ländern.

Aber, meine Damen und Herren, was müssen wir jetzt tun? Worum geht es hier? – Hören Sie zu! Wir erleben seit einigen Jahren ein Anwachsen einer Partei, die sich Die Linke nennt, die aber keine Linke ist. Es ist eine strukturkonservative Partei, die eigentlich in die 50er- und 60er-Jahre des vorigen Jahrhunderts zurück will. Es ist keine moderne, sondern eine konservative Partei.

Diese Partei ist ein Sammelbecken für enttäuschte Sozialdemokraten, enttäuschte CDU-Mitglieder und Gewerkschaftler geworden. Viele aus der CDU sind darin, Sie selber haben einmal untersucht, wie viele aus Ihren Reihen dort eingetreten sind. Darin sind auch Spinner, Sektierer und Leute, die in irgendwelchen politischen Kleinstgruppen waren. Darin sind Querulanten, Leute, die in unseren Parteien nicht haben Fuß fassen können, weil sie ein gewisses querulatorisches Potenzial haben.

Sie alle sind darin. Es ist im Augenblick ein Chaosverein. Sie sagen selbst von sich anlässlich ihres Landesparteitages: Unser Landesparteitag ist eine Black Box. Wir wissen gar nicht genau, wie sich zwei Drittel der Delegierten verhalten werden. Die kennen sich zum Teil noch gar nicht. Es ist eine Partei im Werden – leider, aber es ist so. Sie hat im Augenblick über 7.000 Mitglieder. Ich habe den Eindruck, es werden mehr und nicht weniger. Im Gegensatz zu den meisten Parteien, die hier vertreten sind, scheint diese Partei weiterhin Zulauf zu haben.

Ich frage mich: Was tun Sie dagegen, damit diese Partei keinen Zulauf mehr bekommt? Ich glaube, Sie tun gar nichts dagegen, ganz im Gegenteil! Lieber Helmut Stahl, Du hältst hier unten eine Rede, das ist doch nichts. Das ist doch ein Schmarren – Entschuldigung. Ihr müsst praktische Politik machen. Eine Partei oder Koalition wie Eure, die auf der einen Seite Bildungsgerechtigkeit propagiert und auf der anderen Seite Studiengebühren einführt, führt denen doch Neuwähler und Sympathisanten zu. Eine Koalition wie die Ihre, die an einem völlig überholten Schulmodell hängt, das die soziale Ungerechtigkeit auf Dauer manifestiert, die treibt ihnen doch die Wählerinnen und Wähler zu! Eine Partei und Koalition wie Ihre, die die Finanzierung von Arbeitslosen- und Obdachloseninitiativen einstellt, die treibt ihnen doch die Wähler zu! Ihr seid doch Schuld daran! Eine Partei wie Ihre, die gegen den Mindestlohn ist und die die Mitbestimmung im öffentlichen Dienst einschränkt, die treibt ihnen doch die Wähler zu!

Ihr seid doch selber verantwortlich dafür. Macht eine andere Politik, dann haben die weniger Wähler! – Herr Kollege Witzel, Sie fallen selten durch originelle Beiträge auf. Bleiben Sie mal lieber still.

Ich gebe zu, ihr seid nicht alleine schuld, selbst Herr Krautscheid nicht, der sich hier kaum noch auf seinem Stuhl halten kann. Ihr seid nicht alleine schuld, andere sind es auch, aber Ihr tragt einen Teil der Mitverantwortung. Deshalb: Macht die doch nicht noch interessanter, indem Ihr eine so dämliche Diskussion hier in diesem Landtag führt!

Ich sage Ihnen klar auch für die SPD: Diese Partei, so wie sie sich jetzt darstellt, ist nicht regierungsfähig. Man muss nur in ihr Programm hineingucken. Ob das überhaupt ein Programm ist, weiß man gar nicht. Es ist ein Leitfaden für die Kommunalwahlen. Ob sie damit noch im Landtagswahlkampf antreten will, das werden wir sehen. Diese Partei ist weltfremd. Diese Partei ist kein verlässlicher Partner. Mit dieser Partei kann man im Augenblick nicht arbeiten. Völlig richtig!

Aber nun einmal langsam, liebe Freunde! Ich erinnere mich noch an eine Zeit – Sylvia Löhrmann und die Grünen bestimmt auch; es liegt schon eine Weile zurück –, da haben sich die Grünen gerade gebildet und sind in den Deutschen Bundestag eingezogen. Damals gab es noch so eine exotische Grüne, da gab es einen Baldur Springmann, der mit seinem Kosakenhemd in Schleswig-Holstein herumgelaufen ist, oder Petra Kelly oder Gert Bastian. Damals haben die Mitglieder, die hier sitzen, FDP, CDU, wir von der SPD aber im Übrigen auch, gesagt: Um Gottes willen, mit allen kann man regieren, aber nicht mit diesen linken Spinnern, diesen Ökologen, diesen völlig weltfremden Politikern! Und was haben wir heute? Der Ole von Beust hat doch Herzen in den Augen, wenn er an die Grünen denkt. Der geht mit denen doch sofort ins Bett!

Was ich nie geglaubt hätte: Selbst dieser wirkliche politische Knochen, Koch mit Namen, der möchte sich doch lieber heute als morgen mit den Grünen vermählen. Die Welt verändert sich. Und das kann auch für die Linke sein. Das kann ich nie ausschließen. – Herr Krautscheid hat auf seinem Tisch wahrscheinlich eine Kristallkugel, guckt hinein und sieht die Zukunft. Ich kenne sie nicht. Ich weiß nicht, wie die Grünen sich entwickeln werden. Vielleicht bleiben sie Sektierer, vielleicht bleiben sie es nicht. Die Grünen sind heute doch keine Sektierer mehr. Sie sind eine, und zwar von allen, umworbene Partei. So ist es doch heute.

Sie wissen auch – das wissen wir aus vielen Gesprächen mit vielen Mitgliedern dieser Koalition –: Das Auftreten der Linken als fünfte Fraktion in diesem Landtag lässt die Wahrscheinlichkeit, dass zwei Parteien alleine eine Mehrheit bilden können, fast gegen null fahren. Das wissen Sie. Davor haben Sie natürlich panische Angst, auch die Kollegen auf den Regierungsbänken. Die wissen ja gar nicht mehr, wie es weitergeht. Sie möchten gerne weiterregieren, aber dabei ist ja ein Risikofaktor. Deshalb möchten Sie über eine solche Diskussion, die Sie hier vom Zaun brechen, zum jetzigen Zeitpunkt bereits Koalitionsverhandlungen einschränken und sagen: Der darf nur mit der, der darf nur mit dem, der darf nur mit dem.

Wir sagen Ihnen ganz eindeutig und klar: Entscheiden wird der Wähler! Wir schauen uns am Wahlabend das Wahlergebnis an. Dann fragen wir – das sage ich Ihnen ganz ehrlich –: Mit wem können wir eine verlässliche, gute Politik auf der Basis eines miteinander verabredeten und vereinbarten Koalitionsvertrages für fünf Jahre machen? Mit wem können wir dann zusammenarbeiten? Den schauen wir uns an. Mit dem werden wir im Übrigen – ich komme zum Schluss - Hannelore Kraft zur Ministerpräsidentin wählen. Anders als in Hessen wird das hier nämlich funktionieren. Herzlichen Dank.

*Plenarsitzung des Landtags NRW am 13. November 2008*
*Edgar Moron (SPD), Vizepräsident des Landtags NRW,*
*Rede zum Umgang mit der Linkspartei*

Karl Nolle, MdL

## „Der Staatssozialismus der DDR war eine Perversion – die kleinkarierte Phrase von Sozialismus"

...auch wenn viele ehrlichen Herzens an diese Phrase geglaubt haben. Er war, wie unsere Demokratie in Westdeutschland, ein Mitbringsel einer alliierten Besatzungsmacht.

(Rede am 11. Mai 2006, Sächsischer Landtag,
4. Wahlperiode, 49. Sitzung)

Karl Nolle, SPD: Herr Präsident! Meine Damen und Herren der demokratischen Fraktionen! Die heutige Debatte findet zu einem hochsensiblen Thema statt, nämlich zu der Frage, wie wir Deutschen die Folgen von zwei Diktaturen völlig unterschiedlichen Charakters verarbeitet haben. Heute wissen wir, dass auch große Demokratien nicht davor gefeit sind, wiederholt völkerrechtswidrige Kriege und Verbrechen gegen die Menschlichkeit zu begehen, und dass andere Demokratien sie dabei mit uneingeschränkter Solidarität offen oder bewusst im Geheimen unterstützen.

Meine Damen und Herren! Unser Volk der Dichter und Denker hat in seiner Geschichte nie viel Kraft darauf verwendet, seine jeweilige unsägliche Geschichte und ihre Ursachen aufzuarbeiten und die Verantwortlichen rechtsstaatlich korrekt zur Rechenschaft zu ziehen.

Ich habe schon in den sechziger Jahren mit Hunderttausenden anderer junger Menschen für eine solche Aufarbeitung der Nazizeit demonstriert und unsere Väter, Lehrer und Professoren gefragt: Wo wart ihr, was habt ihr getan?

(Zwischenruf Heinz Eggert, CDU: In der Zeit sind wir bespitzelt worden!)

Meine Damen und Herren! Wir Westdeutschen haben damals in der Frage der zeitnahen Aufarbeitung der Verbrechen unter dem Hakenkreuz jämmerlich versagt. Ich erinnere nur daran, dass niemals auch nur einem Richter des Volksgerichtshofs ein Haar gekrümmt worden ist und den Massenmördern von Auschwitz-Birkenau zur Verurteilung leider keine niedrigen Beweggründe nachgewiesen werden konnten.

Der Umgang mit den Naziverbrechen ist bis heute ein Schandfleck unserer Demokratie geblieben. Aber mich hat damals auch ein Satz von Willy Brandt tief berührt, der als Junge vor den Nazis geflohen war. Er sagte einmal zu dieser Frage: „Was hätten wir denn machen sollen? Hätte die eine Hälfte unseres Volkes die andere ausrotten sollen nach dem Krieg?" – Und doch wäre eine gründliche Aufarbeitung notwendig gewesen. Südafrika hat uns das meines Erachtens mit der Wahrheitskommission als beschämendes Beispiel vorgemacht.

Meine Damen und Herren! Es ist meine feste Überzeugung als Sozialdemokrat, in dessen Godesberger Programm der demokratische Sozialismus als politisches Ziel festgeschrieben steht: Es gibt keinen Sozialismus ohne Demokratie und keine soziale Demokratie ohne Sozialismus. Und ich füge hinzu: ebenso nicht ohne Meinungs-, Informations-, Rede-, Versammlungs- und Gewerbefreiheit sowie strikte Rechtsstaatlichkeit. Daran gemessen war der Staatssozialismus der DDR eine Perversion, die kleinkarierte Phrase vom Sozialismus, auch wenn viele ehrlichen Herzens an diese Phrase geglaubt haben. Er war wie unsere Demokratie in Westdeutschland ein Mitbringsel einer alliierten Besatzungsmacht.

Meine Damen und Herren! Manche hier werden fragen, wie ich mich mit meiner westdeutschen Biografie denn überhaupt hier hinstellen kann.

Zwischenruf von Angelika Pfeiffer, CDU: Das fragen wir uns alle! (Anmerkung von Nolle: Frau Pfeiffer ist Mitglied der Ost-CDU seit 1982).

Die Frage ist berechtigt: Wie hätte ich mich verhalten? Hätte ich wie meine Großeltern und Eltern, die unter Lebensgefahr im Widerstand gegen die Nazis kämpften, gegen die zweite deutsche — und doch so unterschiedliche — Diktatur gekämpft? Ich glaube, ich hätte es. Ich glaube ...

Meine Damen und Herren! Ich bin zutiefst betroffen, dass wir Deutschen und besonders wir Ostdeutschen bis heute keine Aufarbeitung der DDR-Geschichte hinbekommen haben — außer den ehrlichen Bemühungen einiger weniger. Das ist auch der Grund für die Schräglage in der Diskussion um Peter Porsch, die hier heute stattfindet.

Ich kann und will nur für mich sprechen, nur für mein Gewissen. Ich werde bei der heutigen Abstimmung mit Enthaltung stimmen. Ich kann nicht mit Nein und kann unter diesen Umständen hier auch nicht mit Ja stimmen. Aber ich habe Respekt vor denen, die reinen Herzens mit Ja stimmen, und vor denen, die reinen Herzens mit Nein stimmen, auch wenn aus beidem falsche Schlüsse gezogen werden können. Vor falschen Schlüssen ist man ebenso wenig gefeit wie vor falschen Freunden.

Meine Damen und Herren! Dies sind meine persönlichen Gründe: Erstens. Ich kann und werde nicht mit den braunen Brunnenvergiftern stimmen, die sich selbst außerhalb unserer Verfassung, unserer freiheitlichen Demokratie gestellt haben und immer wieder stellen. Ich gebrauche das Wort so gut wie gar nicht, aber das lassen mein Gewissen, meine Ehre und das politische Vermächtnis meiner Eltern und Großeltern nicht zu.

Zweitens vermisse ich eine gründliche, ehrliche Aufarbeitung, die Voraussetzung für einen sachlichen und lehrreichen Umgang mit dem Thema wäre. Auch hier gilt der Satz: Wenn du einen Sumpf trocken legen willst, darfst du nicht die Frösche fragen. Diese „Frösche", meine Damen und Herren, leben zu Tausenden unter uns. Ja, sie sind auch im Parlament vertreten und keineswegs nur in einer Partei.

„Die Schutzmaßnahmen unserer Regierung an den Grenzen der Republik zur Frontstadt West-Berlin haben die Zustimmung der großen Mehrheit der friedliebenden Bürger unserer Republik gefunden. Wirkliche Menschenrechte: das sind die Freiheit von Kriegsfurcht und Kriegsdrohung, das Recht auf Leben und Sicherheit, der Schutz vor modernen Menschenhändlern und Kopfjägern, das Recht, in Ruhe und Frieden friedlicher Arbeit nachzugehen. Gerade der Sicherung dieser Rechte und Prinzipien dienen die Maßnahmen unserer Regierung. Deswegen datiert von diesem 13. August ab ein neues Kapitel unserer nationalen Entwicklung: das Kapitel des endgültigen und vollständigen Sieges der Friedenskräfte in ganz Deutschland." So die Ost-CDU in ihrem Parteiorgan im Herbst 1961, Heft 17 und 23.

Ein weiteres Zitat: „Die CDU ist ein zuverlässiger Bündnispartner der Partei der Arbeiterklasse als der führenden Kraft der sozialistischen Gesellschaft, indem sie eine neue, wahrhaft demokratische Ordnung des Sozialismus gestalten und die sozialistische Staatsmacht DDR festigen will. Deshalb ist sie bereit und fähig, diesen Staat, der zur politischen Heimstatt auch christlicher Bürger geworden ist, weiter allseitig zu stärken und parteilosen Christen Beispiel und Hilfe für die Bewährung im Sozialismus zu geben." Dies aus einem Papier zur Durchführung des politischen Studiums im CDU-Kreisverband Hainichen, 1984/85.

(Unverständlicher Zuruf der Abg. Angelika Pfeiffer, CDU.)

Verantwortlich damals, meine Damen und Herren — einige von Ihnen kennen ihn wohl —, war ein Kreisschulungsreferent und heutiger Landrat, Verwaltungsrat der Sparkasse, Kirchenvorstand, Rundfunkrat, Innenministerkandidat — einer von vielen Landräten, Bürgermeistern und anderen Politikern in Sachsen, die offensichtlich vor der Wende nicht gelebt haben, wenn man ihre Biografien liest. Ausnahmen seien ausdrücklich erwähnt.

Ein Kreisschulungsreferent, meine Damen und Herren, war in der Regel Mitglied des Nomenklatursystems der SED. Diese standen in den Kadernomenklaturen — dem Herzstück der SED-Kaderpolitik, dem Verzeichnis der über 400.000 Führungspositionen in gesellschaftlichen Organisationen, Staatsapparat und Parteien bis hin zu Funktionären der Blockparteien. Führungspositionen durften nur von entsprechenden Nomenklaturkadern, die aus Sicht des SED-Apparates geeignet waren, besetzt werden. Jeder wusste, was er politisch vertreten musste und welche politisch-ideologischen Anforderungen an ihn gestellt waren. Keine Stasi ohne die SED, jawohl, aber auch ohne ihre Blockparteien nicht!

Leider hat die vielleicht nicht zufällige Verengung der Vergangenheitsbewältigung auf das Thema Staatssicherheit die Beurteilung der Nomenklaturkader ungünstig beeinflusst, da das Belastungskriterium Stasi für sie möglicherweise nicht zutreffend war. Aber sie gaben entweder der Stasi die Befehle oder arbeiteten mit ihnen offiziell zusammen, was die inoffizielle Anwerbung durch das MfS völlig erübrigte. Diese nicht erfolgte Vergangenheitsbewältigung, meine Damen und Herren, ist der zweite Punkt meiner Begründung.

Der dritte Grund ist die Personalpolitik der Staatsregierung und die Praxis der damaligen Mehrheit dieses Hohen Hauses. „Der Staatsminister legte fest, dass alle POS und alle im Bereich USRV des beim LKA Beschäftigten, die ehemals dem MfS angehörten, verbeamtet werden können, wenn sie nicht IM waren." — Vermerk Spang, SMI, vom 13.05.92. Ein Vermerk vom 17.06.92 verfügt die Versetzung sämtlicher hauptamtlicher Politoffiziere der früheren K1 in andere Bereiche und ergänzt: „Der Minister hat seine ursprüngliche Weisung so geändert, dass sämtliche oben genannte Polizeibedienstete weiterhin für die Polizei verwendet werden. Sie müssen allerdings versteckt werden in nichtöffentlichkeitswirksamen Bereichen."

Dies führte zu der grotesken Situation, dass eher einfache K1-Mitarbeiter mit IM-Tätigkeit entlassen wurden als hochrangige, offensichtlich ehrenwerte K1-Offiziere oder Führungsoffiziere. Diese wurden verbeamtet. Die kleinen Zuträger, ob Krankenschwester oder Professor, dagegen waren reif. Meine Damen und Herren, hier stimmt etwas nicht, und es ist keine Erfindung, die ich Ihnen eben zitiert habe. Auch deshalb werde ich mich in diesem Fall enthalten.

Ich danke Ihnen für Ihre Aufmerksamkeit.

(Beifall bei Linksfraktion.PDS)

MfS, ZAIG, 0/223
ZAIG an Mielke, Carlsohn
Berlin, 11.9.1989, Nur zur persönlichen Kenntnisnahme

## Hinweise auf beachtenswerte Reaktionen von Funktionären der SED

Hinweise auf beachtenswerte Reaktionen von Mitgliedern und Funktionären der SED zu einigen aktuellen Aspekten der Lage in der DDR und zum innerparteilichen Leben

Im Rahmen des Gesamtaufkommens an Informationen der Diensteinheiten des MfS Berlin und der Bezirksverwaltungen zur Reaktion der Bevölkerung auf wesentliche Aspekte der innenpolitischen Lage in der DDR, insbesondere im Zusammenhang mit der Problematik der ständigen Ausreise von Bürgern der DDR und dem ungesetzlichen Verlassen der DDR, sind in wachsendem Maße auch Hinweise über beachtenswerte Meinungsäußerungen und Haltungen von Mitgliedern und Funktionären der SED zur Politik der Partei und zum innerparteilichen Leben enthalten.

Vorliegenden Informationen zufolge sind zahlreiche, vor allem langjährige Parteimitglieder, von tiefer Sorge erfüllt über die gegenwärtige allgemeine Stimmungslage unter großen Teilen der Werktätigen, besonders in den Betrieben, teilweise verbunden mit ernsten Befürchtungen hinsichtlich der weiteren Erhaltung der politischen Stabilität der DDR.

Sie begründen diese Haltung insbesondere mit solchen persönlich getroffenen Feststellungen im Arbeits-, Wohn- und Freizeitbereich wie

– der erheblichen Zunahme von durch Unwillen und Unzufriedenheit gekennzeichneten, in immer aggressiverem Ton geführten Diskussionen im Zusammenhang mit der Versorgungslage und der Lage im Dienstleistungsbereich, der Lohn-Preis-Politik, der materiell technischen Sicherstellung der Produktion,

– zunehmenden Erscheinungen von Passivität und Gleichgültigkeit unter Werktätigen gegenüber dem politischen und gesellschaftlichen Leben in der DDR insgesamt und im Territorium,

– dem weiteren Rückgang von Arbeitsdisziplin und Leistungsbereitschaft, der erheblichen Zunahme von Erscheinungen des Spekulantentums und der Korruption.

Die Praxis zeige, dass auch zahlreiche Parteimitglieder mit derartigen Auffassungen und Verhaltensweisen in Erscheinung treten und sich damit kaum noch von Parteilosen unterscheiden.

In diesem Zusammenhang wiesen Mitglieder und Funktionäre der SED wiederholt darauf hin, dass Diskussionsinhalte von Werktätigen zu den vorgenannten Problemen in wachsendem Maße die Tendenz erkennen lassen, die Partei und Staatsführung für die entstandene Lage verantwortlich zu machen, ihr, vor allem unter Hinweis auf die altersmäßige Zusammensetzung, die Fähigkeit abzusprechen, die vielfältigen Probleme zu lösen.

Unter Bezugnahme auf Feststellungen über die Stimmungslage unter den Werktätigen, auf den drastischen Anstieg der Ausreisebestrebungen bzw. die „Massenfluchten" von DDR-Bürgern in die BRD und nach Westberlin, aber auch unter Hinweis auf die sich häufenden Austritte bzw. angekündigten Austrittserklärungen aus der SED, schlussfolgern SED-Mitglieder und andere progressive Kräfte, es zeichne sich ein wachsender Vertrauensschwund zwischen Volk und Partei ab.

Als Hauptgründe für Austritte aus der Partei (Hinweise über eine erhebliche Zunahme von Parteiaustritten, besonders aus dem Bereich der materiellen Produktion, liegen aus allen Bezirken der DDR und der Hauptstadt der DDR, Berlin, vor) würden insbesondere angeben:

– Nichteinverständnis mit der Um- und Durchsetzung der ökonomischen Politik der Partei (Hauptargument: Trotz vieler Beschlüsse ändere sich nichts an der komplizierten Lage in der Volkswirtschaft und auf dem Gebiet der Versorgung. Man habe keine überzeugenden Argumente gegenüber Parteilosen und könne deshalb die Parteilinie nicht mehr vertreten);

– mangelndes Vertrauen in die Parteiführung (Hauptargument: Die Parteiführung wolle die Probleme nicht wahrhaben; sie habe sich von der Basis gelöst);

– Ablehnung der Informationspolitik der Partei (Hauptargument: Die Partei überlasse es dem Gegner, sich mit unseren inneren Problemen zu befassen; die DDR-Massenmedien hielten an der Linie einer „Erfolgsberichterstattung" fest; die Einheit von Wort und Tat sei nicht mehr gewährleistet).

Mitglieder und Funktionäre der SED, besonders aus APO und GO in Bereichen der Volkswirtschaft sowie an Universitäten und Hochschulen, üben zum Teil scharfe Kritik an der Arbeit übergeordneter Parteileitungen sowie am Inhalt und Verlauf von Mitgliederversammlungen. Diese würden häufig nur noch den Charakter von Pflichtveranstaltungen tragen.

Es werde an den Problemen vorbeigeredet. Auf konkrete Fragen gebe es keine Antwort bzw. kritische Diskussionen würden mit dem Hinweis auf die Parteidisziplin „abgewürgt". Wer auf Parteiversammlungen die vorhandenen Probleme anspreche und klare Antworten verlange, werde sehr schnell als Nörgler abgestempelt. Hauptamtliche Parteifunktionäre wirken in ihrer Argumentation „hilflos"; teilweise weichen sie unbequemen Fragen aus. Auf den Parteiveranstaltungen werde das Vermitteln von überzeugenden Argumenten und Hintergrundinformationen vermisst. Es gebe erhebliche Informationsdefizite in der Partei.

Dies sei der Grund dafür, dass viele Parteimitglieder resignierten, da sie sich mit ihren Problemen allein gelassen fühlten.

Hochschullehrer (SED-Mitglieder) erklärten, mit wachsendem Unbehagen in Vorlesungen und Seminare zu gehen, da Studenten immer häufiger politisch sensible Themenbereiche ansprechen und dazu Fragen stellen, auf die sie keine überzeugenden Antworten geben könnten, ohne Grundpositionen der Partei in Frage zu stellen.

Zunehmend offener äußern Mitglieder und Funktionäre der SED Unwillen und Enttäuschung über die Informationspolitik. Ihre zu dieser Thematik geäußerten Standpunkte unterscheiden sich dabei jedoch wesentlich von Meinungsäußerungen zahlreicher Parteiloser, die die gegenwärtig betriebene Informationspolitik grundsätzlich in Frage stellen, sie der Lächerlichkeit preisgeben.

Sie sind von der Sorge getragen, dass die derzeitige Informationspolitik, speziell die Medienpolitik, nicht mehr den neuen Anforderungen an die politisch ideologische Arbeit entspricht und nur noch geringe Wirkung erzielt.

Vorliegenden Informationen zufolge zeigen sich viele Parteimitglieder u. a. progressive Kräfte verbittert darüber, dass die Medien der DDR gegenüber dem Klassengegner eine defensive Haltung einnehmen, auf Vorgänge und Vorkommnisse nicht aktuell und offensiv reagieren. Daraus resultiere so z.B. im Falle der „Botschaftsbesetzungen" und der organisierten „Massenflucht" von DDR-Bürgern aus der UVR nach Österreich wie überhaupt bei der Problematik Antragsteller auf ständige Ausreise –, dass sich die überwiegende Mehrheit der DDR-Bevölkerung nahezu ausschließlich an entsprechenden Sendungen westlicher Medien orientiere. Die politische Meinungsbildung der DDR-Bürger werde damit in erheblichem Maße von westlichen elektronischen Medien bestimmt.

Darüber hinaus mangele es den DDR-Massenmedien an Objektivität bei der Darstellung innenpolitischer Probleme. Es werde das Bild einer „heilen Welt" des Sozialismus in der DDR vermittelt, das teilweise in krassem Widerspruch zur Wirklichkeit stehe.

Die fehlende Offenheit hemme in entscheidendem Maße die Bereitschaft der Werktätigen, aktiver mitzuwirken bei der Überwindung vorhandener komplizierter Probleme im Innern der DDR. Journalistisch tätige Personen vertreten die Auffassung, wenn die Diskussion zu erarbeiteten politischen und wirtschaftlichen Konzepten und Lösungsvarianten nicht wie bisher nur intern, sondern auch öffentlich unter Einbeziehung der Medien erfolgte, würde dies nicht nur zu einem Vertrauensgewinn der Partei, sondern auch zu echter schöpferischer Mitarbeit der Werktätigen führen und die Stimmungslage der Werktätigen positiv beeinflussen. Man könne nicht auf das Bewusstsein der Menschen einwirken und etwas in Bewegung setzen wollen, indem man nur den Begriff sozialistische Demokratie häufiger verwende.

Besonders beachtenswert erscheinen vorliegende interne Hinweise, wonach journalistisch tätige Personen ihre Verbitterung über fortgesetzte administrative Entscheidungen der Abteilung Agitation/Propaganda des ZK der SED bezüglich der Qualität, der Eignung und der Nutzung von zur Veröffentlichung vorgeschlagenen Artikeln zum Ausdruck bringen. Dies erzeuge bei ihnen zunehmend das Gefühl, dass den Journalisten ihr Urteilsvermögen abgesprochen werde.

*aus: „Ich liebe euch doch alle..." Befehle und Lageberichte des MfS, Januar-November 1989, BasisDruck Verlagsgesellschaft mbH, Berlin 1990, herausgegeben von Armin Mittler und Stefan Wolle*

### Über die aktuelle politische Lage in der DDR
### am 6. November 1989

Abt. Parteiorgane des ZK
I n f o r m a t i o n
Berlin, den 6. Nov. 1989 - (Stand vom 6.11.1989 - 2.00 Uhr)

**Die Lage ist weiterhin gespannt. Der Druck auf die Partei und auf die Staats- und Sicherheitsorgane nimmt weiter zu.**

– Das Stimmungs- und Meinungsbild ist durch außerordentliche Gereiztheit bestimmt. In den heutigen Morgenstunden wurden längere Schlangen vor Postämtern beobachtet.
– Die sprunghafte Fluchtbewegung beunruhigt die Bürger sehr stark.
– In Foren und Gesprächsrunden sowie auf Kundgebungen und Demonstrationen am vergangenen Wochenende traten unterschiedliche Kräfte äußerst feindselig und haßerfüllt auf, wobei sich ihr Hauptstoß gegen die Partei und eine ganze Reihe von Funktionären richtete.

– Angesichts dieser massierten Angriffe resignieren zunehmend 1. Sekretäre und Mitglieder der Sekretariate von Kreisleitungen sowie Parteisekretäre und äußern, daß sie sich den gegenwärtigen Aufgaben nicht mehr gewachsen fühlen. Austritte aus der Partei und Weigerungen zu Beitragszahlungen nehmen stark zu.

– Das Meinungsbild zur Rundfunk- und Fernsehansprache des Genossen Egon Krenz [18.10.1989] ist unverändert und sehr differenziert.

– Bei vielen Bürgern wird sie als Beleg für die ernsthaften Bemühungen der Parteiführung zur Überwindung der krisenhaften Situation gewertet. Dennoch hat sie zu keiner Entspannung der komplizierten Lage geführt.

– Genossen erklären, mit der Ansprache seien die Konturen der Wende deutlicher geworden, aber noch immer werde keine Konzeption erkannt, nach der die Parteiorganisationen handeln können.

– Auf Kritik stößt nach wie vor der Anspruch, die Partei habe mit der 9. Tagung des ZK [18.10.1989] die Wende eingeleitet. Sehr breit ist die Forderung, die Kader, die für die gegenwärtige Lage verantwortlich sind, gemäß dem Parteienstatut zur Verantwortung zu ziehen.

– Die Reaktionen auf die Berliner Massendemonstration vom Sonnabend [04.11.1989] reichen von tiefer Bestürzung und Schockwirkung über empörte Ablehnung bis zur Zustimmung.

– In Arbeitskollektiven und durch viele Bürger wird befürchtet, daß diese Demonstration landesweite Auswirkungen haben könne, insbesondere auch auf Leipzig.

– Zunehmend erklären Bürger, daß trotz des friedlichen Verlaufs der Demonstration und auch vieler anderer Veranstaltungen in den Bezirksstädten und Kreisen die Unzufriedenheit und Schärfe der verbalen Angriffe nicht auf wirklich demokratischen Dialog schließen läßt.

– Arbeiter äußern sich empört, daß auf der Berliner Kundgebung insbesondere Intellektuelle zu Wort gekommen sind, die die Privilegien verurteilen aber selbst über solche verfügen. Insbesondere wird Künstlern in dieser Hinsicht Verlogenheit vorgeworfen.

– Es mehren sich Fragen, wann Arbeiterworte zu hören sein werden.

– Zurückgewiesen wird vielfach, daß die Leistungen von 40 Jahren harter Arbeit in Bausch und Bogen vom Tisch gewischt werden sollen.

– Verstärkt stattfindende Foren und Aussprachen in Betrieben sind gekennzeichnet von einem immer tiefergehenden Vertrauensverlust zur SED.

– Er prägt sich weiter in dem Maße aus, wie sich kritische Zustände im gesamtgesellschaftlichen Maßstab offenbaren und keine Positionen der Parteiführung sichtbar werden.

– Weiter zugenommen haben Kritiken an den bekannten Problemen der Unkontinuität der Produktion. Verschiedentlich schätzen Parteisekretäre ein, daß mit den derzeitigen Produktionsproblemen die Gefahr von Arbeitsniederlegungen zunehmen. Es gibt auch Anzeichen für die Gefahr einer Spaltung der Gewerkschaften von der Basis aus. Auch zahlreiche Betriebsgewerkschaftsleitungen werden zum Rücktritt aufgefordert.

– Aus weiteren Grundorganisationen kommen Forderungen nach einem außerordentlichen Parteitag bzw. einer Parteikonferenz.

– Die Erwartungen an die 10. Tagung des Zentralkomitees [08.-10.11.1989] nehmen enorm zu. Stark ist das Verlangen, auf der 10. Tagung des ZK die volle Verantwortung für die zugelassenen Fehler festzustellen und dazu eine kritische Position zu beziehen.

– Umgehend gelte es die Partei so zu erneuern, daß sie ihre sozialistischen Ideale offensiv vertreten kann und der Einfluß der Parteibasis auf die Politik der Partei gewährleistet wird.

– Gefordert wird, die Partei solle sich von Vorwürfen des Machtmißbrauchs und der Privilegien mit aller Konsequenz reinigen.

– Die Veränderung in der Medienpolitik trägt nicht zur Beruhigung der Lage bei. Es gibt viele Kritiken, daß in zahlreichen Zeitungen die Linie der Partei, nicht herauszufinden sei.

– Wichtig sei in der gegenwärtigen Situation, dem Arbeiterwort endlich Gehör und Gewicht zu verschaffen.

– Der Einfluß des „Neuen Forums" nimmt weiter zu und dehnt sich stärker auf Betriebe aus. Zunehmend Unterstützung findet es auch bei Mitgliedern befreundeter Parteien, ehemaligen Parteimitgliedern und bei nicht wenigen Genossen.

– Verbreitet wird die Legalisierung des „Neuen Forums" als Probe für den Willen der SED zur revolutionären Erneuerung des Sozialismus betrachtet. Genossen bringen zum Ausdruck, daß die interne Parteiinformation zum „Neuen Forum" die praktische politische Arbeit behindert und das Gespräch zwischen Partei und „Neues Forum" stark belastet.

– Große Bevölkerungskreise äußern sich zunehmend besorgt und verärgert über die nicht abreißenden Demonstrationen, Kundgebungen und Diskussionen auf der Straße.

– Besonders aus Produktionskollektiven heraus wird gefordert, mit endlosen und unüberschaubaren Diskussionen Schluß zu machen und zur praktischen Arbeit überzugehen.

– Kräfte des „Neuen Forums" sollten ehrlich und gleichberechtigt in die Arbeit und Mitverantwortung einbezogen und ihr Bekenntnis zum Sozialismus einer praktischen Bewährungsprobe unterzogen werden.

– Bezirksleitungen weisen darauf hin, daß im Gesundheitswesen, im Handel, bei den Dienstleistungen und in der Gastronomie die Lage nach wie vor äußerst angespannt ist.

– Notwendig seien dauerhafte Stabilisierungsmaßnahmen in diesen Bereichen durch Zuführung weiterer Kräfte und Mittel aus Verwaltungen sowie den Schutz- und Sicherheitsorganen.

– Unter Angehörigen der Schutz- und Sicherheitsorgane verstärkt sich Unmut über die ungenügende Zurückweisung der gegen sie gerichteten Angriffe.

*aus: "Ich liebe euch doch alle…" Befehle und Lageberichte des MfS, Januar-November 1989, BasisDruck Verlagsgesellschaft mbH, Berlin 1990, herausgegeben von Armin Mittler und Stefan Wolle*

# Aus Briefen und E-Mails an den Autor
## Meinungsäußerungen
## zur Blockflötendiskussion

## Unterstützungen

### Wer in der DDR gelebt hat muss zu seiner Vergangenheit stehen
Es ist richtig, dass die CDU endlich zu ihrer Vergangenheit und ihrer Nähe zur SED/DDR stehen soll. Auch ein MP. Ich habe miterlebt, wie Menschen denunziert wurden und zu Unrecht nicht nur ihren Job verloren haben, sondern auch ihr Selbstwertgefühl. Diese Hetzjagd ist viele Jahre später durch Urteile des BVG beendet worden. Für viele Betroffene zu spät. Wer in der DDR gelebt hat muss zu seiner Vergangenheit stehen. 23.11.08 E.S.

### Weiter so
Weiter so, das kam genau zur richtigen Zeit! Bis jetzt hatten doch alle Dreck am Stecken: Biedenkopf, Milbradt, Wagner, Roßberg und jetzt Tillich! Danke. 23.11.08 H.S.

### Düstere Vergangenheit
Ich finde Ihre Kritik in Ordnung. Es ist schon eigenartig wenn ein Bürger sich an bestimmte Ereignisse, welche berufs- und zukunftsentscheidend waren nicht mehr erinnern will oder kann? Machen Sie weiter mit Ihrer Kritik, es werden noch mehr Herren/Damen mit düsterer Vergangenheit folgen! 24.11.08 F.S.

### Ost-CDU eine extrem widerliche Partei
Obwohl CDU-Stammwähler zolle ich Ihnen Respekt. Schließlich war die Ost-CDU eine extrem widerliche Partei. Wer mit deren Hilfe Karriere machen wollte, war mir extrem unsympathisch. Ich höre gerade im DLF einen Auszug aus einem früheren Radiointerview Tillichs, wonach eine Mitgliedschaft in der Ost-CDU mehr Mut erforderte als parteilos zu bleiben. Vor allem in kirchlichen Kreisen empfand man tiefen Abscheu und Ekel vor Mitgliedern der Ost-CDU. Alles Gute für Sie! 24.11.08 K.P.

### Damals Emporkömmling heute scheinheilig
Lassen Sie nicht locker! Damals Emporkömmling heute scheinheilig! Solche Leute sind mir ein Greuel. 24.11.08 M.J.

### Verdammte Scheinheiligkeit
Gratulation! Weiter so! Was mich bei den schwarzen Brüdern am meisten anpiept, ist diese verdammte Scheinheiligkeit. Unser derzeitiger örtlicher CDU-Vorsitzender hat früher als Betriebsleiter auch am 1. Mai die Überlegenheit der Sozialistischen Planwirtschaft bejubelt. 24.11.08 R.F.

## Wirken für demokratische Aufklärung

Meine Referenz an Sie und Ihr Wirken für demokratische Aufklärung. Bitte lassen Sie sich weder von „innen" noch von außen verunsichern, bleiben sie sich selbst treu. Ihre immer wiederkehrenden Aufklärungen zur sächsischen CDU sind politisch sehr wertvoll, dafür bedanke ich mich. Gerne möchte Ihnen Ergänzendes zu hochrangigen Funktionsträgern der Sachsen CDU mitteilen, die durch Überwechseln von der SED zur Nachwende-CDU ihren Weg nach oben nahmen. Egal, ob früher stramm in der SED – Hauptsache jetzt CDU. Das heilt wohl alles. Z.B. auch der Landrat des Landkreises Leipzig (früher Muldentalkreis) Dr. Gerhard Gey, den man mal fragen könnte, ob er für seine heutige Vita seine aktive sozialistische Mitarbeit im Landwirtschaftsrat des Kreises Grimma zufällig vergessen hat. 24.11.08 P.M.

## Entlarvung des Blockflöten-Wendehalses

Meine Anerkennung und zugleich Glückwunsch zur sauber gelungenen Entlarvung des Blockflöten-Wendehalses Tillich und der Kumpanei und Cliquenwirtschaft dieser sächsischen CDU, deren Vorstand doch sicher Tillichs Vergangenheit kannte. 24.11.08 S.C.

## Dementer MP

Welch ein Hohn, der Herr Tillich kann sich nicht mehr erinnern. Wir haben wohl in Sachsen einen dementen MP? Wer im Jahr 1989 noch in der übelsten SED-Gesinnungsschmiede war, war eine Scheinblockflöte. Meist waren diese Leute linientreuer als viele SED-Genossen selbst. Der erste Landrat des Kreises A., war mit der gleichen Biographie ausgestattet, wegen Anstellungsbetruges mußte er seine Segel streichen und Herr Tillich ist sogar 1. Mann in Sachsen. 24.11.08 W.D.

## Brieftaschen-Kommunisten

In meiner Familie war immer von den sogenannten „Brieftaschen-Kommunisten" die Rede. Damit wurden diejenigen bezeichnet, die aus Karrieregründen den Weg in die SED gewählt hatten und mit dem Gesellschaftssystem ansonsten nichts am Hut hatten. Charakterlose Gesellen. Vermutlich bestand der größere Teil der ehemaligen SED-Mitgliedern aus solchen Typen. Gleiches gilt allerdings auch für die sogenannten „Blockflöten". Diese haben durch ihr Mittun das ehemalige System stabilisiert. 25.11.08 O.M.

## Altlast als Blockflöte

Über ein ganze Zeitungsseite in der Sächsische Zeitung hinweg verdrängt Herr Tillich seine Altlasten als Blockflöte, unter der Rubrik: Vereinendes Bekenntnis zum christlichen Menschenbild, dazu muß man sagen, von wegen christliche Werte: Ministerpräsident Tillich und sächsische Politiker der CDU und FDP haben es durch ihren Starrsinn geschafft, eine ganze Stadt mit der Beschädigung des Welterbes tief zu spalten. 25.11.08 H.S.

## Buttolo: Gesinnung und Militanz

Innenminister Buttolo hat zugegeben, aktiv bei den Kampfgruppen gewesen zu sein. Das wiegt deutlich mehr als die „Verdienste" des Herrn Ministerpräsidenten. Da ging niemand vernünftiges freiwillig hin und gezwungen wurde dahin auch niemand. Wer da mitmachte, bei dem kam zur Gesinnung auch noch die Militanz hinzu. Ich erinnere mich noch zu gut an meinen Vater, der am 9. Oktober 89 aufgeregt aus dem Betrieb kam und wir in Familie beratschlagten, ob wir zum Friedensgebet in die Nikolaikirche gehen sollten. Seine Kollegen im Betrieb, die auch bei den Kampfgruppen waren, hatten ihm geraten nicht zu gehen, sonst werde man sich nicht nur gegenüberstehen. 25.11.08 T.D.

## Vergangenheit schnell vergessen
Meinen Dank und Anerkennung für Ihren Mut, der CDU einen Spiegel vorzuhalten. Ich hoffe, Sie haben niemanden vergessen, auch nicht Frau Andrea Hubrig, alias Dombois, die bis 1989 Kreisvorsitzende der CDU in Dipps war und jetzt als Vizepräsidentin eine hervorgehobene Stellung einnimmt. Ich habe selbst als Kreistagsabgeordneter (von 1990-1994) in Freital erlebt, wie die Ost-CDU ihre eigene Vergangenheit schnell vergessen wollte. Herr Paeleke als Nachfolger des IM Malscherek (CDU) angetreten, die Altlasten zu entsorgen, wurde mit sehr dubiosen Anschuldigungen und unter massiver Einwirkung der Landesregierung seines Amtes enthoben. 25.11.08 P.S.

## Absurdeste Entlastungsversuche
In dankenswerter Weise haben Sie wieder einmal den Finger auf eine wunde Stelle der Landespolitik gelegt. Nun ist es also erwiesen, daß MP Tillich Staatsfunktionär der DDR war. Sofort setzten die absurdesten Entlastungsversuche aus den eigenen Reihen ein. Beides verwundert mich bei der CDU freilich nicht, handelt es sich doch bei dieser Partei um das größte Blockflötenlager der Nation. Herr Tillich war Stellvertreter des Vorsitzenden des Rates des Kreises für Handel und Versorgung. Staatsfunktionäre der DDR waren in aller Regel nicht nur Ihrem vorgesetzten Dienstherren verpflichtet, sondern hatten eine dienstlich vertrauensvolle Kooperation mit der Staatssicherheit zu pflegen. Da er bereits nach kurzer zweijähriger Tätigkeit zum stellv. Vorsitzenden aufgestiegen ist, muß er sich damals durch besondere Zuverlässigkeit und Linientreue die Gunst der Genossen erworben haben. Machen Sie bitte auch in Sachen Tillich weiter, damit wir nicht eines Tages in Sizilien aufwachen. 25.11.08 N.K.

## Trauerspiel für Blockflöten
Die Widerstandskämpfer der Ost-CDU – ein Trauerspiel für Blockflöten. Toll wie Sie sich als „Zugereister" mit unserer Geschichte auseinandersetzen. Dafür zolle ich Ihnen Respekt. Bleiben sie weiter schön neugierig! 25.11.08 G.M.

## In Erwartung Ihrer Sonate
für Blockflöten und Schalmeien grüße ich Sie herzlich aus Loschwitz. Schön das Sie das tun für unsere Stadt. 25.11.08 H.K.

## Ein Schlag ins Gesicht für alle, die damals ein Nein riskierten
Die Linken vertreten wenigstens noch die Utopie von vorgestern. Eher sollte man die CDU-Wendehälse fürchten. Da wollte doch ein jetziger Minister seine Kinder katholisch erziehen lassen (!!!) – und trat deshalb in die Blockflöten CDU ein. Ein Schlag ins Gesicht für alle, die damals ein Nein riskierten. 25.11.08 M.B.

## CDU 1990: „SPD-SED"

Ich finde es gut, daß führenden Politikern der Sachsen CDU die Verschleierung ihrer Biografie vorhalten wird, sich unter allen Umständen immer an der jeweiligen politische Macht ausgerichtet zu haben um davon persönlich zu profitieren und mit schönen Worten zu ummänteln. Ich erinnere mich noch an den ersten Bundestagswahlkampf hier in Sachsen, wo die CDU massenweise plakatiert hat „SPD = SED". Eine bösartige Unterstellung! Dabei waren viele von der SED, der CDU(SED), der DBP(SED) usw. bereitwillig in die CDU aufgenommen worden mit allen ihren Verbindungen. Die SPD hat damals SED-Mitgliedern, die sozialdemokratisch gedacht haben, den Zutritt verwehrt mit „ehrenvoller" Haltung: mit denen nicht! 26.11.08 P.V.

## Die DDR wird noch einmal zum Rechtsstaat mutieren

Mit Belustigung habe ich auch die Kommentare auf Ihrer Seite gelesen. Tillichs Geschichte erinnert mich ein wenig an die Ulrich Klinkerts (Vorgänger von Henry Nitzsche im Bundestag und parl. Staatssekretär unter Umweltministerin Merkel (ein ostdeutsches Kompetenzteam, weswegen der damalige beamtete Staatssekretär auch den Hut genommen hat). Klinkerts Vater war ein hoher  Genosse in der Kohle. Klinkert junior hat in der Kohle eine Karriere gemacht, die seine Kollegen auf jeden Fall nicht mit dessen Fähigkeiten erklären konnten. 1986 in die Ost-CDU eingetreten, dort schnell Karriere gemacht, zur Wende auf der richtigen Seite am richtigen Platz gewesen. Nach 12 Jahren Bundestag jetzt Leiter "public affairs" bei Vattenfall. So läuft das Geschäft, wie Sie ja auch selbst wissen. Klinkert kam in Wittichenau immer zugute, dass seine Mutter als eifrige Kirchgängerin auch Mitglied im Kirchenchor war und sein Vater bereits in den siebzigern gestorben. Zudem darf man eines hier mittlerweile nicht unterschätzen. Hauptsache einer von uns und kein Wessi. Die DDR wird noch einmal zum Rechtsstaat mutieren. Ich bin gespannt auf Ihr Buch. 26.11.08 A.L.

## Ehrlich mit der neuen Zeit zurechtkommen

Es ist bedrückend, mit welchen fadenscheinigen Erklärungen heute eine frühere Blockflöte in hohem Dienst des Staates DDR sich bemüht, seine durch Weglassen und unvollständige Angaben zu seiner Biografie beschmutzte Weste wieder rein zu waschen. Er und weitere CDU-Politiker (-Minister!) sollten sich gegenüber den ehemaligen DDR-Bürgern schämen, die aufgrund ihrer viel geringeren Stellungen im DDR-System der Wirtschaft, des Hochschulwesens usw. auf die Straße gesetzt wurden. Treten Sie zurück, Herr Tillich, und versuchen Sie, wie Tausende andere Betroffene, ehrlich mit dieser neuen Zeit und ohne Ihre Politikkarriere wie in der DDR zurechtzukommen! 26.11.08 J.G.

## Mit „staatsnahen" Bürgern ging CDU hart ins Gericht

Es ist schon interessant zu lesen, wie prominente CDU-Mitglieder heute ihr Dasein in der DDR besprechen. Herr Tillich spricht sogar von „Offenheit". Wir haben uns 1990 „offen gelegt" (legen müssen!) und wurden von der regierenden CDU in Sachsen und Dresden mit dem Begriff „staatsnah" stigmatisiert, was u. a. ernste negative berufliche Konsequenzen hatte. 26.11.08 H.D.

## Alleinvertretungsanspruch auf die Wahrheit aufgeben

Die Stellungnahme von Herrn Tillich zu seiner Tätigkeit als Staatsfunktionär in der DDR kann ich in ihrer Widersprüchlichkeit – seine damalige Haltung und die heutige Sicht – akzeptieren. Allerdings sollte die CDU, deren Vorsitzender Herr Tillich in Sachsen ist, ihren Alleinvertretungsanspruch auf die Wahrheit über die DDR-Geschichte aufgeben und anderen Menschen das Recht auf eine persönliche Meinung zubilligen.27.11.08 W.K.

## Was will uns die CDU glauben machen?

Wenn ein Herr X. zu DDR-Zeiten Stellvertretender Vorsitzender des Rates des Kreises und Mitglied der SED war und heute Mitglied der Linken ist, dann soll er dauerhaft von jeder politischen Verantwortung ausgeschlossen werden. Wer mit Herrn X. zusammenarbeitet, ist wohl ein Feind der Freiheit und der Demokratie. Wenn ein Herr Y. zu DDR-Zeiten Stellvertretender Vorsitzender des Rates des Kreises und Mitglied der CDU (Bauernpartei etc.) war und heute Mitglied der CDU ist, dann ist alles ganz anders, schon lange in der Vergangenheit versunken und lässt keinen Zweifel an seiner Eignung für höchste Staatsämter zu! Diese Scheinheiligkeit zu entlarven hat nichts mit wühlen in der Vergangenheit zu tun! Wenn wir als SPD ehemalige SED-Mitglieder oder heute Mitglieder der Linken bei uns aufnehmen, ist dies gut und passiert viel zu selten. Und es ist natürlich notwendig mit der Vergangenheit offen und ehrlich umzugehen. Herbert Wehner hat dies auch getan! Und dies war und ist nicht immer schmerzfrei. Wer wie MP Tillich dagegen behauptet in der CDU zu DDR eine Nische gefunden zu haben und nun Stück für Stück nach Druck von außen zugeben muss, wie groß die „Nische" war: Stellvertretender „Landrat" im Rat des Kreises, bei den Grenztruppen, als Spitzenkandidat der Nationalen Front 1989 oder an der DDR-Kaderschmiede in Potsdam, schadet dem Ansehen Sachsens. Die CDU will in der Tradition von „Freiheit oder Sozialismus" voller Scheinheiligkeit Wahlkampf betreiben und insbesondere im Westen Stimmung gegen den Osten machen. Dies ist ein Grund mehr, heute intensiv unserer DDR-Vergangenheit nachzugehen. PS: Natürlich war die DDR ein Unrechtsstaat. Die Zukunft unsres Landes müssen wir alle hier aber gemeinsam bauen. Deswegen ist die Scheinheiligkeit der CDU so ein Übel! 27.11.08 M.S.

## Umgang mit Andersdenkenden

Tillichs Informationsmanagement ist alles andere als professionell, um es ganz vorsichtig auszudrücken. Erst sich nicht erinnern können, dann den Lebenslauf stillschweigend im Internet ändern, nur den Pressesprecher vortreten lassen, dann erst selbst was dazu sagen. Wenn er erst unter Druck etwas zu seiner Vergangenheit sagt, dann ist was faul. Sein demokratisches Verständnis, oder das was er zumindestens als Chef toleriert, läßt auch zu wünschen übrig, wenn die SPD in eine Reihe mit extremistischen Parteien gesetzt wird. Ich erlebe Tillich seit 1992 mehr oder weniger nah und könnte so manches über den Umgang mit Andersdenkenden erzählen. 27.11.08 N.M.

## Vom Apparat als besonders vertrauenswürdig ausgewählt

Das Einrichten einer schützenden Nische in einer Diktatur und die aktive Mittäterschaft in deren Apparat mögen im Grenzbereich verschwommen erscheinen. Ein Gleichsetzen verbietet sich jedoch – das bitte ich zu Berücksichtigen. Ich habe seit DDR-Tagen Freunde, die mehr oder weniger freiwillig, wegen eines Leitungspostens oder auch nur einer Wohnung, in die SED gegangen sind – und die zuvor deswegen auf meinem Sofa bittere Tränen geweint haben. Heute sind beide Unternehmer und wohl auch stramme CDU-Wähler – aber noch immer Freunde. Selbst die würde ich nie auf eine Stufe mit Tillich stellen. Tillich wurde vom Apparat als besonders vertrauenswürdig ausgewählt. Die Verwendung bei den Grenztruppen zählte zu den Kriterien! Er wäre vermutlich auch in die SED oder die Bauernpartei gegangen wenn dieser der Kreisrats-Posten zugestanden hätte. Der war aber einem CDU-Mann der Bevölkerungsminderheit vorbehalten. Tillich war dafür auf der staatlichen Kaderschmiede und hatte „dienstlich" Stasi-Kontakt. Vor Schlimmerem hat ihn wohl nur die Gnade der späten Geburt bewahrt. Die CDU-Kampagne zur DDR-Vergangenheit „der Linken und der mit denen schon immer verbandelten SPD" entwickelt sich zum Bumerang für die CDU. Der entsprechende Artikel auf „ Zeit-Online" ist dort der meistgelesene! 27.11.08 R. V.

### Offenheit und Informationsfreiheit
sind Grundsteine einer dauerhaften Demokratie. 28.11.08 G.H.

### Umdeutung zur Normalbiografie
Danke für Ihre unerschütterliche Offenheit und dafür, dass Sie das grundlegende Grundrecht unserer Demokratie, uneingeschränkte Meinungs- und Informationsfreiheit mit Zivilcourage umsetzen. Danke, dass Sie sich trotz persönlicher Angriffe nicht davon abhalten lassen, derartige politische Verformungen aufzudecken und sie auch öffentlich zu machen. Ich bin nach dem 1., 2. und 3. SED Unrechtsbereinigungsgesetz rehabilitiert und direkt Betroffener. Sie können sich sicher vorstellen, dass sich nicht nur meine Stimme hebt, wenn ich mir den tatsächlichen Lebenslauf des sächsischen Ministerpräsidenten ansehe und er dies zu einer Normalbiografie umdeuten will. 28.11.08 R.W.

### Immer perfekt angepasst
Wenn die Wende nicht gekommen wäre, wäre Herr Tillich sicherlich genau diesen „verdienstvollen" Weg im Sinne der SED Machthaber weiter gegangen. Was sonst? Nun zu erklären, er sei zum Grenzsoldaten, zum Stellv. des Vorsitzenden des Rates für Handel u. Versorgung im Kreis Kamenz und zum Besuch der Kaderschule für Nachrücker im SED Regime nur gekommen, weil er es nicht besser wußte oder weil es eben zur Karriere gehörte, spricht für mich eher dafür, dass Herr Tillich nicht nur ein Mitläufer des SED Regime war, sondern aktiver Gestalter. Das erhärtet sich für mich auch dadurch, dass seine Entwicklung nach der Wende recht deutlich davon gezeichnet ist, sich erst einmal aus der Schusslinie zu begeben, um dann später als Europaabgeordneter, sozusagen über die Hintertür und völlig unscheinbar, wieder ins politische Licht zurück zu kommen. Fachlich eher unbedeutend, ohne eigene Meinung und immer perfekt angepasst an die vorherrschende Linie. 28.11.08 W.R.

**Deutungshoheit der Union**

Als Dresdner freue ich mich, dass Sie beharrlich am schönen Lack des sächsischen Biedermeier kratzen. Ich sehe mit Sorge, wie gerade die Union versucht, die Deutungshoheit über Demokratie, DDR-Wirklichkeit und deutsche Einheit zu gewinnen. Selbst das rechte Verständnis der 89er Revolution soll offenbar zunehmend aus christdemokratischer Perspektive vermittelt werden. Als sogenannter „Ossi" weise ich die lächerliche Behauptung, Ihre Tillich-Kritik sei Teil einer Ost-West-Debatte, kopfschüttelnd zurück. Es ist traurig genug, dass nach den alten SED-Genossen nun auch die Konservativen DDR-Opportunismus zu Bodenständigkeit und Gestaltungswillen umdeuten. 28.11.08 J.H.

**Tillich-Presse**

Inzwischen werden Meinungen von Bürgern in der Presse veröffentlicht, sowohl pro als auch kontra Tillich. Die Pro-Meinungen sind eigentlich allesamt unsachlich und richten sich überwiegend gegen den, der die Sache in die Öffentlichkeit gebracht hat. Die Presse versucht augenscheinlich einen negativen Eindruck zu vermitteln. Sie sollten sich jedoch davon nicht beirren lassen, sondern weitermachen wie bisher. Bleiben Sie stark. Dazu wünsche ich weiterhin Kraft und Stehvermögen sowie persönlich alles Gute. 29.11.08 D.L.

**Keine Altlasten mehr in der CDU?**

Ihre Aktivitäten zum Lebenslauf des Ministerpräsidenten Tillich haben zu lebhaften Diskussionen über Biographien von CDU-Mandatsträgern geführt. Das ist nicht neu, wurde aber von der sächsischen „Staatspartei" immer verschwiegen. Bereits im September 1994 habe ich dazu Fakten zusammengetragen, die aus dem VOLKSHANDBUCH des Sächsischen Landtages stammen. 1993 kamen von den 92 Abgeordneten der CDU 89 aus der DDR. 69 der 89 Abgeordneten waren schon zu DDR-Zeiten in der CDU oder der beigetretenen DBD organisiert, darunter 35 zehn Jahre lang oder mehr. Weitere 21 Abgeordnete haben allerdings zu Zeiten ihrer Mitgliedschaft keine Angaben gemacht. Von den 89 CDU-Abgeordneten des Landtages wurden 63 so „behindert", dass sie einen Hochschulabschluss machen „mussten" und weitere 19 einen Fachschulabschluss. 22 von ihnen waren „gezwungenermaßen" promovierte Akademiker. Vor 1989 übten von den 1993 vorhandenen CDU-Landtagsabgeordneten 5 Abgeordnete hauptamtliche Funktionen in ihren DDR-Parteien aus, 7 gehörten ihren bezirklichen Vorständen oder als Abgeordnete den DDR-Bezirkstagen an, weitere 14 waren als Abgeordnete der Nationalen Front in Kreistagen oder Stadtverordnetenversammlungen von Großstädten, darunter z.T. mehrere Wahlperioden tätig. (Alles nach deren eigenen Angaben.) Ein Blick in die Biographien der Abgeordneten lohnt sich – vor allem auch der Vergleich der drei Ausgaben des Volkshandbuches. Einige CDU-Abgeordnete machen vor, wie man die eigene Biographie den „politischen Gegebenheiten" anpasst. Da verschwinden dann eben schnell zwischen 1991 (1. Auflage) und 1993 (3. Auflage) einige „belastende" Funktionen, die eine „Staatsnähe" zur DDR nachweisen könnten. Dazu könnte ich Beispiele nennen. Diese Fakten strafen den Ministerpräsidenten und CDU-Landesvorsitzenden in Sachsen Lügen, wenn er am 22.08.1994 in „Die Welt" die Aussage machte: „In der sächsischen Union gibt es keine Altlasten mehr (...) Heute sind in Sachsen keine der einst führenden Personen mehr in höheren Positionen." Es wird höchste Zeit, die Heuchelei der CDU zu entlarven, die „Staatsnähe" nur bei Linken verurteilt. 01.12.08 T.F.

## CDU -"Genossen"

Wir möchten uns für die Erinnerung an die alten CDU -"Genossen" bedanken. Wie aktiv war doch die Ost-CDU und wieviele finanziellen Möglichkeiten hatte sie: Schulungsburg Burgscheidungen, Ferienheime, Zeitung „Neue Zeit" mit dem größten Auto (Schwarz)Markt. Die großen Finanzbestände der Flöten aus CDU und DBD wurden nach der Wende in Kohls West-CDU (zu Gunsten der ostdeutschen Landesverbände) transferiert. 01.12.08 R.M.

## Mit-Macher

Demokratische Maßstäbe an das System der DDR anzusetzen ist schon vom Grundsatz her falsch. Alle haben mitgemacht. Die Integration der Blockparteien in die jeweilige heutige „Schwester" – dem Namen nach – tilgt nicht die Vergangenheit. Und was den Stellvertreter des Rates des Kreises für Handel und Verkehr in der DDR (Tillich) betrifft, so ist sein Rechtfertigungsversuch, sein Verhalten als bloßes Mitmachen zum eigenen Schutz darzustellen vom Ansatz her als genau das zu bewerten, was er war, ein Mit-Macher! 01.12.08 K.K.

## Keine Ost-West Debatte

Ich stimme Ihnen zu, dass die Debatte über die Vergangenheit unseres neuen „Landesvaters" keine Ost-West Debatte ist. Es handelt sich meines Erachtens eher darum, sich nicht zur eigenen Vergangenheit Fragen stellen zu müssen und vielleicht die unpassenden Antworten zu bekommen. In der DDR einen höheren Posten zu bekommen war nur möglich, wenn man Mitglied der SED oder einer Blockpartei war. Davon wurde nur in wenigen Fällen Ausnahmen gemacht. Wenn Sie auch leider nicht in der von mir bevorzugten Partei sind, so kann ich Sie trotzdem nur bitten Ihre Politik weiter zu verfolgen. 01.12.08 D.S.

## Echter Reformator

Hier meine Lesermeinung an die FAZ: Hohe Zahl der Mitglieder, sogenannte „Reformer", die erst nach 1990 in die Sachsen-CDU eingetreten sind. Beispielsweise der heutige Landespolizeichef Merbitz. Der konnte erst nach 1990 in die CDU eintreten – wegen höherer Gewalt – denn bis dahin war er ja in der SED; ein echter Reformator also. Und dass Merbitz VP-Major war, wird von der FAZ auch nicht weiter herausgestellt. Jedenfalls habe ich das Attribut „DDR-Polizei-Major" hier noch nicht gelesen (überlesen?). Und dann gab es noch eine Landtagsabgeordnete, die auch erst 1990 in die CDU eingetreten ist. Eher ging es nicht, denn die hat ja kurz vorher, im September 1989 den Antrag für die Aufnahme in die SED gestellt ... Könnte es sein, dass die FAZ-Wahrnehmung der sächsischen Zustände (ich denke da auch an die unseligen „Es gibt keinen Sumpf"-Artikel) ein bisschen selektiv ist, vielleicht sogar ein wenig an den Interessen der CDU orientiert? 01.12.08 H.S.

## Bereitwillige Mitmacher im Diktatursystem der DDR

Diejenigen, die in dieser Blockpartei Funktionen übernahmen oder sich für den zukünftigen Staatsdienst an der Hochschule in Potsdam oder der Fachschule in

Weimar ausbilden ließen, waren keine Mitläufer, sondern bereitwillige Mitmacher im Diktatursystem der DDR. Sie akzeptierten den „antifaschistischen Schutzwall" und logisch daraus folgend auch die damit im Zusammenhang stehenden Opfer an dieser Grenze, sie akzeptierten, dass ein ganzes Volk eingemauert wurde, sie dienten ohne Widerstand der „deutsch-sowjetischen Freundschaft", sie akzeptierten den von der SED geplanten Aufbau des Kommunismus.

Als langjähriger Leser der „Union" kenne ich keinen Beitrag der Blockparteien, der diese aufgezählten SED-Dogmen auch nur einmal infrage stellte. Herr Tillich kann heute gut sagen, dass er jetzt anders entscheiden würde – das kann jeder sagen, ich finde es lächerlich. Das Unrechtssystem war für jeden, der sich mühte, durchschaubar. Wer noch 1987 zur Blockflöte wurde und noch 1989 solche Funktionen im Staatsapparat übernahm, hatte keine Visionen, erkannte nicht die Signale aus Moskau und machte sich keine Gedanken darüber, warum es Hunderttausende gab, die diesem Staat den Rücken kehrten. Hat Herr Tillich bei seiner Entscheidung zum Staatsdiener das alles nicht wahrgenommen? Ich kann es nicht glauben. Hätte Herrn Tillich das Gewissen geschlagen, hätte es sich für ihn gehört, in die zweite Reihe zu treten. Das wäre ein ehrenhaftes, akzeptables Verhalten gewesen. Jetzt aber vorbeizudrängen an denen, die den Sturz des Systems friedlich erkämpft haben, und erneut nach der Macht zu greifen ist ein Zeugnis mangelnder Einsicht und Sensibilität. Und wie unsensibel war der Ministerpräsident aus dem Westen, Herr Milbradt, Herrn Tillich mit dieser Biografie als seinen Nachfolger vorzuschlagen! Wer den Daumen in die Wunde legt, ist völlig belanglos, ob Herr Nolle oder neue CDU-Mitglieder, die dann, wenn sie es wagten, Kritik zu üben, immer von Blockflöten als Nestbeschmutzer abgekanzelt werden. Fakt ist, wer seine Vergangenheit nicht kritisch aufarbeitet, muss es sich gefallen lassen, dass diese ins Rampenlicht gerückt wird – nicht nur die SED hatte Dreck am Stecken. 01.12.08 G.H.

### Angela Merkel

Mit großer Sympathie verfolge ich –wie auch viele mir bekannte Plauener – Ihre „Ergänzungen" von Lebensläufen einiger heute prominenter CDU-Funktionäre, früher bekannte „Blockflöten". Doch gehen Sie bitte mit diesen Leuten nicht zu hart ins Gericht, denn sie tun nur das, was ihnen die Frau Bundeskanzlerin seit langem vormacht: den Lebenslauf in der DDR-Zeit schönen! So „vergißt" Frau Merkel in Kürschners Volkshandbuch Deutscher Bundestag, 16. Wahlperiode, 108. Auflage, 2008 by NDV; Bad Honnef, S.181, ihre FDJ-Funktionärstätigkeit anzugeben! Und die wäre es wert, einmal näher beleuchtet zu werden! Der Abgeordnete der Linken, Roland Claus, hat demgegenüber seine FDJ-Funktionen präzise angegeben (S. 88 ebenda). Frau Merkels „Vergessen" ist nun kein „Kavaliersdelikt" mehr – es ist bewußte sogenannte „Schönung"! 02.12.08 H.B.

### Vergessen oder Weglassen von Vergangenheit

Ich möchte Ihnen per mail aus tiefer Überzeugung meine Hochachtung mitteilen. Ganz besonders hat mich dazu der gerade von einem Herrn Niedergesäß auf dem CDU-Parteitag gehaltene Redebeitrag bewogen, in welchem er neben dem Hohelied auf die Ost-CDU Sie persönlich – wie es ja auch die CDU in Sachsen tut – unflätig beschimpfte. Ich glaube, daß viele Menschen im Osten es sehr begrüßen, daß ein Aufrechter der SPD immer wieder die Sachen beim Namen nennt. Ich selbst finde es unerträglich, wenn für politische Spitzenämter Vergessen oder Weglassen von Vergangenheit überhaupt keine Rolle spielt und bei Anderen oft viel geringere Gegebenheiten (Pionierleiter flogen aus dem Schuldienst) im Einzelfall zu schmerzlichen Konsequenzen führte. Interessant wird es dann erst recht, wenn die CDU (und heute insbesondere Herr Niedergesäß) die ehemaligen Mitglieder der SED als Halunken, Totengräber der Nation, glühende Verehrer des Kommunismus etc. bezeichnen, ohne dabei zu differenzieren zwischen den wirklich Mächtigen und den tatsächlichen Verantwortlichen für das miese System und den Mitläufern.

Bei der Ost-CDU waren dies ja nach Niedergesäß alles nur Mitläufer, die sich im Grund wahrscheinlich unter Lebensgefahr heimlich gegen das System gestellt haben. Ich kann diese verlogene CDU nicht mehr ertragen! Ich kann Sie nur nochmals in Ihren Bemühungen bestärken, nicht locker zu lassen, wenn es um Recht und Gerechtigkeit geht. Ich hoffe sehr, daß Sie dabei auch von Ihrer Partei unterstützt werden. 02.12.08 R.K.

**Keine Kampagne westdeutscher Medien**

Ich bin schockiert über den massiven Versuch der Union, die Auseinandersetzung über Herrn Tillichs Vergangenheit als Kampagne westdeutscher Medien darzustellen. Auch hier begibt sich die Union in die Fußstapfen der SED. Besorgen Sie sich, wenn Sie können, die heutige Ausgabe der Sächsischen Zeitung. Sie haben jenseits der schnelllebigen Medien eine überfällige und wichtige Diskussion angeschoben, die hoffentlich weitergeht, auch wenn sie König Kurt per Dekret bereits für beendet erklärt hat. Er weiß schließlich, dass die gequälten Seelen seiner sächsischen Untertanen eigentlich nur endlich Ruhe wollen. Auf Ihr Buch freue ich mich jedenfalls. 02.12.08 J.H.

**Wendehälse**

Über Ihr mutiges politisches Engagement gegen Wendehälse unter den CDU-Funktionären in Sachsen freue ich mich, und ich danke Ihnen dafür! Was Sie tun, das ist wirklich nötig. Es kann hilfreich werden für eine gesündere politische Atmosphäre in Sachsen. Ganz im Gegensatz zum Pfarrer Eggert bin ich, nachdem ich mir Ihren persönlichen, beruflich-wirtschaftlichen und politischen Werdegang angesehen habe, überzeugt, daß gerade Sie auch moralisch sehr berechtigt sind zu dieser Ihrer herben Kritik. Unter Wendehälsen verstehe ich – auch in Anlehnung an Christa Wolfs Rede vom 4. November 1989 auf dem Alexanderplatz – jene politischen Karrieristen, die sich bis 1989/90 mehr nur rein pragmatisch, ohne größere Überzeugtheit, ohne Ideale, aber politisch recht willfährig und oft auch ziemlich gewissenlos in den Dienst der SED, ihrer Blockparteien und ihres Staates gestellt hatten, sich dann aber jäh, ohne auch nur die geringste Bedenkzeit zu benötigen, von der DDR radikal absetzten und nun plötzlich in der Rolle derjenigen auftraten, die angeblich schon immer dagegen gewesen wären, die dann auch bald zu heftigen Attacken auf andere Träger dieses Systems, ja sogar zu Feindseligkeiten gegen sie übergingen und die DDR ganz undifferenziert zu verteufeln und mit dem Nationalsozialismus gleichzusetzen begannen. Ich kann zwar Herrn Tillich nicht zuverlässig beurteilen. Auf jeden Fall aber wurde er ausgerechnet in der hoffnungsvollen Startphase seiner politischen DDR-Staatskarriere als Nomenklaturkader – und nicht als Verwaltungsangestellter – von der Wende 1989 eiskalt erwischt. Und daß er das kleinzuschreiben und wichtige Einzelheiten auch zu verschweigen versuchte, das läßt nichts Gutes verheißen. Keineswegs ist es wahr, daß man sich heftigen Werbeversuchen der SED nur mit dem Beitritt zu einer Blockpartei zu entziehen vermochte! Solche bedrängenden Anwerbungen gab es nur in seltenen Einzelfällen. Im Allgemeinen wurde gerade Akademikern der Eintritt in die SED jedoch sehr erschwert. Erst mußten zwei neue Arbeiter eintreten, bevor ein Student, Dipl.-Ing. oder Arzt in die SED aufgenommen werden konnte. Andererseits kann ich alle jene ehemaligen Funktionäre der Blockparteien und Amtsträger der DDR respektieren, die sich ursprünglich auch mit einem gewissen humanistischen Impetus an der Mitgestaltung des „realen Sozialismus" zu beteiligen suchten, ohne genügend durchzusehen, die dabei dann vieles verdrängten, sich irrten, auch so manche Fehler machten und sich illusionären Hoffnungen hingaben. Die aber nach der Vereinigung auch selbstkritisch umzudenken vermochten. 02.12.08 M.R.

## Wahrlich kein Widerstandskämpfer

Als ehemaliges CDU-Mitglied (1970-86) im Bezirk Schwerin und ehem. Bürgermeister eines kleinen Ortes wurde mir aufgrund meiner Systemnähe die Rente gekürzt. Andere, wie z.B. J., den ich von der Fachschule für Staatswissenschaft in Weimar kenne, machten nach der Wende Karriere. Die CDU der DDR war eine der letzten Parteien, die noch im Oktober/November 1989 zwanghaft am System festhielten. Unverständlich für mich ist, dass derartige Kader wie Tillich und Co. heute wieder in herausgehobenen Positionen sitzen können. Alles, was oberhalb der Ortsebene Funktionen hatte, ist vorbelastet und wahrlich kein Widerstandskämpfer. 02.12.08 W.M.

## Deutungshoheit über DDR-Biographien maßt sich die alleinherrschende CDU an

Es ist schon ganz erstaunlich, zu welch seltsamen Behauptungen sich selbst eine so intelligente Persönlichkeit wie Prof. Biedenkopf versteigen kann. Verständlich ist ja noch, dass er ein privates Problem mit Karl Nolle hat und etliche CDU-Granden mit ihm. Aber die Behauptung, dass Nolle „Deutschland spaltet", weil er einige dunkle Flecke auf ihren ach so blütenweißen Westen ans Licht gebracht hat, kann man ja wohl kaum ernst nehmen. Etwas mehr Bescheidenheit könnte hier nicht schaden. Halten wir erst mal fest: die biographischen Fakten, die Nolle veröffentlicht, sind für die wenigen Betroffenen zweifellos unangenehm, lassen sich aber angesichts der eindeutigen Beweislage nicht bestreiten. Über die DDR-Vergangenheit der Ostdeutschen generell oder deren Lebensleistung war bei Nolle jedenfalls kein einziges abfälliges Wort zu lesen. Von ganz anderem Kaliber war da die „Vergangenheitsbewältigung" für zehntausende Angestellte des Öffentlichen Dienstes in Sachsen: Sofern diese keinen Grund sahen, besser von sich aus zu kündigen, legte jeder dem neuen Dienstherrn treu und brav seine Biographie zur gefälligen Einsichtnahme und Beurteilung vor in der Überzeugung, ihm widerfahre nun von Amts wegen eine faire Behandlung. Die Deutungshoheit über diese DDR-Biographien maßte sich die alleinherrschende CDU an, – ggf. auch unter demonstrativer Mißachtung des eigens dafür von DDR-Bürgerrechtlern durchgesetzten Landesbeauftragten für die Stasi-Unterlagen. Der Freistaat Sachsen avancierte Anfang der neunziger Jahre zum Eldorado für westdeutsche Juristen aus der dritten Garnitur: es galt den Freistaat von DDR-Altlasten zu befreien, – von 20.000 überflüssigen Lehrern zum Beispiel, aber auch von manch unbequemem DDR-Bürgerrechtler, dessen Stasi-Opferakte jetzt ungeniert nach irgendwie Verwertbarem durchgeschnüffelt wurde. Man lebte gar nicht schlecht von der vorsätzlichen Verfälschung sächsischer Biographien: „Prozeßvertreter der Staatsregierung haben in einer Vielzahl von Verfahren nicht nur irrtümlich falsch vorgetragen, sondern unverhohlen und trotz besserer Kenntnis die Unwahrheit behauptet." (so formuliert in einer Strafanzeige der Gewerkschaft GEW gegen das Kultusministerium 1995). Niemand kann sagen, wie viele ostdeutsche Biographien diese CDU-nahen Ehrenmänner auf dem Gewissen haben. Und wer wohl erteilte die Anweisungen für diese juristische Ungeheuerlichkeit? Einen Hecht im Karpfenteich des Sächsischen Landtags wie Karl Nolle haben wir bitter nötig. Man mag zu ihm stehen wie man will – Hut ab, Courage hat er. Und die Unwahrheit hat er jedenfalls bisher nicht behauptet. 02.12.2008 L.B.

## Im CDU Schatten der letzten 18 Jahre Ihre Vergangenheit im SED-Staat vergessen

Auch wenn Sie von Medien und der CDU in der letzten Zeit angegriffen werden, von mir erhalten Sie ein besonderes Lob, die Aufforderung nicht zu kapitulieren und in der Ihnen unverwechselbaren Art nicht nachzulassen.

Es ist einem „Normalbürger mit DDR Vergangenheit", Jahrgang 1944, der die Zeit nach dem Mauerbau im August 1961 bewußt erlebt hat und der die jungen, aufstrebenden Kader in der SED oder den Blockparteien einschätzen kann erlaubt, Ihnen, Herr Nolle, für Ihre Recherchen Dank auszusprechen. An die brisanten Daten kommen Sie zu einem Teil heran, für die Masse ist das einfach nicht möglich. Genau dafür brauchen wir Sie! Ich glaube, dass sich besonders treue CDU-Anhänger des SED-Staates, die keine eigene Aufarbeitung der Jahre bis 1989 betrieben haben, sich nun über Ihre Enthüllungen in den Medien aufregen. Es betrifft ja mehrere Personen (Flath ...), die im CDU Schatten der letzten 18 Jahre ihre Vergangenheit im SED-Staat vergessen haben.

Herr Tillich musste nicht seinen NVA Dienst an der Grenze ableisten. Er besaß die Möglichkeit der Ablehnung. Als christlichem Bürger wäre es für ihn einfach gewesen darauf zu verweisen, dass er nicht auf Menschen schießen würde. Das Problem wäre damit sehr schnell erledigt gewesen. Herr Tillich musste nicht in eine Blockpartei eintreten. Für mich waren das die Trittbrettfahrer! Herr Tillich wollte Karriere machen, dort liegt der Schlüssel. Die Gedächtnislücken um die Wendejahre sind bei Herrn Tillich groß und viele Menschen, die zu DDR Zeiten in Führungsetagen waren, würden sich wünschen, dass der Mantel des Schweigens über die strittige Zeit gelegt würde. Aber die Zeit um die Wende war für jeden so spannend, dass man sich ganz genau daran erinnern kann! Ich rufe Ihnen zu. Machen Sie weiter so! Diese Diskussion ist kein Problem zwischen Ost und West, wie in manchen Stellungnahmen behauptet wird. Es gibt viele Leute, die Ihnen ein Mitspracherecht über diese Zeit verweigern möchten. Als Außenstehender haben Sie jedoch einen viel besseren Blick und sind bestimmt objektiver in Ihrer Beurteilung. 04.12.08 V.L.

**CDU-Mitglieder bei „Rotlichtbestrahlungen" besonders engagiert**

Ich verfolge die Debatte um die Vergangenheit der CDU-Riege mit Genugtuung. Es wurde Zeit, dass das Thema aufgegriffen wurde. Auch wenn Sie jetzt viel Kritik, z.T. auch aus der eigenen Partei ernten, bin ich dankbar, dass Sie das auf sich nehmen. Bei vielen Reaktionen und verunglimpfenden Kommentaren, die ich in der SZ lese, glaube ich, dass die Leute, die in diesem System verwoben waren, Interesse haben, die Aufarbeitung zu verhindern. Ich kenne noch genügend Blockflöten, die in der DDR SED-Mitglieder noch links überholt haben. So berichteten SED-Mitglieder, dass bei den „Rotlichtbestrahlungen" CDU-Mitglieder besonders engagiert waren. Aus dem damaligen Dresdner Institut für Wasserwirtschaft wurde mir berichtet, dass damals Block-CDU Mitglied und späterer Finanzminister Horst Metz in politischen Fragen besonders scharf und linlientreu gewesen sein soll. In der ersten Legislaturperiode gehörte er wohl nicht ohne Grund zu denjenigen, bei dem die Stasiüberprüfungskommission entscheiden musste, ob die Mandatsniederlegung empfohlen werden sollte. Er hatte Glück. Ich bin der Meinung, dass Herr Tillich an der Spitze und auch die anderen Blockflöten in der Regierung nichts zu suchen haben. Die SPD hatte darunter gelitten und leidet auch heute noch darunter, dass reformerische SED-Mitglieder abgewiesen wurden. Ich erinnere auch an die Diskussion, als Eva-Marie Stange die frühere SED-Mitgliedschaft angelastet wurde. Ich hoffe, Sie halten weiter durch und ziehen im nächsten Jahr wieder in den Landtag ein. 04.12.08 C.K.

**Männer wie sie braucht Sachsen und vor allem die SPD**

Ich bin über 70 Jahre alt und möchte mich hiermit ganz herzlich für die tolle Arbeit im Landtag bedanken. Männer wie sie braucht Sachsen und vor allem die SPD. Ich kenne viele Sympathisanten, die meine Auffassung teilen. Wir bedauern als Ossi, dass es keine Personenwahlen gibt, sie wären vorne mit dabei. Noch etwas Munition für den Wahlkampf. Es war etwas aufwändig und umständlich Material zu sammeln. 1988 vor der Wende waren in der Volkskammer (das einzige Verfassungs- und Gesetzgebungsorgan der DDR), nachfolgende fünf Parteien und fünf Massenorganisationen mit folgenden 500 Mandaten vertreten: SED 127 = 25,4 %, DBD 52 = 10,4 %, CDU 52 = 10,4 %, LDPD 52 =10,4 %, NDPD 52 = 10,4 %, FDGB 61 = 10,2 %, DFD 32 = 12,2 %, FDJ 37 = 7,4 %, Kulturbund 21 = 4,2 %, VdgB 14 = 2,8 %.
Setzen Sie sich zur Wehr, bleiben Sie konsequent und vor allem gesund und munter. Nur wer die Vergangenheit begreift, wird die Zukunft meistern. Vielen Mitgliedern der Blockparteien war der Weg in die SED versperrt. Ihre Aufnahme scheiterte an der sozialen Herkunft, sie gehörten nicht zur Arbeiterklasse. Ein besonderer Schlüssel regelte die begrenzte Aufnahme aus anderen Schichten der Bevölkerung. Übrigens mussten alle Wissenschaftler, die promovierten, vor Verteidigung ihrer Promotion das philosophische Minimum des Marxismus/Leninismus schriftlich vorlegen. Erst nach dem Nachweis positiver Einstellung zum Marxismus/Leninismus begann die Zulassung zur Verteidigung. Das betraf alle Aspiranten unabhängig von der Mitgliedschaft in einer Partei oder des Wissenschaftszweiges, auch Merkel, Vaatz und andere nach Karriere strebende „Opfer". Niemand war verpflichtet, zu promovieren, es sei denn, die Funktion erforderte eine Graduierung. Jeder konnte eine solche Funktion ablehnen. Wendehälse und Märchenerzähler gab es zu allen Umbruchzeiten in großer Zahl. Wis-

senschaftler, ausgestattet mit analytischen Fähigkeiten, dialektischem Denken, vor allem unabhängige Wissenschaftler, sucht man vergebens zur umfassenden Aufarbeitung der DDR Geschichte. Lassen Sie sich nicht einschüchtern. Biedenkopf ließ anklingen, dass die SPD durch die Zwangsvereinigung in der SED aufgegangen war. Hohlköpfe könnten Ihnen entgegnen, sie kämen aus der SED. Die politischen Gegner angeführt von der CDU schlagen um sich. Sie sind voller Hass aber so nicht tragfähig als Volkspartei. Die größte Partei in Deutschland sind die Nichtwähler. Leute wie Sie, Herr Nolle, können das ändern. Ich persönlich wünsche viel Erfolg dabei. 05.12.08 J.P.

**Normale Biographien abgewickelt?**
Wie von hochstehenden sächsischen Persönlichkeiten zu hören ist – gewissermaßen „ex cathedra" -, sind solche Biographien wie die Biographie von Herrn Tillich durchaus normal und harmlos. Hieraus ergibt sich allerdings eine neue Frage: Wie normal und wie harmlos sind die Biographien der Wissenschaftler und Hochschullehrer, die Anfang der 90er Jahre „abgewickelt" wurden? Das Buch „Enttäuschte Hoffnungen" bietet hierzu eine Reihe von Beispielen. 05.12.08 K.K

**Wahrheit ist Anstand**
Die Beschimpfungen gegen den Landtagsabgeordneten Nolle (SPD) werden in erschreckender und beleidigende Art und Weise geführt, wobei es ihm doch lediglich um Wahrheit und Anstand geht. Spricht der Abgeordnete Nolle Unwahrheiten oder verbreitet er Lügen über einen Tillich? Wenn Herr Nolle Unwahrheiten über Herrn Tillich öffentlich verbreitet, warum geht Herr Tillich nicht auf dem Rechtswege gegen ihn vor? Das, was gegenwärtig betrieben wird, hat niedriges Niveau, es ist eine richtige Schlammschlacht, an der sich sogar Kurt Biedenkopf beteiligt und so sich selbst beschädigt. Doch die Wahrheit gehört zum Anstand im Leben. Bleiben Sie auch in Zukunft tapfer. Es ist schwer in einem Sumpf von Vertuschung und Machenschaften Wahrheiten ins rechte Licht zu Rücken. Herrn Tillich fragen wir, wie kann er mit einem so belasteten Gewissen Sachsen regieren? Wo bleibt sein Anstand? 06.12.08 H.+E.S.

**Dienstliche Zusammenarbeit mit MfS**
Mit Freuden stelle ich fest, dass es noch verantwortliche Leute gibt, die gegen ehemalige DDR Funktionäre kämpfen. Ihre derzeitigen Fragen zur politischen Biografie von Tillich begrüße ich sehr. Eines steht fest, auf der Akademie für Staats- und Rechtswissenschaften in Potsdam wurden zukünftige hohe Staatsfunktionäre und Reservekader ausgebildet, Nomenklaturkader arbeiteten mit dem MfS dienstlich zusammen ohne informelle Mitarbeiter zu sein. 06.12.08 W.V.

**Hallo, Monsieur,**
bitte keine Verteidigungsreden in der Presse, das haben Sie nicht nötig. 07.12.08 D.S.L.

**Es geht um Tillichs heutigen Umgang**
mit seiner eigenen Geschichte und der ist verlogen. Daraus ist bewußt ein Ost/ Westkonflikt gemacht worden. Mir ist dieses Ost-Westgerede zu oberflächlich,

da es lediglich zu fadenscheiniger Verteidigung (siehe Tillich, hinter dem sich ja ein wahrer Abgrund eines problematischen Opportunisten-Charakters auftut) oder zu billigen Anwürfen dient, weil man zu einer korrekten, auf historischen Tatsachen basierenden Diskussion, die mitunter auch schmerzhaft sein mag, gar nicht fähig ist – aber das liegt wohl am allgemeinen Niedergang unseres geistigen Niveaus. 08.12.08 S.L.

## Altkader des Blockes „Nationale Front"

Unklarheiten bestehen nun nicht mehr, da ist es auch nicht mehr wichtig, ob Herrn Tillichs Pressesprecher ihn noch versucht rauszuhauen. Mit wieviel Dummheit muss man ausgestattet sein, um sich an die Medien zu wenden, und zu kommentieren: Herr Tillich kann sich nicht mehr erinnern. Will man sich so rechtfertigen, dann haben wir also in Sachsen keinen Lügner als MP, sondern einen dementen MP. Mal etwas anderes in Sachsen, als im übrigen Land. Vorstellen kann ich mir aber, das weltonline auch noch die Sache mit der kommunistischen Kaderschmiede in Potsdam, die Tillich besucht hat, 100% aufklären wird. Denn wie lange sollen in den neuen Ländern noch diese Altkader des Blockes „Nationale Front" ihr Süppchen kochen? Die sogenannten Christen in Sachsen besetzen zusammen mit Teilen der Linken kommunale Ämter, siehe größere Beispiele Dresden und Chemnitz. Der Fall Tillich muss jetzt zum Fall eines Staatsanwaltes in Sachsen werden, nicht zum Fall für A., denn hier liegt m. E. Anstellungsbetrug vor. Wenn Tillich geopfert wird, dann gibt es immer noch die Herren Flath, Kupfer, Iltgen, Metz, Winkler. Mit allem Recht hat man in den Altländern darüber zu befinden wie die Blockflötenherrlichkeit aussah. 08.12.2008 D.W.

## Unruhe in den selbstgefälligen, verfilzten Machtstrukturen

Es ist sehr geschickt, wie die Debatte um Vergangenheit von Herrn Tillich von der CDU zu einem Angriff auf das Lebensgefühl der Ostdeutschen umgemünzt wird, nach dem Motto: Der böse Wessi will euch den letzten Rest an Würde rauben. Das ist aber in diesem Fall keineswegs so. Es ist vielmehr ein Segen, dass es wenigstens den Herrn Nolle gibt, der durch seine Veröffentlichungen Unruhe in die selbstgefälligen, verfilzten Machtstrukturen bringt und die Verantwortlichen zu hektischen „Richtigstellungen" nötigt. Es ist ja überhaupt nichts dagegen zu sagen, dass damals ein junger Mensch wie Herr Tillich versuchte, Karriere zu machen – aber dann soll er auch dazu stehen. Wenn es die DDR noch gäbe, wo wäre Herr Tillich dann heute? – im Rat des Bezirkes Dresden, oder in Berlin – wer weiß das schon. Ihm ist vorzuwerfen, dass die Tätigkeit heute verharmlost wird – „er war ja nur in der Abteilung für Versorgung und Handel usw." Wer wie er 1989 noch zu Parteischulungen ging, der hatte nicht vor Revolutionär zu werden, sondern wollte vielmehr Karriere machen in der DDR.

Für damalige Verhältnisse war sein Werdegang optimal für höhere Aufgaben, Grenztruppe, Mitglied in einer Blockpartei, jung und ehrgeizig. Die verdienten Kräfte der Ost CDU hatte nun das große Glück im Herbst 1989 quasi über Nacht zu wackeren Demokraten zu mutieren, in der West CDU eine neue Heimat zu finden. Die Gründe dafür liegen auf der Hand – wie wäre es ohne diese „Partner" sonst möglich gewesen, innerhalb kürzester Zeit neue solide Machtstrukturen aufzubauen und die lukrativen Verwaltungsposten in Landes- und Kommunalverwaltungen fast ausschließlich mit Westkräften zu besetzen. Gleichzeitig waren und sind die ehemaligen Mitglieder der Ost CDU durch ihre – natürlich bekannte Vergangenheit – immer wieder erpressbar.

Wie viele Karrieren wurden nach der Wende unter dem Vorwand der „roten Vergangenheit und Systemnähe" der Betroffenen zerstört - Herr Tillich konnte dagegen seine Karriere ungestört fortsetzen – wie schön für ihn. 10.12.08 U.K.

### Hetze in der „SZ"
Zur Zeit entwickelt sich unter den Leserzuschriften zum Problem Tillich eine Hetze in der „SZ" gegen Sie. Die meisten jedoch sind dankbar, dass diese „Block-flöten-Biografien" thematisiert werden. Es müsste noch mehr „Nolles" geben, um diesen Sumpf trocken zu legen. Ich danke Ihnen für Ihren Mut, lassen Sie sich nicht unterkriegen und machen Sie weiter. Klar denkende Menschen sind Ihnen dankbar, diese Wendehälse aufzudecken. Diese Wendehälse, ob Minister oder Abgeordnete im Landtag sind unerträglich. Aus eigener Erfahrung kenne ich die Bücklinge, die sie machten und den Speichel der SED Funktionäre leckten. Nochmals danke und machen Sie so weiter. 11.12.08 J.F.

### Ich bin froh,
dass Sie so couragiert Missstände anprangern! Weiter so! 16.12.08 U.C.

### Mut und Kraft
Auch wenn es einigen meiner Mitmenschen nicht gefällt, ich persönlich und sicher auch eine ganze Anzahl von Bürgern beobachten aufmerksam Ihre Arbeit im Landtag. Wenigstens einer der sich nicht abfindet mit allem was im Landtag abläuft und den Menschen im Freistaat zugemutet werden soll. Weiter so. Behalten Sie Mut und Kraft den Daumen auf die Wunden zu legen. 20.12.08 W.S.

### Ein folgenschwerer Irrtum
Offen gestanden habe ich, als Biedenkopf zurücktreten musste, auf seiner Seite gestanden. Ich dachte – wie vermutlich viele andere, auch linksliberal Denkende ehem. DDR-Bürger – wer Sachsen so erfolgreich regiert, dem sind kleine Ver-fehlungen nachzusehen. Ein folgenschwerer Irrtum, wie sich jetzt zeigt. Die Duldung der CDU-Machenschaften, die ja kaum an die Öffentlichkeit drangen, hängt m.E. stark damit zusammen, dass vor allem auch Menschen der Mitte (grün, sozialdemokratisch und konservativ) nach der Wende Sorge hatten, die alten SED-Seilschaften könnten zurückkehren. Viele Bürger haben deshalb nicht so genau hingesehen, wie letztlich die schwarzen Kameraden in mancher Hin-sicht in die Fußstapfen der SED-Genossen traten. Eine Einbeziehung der Bürger, die die Wende erfolgreich herbeigeführt hatten, beim demokratischen Aufbau fand nur in Ansätzen statt – ich denke sogar, die Leute hier wurden fahrlässig oder bewusst sich selbst überlassen. Heute ernten wir die Früchte. Auch wenn ich Ihrer Arbeit bis etwa 2000 eher kritisch gegenüberstand, zeigt sich nun, dass Ihr Engagement richtig und weitsichtig war, was immer auch in diversen SZ-Leserbriefen an Schmutz ausgebreitet wird. 21.12.08 J.H.

### Er diente sich der CDU an, um hier Blockpolitik mit der SED und Karriere zu machen
Tillich ist willig. Als der sächsische Ministerpräsident Stanislaw Tillich im Mai 2008

sein Amt antrat, veröffentlichte er einige Lebensdaten. Er habe eine „... Tätigkeit in der Kreisverwaltung Kamenz ..." ausgeübt, teilte er bescheiden mit. Das trifft für die Zeit zwischen 1987 und 1989 zu. Ich saß ihm als Kreisschulrat am Ratstisch gegenüber. Im Mai 1989 wurde er zum Stellvertreter des Vorsitzenden des Rates des Kreises Kamenz für Handel und Versorgung gewählt. In dieser Tätigkeit erfüllte er – seiner fachlich politischen Ausbildung an der Akademie für Staat und Recht in Potsdam-Babelsberg entsprechend – den ihm von der CDU erteilten Auftrag, im Ratskollektiv zur Stärkung des Sozialismus und der DDR beizutragen. Das muß Tillich vergessen haben. Was sich nun in jüngster Zeit über ihn und seine Vergangenheit ergossen hat, war das üblich Gedöns der Möchtegerne aus Politik und Geschichtsschreibung. Zum „Widerstandkämpfer" konnten sie Tillich – so, wie die Dinge lagen – nie ernennen. Da fanden sie die ihnen gemäße Formulierung, der heutige Regierungschef habe zur „handverlesenen DDR-Clique von etwa 500 Spitzenkadern" gehört. Zu DDR-Zeiten war es üblich, dass alle fünf Blockparteien ihre Kader für entsprechende Ämter qualifizierten. Das ging Tillich auch nicht anders. Heute kümmert er sich um die Interessen seiner neuen Auftraggebers, dient er der Diktatur des Kapitals. Nun hat ein sächsischer Ministerpräsident die Suppe auszulöffeln, die er sich mit seiner Doppelmoral, als führender Funktionär in einem Kreis angeblich dem Sozialismus gedient zu haben, einbrockte. Ob ihm der Notanker hilft, er habe sich nicht in die „SED" zwingen lassen, ist fraglich. Er diente sich der CDU an, um hier Blockpolitik mit der SED und Karriere zu machen. 08.01.2009 D.R.

### Persönlich gewolltes Postenklettern

Warum distanzieren sich in ihren Leserbriefen viele von Sachsens Chefaufklärer Herrn Nolle? Machte die Zeit die Sachsen vergesslich? Es dürfte kaum einen DDR-Bürger geben, der in seinem Bereich nicht miterlebt hat, wie persönlich gewolltes Postenklettern an die Weihen einer Partei gebunden war. Diejenigen, welche ganz hoch hinaus wollten, trugen sich bei der führenden ein, die anderen konnten auch ganz gut davon und damit leben. So gingen in meinem Kenntniskreis vor der Wende viele zur Parteiversammlung und danach zeigte man sich beim Kirchgang. Damit hatten die umgesetzten Eliten von jenseits der Elbe ihre willfährigen Helfer. Am wenigsten interessierten sich diese für deren politische Vergangenheit, vielmehr um deren nutzbare Verbindungen und Kompetenz für ihr hiesig neues, das eigene Geschäft und Fortkommen. Offensichtlich gab es später auch ungewollte Begegnungen an repräsentativer Stelle zwischen den Vergangenheits-Bewältigern. Verwiesen sei auf die S. 87 eines lesenswerten Buches „Das System Biedenkopf" von Michael Bartsch: „Klaus Bartl (Linke), machte sich gelegentlich einen Jux daraus, einige Unionsfreunde auf den Abgeordnetenbänken an ihre früheren gemeinsamen Begegnungen und an die Gratulationskuren bei der Staatssicherheit zu erinnern." Warum sollte man nicht über rote Socken mit schwarzen Streifen sprechen. In dem zitierten Buchtitel offenbaren sich auch bemerkenswerte Parallelen über schwarze Socken mit roten Streifen. Herrn Nolle sei Dank. 08.01.2009 P.H.

### Weitere Nolles in die Politik

Ich wünsche ihnen weiterhin viel Erfolg, mit der Hoffnung, dass sich weitere Nolles in der Politik finden. 04.02.09 J.W.

## Unionshegemonie in Sachsen
Mit Ihrem Buch zu den Biographien von Unions-Politikern geht es offenbar voran. Hoffentlich trägt es dazu bei, die bleierne Zeit der Unionshegemonie in Sachsen zu beenden. Besser eher als später. Obwohl selbst verstockter Grünen-wähler, sehe ich in der SPD die einzige vernünftige Kraft, die dem Spuk über kurz oder lang ein Ende bereiten kann. Im OB-Wahlkampf habe ich Peter Lames mit meiner Stimme unterstützt. Ich hielt es für einen großen Fehler, dass die Grünen mit einer eigenen Kandidatin angetreten sind. 05.02.09 H.J.

## Machthungrige CDU-Wendepolitiker
Ihre Art, die Vergangenheit einiger Politgrößen aufzudecken finde ich gut. 40 Jahre DDR und 20 Jahre Demokratie in Sachsen sollte eigentlich die Köpfe dieser machthungrigen CDU-Wendepolitiker aufgeweckt haben. Aber hier in Dresden ist anscheinend immer noch das Tal der Ahnungslosen. Eigentlich schade, wo Dresden doch eine schöne Stadt, außer Postplatz, Waldschlösschenbrücke, und dumme Politiker ist. 05.02.09 V.K.

## Abgeordneter mit Rückrat
Egal was man von Ihnen hört oder liest, für mich sprechen Sie aus dem Herzen des Volkes, nehmen auf keinen Krümelkacker Rücksicht, und treten, was ich dann sehr gut finde, vielen Leute auf die Füße. Sie haben als Abgeordneter und Mensch mit Rückgrat, ganz andere Möglichkeiten zur Auslotung. Bestimmt können Sie die Wahrheit ans Licht bringen. 05.02.09 M.M.

## Unerträgliche Arroganz der CDU-Granden
Herzlichen Glückwunsch zur großartigen Idee, eine derartige Dokumentation „Sonate für Blockflöten und Schalmeien." zusammenzustellen. Es wurde wirklich mal Zeit, daß sich jemand dieses Themas annimmt. Die Arroganz der CDU-Granden wird tatsächlich langsam unerträglich. Ich freue mich auf das Erscheinen. 06.02.09 H.D.P.

## Sachsens Glanz und CDU Gloria
Weiter so mit Ihren Aktivitäten zur Trockenlegung des schwarzen Sumpfes in Sachsen. Nach der Wende hat Sonnenkönig Kurt, der sich, wie es sich für einen König gehört, eine goldene Krone auf seine Residenz setzen ließ, mit seinem Gefolge-West und Revolutionsadel-Ost das Land Sachsen schwarz versumpfen lassen. Führungsrolle SED ade, hoch lebe die Führungsrolle CDU. Sachsens Glanz und CDU Gloria. Da kommt ein Sozi aus dem Westen, der sein Landtagsmandat ernst nimmt, und sticht in den schwarzen Sumpf. Je mehr er sticht, desto größer die Blasen schwarzen Sumpfgases. Das mag ja noch gehen, aber in den Lebensläufen schwarzer Prominenz zu stöbern, gleicht einer Majestätsbeleidigung. Die CDU war angetreten, DDR-Systemnähe auszumerzen. Gleiche Lebensläufe bedeutete aber nicht Gleichbehandlung. Tillich und Co. hatten Glück. Andere hatten Pech. Ihre Rechtfertigungen zur CDU-Mitgliedschaft in der DDR rufen nur ein Lächeln hervor. Keiner wurde In der DDR in eine Partei getrieben. Es gab viele Gründe für einen Parteieintritt. Wer Mitglied in einer Partei wurde, erkannte ein Parteistatut an. Damit hat man sich für den Sozialismus entschieden und erkannte die führende Rolle der SED an. Das traf auch für Tillich und Co zu.

Mich stören ihre Lebensläufe nicht. Sie gehören einfach zum Leben in der DDR dazu. Für mich ist entscheidend, was tun heutige Politiker für ihr Wahlvolk und wie glaubwürdig sind sie. Haben Sie bei Ihren Recherchen daran gedacht, dass Kohl 1990 über die CDU-Ost auch die DBD geschluckt hat? Weiterhin viel Erfolg in Ihrer Arbeit. 07.02.09 H.S.

## „Rote-Socken-Heuchelei"
Die teils hasserfüllten Tiraden zu Ihrem Buch, sei es in den Leserbriefspalten oder von Seiten derjenigen in der Politik, die sich erwischt fühlen, sind schon interessant. Die „Rote-Socken-Heuchelei" feiert fröhliche Urstände. Und alle wissen sie anscheinend genau, was drin steht, obwohl es noch keiner gelesen hat. Dazu fällt mir ein Zitat von Mark Twain ein: „Als ich jünger war, konnte ich mich an alles erinnern, egal ob es wirklich passiert war oder nicht." Im Übrigen machen sie alle unfreiwillig eine PR für das Buch, die mit Geld nicht zu bezahlen ist. 07.02.09 R.H.

## Staatsfeind Nr. 1 der CDU
Wenn im März das Schwarzbuch „Sonate für Blockflöten und Schalmeien" des Dresdner Druckereibesitzers Karl Nolle in den Handel kommt, dürften ausgerechnet die Gegner des Buches dafür gesorgt haben, dass es reißenden Absatz findet. In einer Leserbriefkampagne sonders gleichen prasseln schon jetzt wahre Hasstiraden auf den Wessi-Autor ein. Der CDU-Generalsekretär meint gar, dass nur der über Biografien von DDR-Bürgern urteilen dürfe, der in der DDR gelebt habe. Allein die Ankündigung, dass Nolle auf 300 Seiten die DDR-Biografien von über 100 CDU-Politikern unter die Lupe nimmt, hatte zu den hektischen Reaktionen geführt. Obwohl noch kein einziger Kritiker auch nur eine Seite des Buches gelesen hat, könnten sie es so unfreiwillig zum Kassenschlager machen. Wer vorab einen Blick in das Manuskript werfen konnte, kann allerdings die Aufregung der Betroffenen verstehen. Denn niemand wird geschont. Nicht der Ministerpräsident, der sich ein halbes Jahr vor dem Mauerfall an der Akademie für Staats- und Rechtswissenschaften „Walter Ulbricht" ausbilden ließ, um noch im Mai 1989 als Spitzenkandidat der Nationalen Front in seinem Landkreis anzutreten. Auch nicht der Landespolizeipräsident, ein ehemaliges SED-Mitglied. Dabei hatten sich nicht wenige der Ertappten in den Wahlkämpfen der Nachwendezeit eifrig als „Rote-Socken-Bekämpfer" betätigt, um sich parteipolitische Meriten zu erwerben. SPD-Mann Nolle hatte schon in der Vergangenheit in seiner Eigenschaft als Chefaufklärer der Landtagsfraktion immer wieder für so viel Wirbel gesorgt, dass er zum Staatsfeind Nr. 1 der CDU avancierte. Das Pikante, Sachsen wird von einer CDU/SPD Koalition regiert. 07.02.2008 R.H.

## „Schere im Kopf" typisch für die Presse zu DDR-Zeiten -,
## da haben wir sie wieder
Schon vor Weihnachten hatte ich im Buchhandel nach Ihrer „Sonate" gefragt, – leider vergeblich. Immerhin erfuhr ich, dass viele schon vor mir da gewesen waren. Es scheint, als hätte sich inzwischen in aller Stille ein Karl Nolle Fan Club gebildet.
Liest man allerdings die Leserbriefe zum Thema in der „Sächsischen Zeitung" kommt man aus dem Staunen nicht heraus: veröffentlicht werden hier schon im

Voraus ausschließlich unsachliche Schmähungen gegen Ihre Person, – und von diesen die extremsten (vgl. SZ vom 6.2.) Mit der vielgepriesenen demokratischen Meinungsvielfalt in der freien Presse ist es in Sachsen nicht all zu weit her. Die „Schere im Kopf" typisch für die Presse zu DDR-Zeiten –, da haben wir sie wieder. Ein Anruf von oben genügt. Alles wie gehabt. 08.02.2009 L.B.

### Personifizierte „Einmann" Opposition

Der Karl Nolle ist die personifizierte „Einmann" Opposition. ein mutiger und aufrechter Mann der in Sachsen folglich viele Feinde hat. Man darf gespannt sein auf sein Buch. 09.02.09 T.M

### Betroffene haben selten eine differenzierte Einsicht

„Der CDU-Generalsekretär meint gar, dass nur der über Biografien von DDR-Bürgern urteilen dürfe, der in der DDR gelebt habe." Nach dieser Logik dürfte es auch keine Historiker geben, geschweige denn urteilsfähige und -berufene. Die, die irgendwo mit drin gesteckt haben, haben zwar das eigene Erleben und Erfahren für sich, einen sicherlich unschätzbaren Vorteil für das eigene Urteilen, selten aber eine umfassende, differenzierte Einsicht in alle Zusammenhänge, oft auch nicht genügend kritische Selbstdistanz. Auf eine umsichtig besonnene Verbindung von Distanz und Nähe käme es aber an. 09.02.09 G.L.

### Eine Verteufelungskampagne

Es gab und gibt, initiiert von CDU und FDP, eine Verteufelungskampagne von DDR/Sozialismus/SED/Funktionären. Diese Kampagne halte ich in ihrer undifferenzierten Form für falsch. Wenn ich jetzt wie Karl Nolle dazu ein Buch rausbringen würde, müsste ich sagen: „Eure Rote-Socken Demagogie ist nicht nur plakativ, populistisch, sondern falsch und verletzt die Biographien von Millionen ehrlicher Menschen, die sich in der DDR anständig verhalten haben, auch ohne Systemgegner zu sein. Aber diese Rote Socken Kampagne ist auch noch verlogen, denn eure Wurzeln liegen hier im Osten ebenfalls in der DDR-Verbundenheit. 10.02.09 P.Ö.

### „Drüben" ist bei dieser Geisteshaltung immer da, wo man anders Denkende gerne hinwünscht

Die „Ehrenerklärungen" in der heutigen Sächsischen Zeitung, Seite 6, rechte (!) Spalte, veranlassen mich zu schreiben. Der „Dreck", mit dem Sie werfen, liegt ja bisher unterm Teppich bzw. klebt am Stecken der CDU. Sich darum als Landtagsabgeordneter zu kümmern, ist ehrenhaft. Daraus ein West-Ost-Problem zu konstruieren, soll nur ablenken. Sie werden sich an die Zeit in Hannover erinnern. Es kam häufig vor, dass kritischen Geistern vorgeschlagen wurde: „Geh doch nach Drüben, wenn es dir hier nicht passt." „Drüben" ist bei dieser Geisteshaltung immer da, wo man anders Denkende (!) gerne hinwünscht. „Drüben" ist also eine Kurzform für Diskriminierung und wird aktuell gerne ersetzt durch „Der ist aus dem Westen!", „Der ist kein (echter, gebürtiger, richtiger, ...) Dresdner!", „Der hat hier nicht gelebt!". Diese „Argumente" werden dann reflexartig auch gern auf alle Nicht-Dresdner, Nicht-Sachsen, Nicht-Deutsche usw. angewandt und entlarven ein latent vorhandenes „fremdenfeindliches" Menschenbild. Aber Sie wissen das alles sicherlich und werden daher all diese unqualifizierten Anwürfe nicht wirklich an sich heran lassen. 13.02.09 E.H.

## Merkel und Vaatz

Die fortlaufenden persönlichen Anfeindungen Ihrer Person in der SZ können wir nur verurteilen. Es geht nun schon um Rufschädigung, die aus dem christlich politischen Lager kommend gegen Sie betrieben wird und es nimmt schon Formen an wie damals im Stile von Karl Eduard von Schnitzler. Wir verurteilen diese gegen Sie betriebene Hetze auch von Leuten, die allen Grund hätten, den Mund zu halten.

Es ist doch eine Ironie der Geschichte: „Eigentlich könnten Erich Honecker und Egon Krenz doch mit etwas Stolz zurückblicken. Ihre Jugendorganisation Freie Deutsche Jugend – FDJ, ihre Kadernachwuchsorganisation, Kadernachwuchsschmiede für die Sozialistische Einheitspartei Deutschlands – SED – hat doch immerhin eine Bundeskanzlerin für die BRD hervor gebracht, denn ohne ihre FDJ-Mitgliedschaft und ihren kleinen Posten in der FDJ wäre die so geförderte Entwicklung für Angela Merkel sicherlich nicht möglich geworden. Andererseits jedoch war Herr Arnold Vaatz zur etwa gleichen Zeit, als Frau Merkel die FDJ-Förderung genoss, als Andersdenkender bzw. Widerständler in Bautzen eingeschlossen worden. Beide aber sind heute Parteifreunde der christlichen Union, wie schön! Wir wünschen Ihnen weiter politischen Erfolg, Herr Nolle" 11.02.09 E.H.S.

## Weiter so!

Sie bewegen wenigstens etwas in der Politik. Viele andere Abgeordnete sitzen nur – so hat es jedenfalls den Eindruck – ihre Abgeordnetendiäten ab. Dieses Land braucht frischen Wind. Gespannt warte ich auf Ihr Buch „Sonate für Blockflöten und Schalmeien". Gibt es durch Sie eventuell eine Buchlesung dazu? Machen Sie so weiter, denn solche Männer braucht das Land! 11.02.09 L.R.

## Christdemokratische Einheitspartei Sachsens

Zu ihrem Buch über die christdemokratische Einheitspartei Sachsens: ich bin ein Mann von 55 Jahren und ich wurde im Jahre 1953 im früheren Kreis Kamenz geboren. Die ersten fünf Jahre meines Lebens habe ich mit meinen Eltern in Panschwitz-Kuckau gelebt. In Panschwitz-Kuckau lebt der Genosse Tillich heute noch. Obwohl wir nicht miteinander aufgewachsen sind, kenne ich die Biografie des Genossen Tillich, ziemlich gut sogar. Ich habe eine Ost-Biografie hinter mir und ich war vor dem Fall der Berliner Mauer parteilos. Vom real existierenden Sozialismus hatte ich mir nichts versprochen und einen Karriereschub über irgendeine politische Partei in der DDR kam für mich niemals in Frage. Wer wie ich in die DDR hineingewachsen war, wusste, wie der Hase entlang läuft. Mit 12, 13 Jahren begann ich langsam, meine Umwelt politisch zu begreifen. Das war so um das Jahr 1965, da ging ich in die 5. Klasse. Da war Deutschland geteilt und ich hatte begriffen, wer den größten Anteil am Fortbestand der deutschen Teilung geliefert hatte: Das sozialistische Weltsystem! Dieses System war damals noch mächtig (militärisch auf jeden Fall) und es schien unüberwindbar. Aus meiner damaligen Sicht als pubertierender Jugendlicher konnte die ganze Kiste noch Jahrhunderte halten. Das hatte mich aber niemals verlockt, für die Kommunisten in irgendeiner Form zu Kreuze zu kriechen. Auf der POS und der EOS auf der ich mein Abitur machte, ging es straff nach Leistungskriterien, nicht nach sozialer Herkunft. In jenen Jahren, so etwa ab dem Jahre 1966 hatte ich intensive Kontakte zur Jungen Gemeinde. Dabei formte sich meine Weltanschauung. Aus mir hätten die niemals eine sozialistische Persönlichkeit machen können. Nun könnte ich Ihnen meine biographischen Daten herunter rasseln. Dann würden Sie verstehen, warum auch ich mich so auf Ihr Buch freue. Ich selbst habe durch mein aktives Leben in der DDR erfahren müssen, dass die Ost-CDU Gerald Göttings nach dem Mauerbau das Ekelhafteste und Widerlichste gewesen war, was die Nationale Front der DDR aus sich heraus gebracht hat. Dort tummelten sich Kriecher und Opportunisten wie Tillich, Michalk und andere Schleimer. Tausende von der Zunft aus Ost-CDU und DBD vereinigten sich hier in Sachsen zur christdemokratischen Einheitspartei und schufen damit das Fundament für das Landtagswahlergebnis aus dem Jahre 2004 mit dem Einzug der NPD in den Landtag hier in Sachsen. Schröders Agenda 2010 war dann nur noch der letzte Zündfunke, der das Fass zum Überlaufen brachte. Kohl und Biedenkopf sei es gedankt (Schröder und Fischer auch). Mein Leben hat mich auf direktem Wege im Herbst des Jahres 1989 in die Bürgerbewegung Neues Forum geführt. Ab dem 11.10.1989 hatte ich mich hier im früheren Kreis Bautzen zum Neuen Forum bekannt. Ich hatte dann sehr viel in dieser Bürgerbewegung getan. Gegen Kohls, Genschers und Gysis Machtstrukturen hatten die früheren Bürgerrechtler keine Chance. Die SPD-West mit ihrem Kapital auch nicht... Wir haben über viele Jahre hindurch versucht, den Finger in die schwärende Eiterblase Ost-CDU zu drücken. Man hat uns totgeschwiegen und ausgegrenzt. Wir von den ehemaligen Bürgerbewegungen haben keine Plattform und nicht das Geld, diese Dinge veröffentlichen zu können wie Sie. Man hat uns kalt gestellt. Die Genossinnen und Genossen der christdemokratischen Einheitspartei Sachsens werden auch in diesem Jahr nicht kapieren, dass sie bei den diesjährigen Wahlergebnissen zum sächsischen Landtag den wesentlichsten Impuls für ein Wahlverhalten nach Rechts die Hauptverantwortung tragen. Der Hass ist weiter gewachsen, denken Sie bitte Ende August diesen Jahres an meine heutigen Worte. Viel Erfolg für die weitere Arbeit an Ihrem Buch wünscht Ihnen aus Ostsachsen. 12.02.2009 W.S.

**Hier haben nur Engel gewohnt**
Ich möchte Sie ermuntern, weiterhin stark zu bleiben, und selbst bei opportunistischem Gegenwind aus den eigenen Reihen nicht aufzugeben. Auch ich ertrage die teilweise verbreitete Verlogenheit von DDR Exgrößen nur sehr schwer, muss aber das hier vorherrschende Harmoniebedürfnis hinnehmen. Hier haben während der DDR-Zeit nur Engel gewohnt und den antidemokratischen Staat als partielle Entgleisung erlebt. Machen Sie bitte trotzdem weiter und enttarnen Sie redlich die „Heiligen der Jetztzeit". 13.02.09 R.M.

**Erinnerungen man schlecht vernarbte Wunden**
Auf die historischen Zusammenhänge sollte schon jemand hinweisen dürfen, der sich die nicht überall gern gesehene Mühe einer personen- und funktionsgebundenen Aufarbeitung der DDR-Vergangenheit gemacht hat. Mir drängt sich hier eher der Eindruck auf, dass Erinnerungen an die eigenen Verflechtungen im

überwundenen System noch schlecht vernarbte Wunden einzelner sind. Als zwischenzeitlich hier sesshafter Westimport — manche mögen es lieber als Ostexport — verfolge ich die Diskussion mit Erinnerungen an meine persönlichen Erfahrungen. Des Öfteren habe ich Erstaunen — um nicht zu sagen Erschrecken — in den Gesichtern ehemals Betroffener bemerkt, wenn diese ehemalige Funktions- und Amtsinhaber gleich nach der Wende in festen Positionen wiedersahen. Mir stand es nicht zu, und zum Glück war es nicht meine Aufgabe, die tatsächlichen Verquickungen in den DDR-Machtapparat zu prüfen. Auch habe ich die dazu bestimmten neuen Funktionsträger – die Masse natürlich aus dem Westen - nicht um ihre auch schicksalsprägenden Entscheidungszwänge beneidet. Gleichwohl waren diese Prüfungen im Interesse einer möglichst unbelasteten neuen Administration sicher geboten. Ob sie allumfassend waren oder auch durchgängig gerecht, mag ich nicht beurteilen. Eines halte ich für mich aber fest, wenn ein ehemaliger Funktions- oder Amtsinhaber nach seiner möglicherweise heute noch relevanten Systemverhaftung befragt wird, muss er sich das gefallen lassen. Dieses insbesondere dann, wenn er verantwortungsvolle Funktionen in unserem Staat bekleidet. Dem seriösen Hinterfrager - auch einem MdL Nolle – darf dieses im Sinne eigener Glaubwürdigkeit nicht verwehrt sein. 13.02.09 M.R.

## Thesen, über die gut gestritten werden kann ...

Es ist mir ein Bedürfnis, Ihnen für Ihre politische Arbeit zu danken. Politiker, über die keiner redet, die keiner kennt, sind einfach nur schlechte Vertreter ihres Berufsstandes. Wer nichts macht (Merkel oder Glos), kann auch keine Fehler machen. Sicherlich wird es auch bei Nolle Thesen geben, über die gut gestritten werden kann. Aber egal, wie viele (schlechte) Statements von DDR-Bürgern aktuell in den Medien noch gedruckt werden, bitte machen Sie weiter, sagt ein geborener und ununterbrochen im Osten Deutschlands beheimateter „Ossi". 14.02.09 F.H.

## Warum will Heinz Eggert klagen?

In der Sächsischen Zeitung vom 12. Februar 2009 gab der sächsische Ex-Innenminister Heinz Eggert, nach der „Wende" in der Presse als „Pfarrer Gnadenlos" bezeichnet, ein Interview. Im Zentrum stand die Recherche, die der SPD Landtagsabgeordnete Karl Nolle über die Biographien einiger Abgeordneter vor 1990 herausgeben will. Das Recht Nolles, dies zu tun, steht außer Frage, und wer ehrlich zu seiner Vergangenheit steht, wird keine Furcht haben. Allerdings: Angesichts der heuchlerischen „Abrechnung" mit anderen Tausenden „Staatsnahen" ist das Thema brisant. Für manchen Leser ergeben sich Fragen, von denen ich einige formulieren möchte. Woher weiß denn Eggert, was in Nolles Recherche steht? Hat er Geheimquellen? Das Buch erscheint erst im März. Wir setzen den Fall, die Behauptungen, die Eggert vorträgt, stimmen. Wäre es denn „Rufmord", wenn es stimmt, dass Eggert „Stasi"-Mitarbeiter als Polizisten eingestellt hat? Was wäre denn daran ehrenrührig? Was bedeutet es für die Betroffenen, wenn Eggert als Erfolg verbucht, bis 1995 seien 1000 Polizisten in Sachsen entlassen worden und 600 seien „von allein" gegangen? Erfolgten die Entlassungen „rechtsstaatlich („Als Minister kann ich nur rechtsstaatlich handeln") unter Berücksichtigung der Menschenrechtskonventionen oder kraft der ministeriellen Wassersuppe, die er genoss? Ist es möglich, „über Nacht" 231 „Akten" durchzuarbeiten und dabei noch „fatale Fehler" (welche und wessen Fehler?) zu entdecken? Gesetzt den Fall, die bewusste Nacht hätte acht Stunden gehabt, hätte Eggert pro Stunde ca. 30 „Akten" bearbeiten müssen, alle zwei Minuten eine „Akte". Und das reicht aus, um über Menschenschicksale zu entscheiden? Ist der Abgeordnete Eggert, der Nolle mit Klage droht, nicht derselbe, der Anfang 1992 im Fernsehen und in Zeitungen mit seiner Story von den Bösewichten in „weißen Kitteln" auftischte, die ihm Unheil zugefügt haben sollen? Und stellte sich nicht heraus, dass jene „Ungeheuer" ihn nach allen Regeln der medizinischen Kunst korrekt behandelt hatten? Sind Folgerungen erlaubt? In seiner Weihnachtsansprache 2008 erklärte Bundespräsident Horst Köhler: „Wir brauchen mehr Anstand." Hat er auch Politiker gemeint oder sie ausgenommen? Jedenfalls nennt der CDU-Abgeordnete seinen Koalitionskollegen Nolle „Dreckschleuder der SPD" und unterstellt ihm, dass er mit seiner Recherche „auf einen sicheren Listenplatz der SPD-Landesliste" kommen wolle. Zum Grundproblem: Wie konnte es denn dazu kommen, dass DDR-Biographien bis heute durch manche Medien und Politiker zum Mittel der Inquisition, Fälschung und Erpressung werden konnten? 14.02.09 S.H.

**Bleiben Sie standhaft und bißfest ...**
Mit großem Interesse und Wohlwollen lese ich regelmäßig von Ihren Aktivitäten, Stichwort Blockflöten. Trotz aller Anfeindungen bleiben Sie bitte weiter standhaft und bißfest! Ihr Anliegen, Politik moralisch zu legitimieren, ist unbedingt notwendig. Dies sollte heute eigentlich parteiübergreifend demokratischer Konsens sein. Deshalb bin ich Ihnen und Ihrer streitbaren Einstellung verbunden! 15.02.09 L.B.

**Nur Scheindemokraten ärgern sich über freie Meinungsäußerung**
Es ist schon sehr erstaunlich wie Menschen auf ein noch nicht erschienenes, geschweige denn gelesenes Buch reagieren. Nur allein die Ankündigung einer interessanten Recherchearbeit über Politiker, die in Blockparteien wirkten und „elegant" gewendet sich vom Sozialismus sowjetischer Prägung verabschiedeten, bringt Menschen in eine Panikstimmung, die sie vergessen läßt, daß wir in den neuen Bundesländern seit 1990 in einer Demokratie leben.
Eins der damals durch die friedliche Revolution erkämpften Rechte ist das Recht auf freie Meinungsäußerung. Jeder hat das Recht sein Buch zu schreiben und dabei das Thema auszuwählen, was ihm wichtig erscheint. Der Autor spielt dabei nicht die herausragende Rolle, sondern allein das Ergebnis zum Thema. Nur Scheindemokraten können sich über freie Meinungsäußerung ärgern. Die Vermutung ist naheliegend, daß nur ehemalige Mitläufer und Mitmacher bis heute nicht gelernt und begriffen haben, daß Aufarbeitung nur durch freie Meinungsäußerung erfolgen kann. Wer das tut ist völlig belanglos, Herr Nolle oder ein anderer Bürger. Wem der Titel und der Autor nicht paßt, braucht nur auf den Kauf des Buches zu verzichten. Verantwortlich für den Inhalt bleibt der Autor und da habe ich keine Bedenken, daß Herr Nolle sich seiner Verantwortung nicht stellt. Ich denke Einschüchterungsversuche sind da völlig fehl am Platz. 16.02.09 H.G.

## Abgeordnete 1. und 2. Klasse

Mit Interesse verfolge ich die Berichterstattung über Ihre Aktivitäten und die reflexartig darauf folgenden Reaktionen, auch in Form von Leserbriefen. Eine besondere Sternstunde war für mich die Lektüre der Sächsischen Zeitung am Donnerstag, 12.02.2009. „Gegen Rufmord werde ich klagen" war der Artikel überschrieben. Der CDU-Abgeordnete Heinz Eggert äußerte sich über die Stasi, die DDR und Karl Nolle.

Im vorletzten Absatz erhält der geneigte Leser einen Einblick in das Demokratie-verständnis des Herrn Eggert. „Herr Nolle, der nie direkt von den Bürgern in den Landtag gewählt wurde, betätigt sich wie die Dreckschleuder der SPD, um damit auf einen der vorderen Plätze auf der SPD-Landesliste zu kommen." Es gibt also Abgeordnete 1. (direkt gewählte) und 2. Klasse (über die Landesliste gewählte). Ich kann allerdings weder im Grundgesetz noch in der Sächsischen Verfassung eine entsprechende Bestimmung finden. Man hat es nicht gern, wenn auf Schwachstellen hingewiesen wird. Kritik ist unerwünscht. Vielmehr gilt das Motto „störe meine Kreise nicht". Da muss man sich ein dickes Fell zulegen und allen Widerständen zum Trotz konsequent seine Meinung vertre-ten. Mir fällt auf, dass statt mit hieb- und stichfesten Argumenten leider immer häufiger mit persönlichen Verunglimpfungen gearbeitet wird.

Sinn und Zweck meines Briefes ist es, Sie darin zu bestärken, weiterhin Unge-reimtheiten aufzuzeigen und gegen scheinheilige Politik der CDU vorzugehen. Das ist Ihre Aufgabe als Landtagsabgeordneter und diese Aufgabe haben Sie bisher gut erfüllt. Machen Sie weiter! 16.02.09 K.J.B.

### Über Mitverantwortung der Ost-CDU diskutieren

Der CDU war doch bei allen bisherigen Wahlkämpfen jedes Mittel recht, um den politischen „Gegner" zu verunglimpfen. Da passt es nicht, wenn sie samt ihrer SED-konformen Saubermänner endlich mal mit der eigenen, wirklichen Ver-gangenheit konfrontiert wird, noch weit vor der nächsten Wahl. Und die SPD muss ich fragen, warum es wieder einmal ausgerechnet eines zugereisten Sach-sen bedurfte, damit die Mitverantwortung der Ost-CDU endlich mal in der Öffentlichkeit diskutiert wird. 18.02.09 J.K.

### Von der Nationalen Front zum Mitglied einer demokratischen Volkspartei

Was treibt einen ehemaligen Bundestagsabgeordneten wie Dr. Jork zu solchen Stellungnahmen (Leserbrief „Nolles linkische Halbwahrheiten" in der DNN 14./ 15.02.2009)? Ein Politiker der fast zwei jahrzehntelang der Blockpartei CDU angehörte. Der das große Glück hatte, daß die Abkürzung der Partei CDU mit der Abkürzung der Partei Helmut Kohls übereinstimmte. Der ohne noch Wider-stand leisten zu müssen vom Platz in der Nationalen Front der DDR zum Mitglied einer echten, demokratischen Volkspartei wechseln konnte. Der in den Bundes-tag gewählt wurde – was für ein Glück für Herrn Dr. Jork. Welch ein bekundetes Unverständnis seinerseits für beabsichtigte freie Meinungsäußerung zu nicht aufgearbeiteten Problemen der Mitverantwortung wird hier sichtbar. Ich stelle die Frage, warum sind Sie bereits 1971 zur Blockflöte geworden, im übrigen der Ausdruck Blockflöte war bei Systemkritikern schon in der DDR-Zeit ein im Volks-mund gebräuchliche Bezeichnung für die Mitglieder der „Mitmacherparteien" im Block. Es gibt für mich nur zwei Gründe diesem politischen Block beizutreten. Erstens um der Karriere willen, zweitens aus Überzeugung für die sozialistische Gesellschaftsordnung. Egal ob eins oder zwei, denn der Eintritt in die Block-CDU war verbunden mit dem Einverständnis sich von der SED führen und leiten zu lassen.

Das wurde letztendlich bei der Entscheidung für die Karriere billigend in Kauf genommen. Da Dr. Jork aufgeschreckt von einem noch nicht existent gewordenen Buch sich zu Wort meldet und dem Autor gute Ratschläge erteilte, welchen Themen er sich widmen sollte, erlaube ich mir ihm auch einen Vorschlag zu unterbreiten.

Wie wäre es mit einem Referat von Dr. Jork zum Thema: „1971 – mein Eintritt in die Blockpartei CDU – mein Bekenntnis zur Satzung dieser Partei in der folgende Schwerpunkte fundamentiert sind: „Die unverrückbaren Ausgangspunkte des politischen Denkens und Handelns der christlichen Demokraten – Treue zum Sozialismus – vertrauensvolle Zusammenarbeit mit der Partei der Arbeiterklasse als der führenden Kraft der sozialistischen Gesellschaft..." 19.02.09 G.H.

**Ohne gründliche Aufarbeitung Absolution?**

Meint CDU-Generalsekretär Kretzschmer mit einer „kollektiven Vergebung" wäre man die Problematik des 40-jährigen Wirkens von SED im Verbund mit den Blockparteien los oder die Diskussion dazu wäre dann entschärft?

Welch ein Irrtum, wie kann es sein, daß für eine gewollte politische Verflechtung von SED und Blockpartei, die ein Land nach 40 Jahren an den Rand des Abgrundes brachte, ohne gründliche Aufarbeitung dieses unsäglichen Bündnisses Absolution erteilt werden soll. Wer den Führungsanspruch der SED akzeptierte und in seiner Satzung festschrieb ist mitverantwortlich. Das ausgesprochen unsensible Verhalten der Blockparteifunktionäre gut gewendet an die Schalthebel der Macht zu drängen hat seinen Preis – der Preis des Erinnerns an dieses Verhalten. Wie unverständlich die Vergebungsgestik – wie kann einem politischen Parteien-System und seinem Akteuren vergeben werden, die Verantwortung dafür trugen, daß ein ganzes Volk seiner Freiheit beraubt wurde? Der Vergebungswunsch von Herrn Kretzschmer hängt wohl mit dem fatalen Umstand zusammen, daß die Block-CDU im „bewährten Bündnis" aufgegangen war? Da die CDU ihre allumfassende Aufarbeitung nicht betrieben hat, wird solch ein Wunsch eine Illusion bleiben. In einem persönlichen Beschwerdebrief 2006 an die Konrad-Adenauer-Stiftung bezüglich der Blockparteienvergangenheit wurde mir kurz und bündig das Eingeständnis von „Verwerfungen" mitgeteilt und mit dem Hinweis auf christliche Vergebung versehen und, daß man sich weiter mit der Vergangenheit auseinandersetzen wolle. Zum letzten Bundesparteitag in Stuttgart war davon so gut wie nichts zu spüren. Was die „zweite Chance für den Stasi-Mitarbeiter" anbelangt kann ich sagen, da ist leider die CDU bereits 2005 sehr großzügig gewesen, als man duldend im Erzgebirge einen ehemaligen IM zum Ehrenbürger machte. Ich bin gespannt wie lange man noch warten muß bis ein Übergeschnappter vorschlägt, daß sich die friedlichen Revolutionäre bei denen zu entschuldigen haben, die sie davongejagt haben.

Das die Recherchearbeit von Herrn Nolle mit der Spitzeltätigkeit eines Stasimitarbeiters verglichen wird ist eine bodenlose, beleidigende Geschmacklosigkeit oder sind die „Pro- Blockflötentöne" von Herrn Clemen MdL, die inspiriert durch den „Vergebungstenor" vom Generalsekretär unter dem spürbaren Motto - Blockflöten gehen in die Offensive - zum klingen gebracht werden in dem Bewußtsein geäußert, daß man bei den Landtagswahlen 2009 auf die Stimmen der Blockflöten angewiesen ist. Ich denke, daß sich der „Demokratische Aufbruch", aus dem Herr Clemen kommt, nachträglich schämt. Was tut man nicht alles für Blockflöten, wenn man auf ihre Stimme angewiesen ist. 19.02.09 H.G.

### Angst vor peinlichen Enthüllungen?
Weshalb erregt sich der Generalsekretär der CDU, Herr Kretschmer, eigentlich so sehr über Herrn Nolle? Die CDU war und ist doch die treibende Kraft, wenn es darum geht, dem Ostdeutschen sein Leben in der DDR zu erklären. Wenn Herr Nolle richtig recherchiert hat, kann es natürlich für einige peinlich werden.19.02.09 H.G.K.

### Kretzschmar liebt doch alle
Ja, es ist wirklich lustig. Dass Herr Kretzschmar jetzt die Exkommunikation für SED-Genossen aufheben will (Vorbild Herr Ratzinger?), zeigt aber auch wie voll sie die Hosen haben. Insofern ist Ihr Buch schon jetzt ein Erfolg. 20.02.09 J.H.

### Kollektives Vergeben oder Vergessen?
Woher nimmt Herr Kretschmer die Gewissheit, Herr Nolle fälle Urteile über Ostbiographien, hat er denn das Buch schon gelesen? Soweit sich Herr Nolle bislang dazu geäußert hat, sammelt er doch nur Fakten und Tatsachen über solche Biographien, nichts weiter. Aber allein diese Ankündigung lässt offenbar einige nervös werden und zu völlig überzogenen Reaktionen verleiten. Wer kann hier denn wem vergeben? Die CDU kollektiv und stellvertretend für alle doch wohl nicht. So etwas bliebe allein den Betroffenen vorbehalten. Mit dem, was Herr Kretschmer als kollektives Vergeben bezeichnet, ist ja wohl eher ein kollektives Vergessen oder besser Verdrängen gemeint, was sich nicht wenige wünschen, was so aber nicht funktionieren kann. Die Erfahrung zeigt, alles was unter den Teppich gekehrt, tabuisiert und verschwiegen wird, rächt sich früher oder später.
Will und kann denn Herr Kretschmer dem CDU-Kreisschulrat vergeben, der Kindern den Zugang zur Oberschule verwehrte, weil sie statt der Jugendweihe die Konfirmation erhielten, oder etwa dem Hygieneinspektor mit CDU Parteibuch, der als IM schamlos Kirchenkreise ausspionierte und den die wiedervereinte CDU 1990 in Freital als neuen Landrat präsentierte? Es ist schon merkwürdig, dass gerade die Partei, die immer mit dem Finger auf die SED/PDS/Die Linke gezeigt hat, nun selbst ein Umdenken in der Beurteilung der Vergangenheit fordert. Nur weil sie selbst viele derer noch beherbergt und zu bemerkenswerten Karrieren verholfen hat, die Funktionsträger in der DDR-Hierarchie unter SED-Führung waren und so das System DDR mit ermöglicht haben. 20.02.09 P.S.

### Unkritische „kollektive Pauschalabsolution"
Wer seinerzeit geglaubt hat, das argumentative Unniveau des DDR-Chefideologen Kurt Hager sei nicht zu unterbieten, sieht sich durch die „Kollektive Vergebung" des sächsischen CDU-Generalsekretärs Michael Kretschmer eines Schlechteren belehrt. Die unkritische „kollektive Pauschalabsolution" für DDR-System

mittragende CDU-Altkader und sofortige Übernahme ins neue Machtgefüge hat die Partei eingeholt. Der verkrampfte Umgang damit assoziiert zwangsläufig: Der getroffene Hund bellt. Wenn die Großkopfeten des inneren Machtzirkels dem gemeinen Mann häufiger auf's Maul schauten, ihm seine unvoreingenommene Urteilsfähigkeit zutrauten, müssten sie nicht ständig durchschaubare Ablenkungsmanöver veranstalten. 20.02.09 H.M.

## Politische Mitverantwortung der Blockparteien CDU / LDPD in der DDR

Mit großem Interesse verfolge ich, wie Sie sich mit der DDR-Vergangenheit der Blockparteien, insbesondere mit der CDU in Sachsen auseinander setzen. Natürlich ist es nicht nur ein sächsisches Problem. Glaubt man dem ehemaligen sächsischen Ministerpräsidenten, Dr. Kurt Biedenkopf, ist die Aufarbeitung der Vergangenheit der DDR-CDU bereits auf dem CDU-Parteitag in Görlitz Anfang der 90 Jahre erfolgt. Das ist natürlich eine große Lüge. Denn ein für die Blockparteien der DDR ganz heikles Problem hat bisher noch niemand aufgegriffen und in der Öffentlichkeit debattiert. Und zwar aus einem ganz einfachen Grund. Die Blockparteien waren mitverantwortlich an der Ausarbeitung und Verabschiedung der politischen Strafgesetze in der Volkskammer der DDR. Politische Strafgesetze, die besonders nach dem Mauerbau am 13.08.1961 noch einmal drastisch verschärft und ausgeweitet wurden. Fast ausnahmslos galten bei diesen verschärften Gesetzen bereits die Vorbereitung und der Versuch als vollendete Straftat. Immerhin waren CDU/LDPD mit 110 Abgeordneten in der Volkskammer vertreten. Wer für die Überwachung dieser Gesetze verantwortlich war, muß ich nicht besonderes erwähnen. Natürlich war es die Stasi.
Aber nicht nur an der Strafgesetzgebung, sondern auch an der weiteren Verfolgung von Straftätern waren Mitglieder von CDU und LDPD beteiligt. Und zwar als Haftrichter, Staatsanwälte und Richter in den Abteilungen 1 des Bereiches Justiz. Manch politischer Verurteilter hat seinem Urteilsspruch auch einem CDU- oder LDPD-Mitglied zu verdanken. Ich weiß, wovon ich spreche. Ich war 35 Jahre Angehöriger des MfS. Davon die meiste Zeit im operativen Dienst tätig. 20.02.09 F.R.

## CDU-Würdenträger mit besonderer Staatsnähe

Aus eigener Erfahrung kann ich sagen, dass gerade jene CDU-Würdenträger die zu DDR-Zeiten eine besondere Staatsnähe suchten und auch Vorteile dadurch hatten, damals und jetzt z. T. in gehobenen Positionen standen bzw. stehen, wollen heute nicht mehr daran erinnert werden und umschreiben dies auch ungesühnt in ihren Biografien, wie in der LVZ berichtet wurde. Gerade diese Staatsnähe warfen die CDU-Würdenträger zum Zeitpunkt der Wende Personen vor, die sich aufrichtig am Neuaufbau demokratischer Strukturen einbringen wollten. Ihnen wurde keine zweite Chance gegeben, wie es Herr Kretzschmer in der LVZ glaubhaft machen will. Damals haben manche auch gesagt, wir haben Fehler gemacht und es war keine Versöhnung möglich. Im Gegenteil, vielen wurde die ihrer Ausbildung und Berufserfahrung entsprechende Mitarbeit untersagt und berufliche Karrieren drastisch abgebrochen.
Erst dann, wenn es CDU-Mitgliedern, die in der DDR gewollt Kariere gemacht haben (siehe LVZ), unangenehm wird, bitten sie nach Meinung und über die Worte von Herrn Kretzschmer um „Kollektive Vergebung". Ich finde das Ansin-

nen nach kollektiver Vergebung von Herrn Kretschmer, und ich denke welche Person(en) er meint, als inakzeptabel, unverschämt und beleidigend gegenüber jenen Personen, deren beruflicher Werdegang zur Wende gerade auch durch CDU-Würdenträger und den ihnen nahe Stehende brutal abgebrochen und ihnen keine zweite Chance gegeben wurde. Ich kann die Meinung vom SPD-Generalsekretär Dirk Panter nur unterstützen. Es ist ein abenteuerliches Ablenkungsmanöver der CDU um den jahrelangen (m. E. die Öffentlichkeit täuschenden) Umgang mit den eigenen Problemen in Vergangenheit und Gegenwart. Ich kann Ihr Anliegen nur unterstützen. Machen Sie weiter so. 27.02.09 J.L.

**Ehrlich und korrekt die Fragen beantwortet …**
Hoffentlich kann ich den Erfolg, den Sie mit der Offenlegung in Ihrem Buch, „Sonate für Blockflöten und Schalmeien" erreichen wollen noch erleben. Ich hatte mich 1990 für eine Stelle beworben. Nur weil ich ehrlich und korrekt die Fragen schriftlich beantwortet habe, wurde mir wegen Stasikontakten keine Chance eingeräumt.
Dabei konnte ich nichts dafür. Ich führte ein kleines Kollektiv (16 Arbeitskräfte) und da sind 2 Kollegen nacheinander in die BRD ausgereist, und nicht wiedergekommen. Ich wurde befragt nur über die Arbeitseinstellung. Mehr war nicht. Nach meiner Philosophie, lieber Wahrheit die weh tut, als nützliche Unwahrheit habe ich bisher gelebt und bin mir so treu geblieben. Von vielen Staatsdienern bin ich schwer enttäuscht. Lug und Trug, Korruption, Schönrederei, Vetternwirtschaft, Neid und Gier, das alles habe ich in den Jahren seit 1990 sehr intensiv erlebt. Nicht nur ich bin von der Staatsform enttäuscht. Ich schätze, das über 50% des Volkes mit sehr vielen Dingen nicht einverstanden ist. Die Politik geht auf Messers Schneide. Man sollte doch das Ohr an der Masse haben und auf vieles hören, denn da werden Stimmungen geboren. 21.03.09 M.M.

# Aus Briefen und E-Mails an den Autor
## Meinungsäußerungen
## zur Blockflötendiskussion

### Ablehnungen

#### Wir wollen keine Wessis

Lassen Sie Tillich in Ruhe! Wir haben uns die Freiheit erkämpft, wir haben 40 Jahre gelitten. Wir brauchen keine Besser-Wessis, die nur Schaden anrichten. Wir wollen keine Wessis. 89 – 90 ist alles, was im Westen nichts geworden ist in den Osten gekommen. Beweise für die Unfähigkeit gibt es genug. Es reicht! 23.11.08 E.W.

#### Rufmordkampagne gegen DDR-Politiker

Mit Abscheu hörte ich soeben im Fernsehen Ihre Vorwürfe gegen Herrn Tillich. Ich finde, man sollte doch endlich mit derartigen Rufmordkampagnen gegen Politiker, die aus dem Osten stammen, aufhören. Stattdessen wirft man ihnen vor in der DDR gelebt, eine Ausbildung gemacht und hier gearbeitet haben. Wollen Sie 17 Millionen Menschen dafür verurteilen? Da gibt es ganz andere Wendehälse mit viel Dreck am Stecken und das nicht nur aus der DDR! 23.11.08 T.O.

#### Es interessiert niemanden

Man könnte glauben, Sie haben den lieben langen Tag nichts Besseres zu tun, als in anderer Leute Vita zu studieren. Damit Sie auch ja etwas finden – was hier keinen interessiert. 24.11.08 A.N.

#### Ostdeutsche waren überwiegend systemnah

Es ist nichts neues, dass ein diesmal sachsenfremder Wessi sich als ehrenhafter Saubermann aufführt, um einen MP, der zu früheren Zeiten ein untergeordnetes Verwaltungsamt beglichen hat mit, Dreck zu bewerfen. Schließlich sind Ostdeutsche doch überwiegend systemnah gewesen, ganz im Gegensatz dazu, wie es die sauberen Wessis unter gleichen Bedingungen gewesen wären. Schon vergessen, welche höchsten Regierungsämter u.a. die Altnazis und Verbrecher Globke, Oberländer, BND-Chef Gehlen, Mende u.v.a.m. in der BRD ausübten? Da hat kein Hahn danach gekräht und dieses Gesindel aus seinen hochdotierten Ämtern entfernt! Da ist doch die causa Tillich vergleichsweise ein Lapsus! Wer im Glashaus sitzt bzw. saß, sollte nicht mit Steinen werfen! 24.11.08 M.L.

#### Ossis leben als Menschen zweiter Klasse

Als wenn es nichts anderes mehr zu tun gibt, als sich gegenseitig Vorwürfe über die Vergangenheit zu machen. Ich bin nicht Mitglied der CDU sondern parteilos, aber man sollte allen Bürgern der ehemaligen DDR mit Achtung der menschlichen Würde gegenübertreten, es sei denn, sie überschreiten die Gesetze. Tun

Sie doch einfach das, was 20 Jahren nach der Wiedervereinigung endlich zu tun wäre, damit Büger der „Neuen Bundesländer" nicht mehr länger als Mensch zweiter Klasse in Deutschland leben. 24.11.08 O.Z.

## Nur Ossis können wissen wie es in der DDR war

Sie sind doch unseres Wissens gar kein „Ossi" und können die Situation in der gottseidank nicht mehr bestehenden DDR somit überhaupt nicht einschätzen. Manche wurden von der SED so bedrängt, daß sie in eine Blockpartei gingen, die man so gern als „Blockflöten" bezeichnet, wozu auch die CDU u.a. kleine Parteien zählte. Solche Mitglieder wurden umso mehr von der Stasi beschattet. Es hingen von der SED viele Studienplätze, Lehrstellen etc. ab, viele blieben trotzdem standhaft – glauben Sie mir, ich weiß wovon ich spreche!! Hatte die Stasi in der Wohnung und mußte auch andere Repressalien erleben. Also lassen Sie Herrn Tillig in Ruhe seine hoffentlich gute Arbeit ausführen und kümmern Sie sich bitte um notwendigere, wichtigere Dinge. 25.11.08 H.F.

## Hetzjagd auf CDU-Politiker

Ihr neues Kapitel in Sachen Hetzjagd auf CDU-Politiker ist ein weiteres Beispiel Ihrer Charakterlosigkeit. ... Ich habe keinerlei politische oder persönliche Bindung zu Herrn Tillich, aber die Ausführungen zu Tillichs DDR-Vita stehen Ihnen nicht zu. 25.11.08 B.N.

## Besserwessis

Ich habe einen großen Teil meiner Lebenszeit in der DDR verbracht. Obwohl ich als Kind bzw. Jugendlicher Mitglied der Pionierorganisation und der FDJ war, habe ich mir stets eine kritische Haltung zu den politischen Verhältnissen in der DDR bewahrt. Wer gibt Ihnen das Recht, über die Biografien von Menschen zu urteilen, deren Leben Sie bestenfalls von der Sonnenseite aus beobachtet haben? Wenn Sie einen Beitrag für die positive Entwicklung des Landes leisten wollen, dann sind Sie herzlich eingeladen; ansonsten gehen Sie besser wieder in Ihre alte Heimat zurück. Wir brauchen keine Besserwessis aus welcher Partei auch immer. 25.11.08 K.P.

## Neubürger Sachsens

Sie sollten als „Neubürger" in diesem Land Sachsen und all diese Repressalien nicht mit erlebten, Maßnahmen der ehemaligen DDR, den Mund nicht ganz so voll nehmen, da sie diese Dinge nur mit viel Abstand und aus weiter Ferne miterlebt haben dürften. Für mich aus heutiger Sicht verständlich, dass sich der eine oder andere in eine sogenannte Blockpartei geflüchtet hat. Letztendlich oft nur mit dem Ziel, dem Eintritt in die SED zu entkommen. Ich habe das als stets Parteiloser nicht getan, worauf ich heute ein bißchen stolz bin, das aber persönlich und auch in der weiteren Familie zu spüren bekommen. 25.11.08 B.S.

## Bundes-Bananen-Republik

Na toll, Nolle, da haben Sie ja wiedermal Dreck unter den Fingernägeln gefunden. Und wie sagt Professor Böhmer so richtig dazu: „Mittlerweile habe ich den Eindruck, dass es nach der Gnade der späten Geburt auch den Hochmut der westlichen Geburt gibt." Was sagen Sie dazu, daß Ihre Bundes-Bananen-Republik führend von alten Nazis geformt wurde? Von NS-Juristen, Nazi- und SS-Offizieren, NS-Lehrern, Professoren, NS-Richtern, SS-Geheimdienstlern? Daß der BND ausschließlich von Nazis aufgebaut wurde? Daß nicht ein einziger Nazi-Jurist in der BRD bestraft wurde, kaum ein KZ-Mörder angeklagt und bestraft wurde, kein Wehrwirtschaftsführer seine(n) Betrieb(e) und sein Vermögen verlor und seine arisierte Beute zurückgeben mußte? Ein feiner Staat! Was schenkt man einem Wessi wie Ihnen zu Weihnachten? Ein Zäpfchen. Denn was soll man einem Arschloch sonst schenken. Ein Ossi (Name, Adresse müssen Sie beim Gestapo-Schüler Schäuble erfragen – ein bißchen Mühe dürfen Sie sich schon machen). 25.11.08 R.O.

### Nur Tillichs Job
Warum nutzen Sie das Engagement eines jungen Mannes, der am Ende der DDR-Zeit Verantwortung übernommen und in einer kleinen Kreisverwaltung einfach nur seinen Job gemacht hat, für parteipolitische Auseinandersetzungen. Sie können als Westdeutscher nicht im Geringsten einschätzen, was es hieß in der DDR zu leben und zu arbeiten. Sie als integre Persönlichkeit des öffentlichen Lebens, die zweifelsohne hohe Verdienste hat, dürften es doch eigentlich nicht nötig haben über diese persönliche Schiene Parteipolitik zu machen. Sie enttäuschen mich sehr. 25.11.08 S.H.

### Wessis ging es viel bessser
Ihre neuerlichen, nahezu haltlosen Vorwürfe gegen unseren Ministerpräsidenten halte ich für besonders anmaßend und unserer Heimat schadend. Ja, Sie hatten die Möglichkeit unter ganz anderen gesellschaftlichen Verhältnissen aufzuwachsen als ca.17 Millionen ostdeutsche Mitbürger. Auch ich wurde nicht gefragt, wo ich meinen Grundwehrdienst ableisten möchte. Mit Glück kam ich nur zu den Luftstreitkräften. 25.11.08 J.G.

### Privileg im Westen aufzuwachsen
Sie sind ein Mann klarer Worte und das gefällt mir sehr. Mir gefällt auch, daß Sie als Unternehmer Sozialdemokrat sind. Allerdings gefällt mir die jetzige Kampagne gegen CDU-Mitglieder aus der ehemaligen Ost-CDU nicht so gut. Sie, Herr Nolle, hatten das Privileg, im Westen aufwachsen zu dürfen und sie sollten nicht darüber richten, wie jemand sein Leben eingerichtet hat, der die Aussicht hatte, dieses zur Gänze in der DDR zubringen zu müssen. Vor den ständigen Anwerbungsversuchen zur Mitgliedschaft in der SED habe ich mich mit Verweis auf meine Kirchenzugehörigkeit geschützt. Ein Widerstandskämpfer war ich nicht, wie die übergroße Mehrheit der DDR-Bewohner habe ich irgendwann eine Grenze gezogen, was ich mitmache und was nicht. 27.11.08 A.S.

### Genug, die Dreck am Stecken haben
Es ist eine Unverschämtheit wie Sie mit Herrn Tillich umgehen und welchen Dreck und Schmutz Sie über ihn in den Umlauf bringen. Wir hier in Sachsen sind froh, daß wir mit Herrn Tillich einen aus unserer Mitte an der Spitze haben und nicht solche Wessi wie vorher. Herr Tillich ist ein ehrenwerter Mann und wir alle hier werden es nicht zulassen, daß Sie und Ihre Partei einen solchen Mist in Umlauf bringen. Wenn Sie unbedingt in der Vergangenheit von Politikern stö-

bern müssen, dann machen Sie es doch bitte bei Ihren Wessi-Kandidaten, da gibt es genug, die Dreck am Stecken haben. So werden Sie für die SPD sicherlich keine Stimmen einfangen, ganz im Gegenteil – wir alle hier werden Herrn Tillich unterstützen. 27.11.08 R.R.

### Ein ehrenwerter Mann und einer von uns

Ich finde, Herr Nolle ist in seinen Äußerungen sehr unverschämt. Er sollte lieber in der Vergangenheit der Wessi-Politiker rumwühlen, da gibt es sicherlich mehr Dreck am Stecken. Unser Herr Tillich ist ein ehrenwerter Mann und einer von uns. Nur das zählt. Wer nicht in der DDR gelebt hat, sollte sich darüber auch keine Urteile erlauben. Gott sei Dank habe ich nie SPD gewählt. Ich hoffe, daß ich Ihnen nie begegnen werde, ansonsten müßte ich mich sehr beherrschen. Pfui, Pfui, Pfui. 28.11.08 R.R.

### Mit großem Befremden verfolge ich Ihre Kampagne

Mit großem Befremden verfolge ich Ihre Kampagne gegenüber dem MP des Freistaats Sachsen, Herrn S. Tillich. Wir haben es satt, dass sich Westdeutsche in ihren neuen hiesigen Funktionen als Schulmeister und Besserwisser über uns aufspielen. Laßt Herrn Tillich in Ruhe, er hat wie so viele andere auch eine ordentliche Arbeit geleistet. Hat sich denn die alte Bundesrepublik nach 1945 auch so ausgiebig damit beschäftigt, dass Tausende von NSDAP-Mitgliedern und somit auch Verwaltungshandelnde aller Ebenen bis hin zur Kriminalpolizei, dem Amt Gehlen u.a. „Staatsorganen" ohne größere Probleme von der Republik übernommen wurden? 28.11.08 U.B.

### Ruhrpottneger

Ich finde es einfach unwürdig, dass dieser Ruhrpottneger oder niederererererer Niedersachse Nolle hier in unserem Sachsen die Lippe schwingen darf. Seine politische Vergangenheit zeigt eigentlich, wo er hingehört. Absolut unterste Schublade – das sind die typischen Wessies, welche in ihrer Heimat das allerallerletzte sind und keinen Fuß auf's Parkett bringen und hier sich einbilden, stänkern zu müssen. Jagt diesen Wurm zurück in seine Schweinegegend. Er kann mit Würmern seinesgleichen kommunizieren, aber nicht in unserem schönen Sachsen. 29.11.08 M.E.

### Nicht das Recht

Ich meine, dass Sie als Wessi nicht das Recht haben über das Leben von Ostdeutschen vor 1990 zu urteilen. Nicht die Wessis, sondern die Ossis haben die Wiedervereinigung erzwungen. 30.11.08 B.B.

### Zurückgehen, wo sie herkamen

Mit großer Verwunderung beobachte ich schon seit einiger Zeit Ihr politisches Handeln. Wie ich aus Ihrer Biographie entnehmen konnte, hatten Sie das große Glück in Ihrem Leben, in einem Land aufzuwachsen, in dem es Demokratie gab. Ich spreche Ihnen daher das Recht ab über Menschen, welche in der DDR aufgewachsen sind, zu urteilen. Es wäre daher besser, Sie würden dorthin zurückgehen, wo sie herkamen. Da ich schon in der DDR christlich involviert war, weiß ich, dass man oft mit dem Regime seine Probleme hatte. Worüber ich mich schon jetzt freue ist, dass Ihre Eiertanzpartei beim Wähler sowieso nicht mehr lange ankommt. Was hat eigentlich der Bürger davon, wenn er Sie und Ihresgleichen wählt? Zahlen Sie eigentlich schon Mindestlöhne für Ihre Arbeiter? 30.11.08 T.R.

### Falsche Brille
Sie tragen eine falsche Brille. Den tüchtigen Menschen, die nicht in der SED waren und es trotzdem zu etwas gebracht haben in der DDR, weil Sie durch Ihren Sachverstand und Ihren Fleiß überzeugten, dass die SED nicht anders konnte, als auch ein paar Nicht-Genossen Wirtschafts- und Kulturpositionen zu übergeben, denen haben wir es doch zu verdanken, dass unser Leben einigermaßen lebenswert war. Sie gaben uns Hoffnung. Sie arbeiteten nicht für das Regime sondern für die Menschen, und die haben es auch gespürt. Die SPD hat sich in der deutschen Geschichte oft genug unrühmlich verhalten und ist auch am Unglück vieler Menschen schuld. 30.11.08 E.O.

### Mit dem Staat arrangieren
Auch in der DDR gab es fleißige und intelligente Menschen, die sich mit dem Staat arrangieren mußten, um wenigstens ein Mindestmaß an Demokratie zu erhalten. Wenn Herr Tillich ein bewußter Parteigänger und Staatsanhänger gewesen wäre, hätte er zur SED gehört. Gerade die, wie Sie sagen „Blockflöten", haben an vielen Stellen immer wieder versucht, den Menschen im Osten das Leben zu erleichtern. Daß dabei Zugeständnisse und Kompromisse erforderlich waren, liegt auf der Hand. Ich hätte erleben mögen, wie Sie arroganter Schlauberger Ihr Leben in der DDR „organisiert" hätten. Sind Sie nach der Wende in den Osten gekommen, um zu bremsen, wo es nur irgendwie geht? 01.12.08 P.M.

### Lang genug im Osten um Bescheid zu wissen
Sie brechen wieder die sinnlosen Gräben Ost-West auf. Sie leben nun doch schon lange genug in Sachsen um über das Leben in der ehemaligen DDR Bescheid zu wissen. Geben auch Sie Herrn Tillich eine Chance. 1.12.08 G.H.

### Krach mit SED
Scheinbar sind Sie auch in der ehemaligen DDR aufgewachsen, weil Sie m.E. Kritik an der Veröffentlichung Tillichs Laufbahn beklagen. Auch ich war viele Jahre als NDPD-Mitglied „Blockflöte", Abgeordneter und Gemeinderat insgesamt 25 Jahre vor und nach 1989. Zu bezweifeln ist, daß Sie kennen, was wir 4 Abgeordnete der ehem. NDPD (mit und im Gegensatz zu 36 weiteren) in der Kommune bewerkstelligt haben. Ich hoffe, Sie kennen nicht nur die Gründungsabsichten, sondern auch das tägliche Arbeiten dieser Partei im Ort bzw im Kreis. Da gab es auch manchen Krach mit der SED, möglicherweise kann das bei der DDR-CDU auch so gewesen sein. 2.12.08 U.E.

### Wie Beamte im Altbundesgebiet
Ich finde es in Ordnung, wenn Sie energisch gegen Verstickungen der Sachsen LB in Politik und Wirtschaft auftreten. Sie beweisen damit ein gesundes Maß an Spürsinn und die staatliche Verordnung „Nein, wir haben in Sachsen keine

Korruption cet". ist belächelnswert nach dem Motto, es gibt nicht was nicht sein darf. Diese Methodik ist mir bestens aus DDR-Zeiten bekannt. Aber was Sie gegenwärtig gegenüber Herrn MP Tillich betreiben ist unterhalb der Gürtellinie. Herr Tillich war zum damaligen Zeitpunkt 29 Jahre alt, mit dem notwendigen bildungsmäßigen Rüstzeug ausgerüstet, parteipolitisch in der CDU verankert, hat er versucht seine Pflichten gegenüber dem Dienstherren bestmöglich im Rahmen der Bevölkerungsversorgung zu realisieren. Was erwarten Sie von einem Beamten im Altbundesgebiet von einem Staatsbediensteten? Die ehemaligen Bürger der DDR können nicht dafür, dass sie hier aufwuchsen und versuchten ihre Nische zu finden und sich ihr Leben nach machbaren Bedingungen aufzubauen. 2.12.08 G.B.

### Kapitel DDR ist für alle mal vorbei

Sie sollten mit Ihren wirklichkeitsfremden Stänkereien gegen Mitglieder der Sächsischen Staatsregierung endlich aufhören und sich Ihrer Arbeit als von mir nicht gewählter Volksvertreter widmen. Es ist mir gelinde gesagt „scheißegal", was ein Mitglied der jetzigen Regierung des Landes Sachsen in der DDR getan und getrieben hat, es kommt nach 20 Jahren der Wende doch darauf an, was dieser Mensch für Fähigkeiten besitzt und wie er sich einsetzt. Das Kapitel DDR ist genau so wie das Kapitel altes Westdeutschland ein für alle mal vorbei! Zur nächsten Landtagswahl heißt es bestimmt „Tschüss Karl Nolle" und auf nimmer wieder sehen. Denn die Mehrheit der Sachsen vergisst nicht! 4.12.08 T.H.

### Gehen Sie zurück

Ihre Vorwürfe erheben Sie ohne direktes Wissen der Umstände in unserem damaligen Land! Ich bin froh, dass solche klugen und für das Land Sachsen erfolgreichen Politiker, wie Herr Biedenkopf, sich Ihren Darlegungen der Vergangenheit von ostdeutschen Intellektuellen nicht anschliessen. Sollten Sie den Ost-West-Konflikt in Ihrem Kopf nicht lösen können, gehen Sie lieber wieder in den Teil Deutschlands, dem Sie Ihre Entwicklung zu verdanken haben. Und ich lasse mir auch von Ihnen meine Vergangenheit als „Generalverurteilung", dass ich in der damaligen Gesellschaft mit meinen Kindern leben wollte und musste nicht kaputt machen! 4.12.08 H.H.

### Kettenhund der stolzen SPD

Ich sende Ihnen einen Zeitungsartikel aus der DNN. Darin äußert sich Herr Biedenkopf, auch ein Westdeutscher wie sie. Ich habe Ihnen die für mich wichtigste Passage angestrichen. So kann sich auch ein Außenstehender äußern, der die Gnade hatte, bis 1989 im anderen Teil Deutschlands gelebt zu haben. Sie aber maßen sich an, als Kettenhund der stolzen SPD aus durchsichtigen Gründen einzelne Personen Ostdeutschlands beurteilen zu können. Haben Sie schon mal daran gedacht, dass SPD-Mitgliedern Ihr „Auftritt" peinlich sein könnte? 04.12.08 E.S.

### Blockflöte frägt

Als Blockflöte seit 1962 frage ich, was und wer hat Sie auf den Listenplatz gehoben. Was haben Sie bisher als Abgeordneter für Sachsen geleistet? 4.12.08 T.S.

## Aufstiegsfortbildung

Ich finde es ziemlich vermessen, wie Sie sich zu DDR-Biographien äußern. Ich bin kein Wähler der CDU, dennoch finde ich es gut und auch überfällig, dass nach fast 20 Jahren endlich ein Ostdeutscher dieses Bundesland als Ministerpräsident vertritt. Welche Ahnung haben Sie wirklich von der DDR, von den Menschen und ihren Biographien? Offensichlich keine, sonst würden Sie eine Tätigkeit als Stellvertreter eines Verantwortlichen für Handel und Versorgung in einem RdK nicht als „systemtragend" aufbauschen. Und was von Ihnen als „Kaderschulung" verteufelt wird, war an sich auch nichts anderes, als dass, was man heute als „Aufstiegsfortbildung" bezeichnet. Warum gesteht man uns Ossis nicht auch endlich mal nach zwanzig Jahren zu, dass auch wir in der DDR ein normales Leben führten, mit Wünschen und Hoffnungen für die Gestaltung des eigenen Lebens. 7.12.08 C.Z.

## DDR nicht erlebt

Für eine leitende Tätigkeit im VEB Kombinat war SED-Mitgliedschaft absolute Bedingung. Dazu war ich nie bereit. Also musste eine andere Nische gefunden werden. Die einen versteckten sich in einer sog. Blockpartei, die anderen übernahmen eine andere „gesellschaftspolitische Arbeit" um ihre Loyalität gegenüber dem SED-Regime zu zeigen. Ich wurde – natürlich freiwillig- Mitglied der Zivilverteidigung, die in die Landesverteidigung der DDR eingebunden war. Ich tat das entgegen meiner Überzeugung, nur um mir eine einigermaßen meiner Ausbildung entsprechende fachliche Tätigkeit im o.g. Kombinat zu sichern. Sie haben einfach kein Recht über DDR-Biographien zu urteilen, da Sie die wahre DDR nicht selbst erlebt haben. 10.12.08 K.R.

## Wessis haben kein Recht

Ihre Kritik am sächsischen Ministerpräsidenten ist nicht nachvollziehbar. Als „Wessi" haben Sie kein Recht ehemalige DDR-Bürger, die in der Ost-CDU Mitglied waren, zu kritisieren. Die SED war die Macht und Kritik war zur damaligen Zeit nie möglich, ansonsten landete man ja in Bautzen. Wären Sie doch lieber in Hannover geblieben. Hoffentlich werden Sie bei der kommenden Landtagswahl nicht wiedergewählt. 22.12.08 C.H.

## Schmutzkübel

Ich bin SPD-Stammwähler. Wenn sich aber Herr Nolle auf der Liste der SPD befinden sollte, dann werde ich diese Tradition nicht fortsetzen können. Seine Art, Schmutzkübel auszugießen, ist einfach widerlich. Als Zugezogener hat er keine Ahnung vom Leben in der DDR. Er weiß nichts über die Bemühungen von CDU- und auch manchen SED-Mitgliedern, dem Sozialismus ein menschliches Antlitz zu geben. Er kann nichts als Unfrieden stiften. Ein solches Verständnis von Politik kann ich nicht teilen. 06.02.09 P.H.M.

## Vernichtungsfeldzug

Herr Nolle schickt sich an, seinem Vernichtungsfeldzug gegen Personen der politischen Konkurrenz, die sich im Gegensatz zu ihm überwiegend konstruktiv für Sachsen mühten, die Krone aufzusetzen. Die SPD, wie auch die unkommentiert berichtende SZ sollten sich darüber im Klaren sein, dass dieser Demokratie missbrauchende Westimport eine in Deutschland völlig neue Dimension politischer Brunnenvergiftung eröffnet. 06.02.09 W. L.

### Sehr schlechter SPD-Wahlkampfauftakt

Ich bin erstaunt, dass die SPD mit solch primitiven Mitteln in den Landtagswahlkampf starten muss. Mit Mitgliedern wie Herrn Nolle will die SPD in Sachsen Regierungsverantwortung übernehmen? 12.02.09 T.C.

### Endlich mal Feuer für Herrn Nolle

Danke, Herr Eggert, dass Sie diesem Schnüffler auch mal Feuer gegeben haben. Solche Leute wie Nolle hatten wir in der DDR genug. Er schnüffelt ja hauptsächlich gegen CDU-Leute, scheinbar weiß er nicht, dass in der jetzigen Ost-SPD 30 bis 40 Prozent sind, die vorher in der SED waren. Herr Nolle sollte sich lieber um die auferstehenden Nazis kümmern, da hätte er genug zu tun. 13.02.09 M.T.

### Herr Nolle soll endlich echte Probleme lösen

Der „Volksvertreter" Nolle sollte sich im Landtag um die Politik kümmern und die drängenden Probleme unserer Zeit mit lösen helfen! Da sind genug – man kann ja schlecht behaupten, dass die SED oder Blockflöten der DDR an der Finanzkrise schuld seien! 13.02.09 L.M.

**Karl Nolle,** Druckereiunternehmer, Dresden, geboren am 9. März 1945 in Hattendorf, verheiratet, eine erwachsene Tochter, Mittlere Reife, 1965 Lehre als Elektromechaniker, 1970 Erwachsenenabitur, 1970 bis 1976 Studium der Geschichte, Politik, Soziologie und Psychologie, 1968 Druckereigründung in Hannover, 1973 Umwandlung in eine GmbH, seitdem Gesellschafter und Geschäftsführer, seit Februar 1990 beratend in Dresden, Gründung der Zeitschrift SAX, im März 1991 Übernahme des konkursreifen Treuhandunternehmens Druckhaus Dresden GmbH als Gesellschafter und Geschäftsführer, 1995 Umsiedlung nach Dresden, 1997 Gründung einer Mitarbeiter-Beteiligungs-GmbH, Förderer von Kunst- und Kulturprojekten, seit 1998 Vorsitzender des Arbeitgeberverbandes Druck und Medien in Sachsen/Thüringen/Sachsen-Anhalt. Nolle hat eine vom Urgroßvater begründete sozialdemokratische Familientradition. 1963 Eintritt in die SPD und (als Lehrling) in die IG Metall. 1986 Ausschluss aus der SPD Hannover wegen einer Zweitstimmenkampagne für die Grünen, 1998 Wiedereintritt in die SPD, Mitglied des Sächsischen Landtags seit Oktober 1999.

Veröffentlichungen: Herausgeber und Autor des Sammelbandes „Ostdeutschland – eine abgehängte Region?" Junius-Verlag Hamburg 2001, Herausgeber und Autor der Broschürenreihe „Sächsische Hefte, Beiträge zu aktuellen politischen Fragen". Die politische Arbeit ist dokumentiert auf: www.karl-nolle.de